21世纪高职高专规划教材 · 经济管理系列

网络营销理论与实践（第5版）

WANGLUO YINGXIAO LILUN YU SHIJIAN

张卫东　著

電子工業出版社
Publishing House of Electronics Industry
北京 · BEIJING

图书在版编目（CIP）数据

网络营销理论与实践 / 张卫东著. —5 版. —北京：电子工业出版社，2017.7
21 世纪高职高专规划教材. 经济管理系列
ISBN 978-7-121-31658-6

Ⅰ. ①网… Ⅱ. ①张… Ⅲ. ①网络营销－高等职业教育－教材 Ⅳ. ①F713.36

中国版本图书馆 CIP 数据核字(2017)第 120862 号

策划编辑：刘露明
责任编辑：刘淑敏
印　　刷：北京捷迅佳彩印刷有限公司
装　　订：北京捷迅佳彩印刷有限公司
出版发行：电子工业出版社
　　　　　北京市海淀区万寿路 173 信箱　邮编 100036
开　　本：787×1092　1/16　印张：17.5　字数：464 千字
版　　次：2004 年 2 月第 1 版
　　　　　2017 年 7 月第 5 版
印　　次：2019 年 7 月第 4 次印刷
定　　价：39.00 元

凡所购买电子工业出版社图书有缺损问题，请向购买书店调换。若书店售缺，请与本社发行部联系，联系及邮购电话：（010）88254888，88258888。
质量投诉请发邮件至 zlts@phei.com.cn，盗版侵权举报请发邮件至 dbqq@phei.com.cn。
本书咨询联系方式：（010）88254199，sjb@phei.com.cn。

出版说明

高职高专教育是我国高等教育的重要组成部分。近年来，高职高专教育有了很大的发展，为我国的现代化建设事业培养了大批急需的各类专门人才，对经济发展和社会进步起到了重要作用。

高职高专教育不同于其他传统形式的高等教育，它的根本任务是培养生产、建设、管理和服务第一线需要的，德、智、体、美全面发展的高等技术应用型专门人才，学生应在掌握必要的基础理论和专门知识的基础上，重点掌握从事本专业领域实际工作的基本知识和职业技能，因而对应这种形式的高等教育教材也应有它自己的体系和特色。

为了适应我国高职高专教育对教学改革和教材建设的需要，在教育部的指导下，电子工业出版社在全国范围内组织并成立了“全国高职高专教学研究与教材出版编委会”（以下简称“教学研究与教材出版编委会”），旨在研究高职高专的教学改革与教材建设，规划教材出版计划，以推动教育部策划的“21 世纪高职高专规划教材”的出版工作。“教学研究与教材出版编委会”的成员单位皆为教学改革成效较大、办学特色鲜明、办学实力强的普通高校、高等专科学校、高等职业学校、成人高等学校及本科院校主办的二级职业技术学院，而教材的编者和审定者则均来自从事高职、高专和成人高等教育教学与研究工作第一线的优秀教师和专家。

为推动教育部策划的“21 世纪高职高专规划教材”的出版工作尽快实施，“教学研究与教材出版编委会”对高职高专教材的出版进行了规划。规划教材覆盖了计算机、通信、电子电气、财会和管理等专业的主要课程，主要面向课程包括基础课和专业主干课。这些教材全部按教育部制定的“高职高专教育基础课程教学基本要求”编写，适合各类高等专科学校、高等职业学校、成人高等学校及本科院校主办的二级职业技术学院使用。

“教学研究与教材出版编委会”根据《教育部关于加强高职高专教育人才培养工作的意见》的文件精神，力求规划教材能够反映高职高专课程和教学内容体系改革方向，按照突出应用性、实践性的原则重组系列课程教材结构；力求教材能够反映当前教学的新内容，突出基础理论知识的应用和实践技能的培养。教材中的基础理论以应用为目的，以必要、够用为度，在专业课程教材的内容设计上加强了针对性和实用性；教材内容尽量体现新知识、新技术、新工艺、新方法，以利于学生综合素质的形成和科学思维方式和创新能力的培养。

编写高职高专教材是一个新课题，希望全国高职、高专和成人高等教育院校的师生在教学实践中积极提出意见与建议，并及时反馈给我们，以便我们对已出版的教材不断修订、完善，与大家共同探索我国高职高专教育的特点和发展道路，不断提高教材质量，完善教材体系，为社会奉献更多更新与高职高专教育配套的高质量的教材。

全国高职高专教学研究与教材出版编委会

E-mail: lmliu@phei.com.cn

前 言

网络经济的发展日新月异，随着网络技术的飞速发展，网络营销方式不断创新，“与时俱进、及时更新”是网络营销教材适应这一趋势的必然要求。

迄今为止，本教材已累计修订至第5版，印刷30多次，广大教师、读者对本教材的肯定、鼓励与支持是我继续完善与修订本书的巨大动力。《网络营销理论与实践》（第5版）终于以崭新的面貌呈现在读者面前，本次的更新与创新主要体现在以下几个方面。

1. 进一步更新、补充了教学案例

遵循“产教结合、工学结合、任务导向”的教育理念，将各章节过时、失效的案例进行了更新，特别注重网络营销成功案例的推荐与介绍，全书提供了近100个网络营销成功实例。

2. 进一步充实了大量实践项目

根据网络营销新的岗位要求和新的实践发展，对课后实践教学项目也进行了大幅度的补充与完善，每章后均增补了足够课时的实践实训任务。对一些重要的实践项目还提供了操作步骤。无须购买专门的软件，完全利用公共网络资源，在真实的网络环境中，真题真做，以培养学生的实践动手能力，大大增强学生零距离上岗就业的竞争力。

3. 增补和完善了大量网络营销新理论与新技术

为适应网络营销理论与实践的发展，增补和完善了微营销、无线网络营销、互联网思维、社会营销等新内容。

本教材在编写过程中参考了很多文献资料，在此，对这些文献资料的原创者致以诚挚的感谢。由于学识、眼界及经验的局限，书中缺点、错误在所难免，希望读者提出斧正意见。

目　录

第1篇　网络营销工作基础

第1篇

网络营销工作基础

网络营销工作的任务：按照企业市场营销战略规划，在线上（网络营销）线下（传统的线下营销）相结合、有线（互联网）无线（无线互联网）相配合的管理体制下，负责通过互联网开展一系列营销活动，以促进企业总体营销目标的实现。

网络营销工作的内容：网络营销工作的内容覆盖以互联网为主要手段的市场营销每个环节与领域。具体包括网络营销调研、网络营销战略规划、网络营销站点建设与推广、网络营销商品管理、网络营销定价、网络推广、网络广告、网络公共关系、电子邮件营销、网络销售促进、网络营销客服、网络营销交易管理、网络营销评估与监控等内容。

第1章 网络营销概述

今天看一个产业有没有潜力，就看它离互联网有多远。能够真正用互联网思维重构的企业，才可能真正赢得未来。

——和君同行联合创始人 赵大伟

对应工作（岗位）

网络营销经理或网络营销总监、网络营销主管、网站管理（建设、维护、推广）员、网络推广员、网络调研员、搜索引擎营销员、在线客服、跟单交易管理员、商品管理员、价格管理员、网络促销员、网站广告员、网络编辑、网络公关员等

应知应会内容

☑ 正确理解与领会网络营销的科学内涵
☑ 准确理解与把握网络营销产生的客观基础及发展趋势
☑ 准确理解与领会网络营销的特点及优势
☑ 准确理解与领会网络营销的内容
☑ 准确理解与领会网络营销的现状、障碍及对策
☑ 准确分析判断网络营销的基本问题
☑ 准确理解与领会无线网络营销的基本策略

1.1 网络营销的科学内涵

1.1.1 网络营销的概念表述

网络营销是20世纪末出现的市场营销新领域，是企业营销实践与现代通信技术、计算机网络技术相结合的产物，是企业以电子信息技术为基础、以计算机网络为媒介和手段而进行的各种营销活动的总称。网络营销的科学内涵可以从以下两个方面来理解。

1．从网络营销的实现手段——“互联网”的角度理解

从营销活动实现的手段——“网络”的角度考虑，网络营销有广义和狭义之分。

广义地说，企业利用一切网络（包括社会网络、计算机网络，企业内部网、行业系统专线网及互联网，有线网络、无线网络，有线通信网络与移动通信网络等）进行的营销活动都可以称为网络营销。

狭义地说，凡是以互联网为主要营销手段，为达到一定营销目标而开展的营销活动，称为网络营销。它贯穿于企业网上经营的全过程，从网络营销信息发布、网络营销信息收集，一直到网上产品销售、货款支付与物流配送，以及交易完成后的售后服务、信息反馈等活动都是网络营销的重要内容。这一定义侧重于网络营销的实现手段与传统市场营销的不同，有利于人们对网络营销这一新生事物技术特征的认识，但对网络营销本质特征的阐述却还不够充分。

2．从网络营销的本质特征——“商品交换”的角度理解

市场营销是以满足人们各种需要和欲望为目的、实现潜在交换转变为现实交换的一系列经营管理活动。美国西北大学凯洛格管理学院教授、世界著名的市场营销学权威菲利普·科特勒（Philip Kotler）认为：市场营销是个人或组织通过创造并同他人交换有价值产品以满足需求和欲望的一种社会性经营管理活动。

网络营销即网上市场营销，其实质仍然是市场营销。因此，从网络服务的对象——“市场营销”的角度考虑，可以将网络营销定义为：个人或组织借助或通过互联网创造、提供并同他人交换有价值产品以满足自身需要和欲望的一种社会性经营管理活动。对企业而言，网络营销是企业整体营销战略的一个组成部分，是企业建立在互联网基础之上、借助于互联网的一些特性与优势以实现一定营销目标的一种营销手段。

1.1.2　网络营销科学内涵 9 要素

按照由浅入深、由表及里的顺序，深刻理解这一概念主要应弄清以下几个问题。

1．网络营销的实质是一种营销活动或一个营销过程

网络营销发源于美国，在美国它有许多表述，如 Cyber Marketing、Online Marketing、Internet Marketing、Network Marketing、E-Marketing 等。不同的词组有着不同的含义，Cyber Marketing 倾向于说明网络营销是在虚拟计算机空间进行运作的营销活动；Internet Marketing 与 Online Marketing 是指在互联网上开展的营销活动；Network Marketing 是指在网络上开展的营销活动，同时这里的网络不仅仅是指 Network，还可以是一些其他类型的网络，如企业内部网（Intranet）、行业系统专线网（EDI）及增值网（VAN）等。目前，习惯采用的翻译方法是 E-Marketing，E 即 Electronic，表示电子化、信息化、网络化的含义，这一翻译既简洁又直观明了，而且与电子商务（E-Business）、电子虚拟市场（E-Market）、电子邮件（E-mail）等约定俗成的翻译相对应，但最好不要直译成电子营销

2．网络营销的本质是商品交换

网络营销的实质是营销，营销的本质是交换，网络其实只是营销的一种手段，因此，网络营销的本质仍然是商品交换。从供应和需求两方面分析，同时满足自己需要和他人需要的唯一途径是商品交换。只能单纯满足供求中某一方需要的活动有很多，但都不是市场营销。网络营销的核心概念和实现目的的途径与传统市场营销活动一样仍然是“交换”。

3. 网络营销的主体是“个人或组织”，最典型的是企业

网络营销的主体是“个人或组织”，也就是说，网络营销是在个人与个人（C2C）、组织与组织（B2B或B2G）、组织与个人（B2C或C2G）之间进行的一种交换活动。“组织”既包括工商企业等营利性组织，也包括学校、公益组织、政府机关等非营利性组织。政府机关、企业、事业单位、家庭等组织和个人都可以利用互联网开展营销活动。当然，最典型的营销主体是企业，因此，在对网络营销基本理论与方法的阐述中，我们主要以企业为例展开，但其基本思想对其他类型的组织及个人仍然适用。从事网络营销的企业，可以是传统经济部门中的企业，也可以是IT产业中的网络公司，但网络营销的主体应该是传统经济中的企业，这是因为传统企业中网络营销是发挥电子商务优势最有潜力的领域。

实例 威客（Witkey）是指那些通过互联网把自己的智慧、知识、能力、经验转换成实际收益的人，他们在互联网上通过解决科学、技术、工作、生活、学习中的问题，从而让知识、智慧、经验、技能体现经济价值。在威客网站上，个人和企业无论有任何需求都可以发布任务，并公布任务期限和赏金。在网站上等“活儿”的威客们就会帮你完成任务。任务小到为宠物起名字，大到企业形象策划、市场调查、广告设计和程序开发，应有尽有。赏金也根据难度不同从几十元到上万元，甚至几十万元不等，网站从中抽取一定比例的佣金（根据网站不同，一般在5%～20%），其余部分由中标者获得。知名威客网站如时间财富（www.680.com）、威客—任务中国（www.taskcn.com）、K68（www.k68.cn）、猪八戒网（www.zhubajie.com）、一品威客（www.epweike.com）等。

4. 网络营销的客体（对象）是网上市场

在市场营销学里，市场是指在一定的时间和空间条件下，对某种或某类产品具有现实或潜在需求的消费者群。网络营销就是企业面向网上市场开展的一种经营活动，是企业通过网络围绕消费者需求开展的一种市场经营活动。所以说，以企业为主体的网络营销活动的对象是网上市场，是网上消费者群，是企业的网上顾客群。网络营销应从了解网上市场需求开始，到满足网上市场需求结束，因而，网上市场需求是网络营销活动的中心。

5. 网络营销的目的是满足交换双方的需要

网络营销的目的是满足个人或组织的需要与欲望。对于营利性组织——企业来说，通过网络营销活动来实现自己取得利润的需要，表现为销售、盈利等企业目标的实现；对于顾客来说，则是通过网络营销活动获得能满足自己需要的产品或服务。只有同时满足这两方面需要的企业网络经营活动才是网络营销，仅仅满足其中一方的活动本质上都不是真正的市场营销。在学习运用网络营销时应当抓住这个本质特征。

6. 网络营销的宗旨是通过满足网上消费者需要实现企业盈利的目的

虽然市场营销的目的是同时满足交换各方的需要，但在现代市场经济条件下，买方市场长期存在，其前提和重心却是为了满足消费者的需要，是设法发现消费者的现实需要和潜在需要，并通过商品交换尽力满足它，把满足消费者需要变成企业的盈利机会，这是市场营销的宗旨。市场营销可以帮助企业同时考虑消费者需要和企业利润，寻找能实现企业利润最大化和顾客需要满足最大化的营销决策。交换过程能否顺利进行，取决于企业创造的产品的价值满足顾客需求的程度和交换过程中管理的水平。

7．网络营销的手段是企业的整体性营销活动

网络营销是指企业为满足目标市场需要通过互联网开展的各种营销活动，包括从产品生产之前到产品售出以后全过程中的所有活动，而且所有的活动要协调统一、紧密配合。整体性营销涵盖了企业产品生产之前和售出以后的全过程，而且这个过程还在不断地循环往复。

网上销售是网络营销发展到一定阶段产生的阶段性成果，但网络营销本身并不等同于网上销售。网络营销活动包括 4 个阶段，即生产之前的市场调查与分析活动，生产之中对产品设计、开发及制造的指导活动，生产之后的销售推广活动，以及产品售出之后的售后服务、信息反馈、顾客需要满足等活动。网上销售则是网络营销第三阶段所做的一系列工作中的一部分，即生产之后、售出之前企业所做的一系列销售推广活动的一个必要的组成部分，如图 1-1 所示。

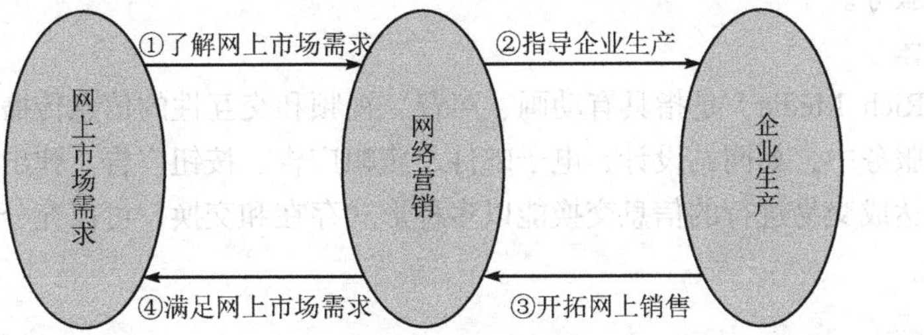

图 1-1　网络营销与网上销售的区别

8．网络营销的媒体是产品

网络营销的媒体是产品，包括一切可以满足顾客需要的因素，如货物、服务、思想、知识、信息、技术、娱乐等有形和无形的因素。

市场营销所说的产品概念，包括所有能传送价值或满足需要的载体。网络营销的中心任务是通过电子信息网络进行商品交换活动，以满足交换双方各自的需要。如一些数字化的产品（如计算机软件、电影、音乐、游戏、图书、报刊、信息等）和服务（如信息咨询服务、法律服务、行政管理服务、会计中介服务，甚至医疗服务等）的提供、支付结算和接受等完整的交易过程，完全可以在计算机网络上完成。一些不能数字化的有形产品的交易过程，则不能完全在计算机网络上实现，需要利用网下的一些要素和系统完成，如利用传统的物流配送与运输系统来实现产品实体的配送。

实例　2010 年 3 月，中央电视台主持人王利芬创办的优米网正式上线。受拍卖“巴菲特（股神）午餐时间”的启发，该网站推出“名人时间拍卖”栏目。参与优米网首期名人时间拍卖的是史玉柱，竞拍从 3 月 15 日开始，至 6 月 15 日结束，最终拍出 189.99 万元。2011 年 9 月 15 日“拍卖史玉柱 3 小时”活动再次开锣，12 月 9 日拍卖结束。

9．网络营销的特征是互联网在市场营销活动中的运用

网络营销是建立在以高技术为支撑的互联网基础之上，借助互联网特性完成的。互联网在营销活动中广泛而深入的应用是网络营销产生和发展的重要基础，这也是网络营销与传统市场营销的根本区别。

1.1.3 网络营销的特点与优势

1. 网络营销的特点

市场营销的本质是交换，成功实现商品交换的前提是买卖双方充分的信息沟通与交流。互联网的本质是一种信息传播与沟通的媒介，以互联网为技术手段的网络营销与传统营销相比较，具有以下10大特点。

（1）跨时空

营销的最终目的是占有市场份额，由于互联网能够超越时间约束和空间限制进行信息交换，使市场营销超越时空限制进行交易变成可能，企业可以一年365天、每天24小时随时随地提供全球性的营销服务。

（2）富媒体

富媒体（Rich Media）是指具有动画、声音、视频和交互性的信息传播方法，富媒体可应用于各种网络服务中，如网站设计、电子邮件、旗帜广告、按钮广告、弹出式广告、插播式广告等，使得为达成交易进行的信息交换能以多种形式存在和交换，可以充分发挥营销人员的创造性和能动性。

（3）交互式

买方市场下的传统市场营销活动，一般是卖方主动而买方被动，但网络营销活动则是买卖双方交相互动的一种营销机制。互联网可以通过展示商品图像、建立商品信息资料库提供有关的查询，借助互联网实现供需互动与双向沟通；可以进行产品测试与消费者满意调查等活动；还可以为产品联合设计、商品信息发布及各项技术服务提供理想的工具。

知识拓展：BBS是“Bulletin Board System”的缩写，其中文意思是“电子公告栏”。BBS最初是为了使计算机可以通过电话线远程传送文件和信息。BBS包括了很多的服务，如讨论区、信件区、聊天区、文件共享区等。讨论区包括各类学术讨论区和话题讨论区。在讨论区中，用户可以挑选自己感兴趣的话题发表文章。信件区可以收发邮件。目前，各类BBS的主要功能有以下几个方面：供用户自我选择阅读若干感兴趣的专业组和讨论组内的信息；定期检查是否有新消息发布并选择阅读；用户可以在站点内发布消息或文章供他人查阅；用户可就站点内其他人的消息和文章进行评论；免费软件的获取；文件传输；同一站点内的用户互通电子邮件，进行实时对话等。

（4）个性化

借助互联网，网络营销可以开展一对一的个性化营销活动。例如，互联网上的促销一般是一对一的、理性的、消费者主导的、非强迫性的、循序渐进式的、低成本与人性化的促销，有效避免了传统营销活动中推销员强势推销的干扰，并通过信息提供与交互式交谈，与消费者建立起长期良好的关系。

（5）成长性

互联网使用者数量快速成长并遍及全球，使用者多属年轻且具有高教育水准的中产阶级。由于这部分群体购买力强而且具有很强的市场影响力，因此是极具成长性与开发潜力的市场渠道。

（6）整合性

网络营销可以实现由商品信息发布、交易磋商直至收款发货、售后服务的全过程整合。企业还可以借助互联网将不同的传播营销活动进行统一设计规划和协调实施，以统一的传播口径向消费者传达信息，避免不同传播中不一致性产生的消极影响。

（7）超前性

互联网是一种功能最强大的营销工具，同时兼具渠道、促销、电子交易、互动性客服等多种功能。它所具备的一对一营销功能，适应了市场营销定制营销与直复营销的发展趋势。

（8）高效性

互联网可传送的信息数量与精准度远超过其他媒体，并能迎合市场需求及时更新产品或调整价格，因此能及时有效地了解并满足顾客的需求。

（9）经济性

网络营销通过互联网实现买卖双方的信息沟通与交流，代替了传统的店铺销售，一方面可以减少印刷与邮递成本，实现无店铺销售，另一方面可以大大节约营销成本与费用及传统营销难以避免的损耗。

（10）技术性

网络营销是建立在高技术作为支撑的互联网的基础上的，企业实施网络营销必须有一定的技术投入和技术支持，改变传统的组织形态，提升信息管理部门的功能，引进懂营销与计算机技术的复合型人才，未来才能具备抢占市场的竞争优势。

2. 网络营销的优势

随着互联网技术发展的日渐成熟，互联网成本的大幅度降低，以及互联网用户的日渐普及，使得网络营销区别于传统市场营销，呈现出以下优势。

（1）网络铺设跨时空，营销机会成倍增

互联网具有超越时间约束和空间限制进行信息交换的特点与优势，使得网络营销脱离时空限制、冲破时空局限使交易成为可能，企业与顾客可以在更大的空间、更多的时间、更多的交换机会下进行营销活动。例如，在时间上，企业可以通过网络与顾客每周 7 天、每天 24 小时随时随地进行商品交换活动。电话是两个人的交流，因而效率为 1∶1；电视的信息传递效果是 1∶n；而在互联网上，一个人能与 n 个人进行信息沟通，n 个联结所产生的价值是 n∶n，即 n^2，这便是麦特卡夫（Metcalfe）定律，网络价值同网络用户数量的平方成正比（n 个联结能创造 n^2 的效益）。

（2）网络连接一对一，营销沟通可互动

在互联网出现之前，人类信息交流的主流媒介有两类，一类是以新闻报刊、广播电视为代表的广播式、点对面的公众信息媒介；另一类是以邮政、电信为代表的人与人之间的定向性、点对点的信息交流媒介。网络互动的特性使顾客真正地参与到整个营销过程之中成为可能，顾客参与的可能性和选择的主动性得到加强与提高。在这种互动式营销中，买卖双方可以随时随地进行互动式双向交流，而非传统营销中的单向交流。网络营销可以通过展示商品目录、连接商品信息数据库等方式向顾客提供有关商品的信息，供顾客查询，并且可传送信息的数量与精确度远远超过其他媒体，并能适应市场的需求及时地更新产品或调整价格，还能更及时有效地了解并满足顾客的需要。而且企业还可以通过互联网收集市场情报，进行产品测试与顾客满意度调查，为企业的新产品设计与开发、价格制定、营销渠道的选择、促销策略的实施提供可靠而有效的决策依据。

（3）网络介入全过程，营销管理大整合

互联网是一种功能强大的营销工具，同时兼具营销调查、产品推广与促销、电子交易、互动式顾客服务，甚至某些无形产品的直接网上配送，以及市场信息分析与提供等多种功能。网络营销从商品信息的发布，直至发货收款、售后服务一气呵成，因此是一种网络介入全程的营销活动。企业可以借助网络将不同环节的营销活动进行统一的设计规划和协调实施，为各种企业资源的重新整合发挥更大的作用提供了可能，使得营销战略规划的整合功能得以前所未有地充分发挥。

（4）网络运行高效率，营销运作低成本

首先，网络媒介具有传播范围广、速度快、无时间地域限制、无时间版面约束、内容全面详尽、多媒体传送、形象生动、双向交流、反馈迅速等特点，有利于提高企业营销信息传播的效率，增强企业营销信息传播的效果，大大降低企业营销信息传播的成本；其次，网络营销无须店面租金成本，能减少商品流通环节，减轻企业库存压力；再次，利用互联网，中小企业只需极小的成本，就可以迅速建立起自己的全球信息网和贸易网，将产品信息迅速传递到以前只有实力雄厚的大公司才能接触到的市场中；最后，顾客可以根据自己的特点和需要在全球范围内不受地域、时间的限制，快速寻找能满足自己需要的产品并进行充分的比较与选择，这就较大限度地降低了交易时间与交易成本。当然，企业实施网络营销必须有一定的技术投入和技术支持，但从营销的角度来说，其回报率应该是很高的。

（5）网络终端遍世界，营销战略盖全球

互联网覆盖全球市场，通过它，企业可方便快捷地进入任何国家的市场，网络营销为企业架起了一座通向国际市场的绿色通道。网络营销可以帮助企业构筑覆盖全球的市场营销体系，实施全球性的经营战略，加强全球范围内的经济合作，获得全球性竞争优势，增强全球性竞争能力。同时，互联网使用者数量快速成长并遍及全球，而且使用者年龄构成轻、收入能力消费水平相对高、知识水平受教育程度比较高，因而这部分群体有着较强的购买力、很强的市场影响力和明显的消费示范功能，所以，对企业来说，这无疑是一个极具开发力的潜在市场。

网络营销作为一种全新的营销方式，与传统营销方式相比具有明显的优势。它具有强大的生命力，但也存在着诸多不足。例如，网络营销尤其是网络分销无法满足顾客社交的心理需要，无法使顾客通过购物过程来满足显示自身社会地位、个人成就或支付能力等方面的需要。尽管如此，网络营销作为 21 世纪势不可当的营销新方式，将成为企业实施全球性竞争战略的锐利武器。

1.1.4 网络营销的内容

网络营销的实质是市场营销，市场营销管理活动任何一个环节、任何一项内容中网络技术的应用，都可以称为网络营销。因此，依照市场营销原理，网络营销管理过程主要包括以下四个阶段的内容。

1. 树立网络营销观念

面对网上市场，通过网络开展营销活动，遵循不同的营销观念，会产生不同的营销效果。所以，企业要有效地开展网络营销活动，必须先学习科学的网络营销理论，树立正确的网络营销观念，这是企业网络营销管理过程的首要内容。

2. 分析网络营销机会

企业在正确的网络营销观念指导下，不仅要制定出与环境变化相适应的企业总的营销发展战略，企业的网络营销部门还要根据企业总的营销发展战略制定相应的网络营销战略规划。企业总的营销战略与网络营销战略的制定是建立在对企业内外营销环境科学分析基础之上的。因此，制定企业网络营销战略规划之前，首先必须分析外部环境变化给企业造成的影响是网络营销机会还是环境威胁；其次必须分析企业内部条件面对营销环境的变化是处于优势还是劣势，以求得企业内部条件、外部环境、营销目标三者之间的动态平衡与协调。因此，认真分析网络营销机会便是网络市场营销的第二项工作内容。

网络营销机会分析的具体内容包括分析企业网络营销环境的各构成因素，特别是对网上目标顾客的消费需要、购买动机与行为特征的分析；网络营销机会分析的具体方法是网络营销调研与预测。

3. 制定网络营销战略

网络营销的第三项内容，便是分别制定企业的网络营销战略规划与网络目标市场营销战略规划。网络营销战略规划主要是对企业网络营销发展方向与目标、发展模式与盈利方式的总体规划；网络目标市场营销战略规划主要包括网络市场细分、网络目标市场选择、网络市场定位等战略规划。

4. 实施网络营销策略

网络营销的第四项内容是制定并实施保证战略目标得以顺利实现的网络营销策略。网络营销 5P 策略主要包括门户网站（Portal Web Site）策略、产品（Product）策略、价格（Price）策略、渠道（Place）策略和促销（Promotion）策略，也就是通常所说的 4P 策略与网络营销特有的门户网站策略。在网络营销活动过程中不能孤立地看待这五个方面的策略，而要综合分析与考虑，选择最有效的组合以最好地实现企业网络营销战略目标，所以也称为网络营销组合策略。

1.1.5　网络营销与电子商务的关系

1. 电子商务的基本概念

商务，即商务活动，是商品流通活动事务或商品交换活动事务的简称，是指市场主体为了通过商品交换活动来满足自己的需要而开展的各种经济活动的总称。就某个企业而言，商务活动一般是指围绕商品购买或销售而开展的所有商品交换活动及其相关活动的总称。广义的电子商务泛指应用电子通信技术和信息技术进行的商务活动及相关的服务活动。狭义的电子商务主要是指在互联网支持下进行的一系列商务活动的总称。

2. 网络营销与电子商务的联系

（1）网络营销与电子商务有着共同的技术基础

网络营销与电子商务产生和发展的基础都是计算机网络技术。

（2）网络营销是企业电子商务整体战略的核心环节

网络营销战略的制定要以顾客需要为导向，电子商务战略的制定则要以网络营销战略的制定为导向。网络营销作为创造交换机会、促成商品交换实现的企业经营管理手段，显然是企业电子商务活动中最基本也是最重要的互联网上的商业经营活动。

（3）网络营销整体战略的实现也需要电子商务其他环节工作的密切配合

网络营销不仅是营销部门的市场经营活动，同时还需要其他相关业务部门（如采购部门、物流配送部门、生产部门、财务部门、人力资源部门、质量监督管理部门和产品开发与设计部门等）的配合。也就是说，局限在营销部门的互联网在商业上的应用已经不能适应互联网对企业整个经营管理模式和业务流程管理控制方面的挑战，网络营销的成功实现也需要电子商务其他环节的高度配合。

3. 网络营销与电子商务的区别

网络营销与电子商务研究问题的角度与侧重点不同。电子商务是从企业全局角度出发的，它根据市场需求对企业的各类业务活动（包括网络营销）进行系统规范的重新设计和构造，以适应网络经济时代的数字化管理和数字化经营的需要。而网络营销则是从顾客需要的研究角度出发，围绕交换机会的创造与交换的实现而开展的一系列商务活动。在现代市场经济条件下，营销一般主要是站在卖方的角度研究产品如何售卖与推广的问题；而商务既要站在买方的角度研究供应与采购问题，又要站在卖方的角度研究产品的售卖与推广问题。

1.1.6 网络营销与传统市场营销的关系

网络营销作为一种全新的营销理念和营销方式，凭借互联网的特性将对传统营销方式产生巨大的冲击，但这并不等于说网络营销将完全取代传统的市场营销模式。网络营销与传统市场营销必将是一个相互配合、相互协调、相互融合，以致逐步整合的过程。

1. 网络营销与传统市场营销有着不重合的目标市场范围

网络营销的对象是网上虚拟市场，只能面对有上网条件的顾客，所覆盖的市场范围也只是整个市场中的一部分。目前，通过互联网购物的消费者所占比例还很小，即使网络普及程度极高，也会有许多消费者由于种种原因不能或者根本不愿意使用互联网，如老人或落后国家与地区的消费者，所以网络营销难以覆盖这部分市场，而传统市场营销方式则可以面向这部分市场开展营销活动。

2. 网络营销与传统市场营销有着相互不可替代的特性与优势

网络营销作为一种有效的营销方式虽然有着自己独特的特性和优势，但不可否认的是，网络营销也有着诸多缺点与不足。互联网毕竟只是一种营销工具，面对着有灵性的人，一些以人为主的传统营销策略所具有的独特的亲和力是网络营销无法替代的。例如，由于网上市场的虚拟性，网上购物很难满足消费者人际交流、人性化沟通的心理需要，不能满足消费者社交与尊重的心理需要，不能通过购物满足消费者体现自己社会地位与价值的炫耀性心理需要；网络营销需要有完备的物流配送网络和完善的电子支付体系；需要有专门的法律体系来规范；只能面对有上网条件的顾客；营销过程过分依赖互联网，影响或降低了顾客的判断力，降低了产品质量的保证性、可靠性与安全性等。同时，消费者也有着各自的偏好和习惯，许多消费者不愿意通过互联网购物，而习惯在商场中一边购物一边休闲。

3. 网络营销与传统营销分别有着能发挥自身优势的产品类型

客观地说，不是所有产品都适合网络营销，也不是所有产品都适合传统市场营销；产品营销的全过程不都适合在网上完成，也不都适合在网下完成。在产品交换过程中，一般要发生信息流、资金流、物流和商流四个基本要素的流动，其中最能发挥网络特性与优势的是信息流与资金流，不容易通过网络完成的是物流。因此，一般来说，容易数字化的、不具实物形态的无形产品适合在网上营销。而那些有形实体产品则可以通过网络营销进行宣传推广，再通过网下营销进行人员推销与物流配送。

4．网络营销与传统营销模式需要有效整合

网络营销不是万能的，它不能取代传统的营销方式，因为传统营销的许多优点是网络营销所无法取代的。在企业的营销战略中，网络营销与传统营销是相互促进和补充的，企业应该根据营销目标的要求和细分市场性质，以最低成本实现最满意营销效果为准绳，整合网络营销和传统营销模式，以实现最佳的营销目标。

知识拓展：O2O 营销模式（Online To Offline）是指线上与线下商务营销活动的密切配合，线上服务可以作为线下交易的前台与展示或交流平台，线下优质的服务也能给线上平台带来更多的流量或形成良好的品牌效应，二者相得益彰、相互促进。例如，一些必须到店消费的商品和服务，如餐饮、健身、电影、演出和美容美发服务等，就可以通过打折、提供信息、服务预订等方式，把线下商店的消息推送给互联网用户，从而将他们转换为自己的线下客户。

如图 1-2 所示，象限 1 表示网上营销活动获得网上收益，象限 2 表示网下营销活动促进网上收益的形成，象限 3 表示网上营销活动促进网下收益的形成，象限 4 表示传统的网下营销获得网下收益。显然，象限 1 属于完全的网络营销，象限 4 属于典型的传统营销，在营销实践中，更多的情形属于象限 2、3 所标示的网络营销与传统营销的整合应用。

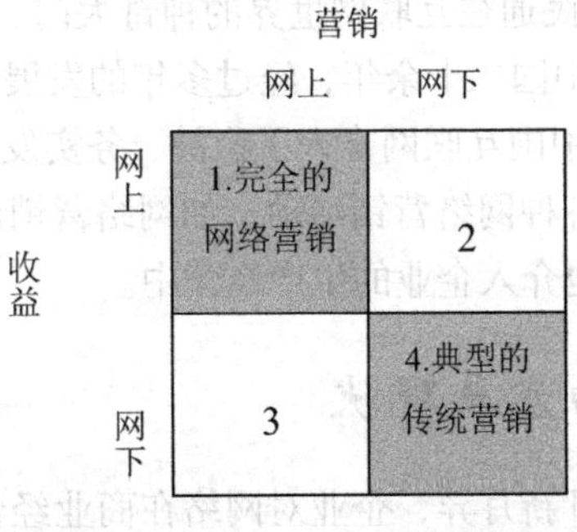

图 1-2　网络营销与传统营销的整合

1.2 网络营销的产生与发展

1.2.1　网络营销的产生

1．国外网络营销的产生

网络技术特别是互联网技术的应用是网络营销实现的基础，互联网的普及和广泛应用是网络营销产生和发展的必要前提。互联网的前身是美国国防部为支持国防研究项目于 20 世纪 60 年代末 70 年代初建成的阿帕网（Arpanet），建设该网的目的是把美国各大院校和科研机构的计算机连接起来，实现各地数据、程序、信息的网上软硬件共享，以更好地服务于军事研究。20 世纪 80 年代以后，阿帕网的性质逐渐从军事科研网转变为民用商业网，其发展规模便迅速扩大，应用领域迅速拓展，很快发展为全球最大的计算机网络系统。随着各国对互联网商业使用政策的逐步放宽，互联网已经不仅局限于信息的传递，还开始出现了网上信息服务。许多机构、公司、个人将收集到的信息发放到互联网上，以提供信息查询和信息浏览服务。许多商业机构也很快发现了它在通信、资料检索、顾客服务甚至在商业贸易和营销方面的巨大潜力，于是，世界各地的企业和个人纷纷涌入，在全球范围内掀起了一股应用互联网的热潮。世界各大公司纷纷上网提供信息服务和拓展自己的业务范围，并积极利用互联网改组企业内部结构和发展新的营销管理方法，此时的互联网才真正发挥出其巨大的作用。

1994 年，基于互联网的搜索引擎网站 Yahoo!、Infoseek、Lycos 等站点诞生。1994 年 10 月 14 日，美国著名的“连线”网（www.Wired.com）在其主页上刊登出 AT&T 等 14 个客户的旗帜广告，网络广告首次面世，标志着网络营销实践的出现。

网络蕴藏市场无限，孕育商机万千，网络营销极具广阔的发展前景，必将成为 21 世纪企业营销的主流。

2．我国网络营销的起步与发展

我国于 1993 年 3 月与互联网接通，1994 年 3 月获准加入互联网，同年 5 月我国联网工作全部完成，政府对互联网的进入表示认可，并确定中国的网络域名为.CN。中科院高能物理所的 Ihepnet 与互联网的连通迈出了中国和世界各地数百万台计算机共享信息和软硬件的第一步。1995 年 8 月在北京召开的高能物理大会上确定中国网向全世界开放。1997 年 3 月，中国第一个商业性的网络广告出现在 Chinabyte 网站。1997 年 5 月，网易中文全文搜索引擎 www.yeah.net 投入服务。1998 年 2 月，中国首家大型分类查询搜索引擎搜狐诞生。从此，“出门靠地图，上网找搜狐”，搜狐打开了中国网民通往互联网世界的神奇大门。

2017 年，互联网正式进入中国二十余年，经过多年的发展，从最初的“接入为王”到“内容为王”，再到“应用为王”的中国互联网步入了稳健、务实发展的阶段。目前，网络营销已开始受到我国企业的广泛重视，各种网络营销活动，如网络营销调研、网络广告、网络分销、网络促销等正在大规模、高速度地介入企业的生产经营中。

1.2.2 我国网络营销的发展现状

在我国，随着网络发展的日新月异，企业对网络在商业经营活动中的重视逐渐加强，网络的商业应用前景极为广阔，但与美国等互联网应用已较成熟的国家相比还有一定的差距。与发达国家相比，我国网络营销发展的总体水平较低，目前存在的问题主要表现在以下几个方面。

（1）企业网络营销意识不强，知识不足

我国企业在网络营销方面的差距不仅表现在硬件和操作技术方面，在观念认同方面的差距也是十分明显的。大部分企业网络竞争意识不强，对网络营销的认识不清，没有充分意识到知识经济时代抢占网络这一虚拟市场对赢得企业未来竞争优势的必要性与紧迫性。企业经营者和领导者需要更多地学习与了解网络营销知识，形成科学的网络营销意识，树立正确的网络营销观念，切实认识到网络经济对企业经营管理的冲击，从而把握网络经济给企业带来的机遇。

（2）网络营销效果不佳，方式不活

目前，大部分上网企业的网络营销仅仅停留在网络广告、网络信息发布及网络促销等几个环节上。有的企业甚至只是将企业的厂名、产品照片、公司地址、联系电话、公司简介、总裁头像“上传”到网上而已。一些企业虽然拥有了自己独立的域名、网址，但多数只在网上开设了主页和电子邮件地址，既没有对企业产品及企业形象作具体、系统的介绍，也没有借助网络开展营销活动。企业对网络资源的开发利用率很低。显然，网络资源在企业营销活动中的巨大优势与深厚潜力远远没有被挖掘出来。

（3）网络营销策略水平不高，效益不佳

目前，我国企业对网络营销策略缺乏系统的研究，还没有形成一套适合我国国情的网络营销策略。不少企业还只是搬用过去的网下营销策略，不能充分发挥网络营销的优势，不能产生较高的网络营销效益。据悉，目前全国开通网上购物的商业企业，鲜有盈利的，不少网上商店开张不久即宣布倒闭，许多电子商务企业经营寿命很短，基本上是各领风骚几年。

（4）网上购物安全性低，诚信环境差

目前，我国的信用体系还不健全，假冒伪劣、山寨水货商品难以禁绝，欺诈、蒙骗时有发生，网络交易行为缺乏严厉的自律和强有力的规范。发展网络营销，迫切需要建立比较成熟和规范的社会信用环境，建立并完善相应的法律法规和第三方认证制度。

（5）网络营销技术性较强，曲高和“难”

首先，顾客受传统购物观念的束缚，为数众多的顾客认为网上商品看不见摸不着，对质量不放心，而宁愿自己去商场购买。对顾客来说，“摸不着产品、看不见结算”，总有点担心。这种眼见为实的购买心态及对新事物的不信任感在一定程度上也制约着网络营销的发展。其次，网络营销的一个首要前提是，顾客必须都是网络、电脑操作的高手。但是，由于人们年龄、职业、收入水平、受教育机会等主客观因素的制约，我国仍有为数众多的人（特别是占全国总人口近 70%的农村消费者以及占总人口近 7%的老年人口）属于电脑盲或上不了网的顾客，他们几乎没有使用计算机网络以及获取网络营销产品、服务的机会或操作能力。再次，企业信息管理与分析能力低，缺乏既懂网络技术又懂营销管理的复合型人才，多数传统企业、中小型企业对网络营销望而却步，也是制约网络营销发展的一大障碍。

（6）网络营销环境不规范，网络营销服务不完善

尽管经过十多年的发展，我国企业网络营销意识及水平都有了快速的发展，网络营销总体环境也有了较大的改善，但网络营销环境不规范、网络营销服务不完善还比较突出。例如，网络营销理论研究还滞后于网络营销实践，缺乏对企业网络营销实践有效的指导；网络营销相关法律法规还不健全，缺乏对网络营销活动有力的规范与保障；网络营销服务市场虽也蓬勃发展，但基本上还停留在初级的技术层面，缺乏对企业网络营销战略规划性指导；网络营销人才培养无论是从数量还是从质量方面考量，都远难满足企业网络营销实践的需要……

1.2.3 网络营销的发展趋势

随着网络技术的发展，网络营销的普及，网络营销发展将呈现如下几个方面的突出变化。

1. 网络营销主体多元化、社会化

随着网络普及率的快速提高，网络营销主体将由以往以网络企业、电子商务企业为主体，转变为以个人、非营利组织、传统企业、网络公司、电子商务企业、城市、地区、国家、政府等多元化主体并存的局面。

小资料 2011 年 2 月，著名 IT 风险投资人约翰·杜尔（John Doerr）提出 SoLoMoCo 概念，即“社交化（Social）+本地化（Local）+移动化（Mobile）+商业化（Commerce）”。SoLoMoCo 概念风靡全球，被一致认为网络未来发展趋势。

社会化营销的媒体环境逐渐成熟，传统的营销理念面临挑战，这是全球数字营销领域共同面对的问题。如图 1-3 所示，我国学者冯英健认为，从企业角度而言，网络营销思维模式及典型方法演变大体呈现出技术思维、运营思维、全员营销及社会化思维的发展阶段，分别应用于基础网站建设、网站推广、Web2.0 营销及 SNS 营销四个方面。其实，四个发展阶段呈现出了企业在网络营销运作中的环环相扣，从单兵作战到协同发展再到以公司为核心的社会群体网络的发展规模，深切反映出未来国内网络营销的走向。

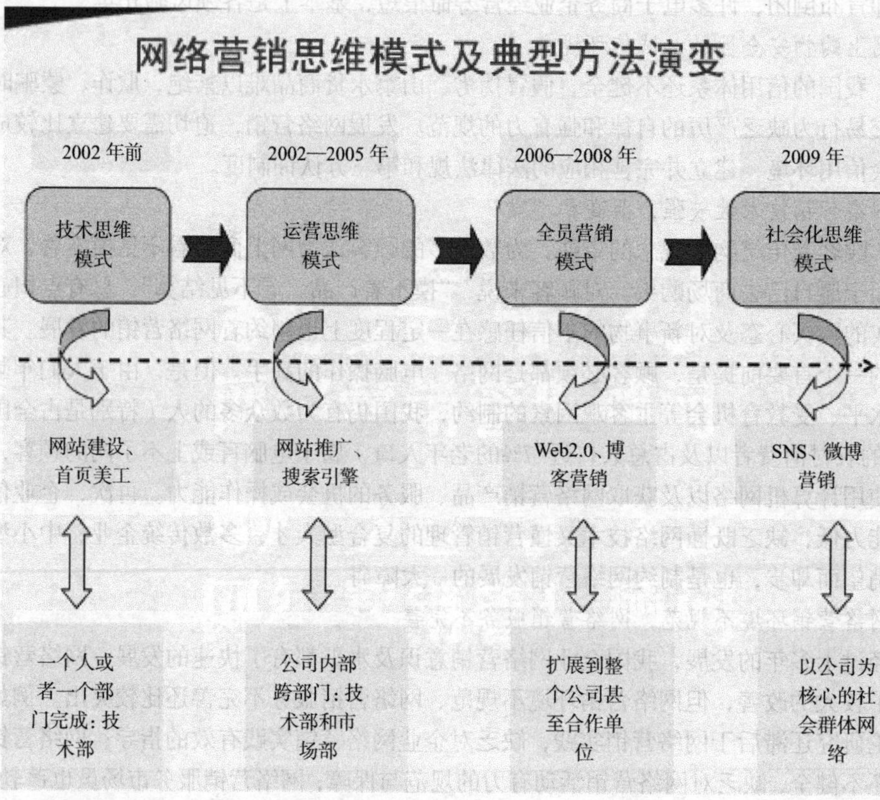

图 1-3　网络营销社会化过程

2．网络营销运作战略化、整合化

各类网络营销的重点也将逐步由各自为政、零敲碎打、支离分隔、目标短视的各种网络营销技术或策略应用，走向并实现齐头并进、步调一致、整体协调、高瞻远瞩的整合性战略营销。

互联网在中国乃至全球正在发生着一场革命性的变化，新的互联网应用如社交网络、视频以及移动互联网的蓬勃发展，使得网民由“门户时代”的信息获取者转变成信息的评论者和传播者，传统的媒体格局被打破，大众传播重新架构，信息获取呈现出碎片化趋势。面对这种变革，如何重构媒体、用户和广告主之间的互动关系，让网络营销有的放矢，跟上这种变化趋势，探索出一条适应当前互联网营销的新路，成为业界深入探讨的话题。

一个广告主跟搜狐视频合作一个网络剧，之前会通过搜狐的微博进行女主角和男主角的选拔，选拔之前会在搜狐娱乐的媒体上进行预热。选拔出来以后，会通过搜狐的娱乐频道进行新面孔推介的宣传。整个营销会贯穿微博、门户媒体、娱乐媒体、视频的整合营销。

3．网络营销运营品牌化、专业化

在网络营销主体多元化的局势下，资产上亿的企业与平民个人网商也可能在网络市场上争夺同一个顾客，谁胜利、谁失败，全无定论。网络交易中的诚信危机、信息不对称、安全顾虑等问题，都将迫使消费者的网购决策趋向认牌购物。网络营销主体规划实施网络营销品牌战略将显得尤为重要。

放眼望去，在海量的网络营销、电子商务网站中，能够脱颖而出的经营网站实在少而又少，企业不得不面对与开展传统商务活动同样的定位问题。是“别人能做，我也要做”，还是“只做我擅长的”，从而发挥优势，扬长避短？随着网络营销、电子商务的规范发展和成熟运作，只有走有特色的专业之路，而不是盲目跟进，才能真正实现企业电子商务的生存与发展。

4．网络营销管理标准化、规范化

随着国家对网络营销、电子商务法律法规、政策的日益健全，随着网络市场的日益成熟，随着网络市场竞争的日益激烈，企业的网络营销管理必须实现规范化与标准化，只有规范化管理与标准化实施，才能在网络市场上树立起长久的品牌，立于不败之地。

5．网络营销策略个性化、即时化

移动互联网使网络无处不在，社会化媒体使网络的双向、互动性进一步彰显，互联网应用更趋多元化，这些都使网络营销在由“单向”、“被动”的 1.0 时代转向“互动”、“分享”的 2.0 时代后，又显示出向“个性”、“即时”、“多元”和“立体”的 3.0 时代转变的趋势。

1.3 无线网络营销

1.3.1 无线网络营销的概念与特点

1．无线网络营销的概念

网络营销的发展是伴随着网络技术的发展而发展的。随着计算机网络技术的迅猛发展，特别是无线通信技术的发展，互联网已形成一个辐射面更广、交互性更强的新型媒介。

企业开展的无线网络营销包括三个层次的内容：首先，企业利用通过无线传输介质建立的企业内网或局域网开展营销工作，这种营销方式的便利性主要体现在酒店管理、超市营销等领域；其次，局限于移动通信网络内部的商务营销工作。移动通信网络在很大程度上复制了有线互联网，手机相当于电脑，手机号码就像互联网的 IP 地址，而移动运营商的网络就像互联网，基于无线域名，用户可以建设自己的无线网站，这些网站可以根据自己的需要放置企业和个人的基本信息，规模宏大的手机用户就可以随时访问这些无线网站，获取和交流信息。这样，庞大的手机网络就变成了一个“无线互联网”；最后，利用无线终端设备接入互联网开展营销工作。企业利用移动通信设备及其附属产品，可以向目标顾客传送营销信息，接受供货商的订货信息，为目标顾客提供新的支付手段，或者向目标顾客提供服务产品或销售服务等，如图 1-4 所示。

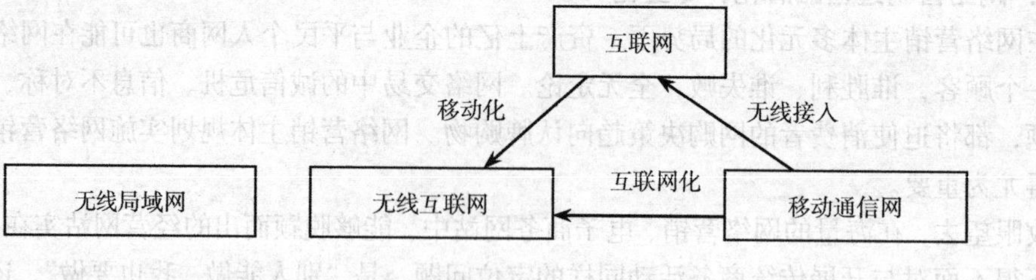

图 1-4　无线网络营销的内容

2．无线网络营销的特点

（1）接入网络终端的多样性与移动性

无线网络营销接入无线网络与互联网的移动终端设备具有多样化与移动性的特点，大大扩展了网络营销的空间，它将刺激消费并带来更为方便的客户进行交互沟通。大众人群 30%的注意力，主流人群 50%以上的注意力已经转移到移动终端上。

（2）用户规模大，增速快，普及率高

我国移动电话用户的总数已远远超过了互联网用户数，中国已经成为名副其实的全球第一大手机市场，移动电话已经成为第一网络终端，PC 上网主要是工作，而手机则是工作+生活+娱乐的全终端。因此，无线网络营销的目标顾客群规模及增长速度都是比较乐观的。

（3）"网络随身，世界随心"，真正做到随时随地做营销

通过无线网络营销，无论人们身在何处，都可以在线向商家发送订货单，购买自已所需要的产品，查询股票行情，阅读新闻报道，甚至进行在线交易与支付。这一切都因基于新一代互联网和无线互联技术的网络营销新模式而变成现实，现在，随时、随地、随身、随心所欲的网络营销也已成现实。

（4）购销双方互动性更强，营销者主动性更强

无线网络营销还有定向性、及时性和互动性等特点。有线网络营销虽然体现了顾客的主动性与买卖双方的互动性，但是不容忽略的一个问题是，作为卖方的企业即使 1 天 24 小时在线，如果目标顾客不上网，企业的网络营销工作再完美也是枉然。而实施无线网络营销，只要目标顾客移动设备（如手机）处于开机状态，企业就可以主动开展网络营销，可以及时传递与沟通营销信息。

1.3.2　无线网络营销策略

1．定向营销

移动定向营销的实质就是根据企业的特定需求，把企业特定的商业信息在特定的时间通过第五媒体（手机）以特定的方式传递给特定的用户，达到特定效果的一种营销方式，从而为企业节省大量的推广成本，提高营销的精确性和有效性，实现企业营销效果的最大化。其目的主要以开拓新市场，寻求新客户为主。具体体现为获取资料，建立客户资料数据库；锁定目标用户群，挖掘高端客户；分析反馈数据，评估营销效果等几个方面。

知识拓展：LBS（Location Based Service）是基于移动位置服务的应用，是通过电信移动运营商的无线电通信网络或外部定位方式（如 GPS）获取移动终端用户的位置信息，在地理信

息系统平台的支持下，为用户提供相应服务的一种增值业务。

LBS 作为一种新兴的应用，依托 GPS 定位等新技术，能够极大地方便人们的生活，并为用户带去实惠。我们来设想一个场景：一个人走在路上，觉得累了又有些口渴，此时能做的应该是找一家咖啡店或冷饮店喝点东西，休息一下，仅此而已。如果是 LBS 用户呢？这个时候就可以掏出手机，登录 LBS 客户端，搜索一下附近有哪些 LBS 服务商的签约商家，可以享受多大幅度的消费优惠等。同时，搜索一下是否有好友在附近，或是随手拍一张附近的照片上传到 LBS 平台，等待好友按照图片显示的位置找到自己。几分钟之后，在一家冰激凌店里，与同样在附近的好友一起聊天并享受着比其他顾客更多的优惠，甚至商家免费赠送的冷饮。

目前使用 LBS 服务来进行营销的商家很多，国外的有麦当劳、耐克、星巴克等，国内的有凡客诚品、糯米网、拉手网等，都利用 LBS 服务来进行营销。

LBS 类社交网站是继 SNS 之后的又一亮点。街旁网是中国领先的基于位置的移动社交服务，旨在为世界上最大的移动互联网用户群创建基于位置的社交网络服务。使用街旁，用户可以在所在的位置"签到"，赢取徽章，成为地主，获取来自街旁合作伙伴的特殊优惠，并最终与好友分享他们的与地理位置相关的社交活动，并可以同步到中国新浪微博、开心、人人和豆瓣等社交网络上。

思考：联系实际思考，企业可以应用 LBS 技术开展哪些网络营销活动。

2. 移动促销

企业主要利用移动网络开展促销、广告、公共关系等活动。手机广告可以以文字、图片、优惠券、二维码、视频、电话号码、手机外呼等作为传播形式，以短信息、WAP、语音等各种业务为传播载体向手机用户传递广告信息。

3. 产品销售

首先，可以通过移动电话接入互联网，登录网上商店进行选购商品、订单确认、订单查询、货款支付等。例如，阿里巴巴网站可以下载手机版的贸易通，从而可以通过其网站开展商务活动。其次，还可以完成订票、购票、发票、支付等业务。再次，可以传递股市行情、数据签名、事件通知等服务。最后，提供收费邮箱、网络游戏、收费浏览信息等服务。无线网络销售模式如图 1-5 所示。

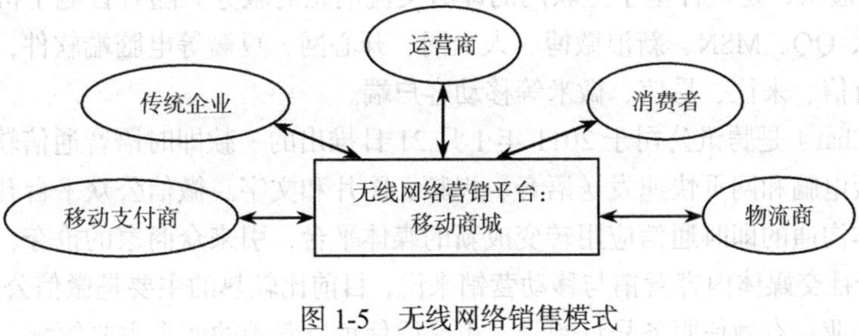

图 1-5　无线网络销售模式

4. 移动支付

由于手机 SIM 卡具有身份识别的功能，因此基于银行卡号与手机卡号的唯一性，将银行卡和手机进行技术关联，用户在普通 SIM 卡的手机上就可以使用移动支付功能。在手机支付过程中，商户可以使用无线或有线 POS 机打印消费单据。目前，手机支付的形式主要有以下 3 种。

（1）手机银行

手机银行就是通过移动通信网络将客户的手机连接至银行，实现通过手机界面直接完成各种金融理财业务的服务系统。客户使用装有银行密钥的大容量 SIM 卡，即 STK 卡，通过移动电话网的短消息系统，利用其提供的智能菜单进行操作，将有关银行账户、个人密码、业务代码、交易数额等信息发送至相关银行，由银行计算机处理后将结果返回手机，完成手机银行的服务项目。

（2）手机钱包

手机钱包也称小额移动支付，主要是由移动运营商和移动商务 SP 共同推出的构建在移动运营支撑系统上的移动数据增值业务的应用。用户可以随时随地地通过手机使用移动商务 SP 提供的服务，如投注彩票、购买电话卡、泊车、网站购物等。

用户只需开通手机支付业务，系统将为用户开设一个手机支付账户，用户可通过该账户进行远程购物，若用户在中国移动营业厅更换一张手机钱包（此功能需先更换 RFSIM 卡），则可以使用手机在部分有中国移动专用 POS 机的商家（如便利店、商场、超市、公交）进行现场刷卡消费。轻松支付，随“机”消费，真正实现“一机在手，走遍神州”。

（3）移动支付

移动支付是在移动运营商和商业银行之间加入的第三方机构，如中国银联，从而实现“一点接入，多家服务”的效果。

5. 短信调查

短信通信资费低廉、使用方便，短信投票应用十分普遍。企业可以通过基于短信技术的移动商务系统，收集有关资料信息，进行营销调研。例如，企业营销各终端员工、目标顾客可以将短信发送至特定的 GSM 号码，再汇总到企业的短信中心服务器，而一些专用的移动商务系统还可以根据短信数据进行分析。

6. 移动搜索

移动搜索满足了用户随时随地获取信息的需求，移动搜索市场存在着巨大的商业价值。由于手机具有地域性强、服务直达终端、随时随地接入等优点，使得本地生活信息搜索的发展呈现快速上升的势头。

7. 无线社交营销

IM 即即时通讯，是一种基于互联网的即时交流消息的服务。随着智能手机的推广，中国人的社交选择从 QQ、MSN、新浪微博、人人网、开心网、豆瓣等电脑端软件，扩大到微信、米聊、陌陌、有信、来往、易信、微米等移动客户端。

微信（WeChat）是腾讯公司于 2011 年 1 月 21 日推出的一款即时语音通信软件，用户可以通过手机、平板电脑和网页快速发送语音、视频、图片和文字。微信公众平台开通之后，立即使其从一款个体沟通的即时通信应用转变成新的媒体平台，引来众商家的抢夺，微信营销风潮迅速高涨。对于社交媒体内容营销与移动营销来说，目前比较热的主要是微信公众号、微信群、微信朋友圈、企业自有微信服务号订阅号，也是微信可以营销的四个主要领域。

8. 二维码营销

二维码又称二维条码，它是用某种特定的几何图形按一定规律在平面分布的黑白相间的图形，用来记录数据符号信息。其最大优点是具有一定的安全性，防伪性强，并且纠错能力强，不易破损。目前二维码技术广泛应用在智能手机，用户通过它扫码就可以实现在手机上跳转网站，在手机上买卖东西，在手机上推送优惠券，在手机上抽奖促销，在手机上播放媒体广告，在手机上存储名片等。以优惠券为例，与印制传统优惠券相比，二维码技术能节省近 80%的费用支出。

9. APP 营销

随着智能手机和 iPad 等移动终端设备的普及，人们逐渐习惯了使用 APP 客户端上网的方式。APP（application）营销指的是通过智能手机的第三方应用程序营销，主要通过特制手机、社区、SNS 等平台上运行的应用程序来开展营销活动。APP 营销一方面可以积聚各种不同类型的网络受众，另一方面借助 APP 平台获取流量，其中包括大众流量和定向流量。比较著名的 APP 商店有 Apple 的 iTunes 商店，Android 的 Android Market，诺基亚的 Ovi store，还有 Blackberry 用户的 BlackBerry App World 以及微软的应用商城。而目前国内各大电商，均拥有了自己的 APP 客户端。例如，本地服务类 APP 有大众点评、豆角优惠、今夜去哪儿、丁丁优惠、艺龙在线等；网购的有淘宝、京东商城、当当网、乐蜂网等；以分享为主的有美丽说、蘑菇街等；理财类的主要有同花顺、腾讯操盘手等。

实例　许多人总是因为赖床耽误上班，星巴克为此推出一款闹钟形态的手机 APP：EarlyBird（早起鸟）。用户下载后，设定起床时间，闹铃响起后，只需按提示点击起床按钮，就可得到一颗星，如果能在一小时内走进任一家星巴克，就能以 6~7 折的价格买到一杯平价咖啡。这款 APP 就成功地让你从睁开眼睛的那一刻起便与品牌联系在一起。

【复习思考】

1. 什么是网络营销？网络营销的内容有哪些？你是怎样理解的？
2. 与传统市场营销相比，网络营销具有哪些特点与优势？
3. 我国企业开展网络营销目前还有什么障碍？企业应采取什么对策？
4. 根据互联网在企业营销活动中的应用程度，企业的网络营销活动可以划分成哪几个层次？
5. 网络营销与电子商务、网上销售及传统市场营销有何关系？
6. 联系实际谈谈我国企业开展网络营销的必要性与可能性。
7. 网络营销与传统营销相比有哪些缺点？
8. 无线网络营销策略有哪些？

【技能训练】

1. 微软公司的浏览器软件是（　　）。

　A. Outlook Express　　B. Internet Explorer

　C. Navigator　　D. Windows98

2. E-mail 是指（　　）。

　A. 浏览器　　B. 主页　　C. 防火墙　　D. 电子邮件

3. Internet 诞生于 20 世纪（　　）年代。

A. 60　　B. 70　　C. 80　　D. 90

4. 网络营销诞生于20世纪（　）年代。

A. 60　　B. 70　　C. 80　　D. 90

5.（　）是合法的电子邮件地址。

A. xixi.163.com　　B. xixi@163.com

C. xixi.163@com　　D. @xixi.163.com

6. 一方面企业积极向目标顾客展示商品和服务信息，另一方面顾客也在通过网络查询相关商品的信息，这体现了网络营销的（　）特点。

A. 整合性　　B. 主动性　　C. 便利性　　D. 互动性

【实习实践】

1. 通过Telnet登录到瀚海星云BBS站。

操作方法一：单击“开始”→“运行”命令，出现“运行”对话框；在“打开”下拉列表框中输入“telnet BBS.ustc.edu.cn”，然后单击“确定”按钮。

操作方法二：在IE窗口的地址栏内输入“http://BBS.ustc.edu.cn”，然后按回车键。出现主页后，单击“Telnet”超链接文本，就会出现telnet超级终端窗口。该站提供了一个公共账号，使用者输入规定的通用姓名（guest）和通用密码，就能注册进入，当然这只能浏览一些公开版面。若是合法注册的用户还可以发表文章、发邮件等。

2. 登录中国黄页网（www.yellowurl.cn）、中国114黄页（www.114chn.com）体验企业黄页、产品黄页知识，实践发布供应信息、求购信息，创建商铺等项目。

3. 搜索“网络营销”一词，了解网络营销的基本概念，结合教材内容进行归纳总结，写一篇介绍网络营销的短文（1 000字左右）。

4. 熟练掌握IE浏览器的各种功能。

5. 登录K68（www.k68.cn）、猪八戒网（www.zhubajie.com）、华人沃客（www.cnw2.com）等沃客网站，看能否发现一个展示自己才能与勤工俭学的机会。

6. 网络营销学习的111工程：每位同学申请一个邮箱、使用一个IM（即时通信）工具（QQ、MSN、HI、UC等）、建立一个博客、管理一个（百度）帖吧（或论坛）、网上购物一次、电子支付一次、发布信息一次、收集信息一次、分析一个网站、申请一个域名、建设一个网站（或网店）。

7. 登录http://bbs.nankai.edu.cn、http://bbs.sjtu.edu.cn、http://bbs.neu.edu.cn、http://bbs.tju.edu.cn、http://bbs.xhu.edu.cn、http://bbs.xjtu.edu.cn，了解BBS有关知识，思考企业如何利用这些BBS站点开展营销活动。

8. 登录新浪网（www.sina.com.cn），注册免费邮箱，以供本课随后的技能实践使用。

9. 启动浏览器，在地址栏中输入http://china.alibaba.com、慧聪网（www.hc360.com）点击论坛，注册后登录，实践收集与发布商务信息项目。

10. 二维码营销实训

加盟“二维码”营销平台，项目方有一个二维码自动生成平台，只需要将相关的内容输入进去，就能自动生成二维码，例如微信公共账号的申请推广等。

第 2 章 网络营销理论与观念

✎ 对应工作（岗位）

网络营销经理或网络营销总监、网络营销主管、网站管理（建设、维护、推广）员、网络推广员、网络调研员、搜索引擎营销员、在线客服、跟单交易管理员、商品管理员、价格管理员、网络促销员、网站广告员、网络编辑、网络公关员

应知应会内容

☑ 全面了解并正确理解现代网络营销的观念及理论
☑ 树立科学的现代网络营销理念、互联网思维
☑ 有效贯彻网络营销观念到网络营销实践
☑ 科学分析与判断网络营销问题

营销观念是企业制定营销战略、实施营销策略、组织开展营销活动所遵循的一系列指导思想的总称。一方面，网络营销实质上还是一种营销活动，所以网络营销仍然要坚持营销活动的一些基本的营销观念；另一方面，在网络经济环境与电子商务商业模式下，网络营销不但要适应这种环境变化的要求，还要贯彻一些新的指导思想。

网络营销的首要环节是要通过教育、培训、引导、说服等一系列活动使企业全体员工树立起科学正确的现代营销观念。

2.1 典型的五种营销观念

以西方市场经济发达国家特别是美国工商企业实践为例，企业典型的市场营销观念如图 2-1 所示，可归纳为五种，即生产观念、产品观念、销售观念、市场营销观念和社会市场营销观念。其中，前三者属于传统市场营销观念，后两者属于现代市场营销观念。

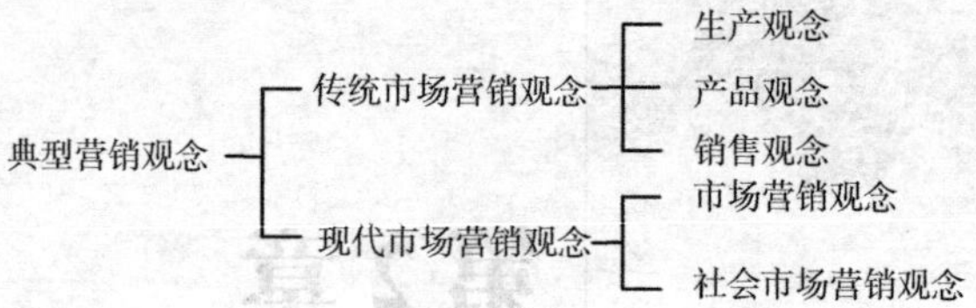

图 2-1　典型的五种营销观念

2.1.1　传统市场营销观念

1．生产观念

生产观念是指导企业市场经营行为的最古老的观念之一。这种营销观念产生于 20 世纪 20 年代以前，其考虑问题的出发点是企业的生产能力与技术优势；其观念前提是“物以稀为贵，只要能生产出来，就不愁卖不出去”；其指导思想是“我能生产什么，就销售什么，我销售什么，顾客就购买什么”；遵循这种营销观念的企业的主要任务是“提高生产效率，降低产品成本，以量取胜”。

2．产品观念

产品观念也是一种较古老的企业市场营销观念。这种观念的出发点仍然是企业的生产能力与技术优势；其观念前提是“物因优为贵，只要产品质量好，就不愁卖不出去”；其指导思想仍然是“我能生产什么，就销售什么，我销售什么，顾客就购买什么”；遵循这种营销观念的企业的主要任务是“提高产品质量，以质取胜”。

3．销售观念

销售观念或推销观念，产生于 20 世纪 20 年代末至 50 年代前，是为许多企业所遵循的另一种营销观念。这种营销观念的出发点仍然是企业的生产能力与技术优势；其观念前提是“只要有足够的销售（推销或促销）力度，就没有卖不出去的东西”；其指导思想是“我能生产什么，就销售什么，我销售什么，顾客就购买什么，货物出门概不负责”；遵循这种营销观念的企业的主要任务是“加大销售力度，想方设法（不择手段）地将产品销售出去”。

2.1.2　现代市场营销观念

产生于 20 世纪 50 年代中期，第二次世界大战后，欧美各国的军事工业很快转向民用工业，工业品和消费品生产的总量剧增，造成了生产相对过剩，随之导致了市场上的激烈竞争。在这一竞争过程中，许多企业开始认识到传统的销售观念已经不能继续适应市场竞争的需要，于是它们开始关注消费者的需要和欲望，并研究其购买行为。企业开始从以生产管理为中心，转向了以消费者需求为中心，从此结束了企业“以产定销”的局面，标志着现代市场营销观念的产生。

1．市场营销观念

市场营销观念是应对上述诸观念的挑战而出现的一种新型的企业经营哲学。这种营销观念的出发点是顾客的需求；其观念前提是“产品只要能满足顾客的需求，就能销售出去”；其指导思想是“顾客需要什么，企业就销售什么，市场能销售什么，企业就生产什么”；遵循这种营销观念的企业的主要任务是需求管理，即“发现顾客需求，设法满足顾客需求，通过满足顾客需要，实现企业盈利的目的”。

2．社会市场营销观念

网络营销作为一种市场营销活动，贯彻其始终，必须以消费者需求为导向。也就是说，网络营销要摈弃生产观念、产品观念、销售观念，遵循市场营销观念，即企业网络营销活动的开展要贯彻“顾客需要什么，企业就销售什么，市场能销售什么，企业就生产或提供什么”的指导思想。

社会市场营销观念是对市场营销观念的修正与完善，它要求企业在满足消费者需求的同时，还要兼顾企业盈利的需求、消费者的长远利益、社会的总体利益，如图 2-2 所示。

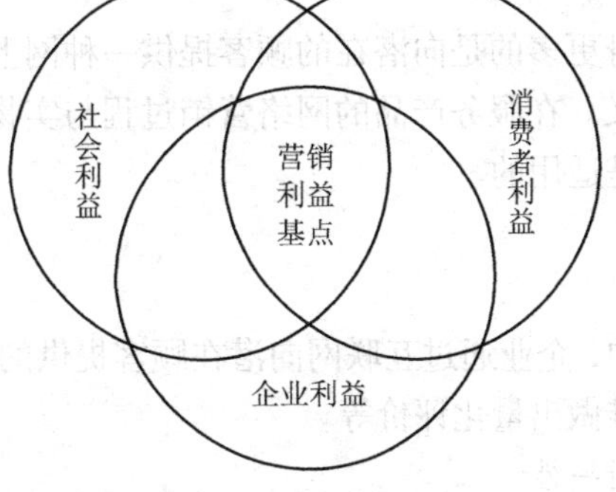

图 2-2　社会市场营销观念

2.2 现代市场营销观念的新发展

进入 20 世纪 80 年代以后，在企业的市场营销实践中，现代市场营销又有了新的发展，又出现了许多新的营销观念与理论。

2.2.1　顾客让渡价值理论

1994 年，菲利普·科特勒提出了“顾客让渡价值”理论，如图 2-3 所示。“顾客让渡价值”是指顾客总价值与顾客总成本之间的差额。顾客总价值是指顾客购买某件产品与服务所期望得到的一组利益，包括产品价值、服务价值、人员价值和形象价值等。顾客总成本是指顾客为购买某件产品所耗费的时间、精力、体力及所支付的货币资金等，包括货币成本、时间成本、精神成本和体力成本等。企业要想在竞争中获胜，必须能提供比竞争对手具有更大顾客让渡价值的产品。由此看来，它仍是以满足市场需求为核心的，它更适应当前竞争激烈的市场环境，而网络营销的实施也更有利于企业贯彻这种营销思想。

网络经济时代为顾客比较和评估不同企业的产品或服务的价值提供了十分便利的条件。因此，网络营销策划必须以贯彻顾客价值为导向：一是考虑如何通过改进产品、服务、人员与形象，提高产品的总价值；二是考虑如何通过降低生产与销售成本，减少顾客购买产品的时间、精神与体力的耗费，从而降低货币成本与非货币成本。贯彻这种营销观念，使企业在网络营销活动中，可以在为用户提供核心产品或服务的同时，尽量提供更多的附加产品或服务。

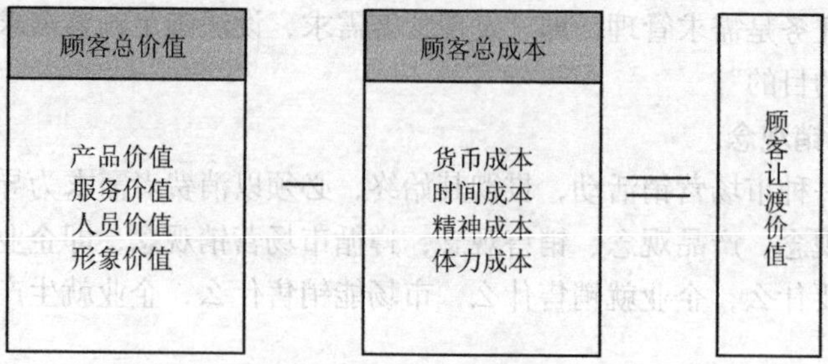

图 2-3　顾客让渡价值理论

2.2.2　服务市场营销理论

网络市场营销活动的本身更多的是向潜在的顾客提供一种网上服务。因此，服务营销理论对网络营销活动具有指导意义。在服务产品的网络营销过程与实物产品网络营销中的顾客服务活动中，服务营销的理论也是适用的。

1．服务产品的特征

（1）无形性

这是指在网络营销活动中，企业通过互联网向潜在顾客提供的服务是无形的、不可触摸的，顾客对网站提供的服务也很难做出量化评价等。

（2）生产与消费过程的同一性

这是指网络营销服务的提供与消费者的消费基本上是不可分离的。

（3）服务产品的非储存性

这是指不管顾客是否单击或浏览企业网站的信息，也不管顾客是否消费企业网站提供的服务，企业网站的服务都不能像实物产品那样在供过于求时储存起来，在供不应求时动用库存。

（4）服务产品交易过程中不存在所有权的转移

网站服务的提供与消费是同时进行的，所以网上营销并不会引起服务所有权的转移。

（5）服务产品质量的差异性

网络营销活动是一种互动的活动，因此网上服务质量的高低在很大程度上与上网顾客自身的主客观条件有关。

服务业的市场营销活动虽与产品营销有许多相同点，但也有自己的独特之处，这些特性是产品营销理论中难以囊括的。可以说，在营销观念树立、营销战略选择、营销环境分析等问题的基本思路方面，产品营销与服务营销是相通的，但在市场分析的侧重点、营销规划的着眼点、营销策略的落脚点等方面，服务营销是应该有其独特的考虑和要求的。

2．服务营销策略

服务市场营销组合策略可以概括为 7P 策略，即在传统的产品、价格、渠道和促销组合策略之外，增加了人（People）、服务过程（Process）和有形展示（Physical Evidence）3 个变量。

服务产品的生产与消费过程，是服务提供者与顾客广泛接触的过程，服务产品的优劣、服务绩效的好坏不仅取决于服务提供者的素质，也与顾客的行为密切相关，因而对服务员工素质的提高，加强服务业内部管理，研究顾客的服务消费行为十分重要。

由于服务产品的不可感知性，要求服务营销要研究服务的有形展示问题。服务过程是服务生产与服务消费的统一过程，服务生产过程也是消费者参与的过程。因此，服务营销必须把对顾客的管理纳入有效地推广服务及进行服务营销管理的轨道上。

2.2.3　直复营销观念

1．直复营销的概念

直复营销用英文表示为“Direct Response Marketing”，“Direct”即直接的意思，是指不通过营销中间商而直接由企业利用媒体面对顾客的营销活动。根据美国直复营销协会（ADMA）为直复营销下的定义，直复营销是一种为了在任何地方产生可度量的反应和（或）达成交易，而使用一种或多种媒体相互作用的市场营销系统。

2．直复营销的主要特征

（1）系统营销

直复营销是一种有效的营销系统，其目的在于成功地将产品由生产者转移至顾客。

（2）直接沟通

企业营销活动不通过中间商，而是借助各种媒体（如报纸、信函、电话、网络等）和顾客进行直接沟通。

（3）交互回应

企业与顾客建立互动关系，要求顾客对企业的营销活动特别是广告信息，能做出立即回应。因此，这就要求企业必须提供顾客回应必要的工具，如免费电话、回信卡、订购单、电子留言板等。

（4）回应可测

回应可测主要是指直复营销要求营销的结果是可以通过顾客的回应测量出来的。例如，网络营销活动中顾客对企业网络营销活动的反应可以直接通过单击率、计数器、邮件回复、营销数据库等得到回应。

（5）地点不限

直复营销不受以往网下营销销售地点的局限，可以在任何地点实现交易。例如，顾客可以在家里、在火车上、在办公室、在旅途中发出订单、支付款项等。

网络作为一种典型的交互式的可以双向沟通的渠道和媒体，可以很方便地在企业与顾客之间架起桥梁。顾客可以直接通过网络订货和付款，企业则可以通过网络接收订单、安排生产，并直接将产品送给顾客。

3．网络营销的直复营销属性

（1）交互沟通是网络营销的最大优势

直复营销作为一种相互作用的营销体系，特别强调企业与目标顾客之间的“双向信息交流”，克服了以往网下营销中营销者与顾客之间因“单向信息交流”方式而无法交互沟通的致命弱点。

（2）网络营销可以实现快捷回应

直复营销活动的关键是为每个目标顾客提供可以直接向营销人员反映的渠道，企业可以凭借顾客反映找出自身的不足，以调整自己的营销活动。而互联网信息沟通方便、快捷的特点使得顾客既可以方便地通过互联网直接向企业提出建议和购买需求，又可以直接通过互联网获取售后服务。

（3）网络营销可以实现随处可得的营销服务

直复营销强调在任何时间、任何地点都可以实现企业与顾客的“信息双向交流”，提供随处可得的营销服务，创造随处可得的营销机会。互联网覆盖全球的特点和 24 小时持续运行的特性，使顾客可以根据自己的情况任意安排上网获取信息的时间，并且可以在任何时间、任何地点直接向企业发出需求信息和做出购买回应。企业也可以利用互联网自动提供全天候网上信息沟通的特点，与顾客实现跨越空间和突破时间限制的双向沟通。

（4）网络营销的效果易于测量

直复营销活动最重要的特性是，营销活动的效果是可以测定的。互联网作为最直接的沟通工具，为企业与顾客进行交易提供了方便的沟通和交易实现平台。总之，网络营销的特性和优势说明它是一种有效的直复营销工具。利用网络营销这一特性，可以大大改进营销决策的效率和营销活动的效益。

2.2.4 整合营销观念

（1）整合营销的概念

整合营销（Integrated Marketing Communication，IMC）是欧美 20 世纪 90 年代以消费者为导向的营销思想在传播宣传领域的具体体现，其基本思想可以概括为以下两个方面：一是强调营销沟通中的统一计划，即把广告、营业推广、包装、公共关系等一切与企业的对外传播和沟通有关的活动都归于一项统一的活动计划中；二是强调统一的沟通口径，即企业应当以一致的传播资料面对消费者，综合运用和协调使用各种各样的沟通手段，使营销沟通能发挥出最佳的沟通效果。

（2）整合营销的 4C 思想

传统的市场营销组合策略是由美国密歇根州立大学迈卡锡教授提出的 4P 组合，即产品（Product）、价格（Price）、渠道（Place）和促销（Promotion）。这种理论的经济学基础是厂商理论，它仍然是以企业利润最大化为中心开展营销活动的，并没有真正认识到顾客需求的满足才是企业获取利润的唯一途径。

20 世纪 90 年代后期兴起的整合营销把企业营销战略的重心由 4P 转向了 4C，体现了现代整合营销理论强调顾客、注重沟通的思想。美国舒尔茨、劳特波恩等营销学家提出了整合营销的 4C 营销组合理论，其要点体现在以下 4 个方面，如图 2-4 所示。

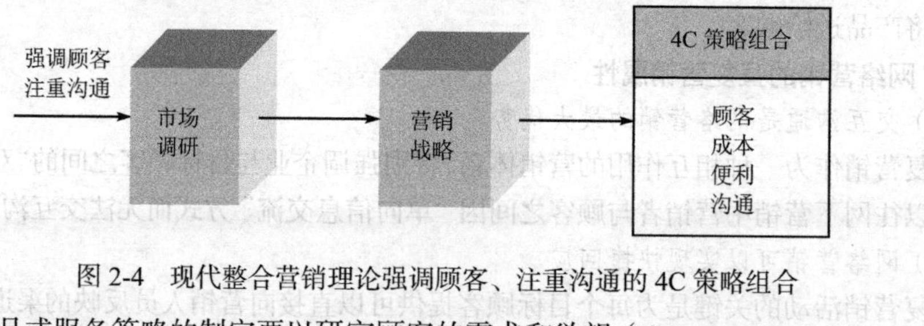

图 2-4 现代整合营销理论强调顾客、注重沟通的 4C 策略组合

1）企业产品或服务策略的制定要以研究顾客的需求和欲望（Consumer's Wants and Needs）为中心，向顾客提供能最大限度地满足其需求的产品和服务。

2）企业产品或服务价格的制定应以顾客为满足其需求所愿付出的成本（Cost）为中心，而非以企业生产产品或服务的成本为中心制定。

3）企业渠道策略的制定要以最大限度地向顾客提供便利（Convenience）为中心，企业先要考虑如何才能让顾客比较便利地得到企业的产品或服务，以此来制定企业的渠道策略。

4）企业促销策略的制定不能以企业为中心，不能以是否有利于产品的销售为中心，而应以顾客需求为中心，以与顾客能否实现充分的交流与沟通（Communication）为中心。

实例　土豆网发起一个“趣喝美汁源、一笑赢千金”的活动。这个活动可以说是网络整合营销的典范。活动取得了成功。当有人问起它们取胜的秘诀在哪里时，土豆网首席营销官王祥芸说：“我们只是遵循了 4I 原则”。4I 原则是指，网络整合营销应该遵循趣味原则（Interesting）、利益原则（Interests）、互动原则（Interaction）和个性原则（Individuality）。

2.2.5　定制营销

1．定制营销的概念

所谓定制营销，是指企业在大规模生产的基础上，将每位顾客都视为一个单独的细分市场，根据每个人的特定需求来安排营销组合策略，以满足每位顾客的特定需求。它是制造业、信息业迅速发展给企业带来的新的营销机会。

“定制”即量身定做，对人们来说并不陌生。在早期市场上，许多手艺人为顾客加工制作产品时，都采取“定制”这一做法。例如，裁缝根据顾客的身高、体形、喜欢的式样来为顾客定做服装；鞋匠根据顾客脚的尺寸及喜好设计制作鞋样等。即使在今天，仍有许多顾客定做西服、衬衫等产品。

知识拓展：2011 年 11 月，中国定制行业联盟在京成立。来自全国 300 余家高端定制品牌和个性服务提供商齐集京城，自发组成“定制行业联盟”。新成立的定制行业联盟是中国首个倡导个性化定制消费的行业组织，行业联盟成员涉及衣、食、住、行、休闲五大生活领域，既有国际知名品牌，也有独立设计师工作室；可提供的服务、产品琳琅满目，包括高端服装定制、手工箱包定制、家具家饰定制，以及私人游艇、私人飞机等。定制行业联盟的成立标志着中国高端消费市场的日趋完善，宣告中国个性化消费时代的来临。

2．网络定制营销的特征

网络技术的发展改善了企业与顾客的关系，随着企业与顾客相互了解的增多，营销活动将更适合定制，也更有可能定制。网络定制营销也称在线个性化定制（DIY Online），它区别于传统定制营销，具有如下特征。

（1）大规模生产

它仍然以大规模生产为基础，借助产品设计和生产过程的重新组合，来更好地满足顾客日益个性化的需求，同时又不失规模经济效益。

（2）数据库营销

企业在定制营销时，通常以顾客数据库作为营销工具。企业将自己与顾客发生的每次联系都记录下来，包括顾客购买的数量、价格、采购条件、特定需要、性别、年龄等详细的顾客信息。这样，企业可以通过数据库分析新老顾客的需求状况，从而制定更具针对性的营销策略。

（3）细分极限化

在定制营销中市场细分达到了极限，每位顾客都是一个子市场，企业要根据每个人的需要确定自己的营销组合。

（4）顾客参与设计

顾客参与性是指在定制营销中，为了确保顾客的满意度，必然要鼓励顾客的积极参与与合作。

互联网的应用，使得远隔千山万水的企业与顾客之间的低成本信息沟通成为可能，也使得传统的网下营销模式向定制营销的发展成为可能。网络营销借助网络强大的数据传输、处理、保存能力，充分地发挥网络跨越时空、顾客参与、交互式沟通的优势，变预测生产为定制生产，减少了生产的盲目性，最大限度地降低了库存量，是社会化大生产条件下，既考虑顾客个性化需求，又考虑规模经济效益的定制营销的最好的实现形式之一。

（5）产品结构模块化、核心产品标准化

定制营销要实现企业成本节省与顾客个性化需求满足的最佳状态，企业只有依靠产品结构的模块化、核心产品的标准化，才能进行柔性化生产。柔性化生产是企业既满足消费者个性化需求，又能降低成本的一种有效的生产方法。

2.2.6 关系营销理论

1．关系营销的思想

关系营销理论所倡导的是，利用一些网络组织技术将企业的营销关系导入一种制度化的相互关系之中，以形成一种长期稳定的市场营销关系网络。这种营销方式反映了以下指导思想：要想实现企业的营销目标，保持企业有利的市场位置，使企业持续稳定不间断地增加利润，市场营销者就应积极主动地与顾客、中间商、供应商、营销中介等建立并保持一种长期稳定的、友好合作的关系，使有关各方都能实现各自的目的。

2．关系营销与交易营销的区别

（1）直接目的不同

交易营销的目的是达成交易，实现交换；而关系营销的目的则是与顾客形成一种长期的、稳定的、互利互惠的、友好合作的关系。

（2）工作任务不同

交易营销的任务是实现非顾客→潜在顾客→顾客的转换；而关系营销的任务则是实现非顾客→潜在顾客→头回客→回头客→常顾客→忠诚顾客→关系顾客的转换。

（3）活动程序不同

交易营销的活动程序是寻求顾客→了解顾客→实现交换→顾客需求满足→企业盈利；而关系营销的活动程序则是寻求顾客→了解顾客→人性化交际→达成交易→建立关系→重交易→关系强化→企业盈利→……

（4）遵循的信条不同

交易营销的信条是通过满足消费者的需要盈利；而关系营销的信条则是建立良好的关系，有利可图的交易随之而来。

（5）工作重点不同

交易营销的工作重点是维持或提高企业产品的市场占有率；而关系营销的工作重点则是顾客忠诚度的培养。

（6）营销效果不同

交易营销无论怎么使消费者满意，当交易完成后，消费者与企业的关系便以买断而告终，往往是货款两清、交易完毕，再有相逢，如同陌路；而关系营销双方越是相互了解和信任，交易越是容易实现，由过去逐次逐项的谈判交易发展成例行的程序化交易，可以大大节约交易成本与时间。

据美国汽车业的调查，一个不满意的顾客会影响 8 笔潜在的生意，其中至少有一笔会成交。一个不满意的顾客会影响 25 个潜在顾客的购买意愿。争取一位新顾客所花的成本是保住一位老顾客的 6 倍。因此加强与顾客关系并培养顾客的忠诚度，是可以为企业带来长远利益的，它提倡的是企业与顾客间实现双赢的策略。

2.2.7　CRM 理论

1. CRM 的概念

顾客关系管理（Customer Relationship Management，CRM）是一种反映新型营销观念的管理系统，也是一种旨在改善与优化企业与顾客之间关系的新型管理机制。它主要实施于企业的市场营销、服务与技术支持等与顾客有关的领域。CRM 的目标一方面是通过提供更快速和周到的优质服务吸引和保持更多的顾客；另一方面是通过对企业业务流程的全面重组和管理，降低企业的成本。

CRM 既是一种营销观念，也是一套新的管理软件和技术。根据不同的顾客建立不同的联系，并根据其特点提供服务是 CRM 的核心思想。作为一种营销观念，其指导思想是通过先进的软件技术和优化的管理方法对顾客进行系统化的研究，通过研究、识别、开发有价值的顾客，以改善与顾客关系相关的业务流程。其目的是缩短销售周期，降低销售成本，增加企业盈利，扩展新的市场，并通过提供个性化的服务来提高顾客的满意度和忠诚度。作为一种管理系统，它是一个不断加强与顾客交流，不断了解顾客需求，并不断对产品及服务进行改进和提高，以更好地满足顾客需求的连续性的活动过程。

2. CRM 的工作内容

CRM 的流程大致包括，为赢得顾客的高度满意，建立与顾客长期稳定的良好关系，在顾客关系管理与优化中开展一系列工作。

（1）顾客分析

该项工作主要分析谁是企业的顾客，企业的主要顾客群是谁，顾客需求与购买行为的特征是什么，并在此基础上分析顾客差异对企业利润的影响等。这是顾客关系管理的第一步。企业通过网络活动，包括正式的资料填写和非正式的路径检测等，可以取得相当多的顾客名单，甚至可以先期分析出不同的消费习性群体。但是，这些活动成果的质量在很大程度上取决于整体的网络营销规划（包括网站的设计与规划）是否生动和吸引人。

（2）明确任务

明确任务即明确企业的任务，在顾客分析的基础上，企业应清醒地认识到应向顾客提供什么样的产品或服务。

（3）信息沟通

CRM 注重的是与顾客的交流与沟通，企业的营销活动是以顾客为中心，而不是以产品的生产为中心。为了方便与顾客的交流，企业应为顾客提供多种交流的渠道。而 CRM 的实质就是企业与顾客进行信息沟通的过程，实现充分且有效的信息沟通是建立和保持企业与顾客良好关系的有效途径。

（4）关系维系

要想与顾客建立长期稳定的关系，先要取得顾客的信任，同时要区别不同类型的顾客关系及其特征，还可以通过建立顾客组织等途径，保持企业与顾客长期友好的合作关系，并不断使这种关系得以强化。

（5）反馈管理

对顾客反馈的管理对于衡量企业任务的完成，及时发现企业在满足顾客需求、为顾客服务的过程中存在的问题有着至关重要的作用。

2.3 网络营销新思维

2.3.1 体验营销

体验营销（Experiential Marketing）是指企业通过采用让目标顾客观摩、聆听、尝试、试用等方式，使其亲身体验企业提供的产品或服务，让顾客实际感知产品或服务的品质或性能，从而促使顾客认知、喜好并产生购买行为的一种营销方式。

心理学领域的研究发现，有五种重要的顾客体验：情感体验——顾客的内心感受，感官体验——顾客的视觉、听觉、触觉、嗅觉和味觉，思考体验——触发顾客的发散思维，行动体验——生活方式的选择，关联体验——与他人的社会关系。

在伯德·施密特所写的《体验式营销》一书中指出，体验营销是站在消费者的感官（Sense）、情感（Feel）、思考（Think）、行动（Act）、关联（Relate）五个方面，重新定义与设计营销的思考方式。这种思考方式认为消费者在消费时是理性与感性兼具的，消费者在消费前、消费中、消费后的体验，才是研究消费者行为与企业品牌经营的关键。

2.3.2 娱乐营销

所谓娱乐营销，就是借助各种娱乐活动与消费者实现互动，将娱乐元素融入产品或服务，通过娱乐元素将品牌与顾客情感建立起联系，从而实现推广品牌内涵，培养顾客忠诚，促进产品销售等营销目的的营销方式。

娱乐营销本质上是一种沟通方式，形式上独立于企业与消费者之外，同时又架起一座消费者与品牌的沟通渠道，让双方在适当的时间、适当的地点、适当的场合，建立适当的联系。没有广告的功利，没有公关的刻意，只有潜移默化中相互的心领神会。娱乐营销注重感性营销作用的发挥，不是简单地从理性上去劝说顾客购买，而是通过感性共鸣从而激发客户的购买行为。

突破传播中国区首席执行官郑香霖认为：成功的娱乐营销至少包含 6C：内容（Content）、参与（Connect）、成本（Cost）、资源整合（Convergence）、渠道（Channel）和消费者（Consumer）。

2.3.3 病毒营销

1．病毒营销的概念

病毒营销的实质是一种信息传递战略，包括刺激个体将营销信息向他人传递、为信息的爆炸性扩散和信息影响的指数级增长创造潜力的所有方式。这种战略像病毒一样，利用快速复制的方式将信息传向数以百万计的受众。

病毒式营销具有 3 个基本特征：首先，企业制造了一个能给人们带来利益的携带企业信息的病毒产品，营造了一种使用这种病毒产品的环境，形成了传递这种病毒产品的一种机制，然后由用户实践信息的传递工作；其次，用户在获得企业提供的某种利益的同时，不知不觉地传播了企业的信息；最后，企业信息的传播是以非付费的形式由消费者“传染”给他人的。

2．病毒营销六要素

美国著名的电子商务顾问拉尔夫・威尔逊博士将一个有效的病毒性营销战略归纳为以下六项基本要素：提供有价值的产品或服务、提供无须努力地向他人传递信息的方式、信息传递范围很容易从小向很大规模扩散、利用公共的积极性和行为、利用现有的通信网络、利用别人的资源。

3．病毒营销的步骤

病毒营销的实施步骤如图 2-5 所示，具体介绍如下。

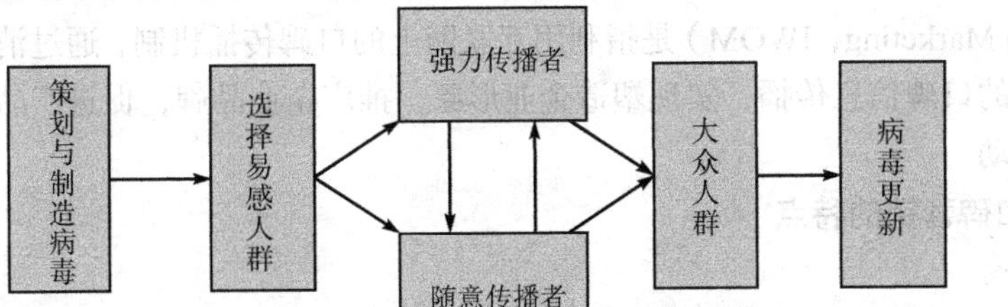

图 2-5　病毒营销的实施步骤

（1）策划与制造病毒

实施病毒营销的关键是策划与制造病毒产品，不管病毒最终以何种形式来表现，它都必须具备基本的感染基因。也就是说，病毒产品必须具有独特的魅力、不可抗拒的诱惑力、方便快捷的传播力、令人心动的吸引力和顺畅高效的扩散渠道。随着互联网的飞速成长，“病毒式推广”的方式越来越多，如搞笑动画、图片、文字、免费打折券、免费邮箱等。如腾讯 QQ 凭借的就是“鼠标传播”，比我们通常所说的“口碑传播”还要快捷。另外，“病毒”不能让受众产生悖逆感，“病毒式推广”的话语模式应该是“允许式”而不是“强迫式”，让受众能够自愿接受并自愿传播，而受众自愿接受的前提肯定是他觉得自己只花很少的代价就可以获得很大的收益，要是腾讯 QQ 刚推出就采取收费的形式，“病毒”扩散的速度肯定会大打折扣。

（2）选择易感人群

策划与制造了病毒产品后，病毒营销的成败与否则取决于能否找到“有影响力的人”，即早期的接受者，或者说能起到意见领袖作用的消费者群体，然后就可能营造出一个目标消费群体。

（3）迅速大规模扩散

易感人群“感染病毒”后，企业还应该不失时机地强化病毒继续大规模迅速传播的机制，创造易感人群与强力传播者、随意传播者及大众传播者之间接触的机会，以强化病毒迅速大规模扩散，实现企业推广网站、产品或服务的目的。

（4）病毒更新

病毒产品一般也有自己的生命周期，一旦病毒产品的传播基本上达到饱和时，企业就应该适时推出新一代病毒产品，开展新一轮病毒营销，以维系老用户，拓展新市场。例如，每个年度，腾讯 QQ 都会有自己的年度最新版本，新的版本上会增加很多新的功能，无论是感官还是视觉上都会给人全新的体验。新新人类的特点是“好动、善变、见异思迁”，但他们有一点是不变的，就是永远追求最新、最酷、变化最快的东西。腾讯 QQ 顺应了这个特点，将产品研发更新的步骤与新新人类的喜好紧步合拍，它总会在旧的版本颓势渐显时进行版本的更换，这使它总是能够牢牢地吸引住很多忠实的 QQ 玩家。

2.3.4 网络口碑营销

1. 网络口碑营销的概念

口碑传播是人际传播的一种形式，一般是指口耳相传的信息沟通方式。随着网络技术的发展，特别是 Web2.0 技术的应用，网络口碑传播势不可挡，如微博、博客、聊天室、即时沟通工具（如微信、QQ、MSN、HI 等）、网络论坛、BBS 和电子邮件等形式都成为网络口碑沟通的新方式。

口碑营销就是有效利用口碑传播机制实现企业营销目的的活动。网络口碑营销（Internet Word of Mouth Marketing，IWOM）是指利用互联网上的口碑传播机制，通过消费者以文字等表达方式为载体的口碑信息传播，实现塑造企业形象，推广企业品牌，促进产品销售等营销目的的网络营销活动。

2. 网络口碑营销的特点

（1）信度高

口碑传播的主体是居于企业与消费者之外的中立的第三方，与交易双方几乎不存在任何利益关系，所以口碑传播相对于纯粹的广告、促销、公关、商家推荐等而言，具有较高的可信度。它对于一个品牌知名度和美誉度的改变是潜移默化的，同时也是深入人心的。

（2）成本低

网络口碑营销的表现形式是现实或潜在消费者以网络沟通与交流的方式将商品的有关信息传递给与其交往的其他网民，其他网民也成为一个媒体，以口碑相传的方式主动传播信息并影响他人，从而直接或间接地影响目标顾客的购买决策。而作为信息传播的第三方对企业及其产品信息的传播完全是一种自发的主动行为，并不需要企业支付任何代价与报酬，所以说，口碑传播无疑是当今世界最廉价的信息传播工具。

（3）扩散性

“蝴蝶效应”在社会学界用来说明：一个坏的微小的机制，如果不加以及时地引导、调节，那么将会给社会带来非常大的危害，戏称“龙卷风”或“风暴”；一个好的微小的机制，只要正确指引，经过一段时间的努力，将会产生轰动效应，或者称为“革命”。口碑同样具有良性与恶性之分，网络口碑的传播对企业来说也具有这种扩散机制，在这个沟通手段与途径无限多样化的时代，某一“活力充沛”的信息一旦传出，便会以几何级数的增长速度传播开来。

3. 网络口碑营销的步骤

企业开展网络口碑营销的一般步骤是：在营销调研的基础上制订网络口碑营销计划；为目标市场提供它们需要的产品和服务；通过某种机制激励消费者自动传播公司产品和服务的良好评价，从而促使目标顾客通过口碑了解企业的产品，形成良好的品牌印象，加强企业的市场认知度，最终产生购买企业产品或服务的目的。

（1）制造传播由头

传播由头必须足以激发用户的兴趣，这是因为要想让顾客自发产生传播行为，一定要击中用户头脑中那个最容易兴奋的神经。北京品商时代科技有限公司 CEO 朱春雷认为，要想做好舆论的引导和口碑的形成，在话题的设置上是有讲究的，话题制造者的影响力或代表性很重要。如果是借助论坛传播，论坛的意见领袖或斑竹就比较有代表性；如果是借助博客传播，知名博客领袖的影响力不言而喻；如果是借助视频传播，也许胡戈等网络红人更有网民号召力，只有善用这些资源才能做到事半功倍。

（2）设计传播机制

有了传播火种以后，还需要选择好的传播机制，只有设计出极具激励性的传播机制，才能使口碑传播既如滚雪球般越滚越大，又如多米诺骨牌般出现连锁反应。这个传播机制的动力不一定是金钱，因金钱常常导致传播的歪曲，所以最好的办法是让用户融入产品的开发过程，那么用户就更容易对产品产生共鸣，并进行传播，当然，把最新的产品和服务赠予他们，让他们再赠予他人，也是扩大“口碑营销者”队伍的方法。

（3）选择种子用户

种子用户就是最适合做“口碑传播者”的人，对于企业来说，他们是企业所在行业的舆论意见领袖，网络口碑营销必须找到一部分带有极强传播性的人群，由他们将产品或服务信息再传播出去。这些人天性热心、乐于助人、话痨，他们喜欢在网上对任何事物评头论足。

（4）维护并更新传播由头

口碑传播过程可能有许多不确定事项发生，口碑的传播也不一定永远向企业利好的方向发展，这就需要企业积极监控口碑的传播过程及网络舆论，并采取积极有效的引导纠偏措施。

任何一个能激起大众兴奋的传播由头都会衰减过时，企业还要及时地进行传播由头的更新，以维持企业长盛不衰的网络口碑。

2.3.5 互联网思维

1. 互联网思维的概念

互联网是由众多点相互连接起来的非平面、立体化的，无中心、无边缘的网状结构。互联网思维的原始定义就是基于互联网的上述技术特征来思考解决问题的一种思维模式。互联网思维相对于传统的工业思维而言，消费者反客为主拥有了消费主权。

互联网思维是在（移动）互联网、大数据、云计算等科技不断发展的背景下，对市场、对用户、对产品、对企业价值链乃至对整个商业生态进行重新审视的思考方式。真正的互联网思维是对传统企业价值链的重新审视，体现在战略、业务和组织三个层面，以及供研产销的各个价值链条环节中。

2. 互联网思维的特征

互联网思维已经呈现出的特征是：前瞻性和预判性；具有开放、共享、创新、探索的精神和心态；从市场趋势和消费者需求的角度思考，开拓全新的市场需求和商业模式；运用互联网技术（大数据等）进行消费者研究和市场分析；运用新兴媒体与消费者进行个性化沟通（传播）；具有系统性和战略性思维的基本特征；善于学习和自我完善。

3．互联网思维的主要内容

（1）用户思维

互联网思维首要的是树立用户思维，是指在价值链各个环节中都要“以用户为中心”去考虑问题，必须从整个价值链的各个环节，建立起“以用户为中心”的企业文化，只有深度理解用户才能生存。

（2）简约思维

互联网时代，信息爆炸，网络用户注重消费过程的快捷高效和舒心快乐，因此必须树立简约的思维方式。例如，在产品设计方面，要做减法，外观要简洁，内在的操作流程要简化。Google首页永远都是清爽的界面，苹果的外观、特斯拉汽车的外观，都是这样的设计。同时，品牌定位也要专注。

（3）极致思维

极致思维就是把围绕用户需求和用户满意的产品、服务和用户体验做到极致，超越用户预期。例如，阿芙精油是知名的淘宝品牌，设有“CSO”，即首席惊喜官，每天在用户留言中寻找潜在的推销员或专家，找到之后会给对方寄出包裹，为这个可能的“意见领袖”制造惊喜。

（4）迭代思维

迭代思维是指对传统企业而言，必须及时乃至实时关注消费者需求，把握消费者需求的变化，开发能有效满足其需求的产品。具体体现为小处着眼的微创新和精益创业的快速迭代。要从细微的用户需求入手，贴近用户心理，在用户参与和反馈中逐步改进。只有快速地对消费者需求做出反应，产品才更容易贴近消费者。例如，Zynga 游戏公司每周对游戏进行数次更新，小米 MIUI 系统坚持每周迭代。

（5）流量思维

任何一个互联网产品，只要用户活跃数量达到一定程度，就会开始产生质变，从而带来商机或价值。QQ 若没有当年的坚持，也不可能有今天的企业帝国。注意力经济时代，先把流量做上去，才有机会思考后面的问题，否则连生存的机会都没有。

（6）社会化思维

社会化营销的核心是社会化网络，公司面对的客户以网络的形式存在，这将改变企业生产、销售、营销等整个形态。

（7）大数据思维

用户在网络上一般会产生信息、行为、关系三个层面的数据，这些数据的沉淀，有助于企业进行预测和决策。一切皆可被数据化，企业必须构建自己的大数据平台，小企业，也要有大数据。在互联网和大数据时代，企业的营销策略应该针对个性化用户做精准营销。

（8）平台思维

互联网的平台思维就是开放、共享、共赢的思维，平台模式的精髓，在于打造一个多主体共赢互利的生态圈。

（9）跨界思维

随着互联网和新科技的发展，很多产业的边界变得模糊，互联网企业的触角已无孔不入，未来竞争中成功的企业一定是一个能够同时在科技和人文的交汇点上找到自己的坐标，一定是手握用户和数据资源，敢于跨界创新的组织。

互联网思维也是互联网时代创业者和管理者的必备素质。很多创业成功者所具备的互联网思维并不仅仅是一些方法论，而是互联网思维所蕴含的管理者素质在发挥重要作用。

2.3.6　社会化营销

1．社会化营销的概念

SNS（Social Networking Services）即社交网络服务，是专指帮助人们建立社会性交际网络的互联网应用服务。其基本原理是，将我们现实中的社交圈搬到网络上，根据不同的条件建立属于自己的社交圈。通过朋友认识朋友的方式，迅速建立起一个自己的基于信任的朋友圈子。国外 SNS 社区网站 Facebook、Xing、Myspace、Cyword 等相继进入中国，中国本土则有校内网、海内网、占座网等 SNS 网站。

在互联网时代，每个人借助某一种或几种网络媒体就可以向社会大众接收、传播与发送信息。形象地说，每个人手里都有一个小喇叭（如微信、微博），每个人都可以办一个“电视台”（如视频、播客），每个人都可以办一份面向大众的报纸杂志（如博客、QQ 空间等），这便是媒体社会化。

社会化营销是指通过 SNS、在线社区、博客、百科、BBS、网络即时通讯工具（IM）、微博、微信、图片和视频分享、音乐共享等社会化网络媒体开展的营销活动的总称。社会化营销代表着一种营销方式的转变，既有网络媒体共享、实时、互动的特性，也体现网络社会化媒体自身独特的优点。

知识拓展：六度分隔（Six Degrees of Separation）理论也叫小世界理论。1967 年，哈佛大学的社会心理学家米尔格兰姆（Stanley Milgram）设计了一个连锁信实验。他将一套连锁信件随机发送给居住在内布拉斯加州奥马哈的 160 个人，信中放了一个波士顿股票经纪人的名字，信中要求每个收信人将这套信寄给自己认为比较接近那个股票经纪人的朋友，朋友收信后照此办理。最终，大部分信在经过五六个步骤后都抵达了该股票经纪人手里，结果发现了“六度分隔”现象，即任何两个人之间建立一种联系，他们之间最多需要六个人（不包括这两个人在内）就能够互相认识。

2．社会化营销的特点

（1）个人化、分享性

一系列网络社会化媒体的普及应用，实现了媒体与人两个概念“人即媒体”的合二为一。当个人成为媒体，或者说个人掌握媒介的所有权，其对信息传播的主动参与性和控制力都会大大增加。在这个过程中，受众个人的主动性和选择性是影响信息传播的重要因素。

传统网站内容由网站自身生产，而社会化网络绝大部分内容由用户产生，并且内容公开，有各种手段方便用户之间共享内容。社会化媒体有两个关键特征：一是 UGC（用户创造内容），二是 CGM（消费者产生的媒体）。不仅媒体与受众之间的界限模糊，受众与媒体产生双向交流，用户之间也可以自由互动。

（2）累加性、聚合性

社会化媒介在帮助个人传递一条信息的同时还允许甚至鼓励他在此基础上增加个人观点和相关经验并传播出去，这样下一个接收者接收到的信息就不仅是原有信息量，而是获得了增加的信息量。这样的过程继续下去，信息的内容就可获得似乎是无限性的增加和丰富。当然，对一个信息的态度存在不同观点时，增加的内容又会变成反复论辩的形式，信息内容无论是从深度还是广度上都得到了扩展。

个人化并不意味着网络社会化媒体传递的信息是零散的，相反，这些信息又通过聚合作用紧紧地联系在一起。社会化网络中某一类型的信息在某一分众群体中总是特别容易传递或者说某一类型的信息总是能获得某一群体的青睐而得以传播。社会化网络中的个人依据个人兴趣爱好重新分类聚集形成分众群体。

（3）圈子化、社区化

圈子指具有相同爱好、兴趣或者为了某个特定目的而联系在一起的人群，如“社交圈”、“朋友圈”、“演艺圈”等。

社会化媒体不仅产生聚合作用，更重要的是，人们可以因此很快地形成一个虚拟社区，并以此进行长期、深入的交流，这意味着社区中的人们将建立起更加私人化和富有感情色彩的关系。美国学者唐·泰普斯特在《数字化成长——网络时代的成长》一书中指出，虚拟社区的意义在于“为网络衍生出来的社会群聚现象，也就是一定规模的人们，以充沛的感情进行某种程度的公开的讨论，在网络空间形成的个人关系网络”。随着交流的深入，这种线上的亲密关系还有可能延续到线下。

以SNS为例，社会化网络营销的基本步骤如图2-6所示。

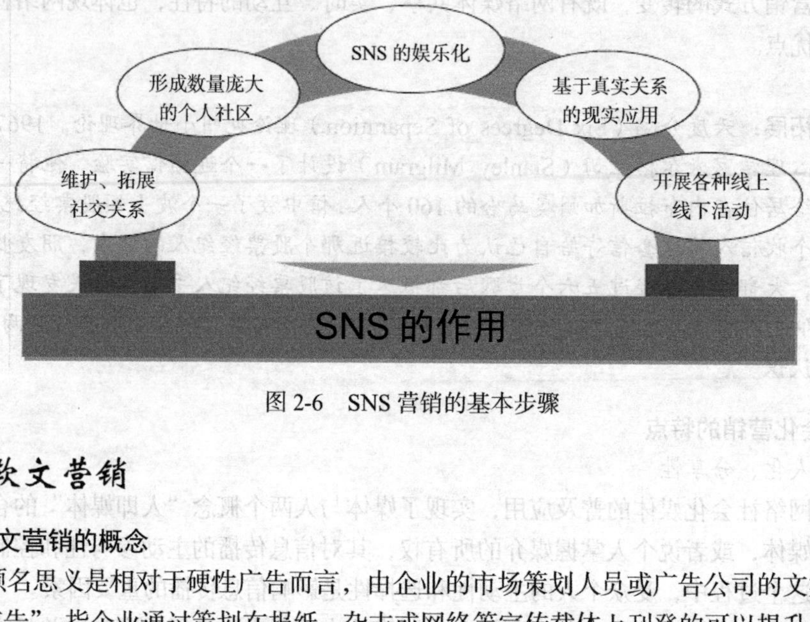

图2-6　SNS营销的基本步骤

2.3.7　软文营销

1．软文营销的概念

软文顾名思义是相对于硬性广告而言，由企业的市场策划人员或广告公司的文案人员撰写的“文字广告”，指企业通过策划在报纸、杂志或网络等宣传载体上刊登的可以提升企业品牌形象和知名度，或可以促进企业销售的一些宣传性、阐释性文章，包括特定的新闻报道、深度文章、付费短文广告、案例分析等。与硬广告相比，软文之所以叫作软文，精妙之处就在于一个“软”字，好似绵里藏针，收而不露，克敌于无形，追求的是一种春风化雨、润物无声的传播效果。

软文营销是企业软性渗透营销策略在广告形式上的实现，是企业整合各种媒体资源，通过撰写软文使消费者认同某种概念、观点和分析思路，从而达到企业品牌宣传、产品销售的目的的一种营销方式。

网络软文以互联网作为传播平台，在企业形象宣传、产品市场推广与销售、品牌建设等方面发挥着较大作用。

2．软文的类型

根据产品特点和目标消费者的特征选择软文类型。常见的软文有以下三种。

1）报道型。以媒体记者身份写出来的，宣传报道企业业绩，一般发布在权威媒体上面，用媒体的见证来体现公司的品牌实力。

2）体验型。一般是从消费者或消费者的切身体验上去传播品牌或产品的优点。常用的方法有三种：一是危机感制造，提出一些敏感的问题，让受众恐惧，进而说出解决问题的途径；二是消费榜样树立，一般是以消费者的口吻介绍自己遇到什么问题，用了某个产品，问题得到有效解决；三是产品深度介绍，可以通过媒体介绍某个产品的独特功效。

3）整合型。一般是在网络、报纸上面去推广一个行业的某个新的创新或概念，使消费者先认知这种产品。然后，在杂志、电视媒体上面做广告，让消费者认可某个品牌。

3．软文的标题

软文标题常用的撰写手法有四种。

1）新闻式标题，以发布新闻的姿态传递某种信息，如“荣膺全国十大称号”。

2）悬念式标题，设置某种悬念，引发诉求对象的好奇心理，引导读者寻求结局，如“8 000 万人骨里插刀”。

3）疑问式标题，以设问或反问的方式，引起诉求对象的好奇心理，出人意料。

4）叙述式标题，以直白的表述方式传达核心内容，如“别让爸妈妻子倒在厨房油烟里”。总之，标题的撰写方法很多，无论采用何种方法，目的只有一个，引起目标群体的好奇，让它们有兴趣读下去。

4．软文的正文

要用生动的内容抓住消费者的心。软文正文的撰写要抓住以下几个特点：一是突出科普性，二是注意知识性，三是把握趣味性，四是体现新闻性。从整体来讲，一篇好的软文从内容上要突出三个方面：诉求重点，即软文的核心内容；对诉求重点的深入分析；让潜在消费者行动起来。具体可以采用记叙文、议论文、说明文、边叙边议等体裁。

2.3.8 段子营销

段子是以相对独立短小的形式存在的，通过各种手段和方法，题材不限，形式多样，以褒贬时风、引人发笑或启人深思的一种新兴民间话语形式。

网络段子，主要是指以网络为媒介而传播的段子，包括各种网络笑话、语录、帖子、小品文等。

近年来，随着新媒体的发展，网络段子呈现出多模态传播样式，网络段子也迎合了网民碎片化阅读的需求，表现形式也不断创新，有视觉模态，也有听觉模态。文字、图片和视频等往往综合运用，极大地增强了段子的表达效果。植入企业或品牌的段子，因为软性植入、趣味性、去广告化等因素，使得推广更加有趣高效。“段子”文本的开放性与灵活性，可以方便网民将其进行适当的改编，并将其运用于个性化的网络交流与沟通之中，也促进其病毒式地快速传播。

成功的段子营销，应该注意以下技巧：

一是道具品牌化。段子中要用的道具有很多，可以将产品、品牌或企业元素作为道具进行展现，比如瓶子、罐子、衣服等，都可以用某品牌代替。

二是将企业或品牌名称的谐音融合到段子中。百度、娃哈哈、盖中盖、可口可乐等品牌名称较为形象，容易成为常用词汇。

实例 白娘子受伤现了原形不知所踪，许仙狂奔到西湖边找到当年的船夫，急切地问：“快告诉我，娘子在哪里？我娘子在哪里？”船夫一脸茫然：“我，我不知道……”许仙紧紧掐住船夫：“你是摆渡（百度）你不知道？！”

三是将品牌可能在日常生活中出现的趣事重现。适合快消类、餐饮类及大众类的产品，时刻出现在我们身边，随时都可能成为某件趣事的构成元素之一。

四是借势实事、社会或娱乐热点创意品牌段子。娱乐热点、社会话题、时事热点等都可以与品牌或产品相结合，进行内容创意。

实例 行业大佬新年聚会，互换名片。“哪个公司的？”“阿里”“百度”“万科”“腾讯”“哇，一个比一个牛哇！”“喂，新来的，哪个公司的？”“庆丰包子铺！”众大佬肃然起敬。这个故事告诉我们，做什么不重要，重要的是你的客户是谁。

五是体现或放大公司、品牌及产品给人的烙印。将品牌或产品广告、产品功能、产品卖点、公司给人的印象等消费者容易感知的企业元素放大，甚至到夸张的程度，此类段子创作方式适合知名品牌。

实例 学校组织攀登百层大楼比赛，赛前我那“脑残”朋友狂吃了20颗新盖中盖，随后脸色难看，快要倒下了，我连忙扶住他说：“你为什么这么傻啊！……”然后那“脑残”哽咽地说：“……新盖中盖……一口气上五楼……不费劲……”

【复习思考】

1. 解释整合营销、关系营销、直复营销、定制营销的理念，联系网络营销的优势与特性，谈谈网络营销如何更好地实现这些营销新理念。
2. 网络营销活动中应该坚持哪些基本的营销观念？为什么？
3. 什么是CRM？其贯彻的核心思想是什么？它与关系市场营销理论有何异同？
4. 网络营销活动中，如何体现整合营销的4C思想？
5. 何谓病毒营销、口碑营销？开展病毒营销与口碑营销有哪些步骤？
6. 何谓体验营销、娱乐营销？如何在网络营销活动中实践这些营销方法？
7. 何谓互联网思维，网络经济条件下，企业的互联网思维应该包括哪些方面的内容？

【实习实践】

1. 登录中国营销传播网（www.emkt.com.cn）、第一营销网（www.cmmo.cn），了解现代市场营销的理论观点与案例。

2. 登录安利中国网站（www.amway.com.cn），了解网络直销模式。

3. 利用网络资源，每位同学收集一个体验营销、娱乐营销、病毒营销、口碑营销、定制营销、软文营销、段子营销的案例，撰写 1 500 字以上的案例分析报告一份，并在案例分析课上，与其他同学交流讨论。

4. 网络上搜索观看《史上最温馨浪漫的情侣》、《趣“喝”美汁源，一笑赢千金》、《地铁甩手男》、《史上最伟大的爱情故事》、《胡戈作品七喜广告（白雪公主）》等视频，分析该视频营销采用的是本章内容所讲的哪种营销模式。在网上收集一些其他网络营销案例视频与同学分享。

5. 选定某件产品或某个品牌，撰写一篇以营销为目的的软文，同学之间互相分享、互相评判，逐步完善。

6. 直接开通新浪博客，或者利用已经开通的新浪邮箱账号开通新浪博客和新浪微博。如果已有新浪邮箱，可以进入邮箱直接开通博客；如果没有新浪邮箱，可以通过如下办法申请。

（1）登录新浪博客站点首页（http://blog.sina.com.cn），单击如图 2-7 所示的“开通新博客”图标。

图 2-7 “开通新博客”图标

（2）进入注册页面，使用自己已有的非新浪网电子邮箱（如 QQ 邮箱等），填写注册资料开通新浪博客，如图 2-8 所示。

图 2-8 填写注册资料

（3）进入注册所使用的邮箱，如图 2-9 所示。

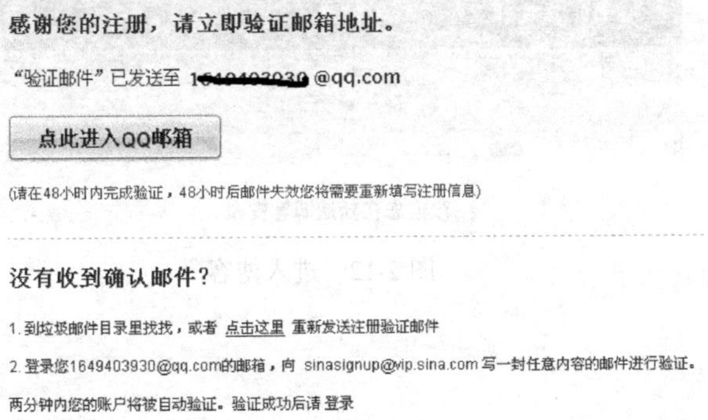

图 2-9 进入邮箱

（4）打开确认信，激活新浪博客账号，如图2-10所示。

图2-10　激活新浪博客账号

（5）单击“快速设置我的博客”图标，进行博客基本设置，如图2-11所示。

图2-11　“快速设置我的博客”图标

（6）基本设置完成后，进入自己的博客，如图2-12所示。

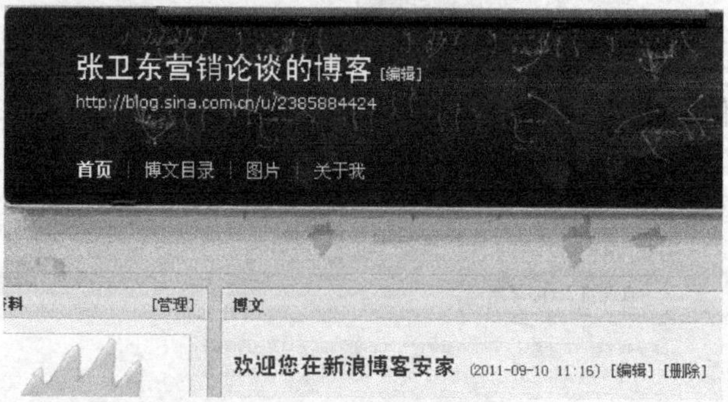

图2-12　进入博客

第3章 网络营销环境分析

营销已经从“以产品为中心”的1.0时代和“以顾客为中心”的2.0时代过渡到“人文中心主义”占据主导地位的3.0时代。

——菲利普·科特勒

对应工作（岗位）

1．网络营销经理或网络营销总监、网络营销主管重点掌握

2．网络推广员、网络调研员、在线客服、网络促销员、网站广告员、网络公关员、网络编辑需要了解对应内容

应知应会内容

☑ 具有积极分析网络营销环境的意识与自觉性

☑ 具有我国企业网络营销环境现状的整体把握能力

☑ 具有应对网络营销环境变化的迅即反应与分析判断能力

☑ 具有针对企业应对网络营销环境对策的创意规划能力

3.1 网络营销环境分析概述

3.1.1 网络营销环境的概念

网络营销环境是指影响企业网络营销活动而企业又无法控制的各种因素的总称。网络营销环境分析是企业制定网络营销战略与策略的前提。

企业的网络营销行为既受自身条件的制约，又受外部环境的制约。关注并研究企业内外营销环境的变化，及时把握环境变化的趋势，识别由于环境变化所带来的机会与威胁，是网络营销的主要任务之一。在网络营销活动中，环境既是不可控制的又是不可超越的因素。企业必须

根据网络环境的现实状况与发展趋势，相应制定并不断调整网络营销的策略，自觉地利用网络营销机会，防范可能出现的威胁，扬长避短，才能确保在竞争中立于不败之地。

3.1.2 网络营销环境的内容

1．网络营销宏观环境与网络营销微观环境

根据营销环境对企业网络营销活动影响的直接程度，网络营销环境可分为网络营销微观环境与网络营销宏观环境两部分。

网络营销微观环境是指与企业网络营销活动联系较为密切并且作用比较直接的各种因素的总称，主要包括企业内部条件和供应商、营销中介、顾客、竞争者、合作者及营销公众等。企业开展电子商务、网络营销的上下游组织机构如图 3-1 所示。不同行业企业的微观营销环境是不同的，因此微观营销环境又称行业环境因素。

网络营销宏观环境是指对企业网络营销活动影响较为间接的各种因素的总称，主要包括政治法律、社会人口、经济环境、社会文化、科学技术、自然地理等环境因素，如图 3-2 所示。

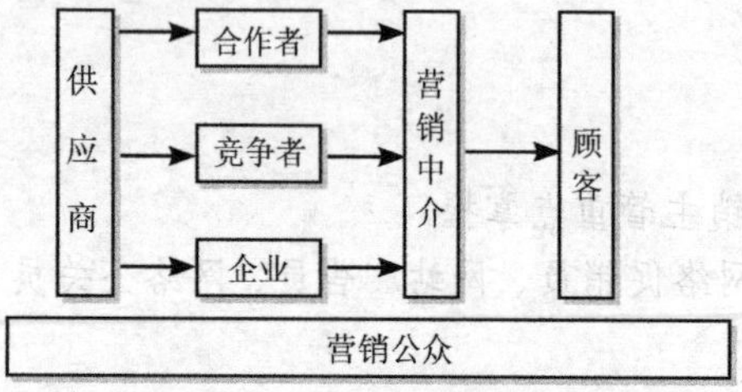

图 3-1 网络营销微观环境

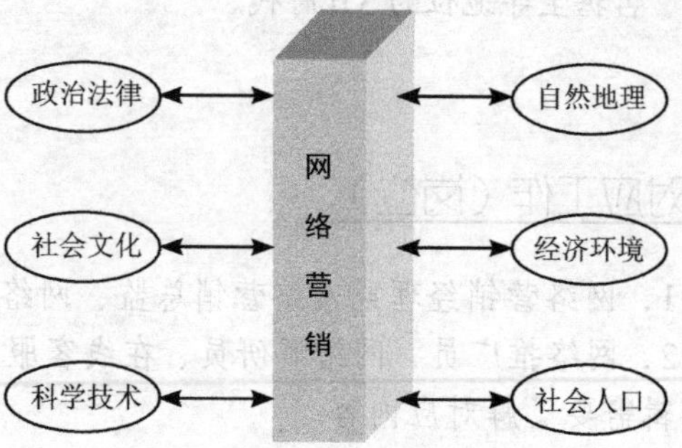

图 3-2 网络营销宏观环境

2．网络营销网络环境和网络营销现实环境

根据是否与互联网特性有关来划分，网络营销环境又可以分为市场营销的网络环境和网络营销的现实环境两部分。

市场营销的网络环境是指网络在市场营销活动中的运用，从而使企业的市场营销行为表现出许多与过去不同的特征和规律，企业可以在网上发现大量的新的营销机会和一个更为广阔的市场空间。同时，网络经济也给企业的营销活动带来了更多的挑战与威胁。企业开展网络营销活动的前提是明确认识网络本身对营销活动的影响，从而做到企业营销活动与网络的完美结合，使网络在市场营销方面的应用取得显著的效果。网络营销的现实环境，即在网络与营销做到比较完美的结合后，对网络营销活动造成直接或间接影响的各种因素的总称。

3．网络营销内部条件和网络营销外部环境

按照是否属于企业系统来划分，网络营销环境还可以分为网络营销外部环境和网络营销内部条件两部分。网络营销外部环境，根据其对企业生存与发展、对企业网络营销活动的开展产生的影响是否有利来划分，可以分为网络营销环境机会和网络营销环境威胁。网络营销内部条件，根据其面对外部环境变化所表现的态势，可以分为网络营销优势和劣势两部分。对企业网络营销活动从外部环境、内部条件两个方面，从优势、劣势、机会、威胁四个维度做出分析的方法又称 SWOT 分析法。网络营销环境分析的目的就是：发挥优势，克服劣势，寻求机会，避免威胁，以谋求企业外部环境、内部条件与企业网络营销目标间的动态平衡。

3.2 网络营销微观环境分析

3.2.1 企业内部条件分析

1．企业内部条件的概念

企业内部条件是指对企业网络营销活动产生影响而营销部门又无法直接控制或改变的各种企业内部条件因素的总称。这些因素或者对网络营销活动起着制约作用，造成企业网络营销的不利局面；或者对网络营销活动发挥保障作用，形成企业网络营销的优势地位。企业内部条件分析是企业科学规划营销战略、合理制定营销策略的基础。

2．内部条件分析的主要内容

在网络营销活动中，企业内部条件分析主要考虑：企业发展战略对网络营销的重视程度，网络营销所需资源的保障能力及企业其他部门的配合能力等内容。

3．企业内部条件对网络营销的影响

（1）企业组织结构的快速反应能力是网络营销的保障

组织结构是影响企业网络营销效能的重要因素之一。一方面，正如人们所说，网络经济时代是个只有第一、没有第二的时代，市场需求的变化加快，在这种情况下，竞争的焦点是"争时间，比速度"，这就对企业组织的快速反应与应变能力提出了更高的要求，使得企业组织扁平化发展成为必要。另一方面，信息技术的发展，使企业高层组织和基层操作者很容易做到同处一个平台，可以直接进行沟通，从而缩短了企业内部上下级之间的距离，使企业组织结构扁平化成为可能。而企业组织结构的扁平化，有利于企业将市场信息、技术信息与生产活动相结合，迅速调动企业内外资源，快速响应市场变化，以满足用户的需求。

（2）人才是网络营销的必要条件

网络营销活动中，企业在市场竞争中能否赢得优势地位，不仅要靠现有的技术、设备、资金等资源，关键是要靠那些能有效管理并很好地利用这些资源的高级人才。网络营销系统是现代高科技的结晶，要保证系统软件安全、可靠运行，没有一批高技术人才显然是不行的；网络营销需要不断地创新与动态管理，任何时候都摆脱不了对高技术人才的依赖；网络营销的管理者必须是既通晓商务营销理论，又谙熟商务营销实践，既了解网络技术，又能操作自如的复合型人才。

（3）企业内部管理信息化、网络化是网络营销的基础

网络营销活动，要实现企业的快速应变，首先要建立企业的内部管理信息系统（MIS），建立起企业内部的局域网，然后再将局域网与供应商、采购商连接建成广域网，最后进一步设立企业网站，建立电子商务系统，把自己的产品与服务推向全球用户。但是，如果内部的管理流程和信息处理能力还没有理顺，就急于开展网络营销、电子商务，很可能会被更大范围的运营问题弄得焦头烂额，以至于不能充分发挥网络在市场营销中的巨大潜能。

3.2.2 供应商分析

1．供应商的概念

供应商是指向企业及竞争者提供所需产品或服务等资源的企业和个人。供应商提供的资源

在品种、规格、数量、质量上是否符合企业生产的要求，以及资源的价格、供货时间、供应商的资信等都直接关系着企业营销工作的成败与效果。对企业来说，应选择那些能保证质量、交货及时、供货条件好和价格低廉等因素实现最佳组合的供应商。同时应尽可能地多选择几家供应商，以避免对某家供应商过分依赖，之后与供应商建立长期的供销关系，以便在及时供货、价格等方面享受优待。

2．供应商对网络营销的影响

在网络经济条件下，为适应网络营销的要求，企业与供应商的关系主要表现出以下变化。

（1）企业对供应商的依赖性增强

网络营销条件下，企业可以选择的供应商数量虽然大大增加，但企业对供应商的依赖却丝毫没有减弱，反而是加强了。这是因为，企业为了达到降低成本、发挥优势、增强应变敏捷性的目的，会对企业的组织结构和业务流程进行重组或再造。企业常常只保留能形成企业核心竞争力的业务，裁去不必要的子公司或业务，将不属于自己的核心业务外包出去。显而易见，在此趋势下，企业面临的供应商大量增加，对供应商的依赖也日益增强。例如，耐克（Nike）公司是全球最大的运动鞋制造商，却没有生产过一双鞋，分布全球的 7 000 名员工主要从事市场研究和产品设计。又如，波音（Boeing）是世界上最大的飞机制造公司，却只生产座舱和翼尖。

（2）企业与供应商的合作性更强

互联网的应用，使企业和供应商之间共享信息、共同设计产品、合作解决技术难题等变得更加容易，使企业和供应商之间也更易建立起长久合作的关系。例如，IBM 公司为我国中小企业和服务性机构提供了有针对性的信息化解决方案，同时也使 IBM 公司赢得了中国巨大的市场。

3.2.3 营销中介分析

营销中介是指协助企业推广、销售和分配产品给最终购买者的那些企业和个人，主要包括中间商、物流配送机构、营销服务机构和金融机构等。

1．中间商分析

中间商是协助企业寻找顾客或直接与顾客进行交易的商业企业。中间商可以分为经销商和代理商两类。经销商又可分为批发商和零售商两类。在网络经济条件下，中间商作用的变化对企业营销活动的影响主要表现为以下几点。

（1）网络中间商出现

在网络经济条件下，有些企业建立了自己的网上销售网站，如海尔、联想等；有些企业不仅在自己的营销网站上销售产品，而且还通过其他网店销售自己的产品；有些企业自己的网站并不具有销售功能，但自己的产品被许多网上商店经销或代理，如惠普、雀巢等；有些企业则在一些网上商城租用店面；还有些企业通过一些交易平台或购物搜索网站（如搜易得）发布企业产品信息及网上与网下各销售网点的地址。毫无疑问，互联网为企业商品提供了一条全新、高效的销售网络。

（2）中小企业进入市场的障碍明显降低

过去由跨国公司所建立的国际分销网络的作用日益减弱，对中小竞争者进入市场造成的障碍也随之降低。

（3）企业面向顾客的机会增多，对传统中间商的依赖性减弱

通过互联网，制造商与最终用户可以直接联系，商品流转中直接销售、直复营销的比例增大，批发商的许多职能可以被互联网技术所替代，而零售商也由于网上购物、无店铺销售的兴起，部分业务也将被取代。传统中间商在商品流转中的作用因此有所降低。在网络营销活动中，过去由传统中间商承担的售前、售中、售后服务，现在则由于中间商的减少而改由制造商自己解决。因此，如何更好地提供这些服务便是网络营销企业不得不面对的问题。

在传统企业实现电子商务、开展网络营销过程中，需要解决的一个重要问题是如何协调好与中间商的关系。因为中间商常常害怕企业的网上营销对自己造成威胁。大多数传统企业似乎处于这样一个两难境地：或者开展电子商务、抛弃苦心经营多年的由中间商构筑的传统营销渠道，但这在整个社会电子商务环境还不成熟和企业电子商务还不完善的情况下，无疑不是明智之举；或者固守传统的销售渠道，但这又会丧失电子商务的优势，错过网络经济的众多机会。所以，在网络营销活动中，传统企业必须将原有的中间商纳入自己的电子商务系统中，最大限度地利用原有的中间商，实现企业、中间商、消费者的共赢。

2. 物流配送机构分析

物流配送机构是指协助制造商储存产品或负责把产品从原产地运送到销售地的企业，主要包括仓储企业和运输企业。

企业的生产基地一般是集中的，而消费者则有可能分散到全世界。解决这个问题一般有三种方案：买方完成（取货）、卖方负责（送货）和第三方物流。第三方物流的提供机构是一个为企业提供物流服务的组织，它们并不在供应链中占有一席之地，仅是第三方，但通过提供一整套物流活动来服务于供应链，企业对物流配送企业的依赖性将日渐加强。例如，国外的UPS（美国联合包裹服务公司）、DHL（中外运敦豪）、FedEx（联邦快递）、TNT（天地快运）、OSC（日本海外新闻普及株式会社）等都进入我国，提供专业的物流服务。

物流配送机构对企业网络营销的影响主要表现为：企业对物流配送企业的依赖性加强。由于互联网技术的发展，网下物流配送成了制约企业电子商务、网络营销的瓶颈性因素。这对物流配送企业来说无疑提供了良好的发展空间与营销机会。

3. 营销服务机构分析

营销服务机构是指市场调研企业、广告代理企业、广告媒体机构、营销咨询策划公司等。它们对网络营销活动的影响主要表现为：企业对营销服务机构的依赖性也日益增强。这是因为，在网络经济条件下，企业面对的市场更加广阔，面临的营销问题也更加复杂，面临的竞争更加激烈，面对的用户要求更加多样化，企业只有依靠这些专业的营销服务机构，才能更好地解决这一系列的问题，它们可以协助企业选择最佳的目标市场，并帮助企业向选定的市场更好地进行产品推广。

知识拓展：第三方检测机构又称公正检验，是指由处于买卖利益之外的第三方，以公正、权威的非当事人身份，根据有关法律、标准或合同所进行的商品检验活动。比较著名的第三方检测认证机构主要有德国TUV、瑞士SGS、英国INTERTEK、法国BVQI、美国UL等。

4. 金融机构分析

金融机构是指对货物购销提供融资、结算或保险的各种企业，主要包括银行、信托公司、保险公司等。电子商务是资金流、信息流、商流、物流的统一。对于通过网络营销手段达成交

易的买卖双方来说，银行等金融机构的介入是必需的。银行等金融机构对网络营销所起的作用是支持和服务。

3.2.4 顾客分析

网络营销活动中，企业亟待解决的问题是以顾客需求为核心的顾客关系再造和顾客关系管理。

网络营销活动中，如何与散布在世界各地的顾客群保持紧密的关系，并能了解顾客的特性，通过深入细致的消费者教育与企业形象塑造，建立起顾客对网上虚拟企业和网络营销的信任感，是网络营销成功的关键。在网络经济条件下，网络营销目标市场、顾客消费观念、消费行为与在传统经济条件下相比，会有很大差异，如何跨越时空、文化差异，实现顾客关系再造，将是企业网络营销需要深入研究的问题。

在买方市场条件下，企业的一切营销活动都必然以顾客（消费者或用户）的需求为中心。顾客对企业提供的产品或服务是否认可及认可程度的高低，直接反映了企业营销活动成绩的大小。因此，如何通过互联网发现顾客、吸引顾客、满足顾客需求、留住顾客并与顾客建立稳固的联系等都是网络营销活动中必须认真解决的问题。

3.2.5 竞争者分析

一个社会的经济只要是商品经济，则在该社会中必然存在竞争。竞争给企业以压力，同时也增强了企业的活力；通过竞争实现了企业的优胜劣汰，也实现了社会资源的优化配置。

网络经济条件下，在网上虚拟市场中，市场竞争出现了新的格局，主要表现为以下几点。

1. 识别竞争者的难度加大

在覆盖全球的网上虚拟市场中，竞争对手的数量大大增强，且有着更大的隐蔽性。同时，高新技术的应用行业边界也日益模糊，使竞争的面更宽，竞争对手也更加难以识别。

2. 企业竞争的国际化进程加快

互联网的应用加速了世界经济一体化的进程，企业间竞争的国际化日益明显。互联网贸易不受时间、地域的限制，不论企业大小、强弱的特性，在为每个竞争者提供大量机会的同时，也带来了竞争加剧的威胁。

3. 合作发展比竞争更重要

在网络经济条件下，企业如何通过网络组成合作联盟，并以联盟所形成的资源规模创造竞争优势，将是未来企业经营发展的重要手段。如何运用网络与众多竞争者建立多元化、动态化的竞争与合作关系，既是企业生存与发展能力的一种体现，也是取得整体竞争优势的关键。

4. 不断的技术创新成为企业生存之本

在传统经济条件下，创新是企业获取竞争优势的重要途径，可以说自主创新能力是一个国家或企业保持竞争力的首要武器。但在网络经济条件下，不断创新将成为企业生存立命之本，对于企业而言，不创新即死亡。高新技术产业的数字化、网络化、智能化将成为未来经济的主流，而这些都是以先进的技术和持续的创新为基础的。

3.2.6　营销公众分析

公众是指对企业实现营销目标有现实或潜在影响的群体和个人。在网络经济条件下，网络的开放性、共享性决定了公众对企业的影响力在不断加大。明智的企业都会采取卓有成效的具体步骤建立并保持与社会公众间友好的建设性公共关系。一个企业的公众除了前面所谈到的顾客、营销中介及竞争者之外，主要还有：媒介公众，即报纸、杂志、广播、电视等有广泛影响的大众传播媒体；政府公众，即与企业营销活动有关的政府机构，如计委、经贸委、工商管理局、税务局等；社团公众，即学校、医院、科研机构等社会团体；公众利益团体，如保护消费者利益组织、环境保护组织、少数民族组织等；一般公众，即与企业无直接利害关系，但其言论对企业网络营销有潜在影响的公众；社区公众，即与企业同处某一区域的其他组织和个人；内部公众，即组织机构内部成员。这些公众有的可能永远不会成为企业的现实顾客，但企业的行为直接或间接地影响到他们的利益，企业营销的成效也或多或少，或直接或间接地受到这些公众舆论与行动的制约。因此，与各类公众增加沟通与了解，得到各类公众的理解与支持，是企业搞好营销的重要条件之一。

实例　大众点评网于2003年4月成立于上海。大众点评是中国领先的本地生活信息及交易平台，也是全球最早建立的独立第三方消费点评网站。大众点评不仅为用户提供商户信息、消费点评及消费优惠等信息服务，同时亦提供团购、餐厅预订、外卖及电子会员卡等O2O（Online To Offline）交易服务。大众点评是国内最早开发本地生活移动应用的企业，目前已成长为一家移动互联网公司，大众点评移动客户端已成为本地生活必备工具。

2015年10月8日，大众点评与美团网宣布合并。2016年7月18日，生活服务电商平台美团–大众点评宣布，获得华润旗下华润创业联和基金战略投资，双方将建立全面战略合作。

3.2.7　合作者分析

一般而言，企业发展的途径主要有三种：不借助外力而独自拓展，兼并或收购与建立战略联盟。在网络经济条件下，企业间建立合作性的战略联盟具有极其重要的意义。企业与合作方协力加速扩大市场容量，以便从中获得一定的市场份额，这是战略联盟创造新市场的思想，即不是去“抢”竞争对手的市场，而是与对手共同去创造分享一个更大的市场。

实例　海尔无霜三门冰箱达到了冷藏、变温、冷冻三温区“全无霜”的效果。同时，该冰箱还具备“风冷不风干”的特点，与有霜冰箱相比，更适合食品的保鲜。海尔借助国内最大的SNS网站人人网推出一款社交游戏，餐厅老板们登录餐厅就可以得到限量版海尔冰箱一台，把冰箱放入餐厅，就可以制作限时供应的“海尔冰果饮”，制作“海尔冰果饮”还能赢取比其他菜品更多的经验币！还有机会获得实物奖！这款最火爆的3D FLASH游戏上线一周内，“制作海尔冰果饮”就累计超过200万次，曝光超过2 000万次！

思考：网络经济时代，企业合作开拓市场的重要性如何？

在网络经济条件下，任何一家企业都离不开各方面合作伙伴的支持与保障。因此，企业还必须研究与处理好与合作伙伴之间的关系。这是因为：首先，在竞争日益激烈的市场上，以往所奉行的视竞争者为仇敌、彼此互不相让的竞争原则已成为陈旧的经营观念而逐渐被人们所抛弃；其次，由于全球经济的一体化，任何一家企业都不可能在所有业务上都成为领先者，必须考虑联合该行业中其他上下游企业，建立一条业务关系紧密、经济利益相连的行业供应链，使多个企业能在一个整体的 ERP 管理下实现协作经营和协调运作，实现优势互补，共同增强市场竞争实力。例如，互联网可以把供应商、制造商、客户及金融机构等紧密地联系在一起，形成一个一体化的大系统。为了加速流通，往往是以一个配送中心为核心，上与生产加工领域相连，下与批发商、零售商、连锁超市相接，建立起一个企业联盟，把它们全部纳入供应链进行管理，以便最有效地规划和使用整体资源，以此实现其业务跨行业、跨地区甚至跨国经营，从而对大市场的需求做出快速的反应。在它的作用下，供应链上的产品可实现及时生产、及时交付、及时配送、及时满足消费者的需求，快速实现资本循环和价值链的增值，基本上可以实现零库存管理。互联网使得上下游企业（包括顾客）的整合成为可能。

3.3 网络营销宏观环境分析

3.3.1 网络营销政治法律环境

1．网络营销政治法律环境的概念

网络营销政治环境是指那些对企业网络营销活动有一定影响的各种政治因素的总和，主要包括一个国家（或地区）的政治制度、政治局势、政府在发展电子商务和网络营销方面的方针政策等因素。

网络营销法律环境是指能对企业的网络营销活动起到规范或保障作用的有关法律、法令、条例及规章制度等法律性文件的制定、修改与废除及其立法与司法等因素的总称。

2．政治法律环境的影响及企业的对策

政治法律环境因素对企业网络营销活动的影响有两个方面：一是保障作用；二是规范作用。因此，在网络营销活动中企业相应的策略有以下几个方面：

- 企业的网络营销活动要遵守目标市场东道国的相关法律法规的规定；
- 企业的网络营销活动要服从国家有关发展战略与政策的要求；
- 企业要积极利用国家政策给网络营销带来的机会，尽量争取对企业、对社会、对消费者皆有利的法律、法规和政策出台；
- 企业要积极运用国家法律法规武器，保护自己在网络营销活动中的合法权益。

知识拓展：根据《互联网药品交易服务审批暂行规定》，只有同时具备《互联网药品交易服务资格证》和《互联网药品信息服务资格证》的企业方能开展网络售药，但目前众多尝试进军网上药店的企业获得两种牌照的并不多。另外，政策还规定，网上销售的药品只能是 OTC。

互联网的迅速普及，以及在此基础上形成的全球化电子商务构架，在改变传统贸易框架的同时，也对工商行政管理、金融、税收等诸多领域现有的政策及法律提出了挑战。网络营销作为一种崭新的商务活动方式，涉及大量传统的商务活动所没有涉及的问题。例如，电子合同的订立、数字签名的法律效力、网络贸易中的争议、对网上犯罪的惩罚、网上消费者权益的保护、网上知识产权的保护等，都需要一个完整、健全的法律法规体系加以认定、规范和保障。

我国在研究国际先进经验的基础上，结合我国国情，逐步制定了一系列具有中国特色的电子商务法规。2004 年 8 月 28 日，第十届全国人大常委会第十一次会议表决通过了《中华人民共和国电子签名法》（以下简称《电子签名法》），这部法律规定，可靠的电子签名与手写签名或盖章具有同等的法律效力。《电子签名法》的通过标志着我国首部“真正意义上的信息化法律”已正式诞生，并于 2005 年 4 月 1 日起施行。

中国银行业监督管理委员会公布的《电子银行业务管理办法》和《电子银行安全评估指引》，自 2006 年 3 月 1 日起已施行。中华人民共和国信息产业部发布的《互联网电子邮件服务管理办法》自 2006 年 3 月 30 日起施行。2010 年 7 月，国家工商局宣布将网络购物纳入其监管范围，并出台《网络商品交易及有关服务行为管理暂行办法》，根据这一规定，个人网上开店需实名。中国人民银行制定的《非金融机构支付服务管理办法》自 2010 年 9 月 1 日起施行。《网络交易管理办法》自 2014 年 3 月 15 日起施行。《网络商品和服务集中促销活动管理暂行规定》自 2015 年 10 月 1 日起施行。2013 年 12 月 7 日，全国人大常委会正式启动了《电子商务法》的立法进程，2016 年 12 月 27 日至 2017 年 1 月 26 日在中国人大网向全国公开电子商务立法征求意见。2017 年 1 月 6 日国家工商行政管理总局令第 90 号公布《网络购买商品七日无理由退货暂行办法》。

可以看出，中国电子商务、网络营销法规体系将渐趋规范。可以说，这些法规的颁布，结束了我国互联网信息服务业、网站管理无章可循、无政府的状态。政府的相关立法会越来越多，执法会越来越严，企业的网络营销活动应对其政治法律环境认真进行研究，以实现趋利避害的目的。

3.3.2　网络营销社会人口环境

从企业营销的角度看，市场是一个有现实或潜在需求且有货币支付能力的消费者群。市场的构成要素是人口、欲望和购买力。人口的数量、结构、分布及其变化趋势都对企业的网络营销产生一定的影响。因此，企业开展网络营销，一方面可以直接收集一手资料，通过对用户的数量、结构等内容的分析发现营销机会；另一方面也可以收集二手资料了解网络营销的人口环境，从而制定行之有效的营销策略。我国互联网上网计算机数、用户人数、用户分布、信息流量分布等方面情况的统计信息，对国家和企业动态掌握互联网在我国的发展情况及提供决策依据有十分重要的意义。从 1998 年起中国互联网络信息中心（CNNIC）决定于每年 1 月和 7 月推出该统计公报。显然，企业的网络营销决策需要关注这方面的信息。人口环境对企业网络营销的影响主要表现在以下几个方面。

1. 网络用户的数量及其增长速度决定网上市场的规模

从总体上讲，网络营销市场的规模大小与网络用户的总量成正比。统计一个国家、一个地区的网络用户数及人均的国民收入，就可以大致了解这个国家、这个地区网络营销的市场潜量有多大。我国城乡人均收入近几年增长迅速，所以世界各国都看好中国市场。根据 CNNIC 资料分析，我国网民总数居世界首位，其增长之快速已被世界所瞩目，这无疑为网络营销提供了大量潜在的顾客源。在网络营销活动中，如果面向国际市场，则企业的营销工作还必须注意世界人口的变化趋势。

2. 网络用户的结构决定或影响着网络营销产品及服务的需求结构

分析网络用户结构主要分析网络用户的性别结构、年龄结构、家庭结构、地理结构、学历结构、职业结构等几方面的内容。

（1）性别结构：互联网在男性中的普及程度略高于女性

随着网民规模的逐渐扩大，网民结构与现实生活中的结构将逐渐趋近。从普及率的角度来看，互联网在男性中的普及程度要略高于女性。人们的性别不同，不仅在需求上存在较大的差别，还在购买习惯与购买行为上存在很大的差别。例如，女士需要化妆品，从而生产化妆品的企业主要以女性为目标市场；男士需要烟、酒，而生产烟、酒的企业则主要以男性为目标市场；由于女士多操持家务，大多数日用消费品由女性采购，因此，很多家庭用品都可纳入女性市场。

（2）年龄结构：年轻人多，中老年人少

根据CNNIC的调查，中国网民的主体仍旧是30岁及以下的年轻群体，这一网民群体约占中国网民总数的一半还多。网民这一较为年轻的年龄结构对中国互联网的深层应用影响较大，中国互联网应用呈现出与年轻网民特征较为相符的、仍以娱乐为主的特点。

不同年龄段的消费者对商品和服务的需求也不相同。例如，婴儿需要奶粉、尿布，儿童需要糖果、玩具，青少年需要书籍、文具，老人则需要医药保健等，由此形成了各具特色的市场。随着社会的发展，人口的年龄结构也在不断发生变化。物质、文化生活水平的提高，医疗卫生事业的发展，使人均寿命大大延长。人们生育观念的转变，使人口出生率下降。在总人口中，老年人所占的比例将逐渐增大，从而对老年人用品的需求量也将随之不断增加，将形成一个庞大的“银发市场”。按照国际通行的标准，若一个国家65岁以上的老年人占该国人口总数的7%以上时，这一国家便为老龄化国家。目前我国已超过这一标准，有关企业在营销中应注意这一问题。

（3）家庭结构：网络用户未婚网民占6成左右

近年来，我国家庭规模一直呈缩小趋势。网络用户中，根据CNNIC的统计结果，未婚网民占60%左右，已婚网民占40%左右。虽然已婚网民比例有所上升，但未婚网民仍占大多数。

家庭是商品采购的基本单位，一个国家、一个地区拥有的家庭数及每个家庭成员的多少，都对企业的营销活动存在着很大影响。例如，家庭数目多，对家具、家电的需求量必然就大，家庭人数的减少、家庭规模的小型化发展，则使小型炊具市场将越来越大，而大型炊具市场将日渐萎缩，可见，家庭小型化使人们对家具、家电的需求也将发生较大的变化。

（4）地理结构：与地区经济发达程度正相关

居住在不同地区的人，由于地理位置、气候条件、自然资源、风俗习惯的不同，不仅存在着不同的需求，而且还在购买习惯和购买行为方面也存在着差别。

根据CNNIC的多次统计结果，网络用户主要集中于大城市及沿海发达地区，西北部地区的网民比例则偏低。北京是我国网民最多的地区，上海、广东、浙江依次随后。北京和上海经济收入、文化生活水平较高，成为网民数量最多的直辖市；而从分省来看，东南沿海发达地区的网民数量最多，其中广东省的网民数量最多。

（5）学历结构：逐步向较低学历人群扩散

根据CNNIC的多次统计结果，随着网民规模的逐渐扩大，网民的学历结构正逐渐向中国总人口的学历结构趋近，互联网用户正逐步向较低学历人群扩散。网络用户受教育程度的不同，在较大程度上影响着其购买需求、动机与行为。因为教育程度不同，人们的价值观念、个人追求、消费观念、生活方式等会有很大差异。因此，网络营销应在了解不同教育程度人群的需求差异的基础上，认真分析网上用户的学历结构，才可以制定出有针对性的营销策略。

（6）职业结构：在网络用户中，学生和专业技术人员所占比例最大；在行业分布上，以计算机与 IT 业、商业贸易及科研教育三大行业居多

根据 CNNIC 的多次统计结果，在网络用户中，学生占比远远高于其他群体。比较历年数据，与网民年龄结构变化相对应，学生群体占比基本呈现出连年下降的趋势。

由于职业不同，人们的收入往往会有很大差距，需求的内容会有很大不同，职业人群的亚文化会有很大差异，人们的相关群体也会有很大差别，因此，人们的购物行为特别是满足高层次需求的购物行为也会有很大区别。

3.3.3 网络营销科学技术环境

科学技术是影响企业营销活动的诸多因素中，影响最直接、力度最大、变化最快的因素。由于互联网的介入，全球经济正处于一个根本性变革的时代，以计算机及网络通信技术为代表的信息产业已经渗透到人类社会生活和经济生活的各个领域、各个层面。传统的经济模式也正向知识经济模式转变。随着经济模式和市场竞争形态的转型，无论是传统企业，还是作为新经济代表的网络公司，都将面对这一划时代的转型。企业网络营销活动的开展也必须深入研究新技术给企业带来的大量机会与随之而来的各种威胁。

1. 技术变革对企业网络营销产生的影响

（1）科技的变革给企业带来营销机会的同时，也带来了环境威胁

新技术对企业的发展来说，是一种“极具创造性与毁灭性的力量”。技术的每次进步都会给某些企业带来新的市场机会，甚至会出现一些新的行业。但与此同时，新技术的出现，特别是科技浪潮的推动，也会给某个行业的企业带来环境威胁，甚至会给某些企业带来灭顶之灾，使这个旧行业受到冲击甚至被淘汰。例如，互联网的应用会对那些经营灵活的企业，特别是中小企业的发展带来新的机遇。通过互联网，它们可以不受资金、人才、销售渠道等的限制，跨越各种壁垒，进入更广阔的市场甚至国际市场。

（2）科技的变革为企业改善经营管理提供了有力的技术保障

科技的发展不仅对企业经营管理提出了更高的要求，也为企业改善经营管理提供了物质条件。随着网络技术在企业经营管理中的应用，电子商务系统的日益完善，使得企业的经营管理工作将变得效率更高，效益更好。

知识拓展：所谓“物联网”（Internet of Things），指的是将各种信息传感设备，如射频识别（RFID）装置、红外感应器、全球定位系统、激光扫描器等种种装置与互联网结合起来而形成的一个巨大网络。其目的是让所有的物品都与网络连接在一起，方便识别和管理。物联网将有助于网络营销实现对产品全程的可视化数据展现，让用户能够了解从产品生产、仓储到物流配送的整个流程环节，对于提升用户的满意度和放心购物起到积极的作用。

（3）科技的变革能创造出许多新的网络营销方式

由于网络技术的发展与应用，互联网则为买卖双方实现交换提供了众多的网上工具和方式，如网上购物、网上交易、网上拍卖等。但就目前来说，还有许多亟待解决的问题。例如，网络入户的带宽问题、信息反馈的及时性问题、物流配送的配合问题、上网的速度问题、电子支付的安全性问题等，对网络营销的大面积推广来说，都是技术性的障碍。

知识拓展：小知识：摩尔定律由英特尔（Intel）创始人之一戈登·摩尔（Gordon Moore）提出，其内容为：当价格不变时，集成电路上可容纳的晶体管数目，约每隔 18 个月便会增加一倍，性能也将提升一倍。换言之，每一美元所能买到的电脑性能，将每隔 18 个月翻两倍以上。这一定律揭示了信息技术进步的速度。

2. 企业的对策

针对网络营销的特点和企业生存发展的需要，企业应当及时转型，积极进行技术创新，以实现企业发展的科学决策。具体来说，可以采取以下对策。

（1）实施产业联合战略，谋求合作发展道路

随着网络经济对企业经营影响的日益深入，计算机、通信网络及信息产业成为带动新经济的火车头，并带动相关市场转型，所有企业要想在此环境下生存发展下去，必须实施产业联合的发展战略，以求共同发展。

（2）必须不断学习，增强自己的应变能力

网络在社会生活各个层面的广泛应用，使得信息的时效性大大加强，企业面对的信息也更加庞杂。为此，企业应当不断地学习，把企业建设成一种学习型的组织，并要学会适应迅速变化的竞争环境，学会新技术、新知识的生产和应用，充分认识信息传播和知识学习的重要作用。

（3）重视网络经济中不均衡增长的压力

网络经济造成的不均衡增长主要表现在消费者的需求模式进一步向多样化转移。由于产品多样化往往意味着产品生产的小批量、多品种，并且竞争对手林立，消费者获取产品或服务的渠道很多，消费者的选择余地很大，所以企业产品在销售看好的同时也随时面临滞销的危险，从而造成一种不均衡增长的压力。企业只有及时把握网络信息脉搏，科学控制生产，才可以从容应对这种压力的影响。

（4）关注网络新技术，不断创新网络营销的方式

由于网络技术的应用，企业竞争对手之间比以往任何时候都更容易彼此相互了解。技术更新、新产品推出等往往会出现在同一时间，产品性能、特点及价格也基本趋于一致。因此，企业产品的销售仅靠质量、技术专利和低廉的价格已经很难取胜。在此情况下，谁能吸引更多的消费者，谁就获得了网络营销竞争中取胜的第一张“王牌”，这就是人们在实践中通俗概括的“眼球经济”或“注意力经济”。因此，企业必须关注网络新技术，并把它们积极运用到网络营销实践中，以吸引更多的消费者。例如，除了向消费者提供产品信息外再提供更多的娱乐信息、服务信息和共享资源，以此提高自己网页的访问率等。

3.3.4 网络营销社会文化环境

1. 网络营销社会文化的概念

文化包括精神文化与物质文化两部分内容。这里讲的主要是精神文化，是人们对客观物质世界的一种主观认识，或者说是人们对客观的无差别的物质世界赋予的有差别的、主观的、意识形态的内涵。社会文化是指社会成员共有的、共同的对客观物质世界的看法、态度及观念等，它反映了社会成员精神财富的总和。社会成员中某一群体共有的、与其他群体相区别的、对客观物质世界的主观认识，又叫亚文化，如民族亚文化、地理亚文化等。每个消费者都生活在一

定的社会文化之中，其消费需求与消费行为也必然带有其生活在其中的社会文化的烙印。

网络社会亚文化是一种不分国界、不分地区，建立在互联网基础上的亚文化，它涵盖了人们在参与信息网络应用与技术开发过程中所建立起来的一整套价值观念、思想意识、行为方式、语言习惯、知识符号及社会关系等。所有触及互联网的人，触及的不仅是技术，而且是一种以网络为媒介，以信息为标志的崭新的生活方式。

作为一种日益介入人类社会生活各个领域的新技术工具，网络技术体现了一定的文化理念和人类特定的精神目的。网络技术为人们创造了崭新的、反传统的数字化虚拟空间，同时也为人类营造了一个“虚拟社会”。在这个虚拟社会里，没有权威，没有世俗约束，为人们的个性张扬提供了场所，创造了机会。在这个虚拟社会里，人们发生着思想交会、观念交融、价值嬗变和行为改变，形成了一种独具特色的网络文化。

2．网络营销社会文化的构成要素

（1）网络语言

在网络社会人群交际中，形成了网络社会约定俗成、自我确认、互相认同的“方言”，即网络语言。网络语言一般由汉字、数字、符号、外文甚至图形等符号组成，能够简单方便、快捷迅速地实现意思表示与情绪表达。例如，网络社会所谓的“新新人类”常用的网络语言有：OUT表示过时，88、886表示再见，GG表示哥哥，MM表示妹妹，7456表示气死我了，TST表示踢死他，8147表示不要生气，771表示亲亲你，9494表示就是就是，528表示我爱你，286表示反应慢、智商低、落伍了等；握手符号表示友好，鬼脸图形表示不好意思，红脸表示害羞等几十个“手聊”用语；“Zzzzz…”指睡觉的样子，“(-_-)”表示神秘笑容，“^-^”表示眯着眼睛笑，“@_@”代表戴眼镜的人，“T_T”表示默默流泪，orz或OTL则表示失意体前屈。网络论坛中发帖回帖也有很多种类型和方式，拍砖表示提出反对的看法，灌水则表示支持；潜水表示在他人不知情的情况下，隐秘地观看共享信息或留言，而不主动表露自己身份、发布信息和回复他人信息的单独个体或行为；另外，网络常用语还有偶（我）、小强（蟑螂）、表（不要）、稀饭（喜欢）、酱紫（这样子）、养眼（好看）、high（兴奋）、腐败（吃喝）、杯具（悲剧）、童鞋（同学）、小盆友（朋友）等。

知识拓展：《咬文嚼字》杂志公布，“2013年十大流行语”分别是中国梦、光盘、倒逼、逆袭、女汉子、土豪、点赞、微××、大V、奇葩；“2014年十大流行语”分别是顶层设计、位居榜首、新常态、打虎拍蝇、断崖式、你懂的、断舍离、失联、神器、高大上、萌萌哒等；“2015年十大流行语”有获得感、互联网+、颜值、宝宝、创客、脑洞大开、任性、剁手党、网红、主要看气质；“2016年十大流行语”有供给侧、工匠精神、洪荒之力、小目标、吃瓜群众、友谊的小船说翻就翻、葛优躺、套路、一言不合就××、蓝瘦香菇等词语。

实例 凡客体，即凡客诚品（VANCL）广告文案宣传的文体。2010年7月凡客诚品邀请了韩寒和王珞丹出任形象代言人，一系列广告铺天盖地地进入公众眼帘。该广告系列意在戏谑主流文化，彰显该品牌的自我路线和个性形象。然而其另类手法也招致不少网友围观，网络上出现了大批恶搞“凡客体”的帖子。代言人也被掉包成小沈阳、凤姐、郭德纲、陈冠希等名人。其广告词更极尽调侃，令人捧腹，被网友恶搞为“凡客体”。“爱网络，爱自由，爱晚起，爱夜间大排档，爱赛车；也爱29块的T-shirt，我不是什么旗手，不是谁的代言，我是韩寒，我只代表我自己。我和你一样，我是凡客”。这些个性标签经过网友的想象和加工，已变成众多明星甚至个人的标签。以被传播得最广的郭德纲“凡客体”为例，大大的图片旁边的文字被改为“爱相声、爱演戏、爱豪宅、爱得瑟、爱谁谁……我是郭德纲”，极富调侃，令人捧腹。

语体是人们在各种社会活动领域，针对不同对象、不同环境，使用语言进行交际时所形成的常用词汇、句式结构、修辞手段等一系列运用语言的特点。语体分为口头语体和书面语体两类，其中口头语体包括谈话语体和演讲语体，书面语体分为法律语体、事务语体、科技语体、政论语体、文艺语体、新闻语体、网络语体七种。网络语体指起源或流行于网络的新文体，通常是由于一个突发奇想的帖子、一次集体恶搞或一个热点事件而产生，网络语体一般形式自由、特点鲜明，在一段时间内会引起较高的关注度。常见的网络语体如淘宝体、凡客体等。淘宝客服一般称消费者为“亲”，三只松鼠的所有客服或新媒体网络运营在互动时一律称消费者为“主人”，以纯个性化服务消费者的方式打破客服与主人间单纯的买卖关系。

（2）网络礼仪

互联网在其长期发展过程中逐步形成了一些网络行为准则，即网络礼仪（Netiquette）。许多互联网接入服务商将这些准则规范化，形成了一系列网络社会约定俗成的行为规范与准则。比较突出的网络礼仪规范主要有以下几个方面。

1）自由自律。网络社会鼓励并尊重个性发挥，但适当的规范是必需的，毕竟面对的也是和你一样的人。无论是企业还是个人的网上行为都要在享受自由的同时注意自律。

在网络营销活动中，消费者得到了前所未有的自由选择机会，任何人、任何组织都无权直接左右他人的行为，企业只有充分满足消费者“独立人格”与“自主决策”的需要，才能得到网上目标顾客的信任与接受。

2）平等尊重。网络是个相对独立的环境，在这个空间里，没有权威的统治，不受世俗的约束，人与人之间的交流与沟通均以计算机网络为媒介，所有参与者都在一个相对自由、平等的环境中生活，在这个虚拟社会里，人们无须面对面地互动，便可以在宽松、平等的网络交往环境中展现自我和个性，人们也可以完全不考虑地位差异、等级差别、贫富悬殊，实现真正的平等相处。

网络文化是一种以“自我”为中心的文化，个体的、独立的、自由的文化，这样的一种文化形态使得人性得到了前所未有的张扬，日常生活中的人性掩饰在网络环境中的作用减弱，人们可以通过网络实现某种情感的宣泄或某种态度的表白。但这种“自我”应该以尊重他人为前提，网络社会应该倡导的是人们之间的相互尊重与友好相处。否则，网管就有“踢他出去”的职责与义务。特别是在网络营销活动中，目标顾客的意见应该得到应有的重视，目标顾客的需求应该得到最大程度的满足，目标顾客的选择应该得到最好的尊重。

例如，利用电子邮件进行网络营销时，必须谨记两个“必须”与一个“不要”，即公司或个人收到电子邮件，必须及时礼貌地给予答复，每封寄出的电子邮件，必须表述清楚简洁，且有一定的价值；不要发送人们不欢迎或明确做出拒绝接受意思表示的电子邮件。又如，一般不应该向讨论组邮递广告，除非它明确允许；并且不应该将相同的广告邮递给不同的讨论组。

3）礼貌诚信。网络社会中的自由并非绝对不受任何约束的自由，也非打破一切“现实差异”的平等。因此，在网络社会中，还应该遵循必要的礼仪规范，使用礼貌语言与符号，并且要做到讲求诚信、真诚待人。

互联网是一个虚拟的世界，人们可以在网络社会里根据自己的需要，任意地创造网络社会中的角色。这种网络交流的随意性和隐匿性在很大程度上造成了网络社会的信任危机。在网络营销活动中，如果没有诚信，人们就无法消除信息的不确定性，从而不能预期交易行为发生的确定性。缺乏这种确定性，人们即使产生交易的需求，但缺乏交易的动机，就不会实施交易的行为。因此，讲求诚信应该成为网络营销中一条最为基本的礼仪规范。

4）益公守法。网络的无约束性很可能使得人性中的恶念得到释放，网络的隐蔽性也给人们逾越社会规范创造了空间。但是，网络社会中的自由并非绝对“无政府主义”的自由，也就是说，网络社会中还应该遵守社会公德与法律法规。网络社会中也应该遵循现实社会中的道德和法律，不要以为在网上就可以降低道德标准，就可以违法乱纪。

（3）网络习俗

在网络社会形成过程中也逐步形成了人们习以为常的一些习惯性观念、态度与行为方式。比较突出的网络习俗主要有两个方面。

1）休闲娱乐。互联网是不太正式的媒体，人们习惯于在很随意的气氛与环境中开展业务。例如，企业或产品名称在网络社会中能给人留下深刻的印象，收到“过目不忘”的效果。为适应休闲的习惯，可以为它们取一些活泼而有趣的名字。例如，Yahoo（野人）这个非传统的、离奇的名字在网络社会中十分风行，被广为接受。国内有一个以狗为主题的网站注册的国际域名为 18mo.com，也许是因为名字（18 摸）好玩儿的缘故，始终在网络社会中小有人缘。同时，在企业的促销、广告宣传策略方面，风格也应该活泼随意，重点应该考虑其可读性，绝对不能教条而死板。提供的产品说明书，也应该尽量做到轻松活泼，以适应这种非正式的环境。

2）免费共享。所有成功的互联网业务活动的共同点是：都提供了有价值的信息并对所有的访问者都是免费的，不带任何附加条件。形成免费习惯的原因是互联网最初就是非商业性的媒体，人们习惯于在互联网上获取免费的有价值的信息，这也是人们愿意浏览访问企业网站的主要原因。其实，提供免费信息或服务，也是企业网络营销战略的重要内容。例如，可以通过提供免费的信息或服务，得到顾客对本公司产品是否感兴趣的线索，同时，所提供的免费信息也显示出本公司在技术、质量和承诺等方面的实力，树立企业在网上市场上良好的形象。

（4）网络节日

网络时代，“网络节日”正日益走进人们的生活，“网上节日”以其丰富多彩的内容、极强的参与性和互动性，吸引了人们的目光，改变着人们对节日生活的演绎方式。无疑，网络节日也成为网络营销的创意的来源和促销策划的重要由头。

例如，近年来逐步流行开来的网络节日有：3 月 7 日为女生节，5 月 20 日为网络情人节，8 月 3 日为男人节，8 月 18 日为八卦节，9 月 12 日为示爱节，11 月 11 日为单身节或光棍节，10 月 10 日为“卖萌节”；9 月 13 日为分手节，3 月 14 日为派节，2011 年 11 月 2 日（20111102）、2021 年 12 月 2 日（20211202）、2020 年 2 月 2 日（20200202）等为世界完全对称日，10 月 11 日“萝莉节”……淘宝双 12 是淘宝网在 2011 年推出的大型促销活动，又名“脱单节”“要爱要爱，淘宝亲亲节”“网络购物节”。苏宁每年都要举行 4 月 18 日大型购物节活动，京东启动“6·18”全民年中购物节等。

（5）社会文化差异

网络营销是借助网络开展面向网上虚拟社会的市场营销活动，网络虽然能够跨越时空，却很难在短期之内跨越原有的现实社会的文化鸿沟。这是因为，尽管网络社会逐步形成其独有的文化内容，但网络社会的成员来自不同国家、不同地区、不同种族、不同民族，有着不同的宗教信仰、不同的语言习惯、不同的习俗禁忌，所以说，社会文化也是影响企业网络营销活动的重要因素之一。因此，企业要想使网络营销活动做到被目标市场消费者喜闻乐见，必须认真研究目标市场顾客群的文化背景，只有“投顾客所好”才能顺利实现预定的营销目标。

3．企业的对策

入国守禁、入乡随俗、入门避讳，要想在互联网上开展营销活动，必须熟悉网络文化，了解网上习俗，遵守网络礼仪，避免文化禁忌。可以说，网络软营销的特征、优势——“软”，正体现在“遵守并巧妙运用网络礼仪规则从而获得一种微妙的营销艺术效果”。

3.3.5 网络营销经济环境

网络营销经济环境是指影响企业网络营销活动的外部经济因素。在网络营销活动中，企业需要考虑的经济环境因素主要包括两部分内容。一方面，要考虑现实的网络营销经济环境的水平，主要包括经济发展阶段、国民经济的增长状况、地区与行业的发展状况、社会购买力水平、对外贸易状况等。这主要在市场营销原理中介绍。另一方面，还要考虑网络经济对网络营销产生的特有的影响和作用。

1．网络经济的概念

简单地说，网络经济就是建立在网络基础上并由此所产生的一切经济活动的总和。根据美国国际数据公司的定义，网络经济是指为应用互联网技术进行投资及通过互联网销售产品和服务而获得收入，包括技术开发、营销、内容设计、专业服务及教育和培养等。可以看出，网络经济并不仅指以计算机网络为中心的一个新行业，还包括由这个新行业派生出来的若干相关行业。但从本质上看，网络经济是一种以信息技术为基础，知识要素为主要驱动因素，网络为基本工具的新的生产方式。

2．网络经济的特点

网络经济起源于传统经济，并以传统经济为依托，以往经济学揭示与总结的一些基本经济规律、原理依然还存在，但网络经济与传统经济相比却有许多不同的特点，这些特点对网络营销从经营理念到营销战略与策略上都会产生极大的影响，概括而言，主要有以下几个方面。

（1）地球村形成：网络经济是全球一体化的经济

网络经济打破了时间和空间的限制，将世界变成了一个“地球村”，大大加快了全球一体化的进程，各国的经济依存度增强了，全球一体化只有在网络经济下才变得可能。同时，企业一上网，就可以面对全球用户，产品通过互联网可以轻而易举地“走向世界”。一个封闭的经济体制在网络时代注定是无法生存的，因为网络经济是一种完全开放的经济。全球经济贸易往来的广度与深度也将因此而拓展。

知识拓展：地球村（Global Village）是加拿大传播学家 M.麦克卢汉 1967 年在他的《理解媒介：人的延伸》一书中首次提出的，是对地球的一种比喻说法。现代科技迅速发展，随着广播、电视、互联网和其他电子媒介的出现，随着各种现代交通方式的飞速发展，人与人之间的时空距离骤然缩短，国际交往日益频繁便利，因而整个地球就如同茫茫宇宙中的一个小村落。

（2）马太效应产生：网络经济的正反馈机制

传统经济模型认为，一种商品需求增加，价格因之上涨；价格上涨，供给因之增加，需求因之减少；需求减少，价格因之降低。反之则相反，这种现象用控制论术语概括就叫“负反馈机制”。但是，在网络经济的一些领域，商品价格下降，需求因之增加；需求增加，供给成本会因之而降低；供给价格进一步降低，需求则因之而创造。这种因需求方规模经济效应产生的供给方低成本、低价格，进而形成高需求、低价格的现象用控制论术语概括就叫“正反馈机制”。由于网络经济具有正反馈机制，所以网络参与者越多、覆盖面越大，网络的价值就越高。例如，电信服务市场就是一种典型的正反馈市场。

在网络营销的某些领域，正反馈效应表现为：拥有更大的市场份额就会得到更快速的发展；同样，若市场占有率比较小，则会加速下滑。正反馈有利于大网络，不利于小网络，即所谓的“强者越强，弱者越弱”的马太效应。

知识拓展：马太效应（Matthew Effect），指强者愈强、弱者愈弱的现象。来自《圣经·新约·马太福音》中的一则寓言：国王远行前，交给三个仆人每人一锭银子，吩咐他们：“你们去做生意，等我回来时，再来见我。”国王回来时，第一个仆人说：“主人，你交给我的一锭银子，我已赚了十锭。”于是国王奖励他十座城邑。第二个仆人报告说：“主人，你给我的一锭银子，我已赚了五锭。”于是国王奖励了他五座城邑。第三个仆人报告说：“主人，你给我的一锭银子，我一直包在手巾里存着，我怕丢失，一直没有拿出来。”于是国王命人将第三个仆人的一锭银子也赏给第一个仆人，并且说：“凡是少的，就连他所有的也要夺过来。凡是多的，还要给他，叫他多多益善。”

（3）赢家通吃，输家通盘：网络经济的冒尖市场原理

正反馈使强者更强，同时使弱者更弱，所以当两个或更多的公司争夺正反馈效应很大的市场时，有时会产生一种极端的结果，即只有一家公司可以出头，其余的竞争对手要么退出，要么被边缘化，最后形成一种自然垄断。经济学家称这种市场为冒尖（Tippy）市场，一般的媒体则称为赢家通吃，输家通盘。微软公司的发展就是一个由正反馈走向冒尖市场的例子。

（4）快鱼吃慢鱼：网络经济的核心是创新，创新的核心是速度

由于冒尖市场原理，不断地追求垄断力量就成了网络经济的主要动力。一个企业要想打破其他企业已经形成的垄断，往往难以依靠传统的规模经济，而是必须进行新的创新，即在网络经济条件下，由创新获得的垄断必须依靠更新的创新才能予以击破。网络经济时代，产品的生命周期大大缩短，产品的更新换代速度越来越快。因而，企业之间为追求市场垄断就必须在创新的速度上展开激烈的竞争。

（5）船小好掉头：中小企业的地位上升

在网络经济条件下，小企业能够与大企业一样通过网络向世界市场展示自己的产品，而且在高风险与高收益并存、需求瞬息万变的市场条件下，企业的快速反应能力和市场敏感度则是其生存与发展的关键。小企业具有反应快、转向容易、投入低、风险分散的独特优势，特别适合网络经济时代高新技术产业发展的需要。因此，中小企业地位的上升就成了网络经济中的必然趋势。

（6）标新立异，与众不同：需求个性化、产品多样化、营销差异化的趋势越来越明显

由于消费者需求多样化、高新技术成果层出不穷、产品开发设计手段日益高效化，近年来，世界市场产品多品种、小批量的特征越来越明显。

（7）既要务实又要务虚：网络经济是一种虚拟经济

网络经济是一种虚拟经济，这是指在互联网上构筑的虚拟空间中进行的经济活动，具有不

受时空限制的虚拟性，既可以是实物经济的虚拟化表现，也可以是完全独立的虚拟经济行为，与现实空间上的实物经济并行不悖。网络经济的虚拟还表现为有形资产最多的人不一定就是最富有的人，而无形资产最多的人肯定是最富有的人。此外，人们的思维模式也由有形思维向虚拟思维方式转变。例如，许多传统型企业在组织上突破了有形的界限，虽有设计、生产、营销、财务等完整的功能，但不保留完整执行这些功能的组织，而是将这些组织部门分离出去，借助外界力量整合、弥补，以创造企业本身的竞争优势。这是企业组织形式在网络经济时代的主要演进方向之一。

（8）长尾效应出现：次要的多数胜过关键的少数

长尾理论是网络时代兴起的一种新理论，由美国人克里斯·安德森提出。如图 3-3 所示，长尾理论认为，由于成本和效率的因素，过去人们只能关注重要的人或重要的事，如果用正态分布曲线来描绘这些人或事，人们则只能关注曲线的“头部”，而将处于曲线“尾部”、需要更多的精力和成本才能关注到的大多数人或事忽略。而在网络时代，由于关注的成本大大降低，人们有可能以很低的成本关注正态分布曲线的“尾部”，关注“尾部”产生的总体效益甚至会超过“头部”。例如，某著名网站是世界上最大的网络广告商，但它没有一个大客户，收入完全来自被其他广告商忽略的中小企业。安德森认为，网络时代是关注“长尾”、发挥“长尾”效益的时代。

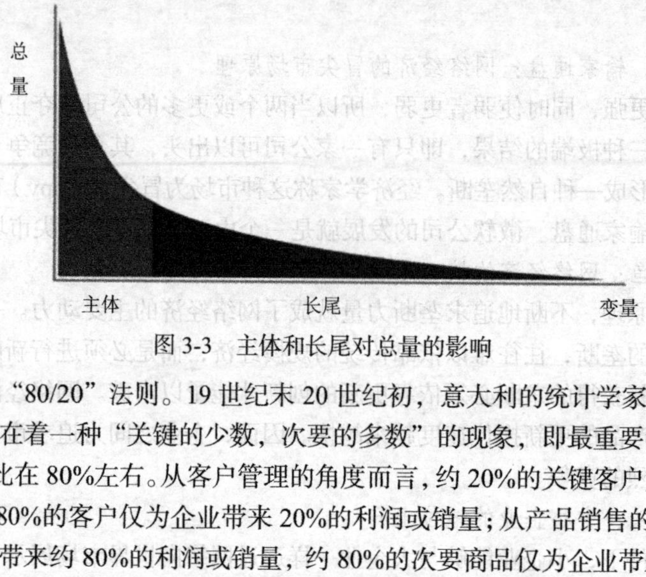

图 3-3　主体和长尾对总量的影响

二八定律也叫“80/20”法则。19 世纪末 20 世纪初，意大利的统计学家帕雷托发现，在社会许多领域，都存在着一种“关键的少数，次要的多数”的现象，即最重要的部分占比在 20%左右，次要部分占比在 80%左右。从客户管理的角度而言，约 20%的关键客户为企业带来约 80%的利润或销量，约 80%的客户仅为企业带来 20%的利润或销量；从产品销售的角度而言，约 20%的重要商品为企业带来约 80%的利润或销量，约 80%的次要商品仅为企业带来 20%的利润或销量。为此，遵循“二八定律”，在市场营销中，企业为了提高效率和效益，习惯于把精力放在那些有 80%客户去购买的 20%的主流商品上，着力维护购买其 80%商品的 20%的主流客户。

“长尾理论”被认为是对传统的“二八定律”的彻底叛逆，与“二八定律”不同的是，长尾理论中“尾巴”的作用是不能忽视的，企业不应该只关注“头部”的作用。长尾理论的基本思想体现为：只要存储和流通的渠道足够大，需求不旺或销量不佳的产品所共同占据的市场份额就可以和那些少数热销产品所占据的市场份额相匹敌甚至更大，即众多小市场会聚成可与主流大市场相匹敌的市场能量。长尾理论已经成为一种新型的经济模式，被成功应用于网络经济领域。网络的出现，使得企业有可能做到首尾兼顾，让具有潜质的“尾”转化为强势的“头”，在“头”的影响力带动下，吸引更多的“尾”，或者实现以尾制胜的利基化生存，或者实现首尾兼顾的赢家通吃。

（9）高渗透性——产业融合

迅速发展的信息技术、网络技术，具有极高的渗透性功能，使得信息服务业迅速地向第一、第二产业扩张，使三大产业之间的界限模糊，出现了第一、第二和第三产业相互融合的趋势。

3.3.6　网络营销自然地理环境

网络营销自然地理环境是指影响网络营销目标市场顾客群需求特征与购买行为的气候、地貌、资源、生态等因素。

从网络营销活动本身的角度来看，网络跨越时空，似乎自然地理环境并不能对其产生太大的影响。但不可否认的是，从目标市场顾客群需求特征与购买行为的角度来分析，自然地理因素对网络营销的确会产生较大的影响。例如，我国幅员辽阔，南北地区、东西地区之间，气候差异较大，处于不同气候条件下的人们，对某些产品存在着较大甚至根本不同的需求。在寒带，人们对羽绒服、太空衣的需求量很大，对电风扇、制冰机的需求量则很小；而在热带、亚热带，人们对这些东西的需求状况则恰恰相反。又如，在平原地区，大型农机具有较大的市场，人们对自行车的需求量大；而在山区，小型农机则更受欢迎，人们对自行车的需求量则相对较小。

【复习思考】

1. 什么是企业的网络营销环境？应分析哪些方面的内容？
2. 网络营销中，考虑社会文化因素有何重要性？你是怎样认为的？
3. 你认为在网络经济条件下，环境因素发生了哪些变化？企业应该采取哪些对策？
4. 讨论为什么网络营销能发生“使大企业变小，小企业变大”的魔术般效果。
5. 人肉搜索就是在一个社区里面提出一个问题，由人工参与解答而非搜索引擎通过机器自动算法获得结果的搜索机制。结合我国近年来发生的几起有代表性的人肉搜索案例，讨论网络社会文化与现实社会文化有何不同，网络社会应该遵循什么样的礼仪规范。
6. 搜集整理最新的一些网络流行语和网络流行语体，哪些可以运用于某一企业或其产品的网络营销活动中，谈谈你的创意。这些网络用语或网络语体的流行对企业开展网络营销有何启发？

【技能训练】

1. 下列不属于网络营销微观环境因素的是（　　）。
   A. 竞争者　B. 消费者　C. 国家电子商务发展战略　D. 供应商
2. 在中国注册域名数最多的是（　　）。
   A. GOV　B. NET　C. CN　D. COM
3. 耐克公司的广告中使用动画人物“黑棍小人”形象，被认定剽窃中国闪客获赔 30 万元。这是耐克忽略（　　）环境因素的原因。
   A. 政治法律　B. 网络经济　C. 社会文化　D. 科学技术

4. 有许多人认为“sina”在日语里是“支那”的意思，是部分日本人对中国带有侮辱性的称呼，建议国内著名网站新浪网改名，这是新浪网忽略（　　）因素的原因。
A. 政治法律　B. 网络经济　C. 社会文化　D. 科学技术

【实习实践】

1. 浏览 CNNIC 网站，查阅我国最新的上网用户情况统计资料，预测我国电子商务、网络营销的发展前景。

2. 通过搜索引擎查找《关于加快电子商务发展的若干意见》、《中华人民共和国电子签名法》、《网络商品交易及有关服务行为管理暂行办法》、《商务部关于促进电子商务规范发展的意见》、《网上商业数据保护办法》、《网上交易管理办法》、《非金融机构支付服务管理办法》等政策性文件，学习其内容，分析这对我国发展电子商务及网络营销的意义。了解我国有关部门还出台了哪些与电子商务、网络营销相关的政策法规。

3. 登录大众点评网（www.dianping.com），选择你所在的城市频道，了解有关评论内容后思考，如果你是一个当地风味美食餐馆的经营者，可以通过该站点开展哪些网络营销工作。

4. 登录中国互联网协会网站（www.isc.org.cn），了解有关政策法规与技术发展趋势。

5. 登录中华人民共和国商务部电子商务和信息化司网站（http://dzsws.mofcom.gov.cn），了解我国电子商务政策方面的最新动态。

6. 登录已经开设的新浪博客，进行博客名称、博客地址（域名）、版式等基本设置，增加博主介绍板块，实践如何添加好友等基本操作。

（1）登录自己的博客，单击进入个人中心，如图 3-4 所示。

（2）单击“账户/博客设置”（见图 3-5），进入设置页面。

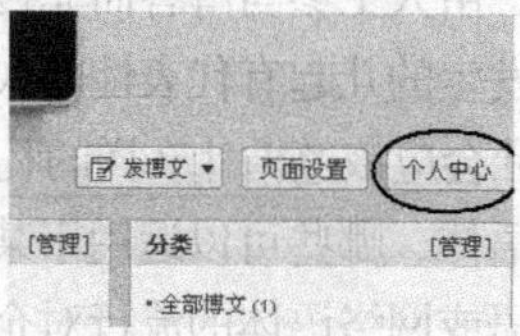

图 3-4　“个人中心”图标

图 3-5　账户/博客设置

（3）设置个人资料、头像、昵称（博客名称）、博客地址等项目，如图 3-6 所示。

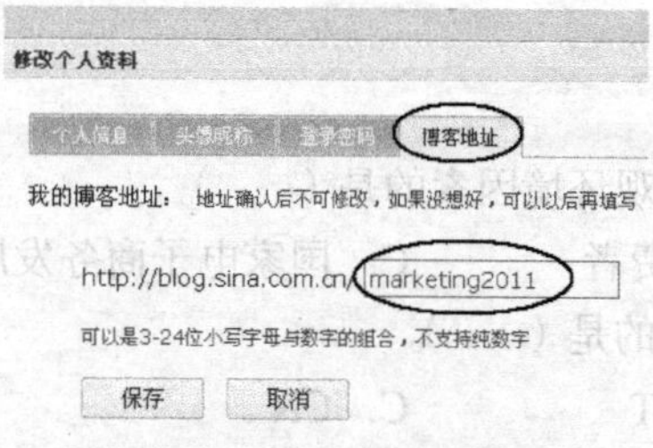

图 3-6　设置个人资料等项目

（4）进入博客首页，单击“页面设置”，进入页面设置页面，如图 3-7 所示。

图 3-7　页面设置

（5）进行风格、版式、组件等设置，如图 3-8 所示。

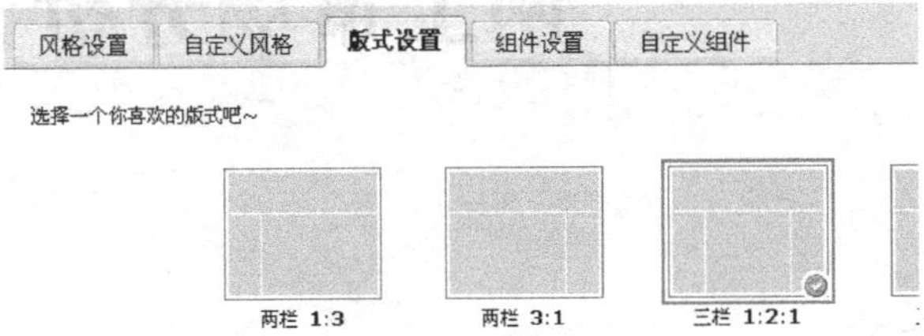

图 3-8　设置风格、版式、组件等

（6）在博客中增加财经要闻、全球股市等财经信息栏目，如图 3-9 所示。

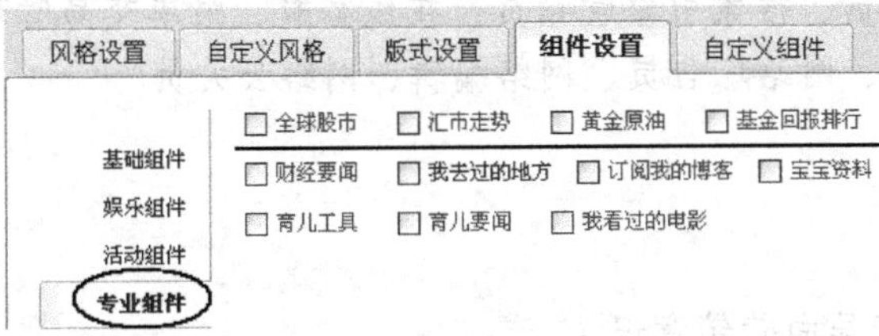

图 3-9　设置专业组件

第4章 网上市场分析

对应工作（岗位）

网络营销经理或网络营销总监、网络营销主管、网站管理（建设、维护、推广）员、网络推广员、网络调研员、搜索引擎营销员、在线客服、跟单交易管理员、商品管理员、价格管理员、网络促销、网站广告员、网络编辑、网络公关员

应知应会内容

- ☑ 具有强烈的顾客导向营销意识
- ☑ 具有网上市场分析的基本知识与基本思路
- ☑ 准确理解与把握网上消费者的需求特点
- ☑ 准确理解与把握网上消费者的购买过程及其特点
- ☑ 具有针对网上消费者购买过程应对策略的整体规划能力
- ☑ 具有应对不同消费者的网络营销策划与执行能力

4.1 网上市场分析概述

4.1.1 网上市场的概念

所谓网上市场，就是在一定的时空条件下，对某种产品或服务具有现实需求和潜在需求的网上用户群。或者说，网上市场就是在一定的时空条件下，对某种产品或服务具有现实需求和潜在需求的用户群中，愿意和能够通过互联网实现自己部分或全部购买行为的所有个人或组织的总称。

市场营销一般是站在卖方的角度分析问题的，所以，网络营销中所说的市场其实就是买方的代名词。网络营销就是企业面向网上市场开展的一种经营活动，是企业利用互联网技术、围绕消费者需求而开展的一种市场经营活动。网络营销应从了解网上市场的需求开始，到满足网

上市场的需求结束，可以说，网上市场需求是网络营销活动的中心。在网络营销学里，网上市场可以根据情况用网上消费者群、网上购买者群、网上用户群、网上客户群及网上顾客群等概念来替换表述。

4.1.2 网上市场的特点

1. 互动性

这是指网上市场是一个互动性的市场。网络营销可以通过网页实现实时的人机对话。例如，企业可以通过在程序中预先设定访问路线及超文本链接，把用户可能关心的问题的有关内容按一定的逻辑顺序编制好，从而使用户在选择特定的图文标志后，即可轻易地跳到感兴趣的内容或相关网页上。企业也可以在网页上设置通用网关程序，自动采集用户数据；还可以通过电子公告牌或电子邮件实现异步的人机对话。

2. 虚拟性

这是指网上市场是一个虚拟性的市场。在网络这个虚拟性的市场里，顾客所见的商品并非实物，而是企业网站对商品的多媒体、数据化的演示。企业可以在网络上构筑一个全方位展示自己产品的“虚拟展厅”，用立体逼真的图像，辅之以方案、声音等向用户展示自己产品的信息，并通过网络进行商务谈判、签订合同、进行电子交易和提供服务。网络营销中所说的网上商店、网上商城、网上一条街、网上银行、电子钱包、合同洽谈室等，都是一种电子信息技术的虚拟演示，消费者并不能“眼观、手摸、口尝、耳听、鼻闻”其真实效果。

3. 全球性

这是指网上市场是一个全球性的市场。网络的铺设基本上覆盖了世界上大多数国家，只要有网络的地方，企业就可以直接与用户一对一地进行各种商务活动，从而彻底消除了地理区域对企业营销活动的局限，极大地拓展了企业目标市场的地理空间。这一特点为一些中小企业带来了无限的商业机会，也为中小企业开展大市场营销、打入国际市场创造了良好的条件。

4. 全天性

这是指网上市场是一个全天候的市场。网络营销活动可以使企业全天候24小时地进行各种营销活动，企业可以在全天24小时内发布信息，签订合同，进行电子交易和提供服务。用户也可以随时在网上寻找自己需要的信息及服务，购买自己需要的产品或服务。

5. 高效性

这是指网络营销可以大幅度地提高企业的营销效率。利用网络营销系统，可以使交易文件的传递速度得到极大提高。据测试，从用户输入订单开始，到用户拿到网上商店出具的电子收据止仅需5~20秒。

4.1.3 网上市场分析的目的

从心理学的角度来说，需要（Need）是人们生理上或心理上产生的一种缺乏的感觉，是人们因为生理上或心理上缺乏某种东西而由此产生的一种紧张的感觉，即所谓的“不足之感”；欲望（Want）是人们为消除或减轻不足之感而想要获得某种东西的追求愿望，即所谓的“求足之愿”；需求（Demand）是不足之感和求足之愿的统一，是不仅需要，而且想要，而且追求的统一。

研究网上购买行为时，需要先研究购买者的网上购买需求。需要是购买者自发产生的一种客观实在，市场营销不能影响或改变购买者的需要，市场营销能够改变的是购买者的欲望和需求，即实现有需要但“不想要”、“不能要”、“要不起”向“想要”、“能要”、“努力要”的观念转变。因此，网络营销活动从本质上来说就是网上购买者的需求管理，即研究网上购买者的需要，影响网上购买者的欲望，改变网上购买者的需求，但最终是通过满足网上购买者的需要实现自己盈利的目的。这是网上市场分析的目的，也是网络营销管理的根本任务，具体而言，主要有以下 8 个方面的内容，如表 4-1 所示。

表 4-1　网络营销管理任务一览表

序号	需求状态	特征（对网上购物或企业产品的态度）	任务	措施（分析原因，对症营销）
1	负需求	厌恶、回避	转变营销	转变观念，培养习惯，重新设计产品等
2	无需求	漠不关心	激发营销	消费者教育，引导需求，激发需求等
3	潜在需求	不具备满足的条件	开发营销	创设条件，消除壁垒，降低门槛等
4	下降需求	需求呈下降趋势	重振营销	促销激励，产品开发，网聚人气等
5	不规则需求	供求在时空上不协调	协调营销	差别定价，促销协调，区别对待等
6	充分需求	供求基本平衡	维持营销	保证质量，维持充分，延长周期
7	过度需求	远远供不应求	限制营销	提高价格，减少促销，增加供给
8	有害需求	需求有害于社会或个人	反营销	劝说引导，资格认证，身份限制

4.1.4　网上市场的构成

1．网上市场的规模

网上市场的规模主要取决于三个基本要素：上网人口、购买欲望与购买能力。三者之间的关系可以表述为：网上市场=上网人口×（购买欲望+购买力）。从增长速度上来说，我国上网人口正以极高的速度增长，而从绝对量上来说，我国是全球第一大网络用户国，因此网上市场的规模潜力是巨大的，B2C 电子商务的前景是光明的。

2．网上市场的结构

网上市场按照购买者的身份不同可以划分为网上消费者市场和网上组织市场。我们一般把为了满足自己生活消费需要而通过互联网实现自己部分或全部购买行为的所有消费者称为网上消费者市场（主要包括 B2C 与 C2C 两种模式）。同样，我们一般把通过互联网实现自己部分或全部购买行为的所有组织称为网上组织市场（主要包括 B2B 和 B2G 两种模式）。网上组织市场根据组织购买商品或服务的目的不同又可以划分为：网上企业市场，包括网上生产者（制造商）市场和网上转卖者（中间商）市场；网上非营利组织市场等，如图 4-1 所示。

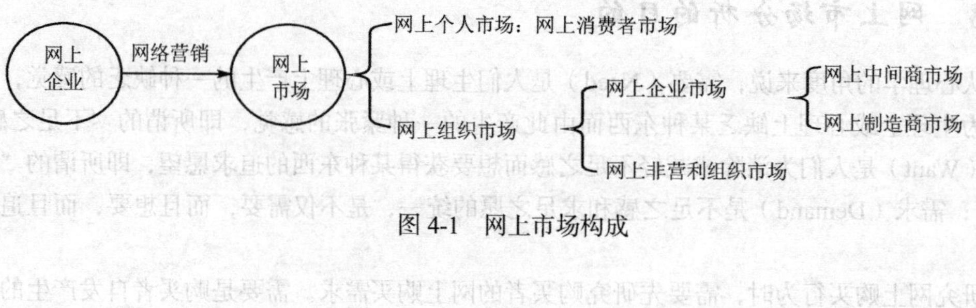

图 4-1　网上市场构成

4.1.5　网上个人市场与网上组织市场的区别

分析网上个人市场与网上组织市场的区别，是企业决定实施 B2B 网上营销战略，还是实施 B2C 网上营销战略的主要依据。一般而言，相对于消费者市场，企业购买者市场具有：购买者数量较少，购买数量或金额通常较大，买卖双方关系比较紧密，需求属于间接需求且缺乏弹性，购买行为理性化及购买决策过程比较复杂等特点。

B2C 电子商务网站用户通常是居民个人或家庭，一般以满足生活性消费为购买目的，用户上网购物消费的行为具有追求时尚性、娱乐性、便利性、求廉性、品牌偏好性等特点。而 B2B 网站用户的身份一般是营利性机构，其购买目的是满足生产性或经营性需求，其最终目的是盈利。B2B 网站用户的一般行为特征是试用性、理性化、非固定性和利益驱动性。网上个人市场与网上组织市场的区别如表 4-2 所示。

表 4-2　网上个人市场与网上组织市场的区别

5W/H	项　目	B2C（面向消费者）	B2B（面向企业）	B2G（面向非营利组织）
Who	• 身份	个人或家庭	制造商或中间商	政府、社团、事业单位等
	• 使用者	为自己购买	为组织采购	为组织采购
	• 购买者	非专家	专业采购人员	专业采购人员
	• 决策者	个人决策	集体决策	集中招标采购，受到监控
	• 上网比例	目前较低	较高	较高
What	• 需要	生活性消费	生产性消费或转卖	公共需要或事业性需要
	• 产品	消费品	生产资料	公共产品
	• 需求弹性	大	小	小
Why	• 购买行为	简单	复杂	复杂
	• 动机	非营利，满足需要	营利	非营利，办事为主
	• 最初登录网站原因	广告引入，促销拉入，主动搜索，有意找入，无意链接，顺路经过	广告引入，中介推荐，主动搜索，有意找入，同业链接，门户推荐	广告引入，中介推荐，主动搜索，有意找入，同业链接，门户推荐
Where	• 市场范围	广阔而分散	狭小而集中	狭小而集中
	• 地点	生活地	工作地	工作地
When	时间	主要在 8 小时以外	主要在 8 小时以内	主要在 8 小时以内
How	• 购买批量	单件零星	批量高额，依需而定	批量高额，限定总额
	• 选择网上购买的主要因素	心理偏好，行为习惯，便宜便利，安全时尚，休闲娱乐，轻松方便	供货及时，质量可靠，数量充足，条件优厚，服务保证，长期交易	供货及时，质量可靠，数量充足，条件优厚，服务保证，长期交易
	• 营销关键	诱导劝说	建立关系	建立关系
	• 物流方式	邮寄，快递	第三方物流	第三方物流
	• 支付方式	异地邮寄，货到付款	银行转账，电子支付	银行转账，电子支付

4.2 网上消费者需求分析

4.2.1 网上消费者需求层次分析及对策

网上消费者是指在互联网这一虚拟环境下进行购买与消费的有别于在传统网下购物的消费者人群。马斯洛需求层次论对网上消费者的需求层次分析也有重要的指导意义。

1. 生理需求

这是人类生活和生存最基本的需求。一般来说，吃、穿、住、用、行等方面的需求就属于生理需求，它涉及消费者最基本生活资料的获取问题。网上消费者大多数已经解决了基本生活用品的购买问题，他们的注意力往往不在这一层次的需求上。当然，消费者上网购买生活用品也是比较普遍的，这主要是他们追求便利、省时省力的原因，而主要不是为了省钱。

2. 安全的需求

当人们的生理需求得到满足之后，就会随之产生为避免生理及心理方面受到伤害而求得保护和照顾的需求，并为此购买相应的产品或服务。如财产安全、人身安全、职业安全、健康保健、医疗卫生保险等的需求。网上消费者也不例外，他们乐于通过网络查询，寻找适合自己情况的有关产品或服务。但由于人们对网上交易的安全性仍持怀疑态度，因此对这一新兴的交易形式可能表示出不信任的态度。所以，网络营销一方面要考虑提供满足网上消费者在安全方面需求的产品或服务，另一方面要使网络营销过程本身最大限度地满足网上消费者安全购物的需求。

3. 社交的需求

在社会生活中，人们不能没有社会交往活动。人们通常都有希望被社会上某些团体或个人接受的需求，从而使自己在精神上或心理上有所归属。这种需求促使人们致力于与他人建立感情上的联络或建立某种社会关系，如朋友交往，伙伴关系，参加某些社会团体聚会等。企业在网络营销活动中，可以向消费者提供如旅游、会议、社团活动等方面的信息服务。同时，如果能借助电子邮件、公告牌、聊天室等功能，尽量满足网上消费者沟通信息、情感交流、发表言论的需求，也不失为一种吸引潜在顾客的有效的营销策略。

4. 尊重的需求

这包括自尊和受到社会尊重的需求。自尊的需求主要表现在消费者有自主、自由、自尊、自豪等方面的需求。受社会尊重的需求主要表现在消费者有受到社会认同接受，并要求他人给予尊敬、赞美、赏识及承认一定社会地位的需求。在这方面，从内部营销的角度来说，企业网站应该提供一些员工的个人主页，特别是一些具有榜样作用的、对企业做出突出贡献的优秀员工的个人主页或在企业主页上注重模范员工的宣传；从外部营销的角度来说，在营销活动中，要尽量满足消费者受尊重的需求，为消费者提供一些能体现个人身份与地位的形象性产品。

5. 自我实现的需求

这是最高层次的需求，是指人们对个人价值得到社会实现的追求。例如，努力获得某种成就，尽量发挥自我潜能，追求崇高理想的实现等。这种需求在其他需求都得到满足之后才有可能产生，是最高层次的需求。在网络营销活动中，企业一方面可以利用网络资源向网上消费者提供更多的实现个人价值、获得成就感、满足成功欲的产品或服务；另一方面还可以为人们提供有用的就业信息，为消费者提供发展或表现自身价值的场所或机会等。

在这五个层次的需求中，前两个层次的需求是消费者基本的物质需求，满足这类需求消耗的是一些基本的生活必需品；后三种需求属于精神需求，这一类需求的满足需消耗一些比较高级的生活资料。这里需要指出的是，对大多数人来说，实际的状况不是单一的只有某一个层次的需求，而是多层次的，即在每一个层次上或多或少、不同比例的都会有一些需求，但由于条件的限制，这些需求只能部分地得到满足。这种差别是每个网络营销人员必须学习了解的。作为营销人员还必须了解并学会分析消费者的需求，分析消费者需求的轻重缓急，因为这是企业有针对性地开展营销活动、避免营销工作盲目性的重要前提。

4.2.2 网上消费者的需求特点及对策

网上消费是一种新的消费形式，消费者可以不受时空限制在网络虚拟的市场环境下与企业进行商品交换。与传统的面对面的营销方式相比，虽然交换的本质没有变，但在具体的实现过程中网络营销却有许多特别之处，特别是网上消费者的需求有了一些新的特点。因此，应该深入研究网上消费者的需求特点，以采取有针对性的营销策略。

1. 反向扩展性

网上消费者需求的反向扩展性是指网上消费者需求是由高层次需求逐步向低层次需求扩展延伸的。在传统的营销模式下，企业营销活动的开展必须遵从消费者需求由低层次需求向高层次需求逐步延伸发展的规律，即当消费者低层次需求满足以后才会产生高层次的需求。而在网络营销条件下，消费者的需求变化则是由高层次需求的满足逐步向低层次需求扩展延伸的。实践证明，网上消费者最初上网的目的是寻求满足一些高层次需求的产品或服务，如购买图书资料、娱乐光盘、计算机软件等。到了成熟阶段，消费者已基本上熟悉并掌握了网上消费的规律和操作流程，并对网上购物有了充分的信任，当对网上购物消费的优点“情有独钟”时，消费者才会从购买满足高层次需求的精神消费品向大量购买日用消费品扩展延伸。因此在网络营销活动中，企业营销人员应该充分认识到这种规律，并慎重、合理、恰当地逐步推出自己在网上销售的产品。

2. 更大的差异性

网络营销面对的几乎是全球的消费者，因此网上消费者的需求具有更大的差异性。由于网上消费者遍布世界各地，国别、民族、信仰、生活习惯、文化禁忌等都比传统的网下消费者群具有更大的差异性。针对这一特点，企业开展网络营销必须认真考虑这些需求的差异，对产品的构思、设计、制造、包装、运输、销售等的全过程做出总体的规划与安排，以实现预期的营销效果。

3. 明显的交叉性

在网上消费者中，同一消费者各个层次的需求并不是相互排斥的，而是紧密联系的，不同消费者所表现的需求也可能分属不同的需求层次，也就是说，网上消费者需求之间存在着明显的交叉性。所以，网上营销针对不同的消费者可以经营几乎所有的商品，对同一消费者也可以同时推销不同的商品。这是因为，网上消费者可以在较短的时间里浏览多种商品，从而衍生出交叉性的多种需求。

4. 较大的超前性

目前，上网购物的消费者以年轻人居多，他们一般都对新生事物反应灵敏，接受速度快，特别是更容易做到观念的不断更新。在网络上，最先进和最时尚的产品总能以最快的速度与消费者见面。网上消费者也会很快接受这些新的产品，并带动周围一大批消费者，掀起一轮新的消费热潮。因此，网络营销应该考虑到这一需求特点，通过不断的营销创新，以刺激需求，毫不松懈地吸引住“消费潮流的领袖”——网上消费者。

5．较强的可诱导性

消费者的需求，特别是对高层次的需求，并不常常表现为现实的需求，而是较多地表现为潜在的需求状况。网上消费多以高层次需求为主。因此在网络营销活动中，企业应通过各种网上营销策略，努力激发网上消费者的潜在需求，并实现由潜在需求向现实需求的转变，变微弱的购买欲望为强烈的获取动机，变反复的犹豫为坚决的购买行动。

6．较多的理性化因素

对于网上消费者来说，在传统的商业环境下，及时驱动和临时诱惑导致的“心头一热，买下再说，回家考虑，后悔不迭”的情况一般不会出现，因为他们可以选择的生产厂家和产品范围已不再局限于某个城市、某个专业市场或某个专卖店，他们还可以对商品的价格进行广泛的横向比较，最后做出比较理智的决策。因此，他们某种购物行为的产生具有更多的理性化因素。

网络营销很难依靠消费者信息的不充分或企业的地理优势形成垄断局面，必须利用一切方法和工具与网上消费者进行尽量充分的信息沟通，收集他们的需求信息，及时抢占先机，向网上消费者推出适销对路、物美价廉的产品和服务，才能在竞争对手云集的网络营销活动中取胜。

7．需求个性化色彩明显

出于规模经济的考虑，批量化和标准化的生产方式使得消费者的个性被湮没于大量低成本、无差异、大众化的产品浪潮之中。然而没有一个消费者的需求是完全一样的，市场营销只有把每个消费者都看作一个细分市场时，营销效果应该才是最好的。网络营销的产生、柔性化生产系统的发明使用使得个性化消费成为消费的主流。

8．消费行为的主动性增强

在网络营销情况下，消费者不再是广告信息的被动接受者，而是产品信息的积极寻求者，而且消费者可以在几乎覆盖全球的网络上寻找自己需求的产品，几乎不受时空的限制，消费的主动性大大增强。

9．对购买方便性的需求与购物乐趣的追求并存

在网络营销情况下，消费者购物的目的不仅是从无到有的过程，而且还要考虑购物过程的乐趣、购物的安全、购物的便利等需求的满足。

10．消费者兴趣、聚集、交流的需求表现突出

网络经济条件下，网络已经逐步深入人们社会生活的各个层面，网上消费者上网最主要的目的不在于满足其基本的生存需求，而在于满足其高层次的享受与发展的需求，其中表现最为突出的是消费者体验兴趣、聚集社交和沟通交流的需求。

实例　猫扑网（www.mop.com）是一个具有一定影响力的简体中文网上论坛，于1997年10月建立，是集大杂烩、我的空间、音乐、猫眼视频、贴贴、电台、星工厂、猫仔队、猫斯卡等产品为一体的娱乐互动平台。2008年3月7日，奇虎公司发布全新改版的问答网站奇虎网（www.qihoo.com），以极具创新意识的产品形式，为网民提供问问题和找答案的服务。占座网（www.zhanzuo.com）则强调大学生使用真实姓名，真实照片，以真诚的心态展示、交友和交流。天涯社区（www.tianya.cn）是以论坛、部落、博客为基础交流方式，综合提供个人空间、相册、音乐盒子、分类信息、站内消息、虚拟商店、企业品牌家园等一系列功能服务，并以人文情感为核心的综合性虚拟社区和大型网络社交平台。

11．消费者参与到产品的设计、生产、流通及消费的全过程

在传统的市场营销活动中，制造商是产品分销的起点，中间商是产品分销的中介，消费者是产品分销的终点，消费者只能在店铺中挑选已经生产出来的产品。而在网络营销条件下，消费者完全可以介入产品的设计、生产与流通过程中。例如，通过企业的网上定制营销，消费者可以自行设计自己喜欢的手机铃声、冰箱款式、摩托车造型、房屋户型结构等，对于一些数字化的产品，消费者还可以自助式地完成下载（物流）过程。

12．自媒体需求

互联网极大地满足了人们日益增长的表达意愿和自由的需求，2006年，美国《时代周刊》将"YOU"评选为当年的年度人物。在人人皆媒体的"自媒体"时代，每个人都是言论的中心，都可以发布信息，Web2.0为这种新的传播形式提供了积极的技术支持。例如，博客使每个网民都成为媒体身份的网上信息发布主体。

当你的粉丝超过100个，你就好像一本内刊；超过1 000个，你就是个布告栏；超过1万个，你就像一本杂志；超过10万个，你就是一份都市报；超过100万个，你就是一份全国性报纸；超过1 000万个，你就是一家电视台；超过1亿个，你就是中央电视台。谁会成为第一个网络中央台？

13．碎点化消费

后PC时代，人们的网络使用时间呈现显著的碎点化特征。尼尔森在线研究数据显示：在使用频率上，56%的用户一天多次移动上网，移动互联网正在以极快的速度，透过零碎时间的积累，逐渐掠夺传统媒体占据潜在消费者眼球的时间。碎点化的时间分配和移动上网随时随地的便捷，使得各类符合这些特点的移动设备应用和服务获取了越来越多的青睐。如何巧妙地适应用户碎点化时间进行网络营销是企业需要研究的重点。

14．娱乐化主张

美国商会《国际经济》曾经提出：如果你不把娱乐的因素加入你的行业中去，那你的公司就等着完蛋吧。美国经济学家沃尔夫在《娱乐经济》一书中提出，消费者不管买什么，都在其中寻求娱乐的成分。随着经济持续发展和居民收入水平提升，消费者对娱乐化需求将更快地发展。人们的网络阅读、视频、聊天、社交、游戏等，无不能给用户带来愉悦的享受。

15．体验化选择

有了良好的用户体验，用户黏性自然随之而来。在乔布斯看来，后PC时代，需要把技术和人文结合起来，深度挖掘用户需求，提供良好的用户体验，让用户与终端设备之间建立更加密切的关系，"这才是正确的方向"。或者说，后PC时代，仅靠技术是远远不够的，用户体验将成为第一驱动力。这一说法得到了Resolve Market Research的印证，由于良好的用户体验，38%的美国用户拥有iPad后将不再购买任何便携式游戏设备。

16．网络体验的共享性

Web2.0带来了传统媒体无可取代的全新传播理念，网上消费者不再是信息的被动接受者，他们不仅可以通过网络主动获取信息，而且还可以作为发布信息的主体，与更多的消费者分享信息。例如，网上消费者可以通过Blog、帖吧、QQ群、Wiki、BBS、SNS等网络工具发布个人购物体验并与群体共享，同时也会将新闻和企业信息（也包括广告）进行比较讨论。信息发布由从前的商家向消费者发布的B2C模式，转化为由商家向消费者发布之后，消费者再向消费者发布与共享的"B2C2C"模式。

4.3 网上消费者行为分析

4.3.1 消费者上网行为分析

以某一营销网站为例，消费者上网行为分析即该网站访客行为分析，分析指标大致可以划分为两类，每类又包含若干数量的指标。

1．消费者上网要素分析

（1）上网接入设备

目前消费者上网的接入设备主要包括台式计算机、笔记本和手机三种。总体分析，我国网民对上网设备的选择趋于多样化，台式计算机上网占绝大部分比例，但台式计算机的使用比例在逐年下降，笔记本和手机的使用比例在逐年上升。手机上网以其特有的便捷性获得了很多网民的认可。使用手机上网的网民中，男性较多，通过手机上网主要是年轻网民的选择。

（2）上网地点

网民经常上网的地点包括家里、网吧、办公室、学校及其他场所五类。根据 CNNIC 统计报告：家庭是网民主要的上网地点，随着上网条件的改善，在家上网的比例应会逐步提高。网吧是中国网民的第二大上网地点，单位则是网民经常上网的第三大地点。

（3）上网时长

一般指网民平均一周上网的小时数。

（4）上网费用

一般是指我国网民月均上网费用。

（5）网络应用

网络应用是指网民上网行为的主要内容，包括网络音乐、网络新闻、即时通信、网络视频、搜索引擎、电子邮件、网络游戏、博客/个人空间、论坛/BBS、网络购物、社交网站等网民使用互联网的重要方面。

2．消费者网站访问行为分析

消费者网站访问行为分析，主要是通过消费者访问网站页面的痕迹与过程，对有关数据进行统计分析，从而发现消费者访问网站的规律，或者根据这些行为规律进一步优化网站，或者根据这些行为规律规划有针对性的网站营销策略。

（1）消费者网站访问行为分析指标

就某一网站而言，分析消费者网站访问行为，主要是分析导入网站（消费者从哪些站点链接转入）、浏览网站时长、使用的搜索引擎及其关键词、不同时段的用户访问量、独立访问者数量、重复访问者数量、页面浏览数、平均每个访问者的页面浏览数、某些具体文件/页面的统计指标（如页面显示次数、文件下载次数等）、用户登录 IP 地址地区分布状况等。

（2）消费者网站访问行为分析技术

对于一些大型企业可以根据需要自行开发适用的网站流量统计分析系统，而对于一些小企业，则完全可以利用一些第三方的流量统计系统进行辅助分析。

一般需要企业在第三方服务提供商网站上先注册一个账号，然后获取统计代码，将统计代码插入需要统计的网页中，这样流量统计功能就安装成功了，企业就可以随时分析总体或个体消费者登录自己网站后的访问行为轨迹了。

实例　51YES.COM，免费注册，统计指标也很全面；1tong.com.cn 虽然统计指标也很详细，但要求平均日 IP 访问量在 100 以上才不会被删除账号；itsun.com 也是免费注册，很受网站欢迎的第三方流量分析系统。我要啦 51 拉（www.51.la）网站流量统计器、中国互联网数据分析专家（www.cnzz.com）、站长统计（www.leadzz.com）、雅虎统计（tongji.cn.yahoo.com）、站长流量统计（www.zzcount.com）等网站都提供免费的流量统计器。

4.3.2　网上消费者行为模式

从传统时代到网络时代，互联网与移动应用得到了爆发性的普及，特别是随着 Web2.0 的发展，使传统的消费者行为模式发生了极大的改变，消费者行为正从传统的 AIDMA [Attention（注意）→Interest（兴趣）→Desire（欲望）→Memory（记忆）→Action（行动）] 模式逐渐向含有网络特质的 AISAS [（Attention（注意）→Interest（兴趣）→Search（搜索）→Action（行动）→Share（分享）] 模式转变（见图 4-2 和图 4-3）。AISAS 模式是日本电通公司针对互联网与无线应用时代消费者生活形态的变化，从而归纳概括出的一种新的网络消费者行为模式，Search（搜索）和 Share（分享）这两个具备网络特质的"S"的出现，彰显了互联网时代搜索（Search）和分享（Share）在消费者行为中的重要地位。

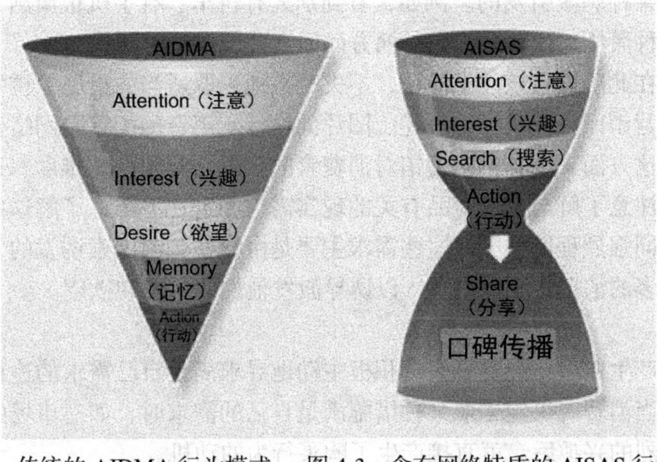

图 4-2　传统的 AIDMA 行为模式　　图 4-3　含有网络特质的 AISAS 行为模式

4.3.3　网上消费者的购买过程

网上消费者的购买过程也就是网上消费者购买行为形成和实现的过程。网上消费者的购买行为其实并不是一种偶然发生的现象，消费者在购买之前、购买之中、购买之后都会有一系列的活动。一般来说，最为复杂的、最理性化的网上消费者的购买过程可以粗略地划分为以下 6 个阶段：激发需求、产生动机、收集信息、比较决策、实施购买和购后评价，如图 4-4 所示。

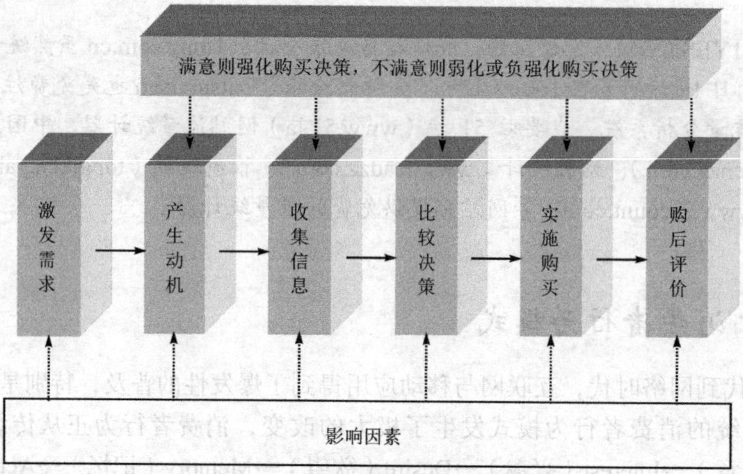

图 4-4　网上消费者购买的过程

1．激发需求

消费者的需要和欲望是购买行为产生的起点，也是网络营销活动中消费者行为分析的起点。当消费者感觉到生理上、心理上或精神上的一种缺乏的痛苦，并想积极寻求渠道消除或减轻这种不足之感时，购买行为的起点就出现了。这种需求可能是由消费者内在的生理活动引起的，也可能是由外界的某种刺激引发的。例如，看到别人有轿车、有手机很潇洒，自己想减除内心的不平衡，实现这种潇洒；或者是由内外两方面因素共同作用的结果。

网络营销活动在此阶段应该注意的是，不失时机地采取适当的措施，诱发和强化消费者的这种需求。对网络营销而言，文字的表述、图片的设计、声音的配置是网络营销诱发消费者需求的直接动因。从这方面来讲，网络营销对消费者的吸引具有相当的难度。这要求从事网络营销的企业或中间商注意了解与自己产品有关的现实需求和潜在需求，了解这些需求在不同的时间阶段所表现的不同强烈程度，了解这些需求主要是由哪些刺激因素诱发的，进而巧妙地设计促销手段去吸引更多的消费者浏览网页，以诱导激发他们的需要和欲望。

2．产生动机

当消费者需求产生以后，消费者就会积极主动地寻求满足自己需求的途径，而满足需求的途径又不止一个。当消费者决定采取某种措施满足自己的需求时，如对市场中出现的某种商品或某种服务发生强烈的兴趣后，就直接产生了购买行为的动机。

网络营销活动在此阶段的主要工作是：积极引导与劝说消费者选择有利于通过本企业产品或服务满足自己需求的途径。

3．收集信息

一般来说，消费者明确了通过什么途径能满足自己的需求后，便会从理性的角度出发，为了使自己的购物行为更经济，或者说能使自己的购物活动付出较少而得到更多，往往要进行一系列积极寻找和搜索信息的活动，以便尽快完成从知晓到确信的心理过程，做出购买决策。消费者获取的信息主要有以下几个方面。

（1）个人来源

个人来源主要指来自消费者的家人、亲戚、朋友和同事等的与购买决策有关的信息和体会。消费者决策的依据是所获得的信息，在这几种信息来源中，来自相关群体方面的信息对消费者有着较大的信任度，这种信息和体会在某种情况下对消费者的购买决策有着较大的影响。在网络营销活动中，必须积极培养这种来自个人“口碑”的对企业营销活动有利的信息。

（2）商业来源

商业来源主要指消费者通过企业有意识的信息发布活动所获得的商品信息，如展销会、人员推销、媒体宣传、发布广告等。在网络营销活动中，消费者获得这方面信息的途径主要有网络广告和检索系统中的产品介绍等，包括企业在信息服务商网页上所做的广告、中介商检索系统上的条目信息及企业网站主页上的广告和产品介绍、企业向目标消费者发送的电子邮件等。

（3）公共来源

公共来源指消费者从报纸、杂志、电视、网络等大众传媒获得的有关企业及其产品的宣传报道信息，或者消费者从消费者组织（如消费者协会）的有关评论中得到的信息。对此，在网络营销活动中，企业要注重积极建立良好的公共关系，树立良好的公众形象，赢得尽可能高的美誉度。

（4）经验来源

经验来源指消费者自己储存、保留的与购买行为有关的信息，包括购买商品的实际经验、对市场的潜心观察等。

一般而言，在传统的购买过程中，消费者对于信息的收集大都出于被动接受的状况，如“广告轰炸”对消费者的购买决策有着较大的影响作用。而消费者网上购买活动中的信息收集则带有较大的主动性。例如，在网络购买过程中，商品信息的收集主要是通过互联网进行的。一方面，上网消费者可以根据已经了解的信息，主动通过互联网跟踪查询；另一方面，上网消费者又会不断地在网上浏览，寻找新的购买机会。

网上消费者的信息搜索能力取决于四个方面。一是消费者已经掌握有关产品的知识。二是对可能的各种信息源的了解程度。只有对各种信息源有足够的了解与认识，才不至于走弯路，这是获取信息的基础。三是获取信息的能力，包括计算机和网络基础知识的运用，在查询和检索信息的过程中是否掌握了一些检索技巧，获取信息的准确率和速率如何，能否快、准、全面地获取有用的信息。四是处理信息的能力，指消费者在获取大量信息的基础上，能否准确地鉴别、分析、判断它的真伪性，并结合自己的经验做出判断与决策。

在此阶段，网络营销应综合运用“推”与“拉”的营销战术，把企业及其产品的信息有效地传递给消费者。“推”的战术即在互联网上通过各种渠道、各种方式把企业及其产品的信息积极推荐给潜在的消费者。“拉”的战术，即通过各种网络营销战略战术，吸引更多的网民关注本企业及其产品的信息。

4．比较决策

消费者通过各种渠道得到购买决策所需的信息后，到底该如何实施自己的购买行为，也就是说，要如何确定“5W1H”等方面的问题，还需要进行综合的评估、分析、对比，从而才能做出选择。比较选择是购买过程中必不可少的环节。一般来说，消费者的综合评价主要考虑产品的功能、性能、可靠性、样式、价格和售后服务等方面的因素。

网上消费者在做出购买某种商品的决策时，主观上一般必须具备三个基本条件：第一，对厂商有信任感；第二，对支付有安全感；第三，对产品有偏好感。所以，树立企业形象，改进货款支付办法和商品配送方法，全面提高产品质量，是网络营销企业必须重点抓好的三项工作。只有这三项工作做到位，消费者才能毫不犹豫、放心大胆地做出购买决策。例如，网上购物的消费者不能直接接触商品的实物，消费者对网上所售商品的比较与选择主要依赖厂商对商品文字或图片的描述。所以，在网络营销活动中，如果企业对自己产品的描述不够充分，就不能吸引众多的顾客。但是，如果对产品的描述过分夸张，甚至带上虚假、欺骗的成分，虽然也能获一时之利，但失去的却是整个市场。

5．实施购买

网上购物与传统购物的过程有很大区别，这种区别主要表现在实施购物行为的各个阶段。网上消费者通过网上商店购物的一般流程如图4-5所示。

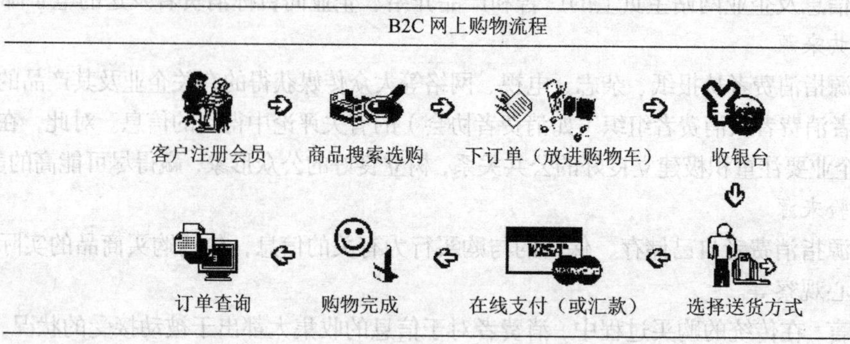

图4-5　消费者通过网上商店购物的一般流程

（1）收集企业营销网站信息

网上消费者实施网上购物的第一步就是搜索企业营销网站的信息，企业应该通过网上网下的各种渠道推介本企业网站。其实建一个网站仅仅是企业开展网络营销的第一步，重要的是如何让更多的人通过网络了解企业。根据CNNIC的统计调查显示：有近80%的网民是通过使用搜索引擎得知新网站的。企业可以购买一些搜索引擎网站所推出的搜索排名服务，以借助搜索引擎的力量，获得更广阔的营销机会。

（2）登录企业营销网站

企业应该努力做到使顾客登录营销网站便捷高效；网址域名最好要好读好记，易找易搜，而且要与企业名称、产品名称有所对应；同时，企业网站要有吸引力，使人印象深刻。

（3）注册成为会员

由于网上购物企业需要保留顾客的信息，因此首次光临的顾客需要完成会员注册。在会员注册的过程中，企业应该注意的是：

- 过程简洁而不烦琐。对于第一次登录网站的“头回客”，如果会员注册过程太过烦琐，很可能引起厌烦，因而转到别的网站去了。即使“回头客”，如果顾客遗忘了自己的会员名和密码，每次登录都要注册一次，也是一件令人头疼的事。
- 登记信息必须以够用为度。在会员注册所填单证信息中，有些内容是企业必须了解的，这些项目应该要求会员必须填写。有些内容可能是毫无价值的，会引起顾客的反感甚至流失，因此则可以省略。
- 重视会员信息的价值。会员登记的信息，一方面可以作为企业认证顾客身份的初步依据，同时也是企业向顾客提供服务的根据；另一方面可以作为企业顾客关系管理的一部分，作为企业了解目标顾客群，分析潜在顾客的主要信息来源。

（4）搜索选购商品

企业网站中的商品信息可能有很多，如何使顾客快捷、方便地找到自己要寻找的商品，是企业应该考虑的问题。对于那些最具卖点的商品，以及客流量大、销量大的商品，企业可以把这些商品陈列在热卖区或特卖区中；而对于那些销量小的商品，企业则要保证顾客能够快速方便地搜索到。

（5）检查核实所购商品

每次选定商品后，会自动弹出购物车页面，顾客从中可以调整所购商品的数量或取消某项已经选择的商品。如果还要购买其他商品，则可以选择“继续购物”，将所要购买的商品都挑选完，经过核实无误后，就可以选择“去收银台”进行下一步操作了。

（6）选择支付方式和送货方式

进入结算网页，顾客可以检查订单及选择支付方式和送货方式。在此阶段，顾客要注意避免多次单击“确认付款”，以免导致重复下单的情况。企业则要通过电子邮件、电话等方式与顾客核实确认订单，以免重复发货，引起纠纷，造成不必要的损失。

（7）收到货款，发送货物

收到货款后，企业应该立即将商品根据顾客选择的送货方式与登记的收货地址发出。

（8）订单查询

顾客可以随时使用注册的会员名和密码登录网站查询购物进程与订单处理情况。

网上消费者在对商品进行充分的比较选择并做出决策后，便进入购买行为的实施阶段。网上消费者的购买行为与传统的网下购买行为相比，具有许多新的特点。首先，网上消费者的理智动机所占比例较大，而感情动机所占比例较小；其次，网上购买行为一般在办公室、家里甚至旅途中完成，它受外部环境的影响较小；最后，网上购物行为较之传统的网下购买行为要快捷方便得多。传统的购买行为从购买决策到实施购买往往还必须经过一段时间。例如，消费者在做出决策后，可能要去银行提款，要乘车去商场，还要寻找合适的购买时间等。而网上购物则是在做出决策后，只需单击几次鼠标，购买行为即可马上完成。

网上购买区别于网下购买，前者最大的优势在于省时、方便、快捷及服务到位。所以，网络营销应尽量使购物行为简单方便、容易操作，即使单击鼠标浏览商品、订购商品、支付货款等都不能过于烦琐、复杂。

6．购后评价

消费者购后评价主要有两种：一是购后的满意程度；二是购后的活动。

（1）购后的满意程度

消费者的满意程度取决于消费者对产品的预期性能与产品使用中的实际性能之间的对比。因此，网络营销者对产品的广告宣传只有实事求是，才能使购买者感到满意。有些营销者对产品性能的宣传甚至故意留有余地，以增加消费者购后的满意度。

（2）购后的活动

西方有句商业谚语：“最好的广告是满意的顾客。”消费者购买并消费商品后，常常要对自己的购买选择进行反省和验证，再次反思这种购买决策是否正确，所购商品的效用是否理想，以及服务是否周到等问题。这种购后评价的好坏往往决定着消费者今后的购买动向，并会影响消费者周围一大批潜在的消费者。

网络经济时代，传统媒体广告甚至网络广告已不再是人们了解和认知产品的主要途径，消费者似乎更愿意相信网民的评论而不是商家的自吹自擂。“先到网上看评价，再去商场买东西，回来后拿到网上晒晒”已经成了网上消费者购买行为的一大特点。消费者在采取购买行动之前都会习惯性地去搜索相关产品的网络口碑如何，会去专业的 BBS 或垂直型网站看看网友的评论及评价文章。

因此，网络营销者应积极主动地与网上消费者实施购后联系，积极引导网络口碑（Internet Word of Mouth，IWOM），积极观测网络舆论，并采取一些积极有效的措施，促使消费者确信其购买决策的正确性，同时还要加强售后服务，企业还应根据顾客的意见反馈，及时改进产品和改善服务。

4.3.4 影响消费者网上购买行为的因素

影响消费者购买行为的因素很多，包括文化、社会环境、消费者个人及消费者心理等因素，这在市场营销原理方面的教材中都做了介绍，而影响消费者网上购买行为的因素主要有以下几种。

1．产品的特性

首先，网上消费者市场与传统的网下消费者市场相比具有明显的需求差异，并不是所有的产品都适合在网上开展营销活动。根据网上消费者的需求特征，网上营销的产品一般要考虑产品的时尚性和新颖性，即网上营销的产品一般是新产品或时尚性产品，且对消费者有足够的吸引力。

其次，一些产品的销售要求消费者参与程度比较高，消费者一般需要到购物现场实地观察与试用，而且购买决策的做出需要很多人提供参考意见，对于这些产品则不太适合在网上销售。对于消费者参与程度较高的产品，营销活动可以部分在网上完成，实现网络营销与传统网下营销的整合。例如，可以采用网上推广功能辅助传统的网下营销活动进行，在网上可以向消费者宣传并展示产品的信息，使消费者在充分了解产品的各方面信息后，再到相关商场进行选购。

2．产品的价格

从消费者的角度来说，价格不是决定消费者购买的唯一因素，但是影响消费者购买行为的重要因素。首先，对于一般商品，价格与需求量之间常常表现为反比关系，即同样的商品，价格越低，销售量就越大。网上购物之所以具有极强的生命力，一个重要的原因就是网上销售的商品价格普遍低廉。其次，消费者对于互联网有一个免费的心理预期，这是因为互联网的起步和发展都依托了大量的免费策略，互联网的免费策略已经深入人心，而且免费策略也得到了成功的商业运作。最后，互联网作为新兴市场可以大大减少传统的网下营销中必须发生的一些中间费用和一些额外的信息费用，从而可以大大削减产品的成本和销售费用，这正是互联网商业性应用巨大的增长潜力所在。

3．购物的便捷性

购物便捷性是消费者选择网上购物的另一重要因素。一般而言，消费者选择网上购物考虑的便捷性表现在 3 个方面：一是时间上的方便性。网上购物不受时间的限制，可以节省大量的时间成本。例如，传统购物场所的营业时间大部分与消费者的工作时间是冲突的，而消费者如果通过网上购物则完全不用考虑商场的营业时间，24 小时之内消费者都可以随时根据自己的情况订购自己需要的产品。二是获得商品的快捷性。也就是说，时间上的快捷应该考虑从消费者发出订单到收到商品所需要的周期长短问题，这其实是一个物流配送的反应与运作速度的问题。三是获得商品的便利性，即消费者可以足不出户，轻松地得到自己需要的商品。

4．购物的安全性和可靠性

网上购物另一个必须考虑的因素是安全性和可靠性问题。在网上购物，消费者一般需要先付款后送货（不包括货到付款的方式），这与传统的网下购物一手交钱、一手交货的现场购买方式是不同的，网上购物中付款与收货在时间上发生了分离，消费者购物的风险有所加大。例如，消费者可能会顾虑将来送到的货物能否满意，自己的个人账户信息会不会泄露，网络会不会出现故障，账款划拨走了会不会收不到货，能否按照预定期限收到急需的货物等问题。因此，为降低网上购物的这种失落感，网上购物的各个环节必须加强安全措施和控制措施，保护消费者购物过程的信息传输安全和个人隐私，强化消费者对网上购物的信任与信心。

4.4 网上组织市场分析

4.4.1 B2B市场分析

B2B电子商务网站的主要经营模式可以分为三类：传统企业自营的B2B网站、第三方经营的服务性B2B网站、行业性B2B网站。不同类别的B2B网站有着自身的特点和运作方式。

1. B2B网站经营模式及其特点分析

（1）传统企业自营的B2B网站

传统企业自营的B2B网站，是指在网络经济条件下，传统企业为了充分发挥互联网在企业经营中的作用，最终实现企业与其用户或供应商之间的商务贸易活动在互联网上完成，达到提高效率、减少库存、降低成本、增强企业营销能力与水平的目的，积极建设电子商务软硬件平台而建立起来的企业自主经营的企业间的电子商务网站。

在各种电子商务网站业态经营模式B2B电子商务交易总额中，传统企业自主经营的B2B网站交易额占有较大的比例。传统企业自营的B2B又可以分为：以买方为中心，由买方自己投资建设的采购型网站，如英特尔、沃尔玛、IBM、通用汽车公司等；以卖方为中心，由某一供应商投资兴建的市场推广型网站，如戴尔公司。

相对于第三方经营的服务性B2B网站来说，大型企业的B2B网站才实现了真正意义上的电子商务：企业间商务活动的绝大多数环节基本上都在网上进行，如供求信息的发布、交易谈判与协商、订单的收发、电子单据的传输、网上支付与结算、货物配送及消费者服务等都可以在互联网上完成。例如，思科公司的B2B交易近80%都是在网上完成的。

显然，能够建立起如此规模电子商务网站的企业主要是一些大型企业，特别是一些跨国公司或全球性企业。对于其他大多数企业来说，电子商务、网络营销的开展主要依靠第三方经营的服务性B2B网站。

（2）第三方经营的服务性B2B网站

第三方经营的服务性B2B网站，是指一些网络公司专门为市场上的交易双方寻求交易机会、发布供求信息、提供网上交流电子商务平台的B2B网站。这是一种不由买方和卖方投资，而由中立的第三方投资建立的网上市场交易中枢。这种网站最大的贡献在于，为传统经济中大量不能建造自营电子商务系统的企业提供了发现市场机会、比较供货渠道、促成项目合作、宣传企业品牌的网上交易平台。例如，阿里巴巴全球贸易信息网、环球资源（Global Sources）、中国外经贸（Chinamarket）就属于这种类型的网站。但是，这种网站的服务总归是有限度的，并且不利于长远发展和建立自己独立的电子商务品牌和形象，就好比在一座电子商厦里租用了一个门面，好处是有人给你提供物业管理服务，比较省心而已。

（3）行业性B2B网站

行业性B2B网站，其实可以理解为第三方经营的服务性B2B网站的一个特例。也就是说，它是定位于某个行业内企业间电子商务的网站，有时也称垂直门户或行业门户网站。与综合型的B2B网站相比，其特点是专业性强，更容易集中行业资源，吸引行业生态系统内多数成员的参与，同时容易引起国际采购商和大宗买主的关注。因此，近一个时期以来，行业性B2B网站成了企业间电子商务备受推崇的发展模式。

这种类型的网站又可以分为采购入口网站、供货入口网站和第三方经营的行业网站。采购入口网站是集中几家大的采购商共同构建的联合采购网站，主要目的在于通过联合提高议价能力，获得价格上的优惠。例如，Covisint 是由三大汽车企业通用、福特、克莱斯勒共同建立的网站。供货入口网站是集中几家大型的供应商联合构建的电子商务网站。例如，第一商务（Commerce One）、艾瑞巴（Ariba）、甲骨文就属于这种类型的网站。第三方经营的行业网站是由独立于买方与卖方之外的第三方建立的行业性交易平台。例如，中国化工交易市场（Esinochem）就是一个以交易为核心的专业B2B电子商务网站；中国钟表网除了提供供求信息发布、会员网站链接等服务外，还为会员提供录入与管理资料等服务；中国粮食贸易网则集成网上采购、拍卖、交易等一系列功能，另外，网站还收取一定的年度会员费。

2. B2B网络交易流程

在网络经济条件下，企业与企业利用互联网进行交易已经成为当前主流的电子商务模式，也是企业面对激烈的市场竞争，拓展市场的有效手段。在此阶段，对于网络营销企业来说，如果自己的营销网站知名度很高，采购企业也很容易找到，而且网上交易与结算功能完备先进，则可以利用自己的网站进行交易。作为卖方，可以主动出击，寻找买方主导型的采购网站，进行采购信息查询、采购条件商谈等工作，也可以利用第三方主办的电子交易中介市场进行交易。企业之间的网上交易大致可以划分为交易前、交易中及交易后三个阶段。B2B网络交易流程如图4-6所示。

（1）交易前业务

交易前业务主要指企业购买者在签订交易合同前所做的一系列前期准备工作。具体包括：采购商根据自己的经营需要明确采购商品的种类、价格、数量、规格、购货地点、供货时间和交易方式，从而制订相应的采购计划，并进行供货市场分析，了解供货行情与政策，网上搜索供货企业的信息，向供货商咨询供货条件，初步圈定供货企业的名单等工作，同时，应该办理的手续有申请CA认证证书、办理银行信用卡等。

（2）交易中业务

一般来说，网上采购的具体业务流程包括：登录供货商或电子交易中介市场网站，注册成为会员，搜索供货商品信息，发出询价单，交易谈判和签订合同，选择物流方式，选择支付方式，以及约定供货日期等。

（3）交易后业务

签订交易合同后，对于供货商而言，要积极组织准备货源，并按期保质发货至合同约定货场或仓库。而对于采购方而言，一般则要进行订单查询、货款及时支付结转、应付货款查询、进货统计、配合收货等工作。

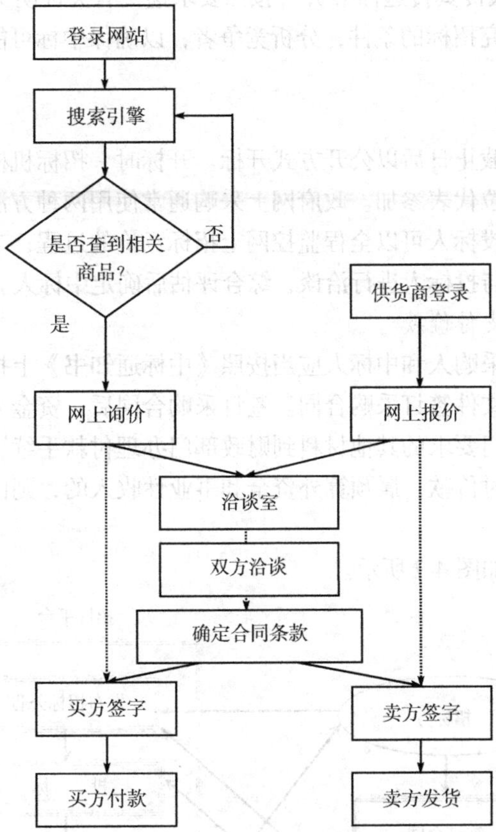

图 4-6　B2B 网络交易流程

4.4.2　B2G 市场分析

B2G 市场常见的交易方式是政府网上招标采购。政府采购是指各级国家机关、事业单位和团体组织，使用财政资金采购依法制定的集中采购目录以内的或采购限额标准以上的货物、工程和服务的行为。政府采购有多种形式，可以采用招标、竞争性谈判、邀请报价、采购卡、单一来源采购，或者以其他方式采购所需商品。公开招标是政府采购的主要方式，政府网上招标采购就是政府通过互联网，以公开招标的方式进行采购。

政府采购机构可以自行组织招标，也可以转托采购主管部门指定的招标代理机构组织招标。公开招标应当按照采购主管部门规定的方式向社会发布招标公告，并至少有三家符合投标资格的供应商参加投标。采购主管部门应当就集中采购的项目编制采购目录，并根据实际需要逐步扩大集中采购的范围。网上招投标的主要程序有以下三个步骤。

（1）在网上发布招标公告

采取网上公开招标方式的招标机构应在投标截止日之前发布招标公告。招标公告应包括招标项目的名称、数量，供应人的资格，招标文件的发放办法和时间，投标时间和地点等内容。我国已经建立了以国家政府采购网为核心，以各省、市、自治区政府采购网为分支机构的政府采购网络。同时，大量的电子商务网站也提供公开招标服务。

网络营销企业作为投标人，应该认真浏览招标网站，根据招标条件，在规定的时间以前上传标书（也可以通过邮寄或传真传递标书），并按照要求递交有关证明文件，缴纳投标保证金等。作为投标人还应该认真研究招标的条件，分析竞争者，以确保中标可能性最大与盈利最大之间的平衡。

（2）开标与评标

招标机构应当在投标截止日后以公开方式开标。开标时，招标机构应当邀请评标委员会成员、供应人代表和有关单位代表参加。政府网上采购通常使用两种方法进行开标与评标：一是通过网上竞价即时开标，投标人可以全程监控网上招标竞价的过程；二是通过谈判评标，招标人利用网上视频洽谈系统与投标人进行洽谈，综合评估后确定中标人。

（3）签订采购合同与支付价款

在招标活动结束后，采购人和中标人应当按照《中标通知书》上指定的时间、地点，并根据招标文件和中标的投标文件签订采购合同。签订采购合同后，资金来源属预算内资金的，采购人凭采购合同及财政部门要求的其他材料到财政部门办理付款手续，由财政部门根据采购合同的规定向供应人直接支付价款；属预算外资金和事业性收入的，则由资金管理部门向供应人支付价款。

网上招投标业务流程如图4-7所示。

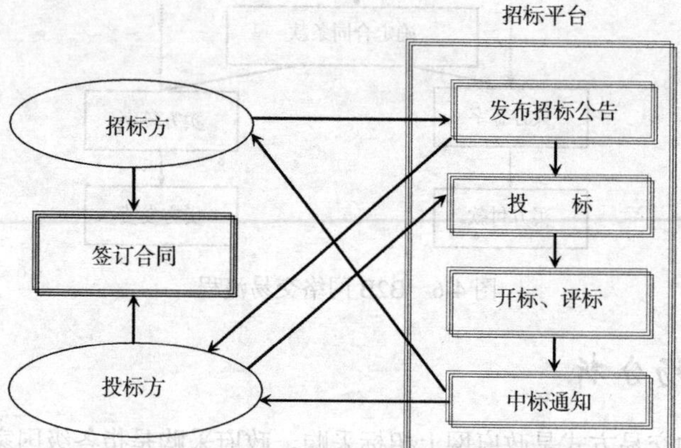

图4-7　网上招投标业务流程

4.4.3　网络团购市场分析

团购通常是指某些团体通过大批量地向供应商订购，以低于市场价格获得产品或服务的采购行为。随着互联网与电子商务的不断发展，团购行为在互联网上逐渐兴起，即网络团购，并逐渐发展成一种新型的电子商务模式，国际通称 B2T（Business To Team）。

1. 网络团购的概念与分类

一般来说，网络团购是指通过网络平台，将有相同需求和购买意愿的消费者组织起来，形成较大数量的购买订单，集体购买，享受集团采购价，共同维护消费者权益的一种全新的消费形式。目前，团购市场上的网络团购模式一般有三种。

（1）消费者通过网络自发组织的团购

此种团购中，所有参与网络团购的都是消费者，组织者作为消费者之一通过网络将零散的消费者组织起来，以团体的优势去与销售者谈判，从而获得比单个消费者优越的购买条件。这种模式对团购成员应该遵守的规范没有约束力，且不具有持续性，成员之间、成员与商家之间很难建立起信任关系。自发团购中的发起人是团购成功与否的关键因素。

（2）商家自己通过网络组织消费者团购

这种模式的团购中，商家通过网络发布团购信息，邀请消费者参与团体采购，而商家自愿将价格降低到比单个采购更低的水平。因为消费者采购数量大，从而也保证了销售者的更大利润。

（3）由专业的商业网站提供第三方服务平台

一方面，根据网站自身设置团购主题，应用会员制吸收参与团购的消费者；另一方面，利用群体消费的优势与厂商协商产品价格，最后形成较规范的团购流程。这是复制美国最流行的 Groupon 模式的商业团购。

2. 消费者网络团购的流程

以商业团购为例，消费者网络团购的基本流程包括以下几个步骤。

1）消费者从各个卖场或其他渠道了解自己想要购买的商品品牌、型号及对应的市场价格。

2）消费者注册成为团购网会员，提交团购意向订单，或者电话咨询团购在线客服人员，了解对应商品的团购价格，确定是否参与团购。

3）确定团购后，交订金（订金可自行到团购在线网站交纳或通知团购在线客服人员上门收取，现场团购则会将订金直接交给供货商家），消费者获得注明团购优惠政策的团购订单或电子券。

4）消费者凭团购订单或电子券到指定销售点办理提货手续或进行消费，或者直接电话通知商家送货。

5）消费者验货付款，索要相关票据、质保书等，完成团购。

商业团购模式如图 4-8 所示。

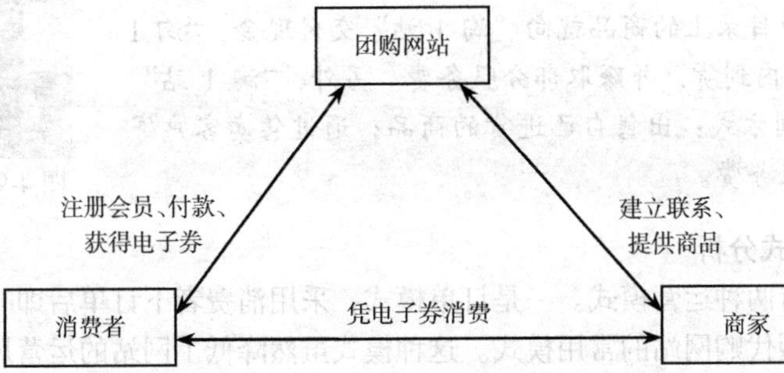

图 4-8　商业团购模式

4.4.4　网络代购市场分析

通俗地说，网络代购就是消费者从网络上找人，委托其代为购买所需要的商品。委托代购的原因可能是消费者在当地买不到这件商品，也可能是企业相同产品在不同地区实行差别定价，该商品的价格比其他地区贵。买到后，消费者支付给代购人货品钱、代购费用及快递费用等。代购人通过快递将货品发送给消费者。

1．代购的形式

（1）专业代购网站

一些商家直接搭建专业购物网站，为顾客提供代购服务，同时在国外有长期合作的买手负责采购。淘宝网的“全球扫货”、易趣网的“美国直送”、拍拍网的“海外代购”等都已经成为国内电子商务网站掘金代购市场的重要手段。

（2）个人代购商店

一些规模和实力更小的个人代购者，他们利用自己身在国外的优势，为顾客或自己的朋友提供简单的代购服务，个人代购者一般以在C2C网站建立网店、借用C2C网站的信用评价体系让消费者放心。

实例 小刘在重庆某商场看中一款某品牌的新款银色皮制凉鞋，贴在鞋底的商品标签上写着价格“599元”。小刘把这双鞋子的货号“68B53”记下，然后通过手机上网联系到了北京西单的一家专业代购的卖家，很快得到消息：“这款鞋子北京西单君太百货正在打6折。”如果在北京购买这双鞋子，6折之后加上40块钱的代购费和10块钱的快递费，小刘花409元钱就可以买到这双在重庆试好的鞋子，算下来价格便宜了近200元钱。

（3）专业的实体代购商店

专业的实体代购商店既可以经营少量现货商品，也可以按照消费者的需要网络代购国内外产品，这实际上就是为不会上网交易的人提供的服务。

实例 淘宝开实体店的目的就是进行网上交易扫盲，淘宝的这些实体店定位为“淘宝网特约服务店”，名字统一采用“淘1站”（见图4-9）。淘宝网上许多大的卖家通过申请的方式向淘宝网提供折扣价的商品，然后淘宝网将这些商品印刷成目录，发放到每个“淘1站”中。消费者看中目录上的商品就向“淘1站”交付现金，“淘1站”承诺在3～5日内到货，并赚取部分服务费。另外，“淘1站”实体店还有两种获利方式：出售自己进货的商品；通过售卖客户寄存的闲置物品收取服务费。

图4-9 “淘1站”店铺

2．代购运营模式分析

现今的代购网有两种运营模式。一是订单模式，采用消费者下订单后即时采购的零库存模式，这是个人或小型代购网站的常用模式。这种模式虽然降低了网站的运营风险与成本，却有可能增加消费者的购买成本。例如，同一种商品，有*N*个消费者在不同时段订购的情况下可能要产生*N*次海外采购物流费用。自2010年9月1日起，个人邮寄进境物品免征税额从原来的500元下调至50元，关税的调整也从另一方面增加了消费者的购买成本，在激烈的市场竞争下不利于网站的长期营运。另一种模式是大型海外代购网站常用的库存模式，网站定期海外进货，形成一定的库存量，这种模式在减少消费者海外物流费用的同时，却增加了网站的运营风险与成本。

【复习思考】

1. 马斯洛需求层次理论的主要内容是什么？对网络营销有何指导意义？
2. 与网下消费者相比，网上消费者有哪些特点？针对这些特点，企业应采取什么样的营销策略？
3. 导致网上消费者购买行为的心理动机主要体现在哪些方面？你是怎样理解的？
4. 消费者购买决策过程可以分成哪几个阶段？在不同阶段，企业应采取什么样的网络营销策略？
5. 网络消费者行为模式与传统的消费者行为模式相比有何变化？
6. B2B电子商务网站的主要经营模式可以分成哪几类？B2B交易流程主要包括哪些内容？
7. 当前我国网络团购模式有哪几种？B2G交易流程主要包括哪些内容？
8. 查阅资料，分析当前网络代购市场现状及发展趋势。

【技能训练】

1. 在网络消费中，会出现这样的情况，“在同一张购货单上，消费者可以同时购买普通生活用品和昂贵的饰品，以满足基本生活需求和对奢侈品的需求”，这种现象说明的是网络消费需求的哪种特征？（　　）

   A. 超前性　　B. 理性化　　C. 交叉性　　D. 个性化
2. 运用专业技术知识，设计一个简单的网上商店购物流程。

【实习实践】

1. 登录一米生活网上购物中心（www.85818.com.cn），打开“购物指南”页面，了解网上购物流程，并通过搜索引擎查找85818网上购物中心资料，介绍给其他同学。

2. 通过互联网购买一件物美价廉的小商品，然后针对网上购物的过程、优点、缺点及困难等谈谈自己的感受，分析目前网络营销还有什么不足，以及应该怎样改进。

3. 登录海尔网上商城（www.haier.com），了解购物流程。登录亚马逊（www.amazon.cn），打开“新手上路”，了解它是如何把购物流程演示给新顾客的。

4. 登录51yes.com、1tong.com.cn、中国互联网数据分析专家（www.cnzz. com）、站长统计（www.leadzz.com）、雅虎量子恒道统计（www.linezing.com）等网站，分析这些网站有何异同，以及如何把这些免费的流量统计器加载到你的个人站点上。你发现还有哪些好的站点流量统计器，请介绍给其他同学。

5. 下载51LA（www. 51. la）网站流量统计器，每位同学负责分析一个当地的有代表性企业的网站，为该企业的网络营销做出诊断报告和建议方案。

6. 登录拉手网（www.lashou.com）、窝窝团（www.55tuan.com）、人人折（www. renrenzhe.com）等团购网站，了解团购市场基本的运行机制。

7. 为自己的新浪博客安装流量统计分析工具。

（1）登录 51LA（www.51.la）网站流量统计分析网站，单击“立即免费申请”或“注册”图标，如图 4-10 所示。

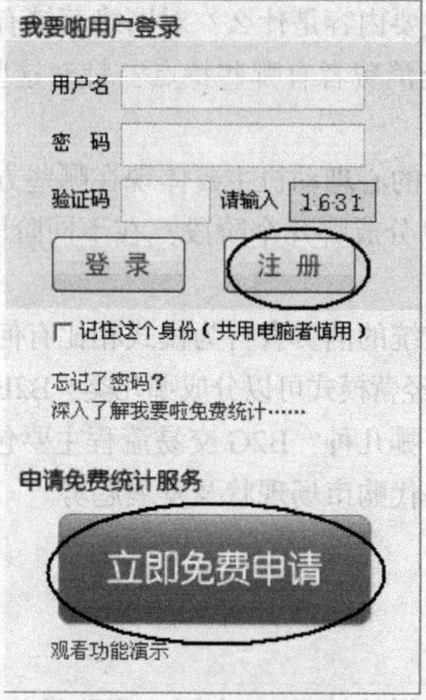

图 4-10 “注册”和“立即免费申请”图标

（2）填写申请表，如图 4-11 所示。

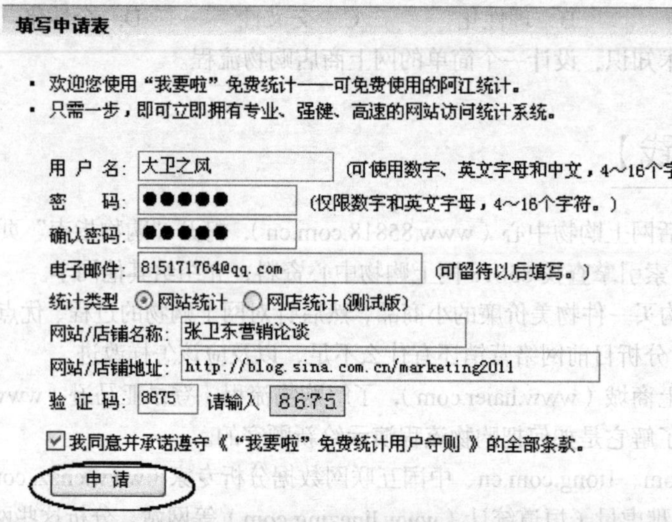

图 4-11 填写申请表

（3）注册成功后单击“开通统计 ID”，然后单击“获取新 ID 的统计代码”，如图 4-12 所示。

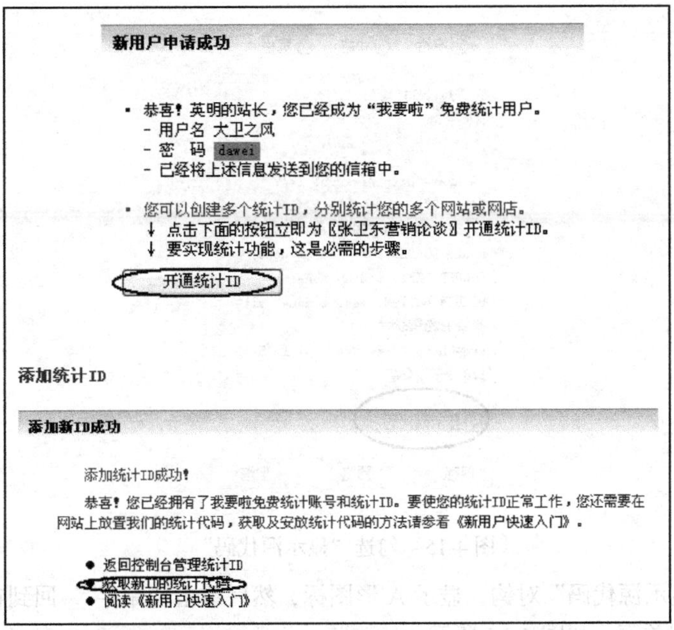

图 4-12　“开通统计 ID”和“获取新 ID 的统计代码”选项

（4）复制统计代码，如图 4-13 所示。

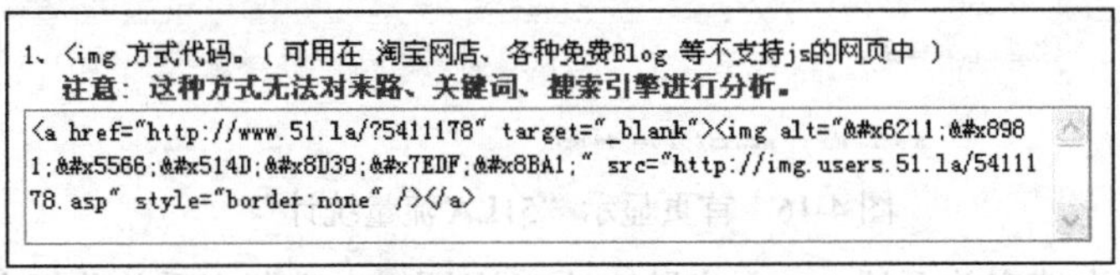

图 4-13　复制统计代码

（5）登录自己的博客，单击“页面设置”，选择“自定义组件”，单击“添加文本组件”图标，如图 4-14 所示。

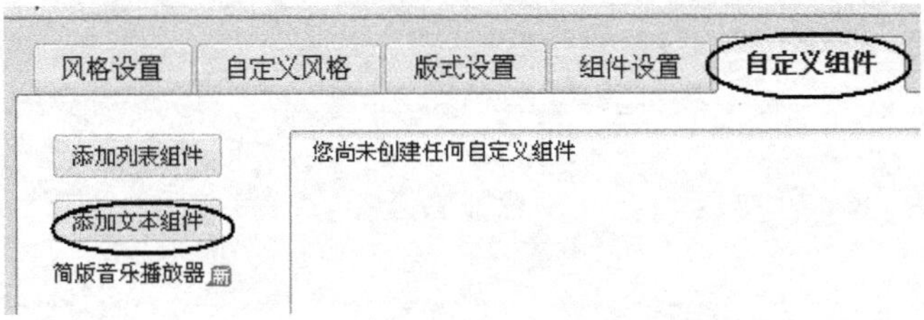

图 4-14　“添加文本组件”图标

（6）勾选“显示源代码”后，将复制的源代码粘贴到文本框中，如图 4-15 所示。

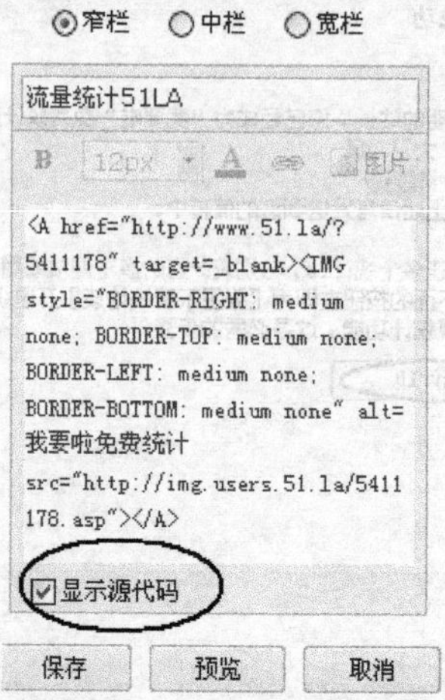

图 4-15　勾选“显示源代码”

（7）去掉“显示源代码”对钩，显示A形图标，然后单击“保存”，回到首页，51LA流量统计就出现在博客首页，如图4-16所示。

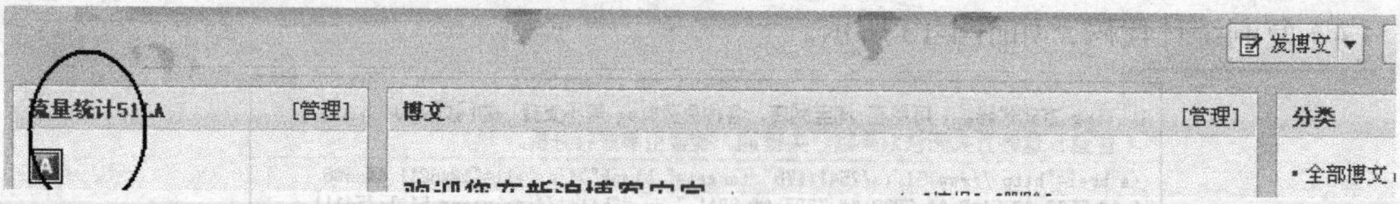

图 4-16　首页显示“51LA流量统计”

（8）单击出现在博客首页的51LA流量统计A形图标，定期查看并分析自己博客访问者行为等指标。

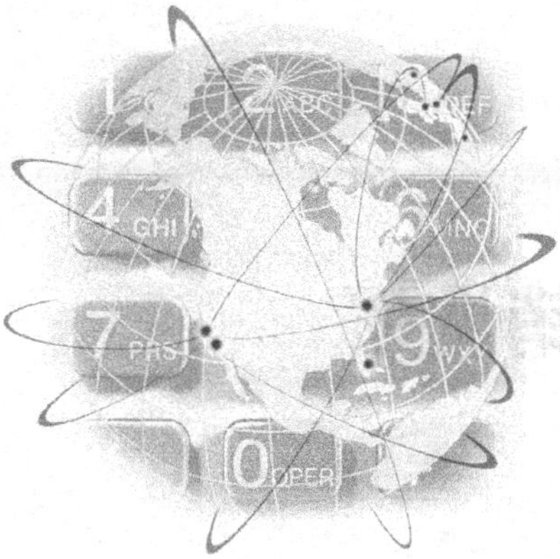

第 2 篇

网络营销分项工作实务

对于网络营销业务并不复杂，网络营销业务比例并不大的企业，网络营销工作岗位的划分不可能细致也没有必要进一步分化，一般仅设网络营销专员一个职位，负责处理网络营销各方面的事务。

随着企业网络营销业务复杂程度的日渐提高，以及业务比例的日渐增大，企业往往分设网络营销经理或网络营销总监、网络营销主管、网站设计师、网络编辑师、网页设计师、网站管理（建设、维护、推广）员、网络推广员、网络调研员、搜索引擎营销员、在线客服、跟单交易管理员、商品管理员、价格管理员、网络促销员、网站广告员、网络公关员等职位。

第5章 网络营销调研

✐ 对应工作（岗位）

网络调研员

📖 网络调研员工作描述

☑ 负责组织实施网络营销调研活动，充分利用网络资源收集营销信息，并撰写调研报告，为营销决策提供可靠的依据

📖 网络调研员工作要求

☑ 熟悉网络营销调研的一般程序及常用方法
☑ 能根据企业经营决策的需要，规划并实施有效的网络营销调研计划
☑ 能根据调研任务，选择合适的调查方法，设计并制作有效的调研问卷
☑ 能熟练地应用各种网络工具实施网络营销调研活动
☑ 能够根据调研结果撰写出格式规范、重点突出、有助于决策的网上市场调研报告
☑ 具备网络搜索调研的基本技能，有捕捉信息的灵敏性
☑ 熟悉网络论坛、社区、QQ群、微信群，对本地网站熟悉
☑ 具有信息整理与分析的能力，熟练使用Excel、SAS、SPSS等分析工具

5.1 网络营销调研概述

5.1.1 网络营销调研的概念

网络营销调研，即网络营销调查与研究的简称，是指个人或组织为了某个特定的营销决策，利用互联网技术与资源而开展的收集整理市场营销信息、分析判断市场营销情况的网络营销活动的总称。

网络营销调查所解决的主要问题是通过各种网上调研的方式与方法，系统地收集大量有关市场营销的数据和资料，如实反映企业市场营销方面的客观情况，为企业决策提供客观依据。网络营销研究则是根据网络营销调查所得的数据与资料，经过整理分析、判断推理，得出能反映营销情况发展变化客观规律的结论。这是网络营销中两个既相互联系又有所区别的概念。网络营销调研中最重要的部分是网上市场调查。

5.1.2 网络营销调研的特点

1．及时性和共享性

互联网上的信息传播速度极快，通过网上营销调研，企业能够及时、快速地掌握信息，能够立即根据具体情况，随时更换调查的内容。例如，通过电子邮件，几分钟就可以把问卷发送到各地，问卷的回收也相当快。利用统计分析软件，可对调查的结果进行及时统计，整个过程都非常迅速。通过互联网络，调查结果也能迅速传递给连接上网的用户，实现信息共享。

实例 美国通用电气公司所谓的“重要的可执行的消费者想法系统”，一方面公司针对出现的问题能够给予立刻解决；另一方面通过内部网达到信息资源共享，以便使所有有关人员都能收到这些信息，然后对这些问题重新认识，组织讨论，从中吸取经验教训，使产品更趋完善。基于这种长期努力，通用电气公司得到了极其丰厚的回报：拥有了 3 500 万名客户的数据库。自公司的网站开通以来，该数据库扩展到了世界各地，设立了各种在线联系，如“在线调查”、“零售商与批发商信息联系”、“浏览数量统计”、“在线意见反馈”、“通用电气用户资源共享”等，使全球客户的信息量成倍增长。

2．便利性和低成本

传统的营销调研往往需要耗费大量的人力物力，而网络营销调研则只需有一台上网的计算机，通过站点发布电子问卷或组织网上座谈，利用计算机及统计分析软件进行整理分析，省去了繁重的信息采集、录入等工作，同时也节约了大笔费用。例如，网上论坛、讨论区、反馈表和调查问卷在互联网上的发放与收集既方便又快捷。与传统的打电话、邮寄调研问卷及给参与者以适当补偿的调研方法相比，网络营销调研的成本会低得多。另外，成本低还表现在信息的存储和处理上，如反馈表和调研问卷的收集、整理实际上可通过网络和计算机来完成。

3．客观性、准确性与可处理性

对网上营销调研数据的客观性和准确性要进行分析，因为不同场合下数据的性质是不同的。例如，产品使用者的反馈信息，通常涉及用户自身利益，所以其客观性和准确性较高；而通过免费电子邮件申请或球迷论坛等得来的信息则很可能就是信口开河的。

与传统的营销调研相比，网络营销调研的客观性和准确性要高，这是样本数据量大的缘故。特别是从用户感兴趣的营销调研中得到的信息，其价值更高，在很大程度上反映了消费者的心态和市场发展的趋向。

另外，与传统的营销调研相比，网络营销调研的可处理性——非常适合计算机处理——是具有绝对优势的。

4．大数据和云计算

大数据是指那些用现代常规处理技术不能处理的海量数据，这些数据将成为传统计算可望而不可即的无用资源。IBM 给大数据定义为数量巨大、种类多样、速度大及具有极大的价值。

在网络营销中，企业需要统计客户、市场、销售及服务信息，如何利用这些大量的客户数据、市场数据、销售数据及其服务数据等将成为一个巨大的挑战。现代网络营销技术需要借助这些数据进行各种数据整合，最后得出一整套有益的大数据营销解决方案。

广义的云计算（Cloud Computing）是指服务的交付和使用模式，通过网络以按需、易扩展的方式获得所需的服务。这种服务可以是与 IT 和软件、互联网相关的，也可以是任意其他的服务。狭义的云计算是指 IT 基础设施的交付和使用模式，通过网络以按需、易扩展的方式获得所需的资源（硬件、平台、软件）。提供资源的网络被称为“云”。“云”中的资源在使用者看来是可以无限扩展的，并且可以随时获取，按需使用，随时扩展，按使用付费。这种特性经常被称为像水电一样使用的 IT 基础设施，它意味着计算能力也可作为一种商品通过互联网进行流通。

实例

某比萨店的电话铃响了，客服人员拿起电话。

客服：您好，请问有什么需要我为您服务？

顾客：你好，我想要一份……

客服：先生，烦请先把您的会员卡号告诉我。

顾客：342623***。

客服：陈先生，您好！您是住在幸福路一号 12 楼 1205 室，您家电话是 6333***，您公司电话是 2888***，您的手机是 1390553****。请问您想用哪一个电话付费？

顾客：你怎么知道我所有的电话号码？

客服：陈先生，因为我们联机到 CRM 系统。

顾客：我想要一个海鲜比萨……

客服：陈先生，海鲜比萨不适合您。

顾客：为什么？

客服：根据您的医疗记录，你的血压和胆固醇都偏高。

顾客：那你们有什么可以推荐的？

客服：您可以试试我们的低脂健康比萨。

顾客：你怎么知道我会喜欢吃这种的？

客服：您上星期一在国家图书馆借了一本《低脂健康食谱》。

顾客：好。那我要一个家庭特大号比萨，要付多少钱？

客服：99 元，这个足够您一家六口吃了。但您母亲应该少吃，她上个月刚刚做了心脏搭桥手术，还处在恢复期。

顾客：那可以刷卡吗？

客服：陈先生，对不起。请您付现款，因为您的信用卡已经刷爆了，您现在还欠银行 4807 元，而且还不包括房贷利息。

顾客：那我先去附近的提款机提款。

客服：陈先生，根据您的记录，您已经超过今日提款限额。

顾客：算了，你们直接把比萨送我家吧，家里有现金。你们多久会送到？

客服：大约 30 分钟。如果您不想等，可以自己骑车来。

顾客：为什么？

客服：根据我们 CRM 全球定位系统的车辆行驶自动跟踪系统记录。您登记有一辆车号为 SB-748 的摩托车，而目前您正在铁山路右侧骑着这辆摩托车。

顾客：你们这群混蛋……

客服：陈先生，请您说话小心一点儿，您曾在 2014 年 4 月 1 日用脏话侮辱警察，被判了 10 天拘役，罚款 200 元。如果您不想重蹈覆辙，就请您礼貌回复。

顾客：那……算了，我什么都不要了，那份比萨也不要了！

客服：谢谢您的电话光临，下星期三是您太太的生日，您不想预订一份生日比萨吗？提前一周预订可以享受 8 折优惠。如果方便的话，您可以登录本店的网站：http://www.521pizza.com，您还可以……

电话的那头已经挂断了。

5.1.3　网络营销调研的内容

设计一个正式的营销信息系统（MKIS）可以用来收集数据资料并提供有用的信息。有三类主要的数据资料需要市场营销人员收集。

1．企业所服务的消费者的信息

网上消费者的需求特征，特别是需求的重大变化，将直接影响企业经营方针和战略。消费需求及其变化趋势的调研是网络营销调研的重要内容。利用互联网了解消费者的需求状况，首先要识别消费者的个人特征，如地址、性别、年龄、电子邮件、职业等。除此之外，还应调研的内容有：价格定位调研、购买行为调研（购买能力、购买习惯、支付方式、送货方式等）、服务需要的调研（服务要求、服务方式、服务内容等）、需求量调研（包括现实和潜在需求量的调研）、广告效果的调研等。

为避免重复统计，一般对已经统计过的访问者在其计算机上放置一个 Cookie，它能记录下访问者的编号及个性特征，这样就可以避免对同一访问者的重复调研。

为鼓励访问者认真填写问卷，一般采用奖励或赠送的办法，以吸引访问者登记和填写问卷。

由于网上用户一般比较注意保护自己的个人隐私信息，因此，对这些信息的获得就要注意一些技巧的应用，如可以从侧面来了解与推测。

2．企业所处营销环境的信息

从微观环境的角度考虑，需要了解合作者、供应商、竞争者、营销中介等方面微观营销环境的信息。例如，企业可以通过访问竞争者及其网站，收集竞争者网上发布的信息，从其他网站上摘取竞争者的信息，从有关新闻组和 BBS 中获取竞争对手的信息。

企业仅仅了解一些与其密切相关的信息是远远不够的，特别是在做出重大决策时，还必须了解一些宏观环境的信息，包括政治、法律、经济、文化、地理、人口、科技等信息，这些信息的获得有利于企业从全局的角度、从战略的高度考虑问题。对于政治信息可以通过一些政府网站和一些互联网内容提供商（ICP）站点来查找；对于其他宏观环境的信息，则可以通过图书馆中的电子版书籍来查找。查找时，可以先利用搜索引擎找出图书馆的站点，然后通过图书馆站点的搜索功能查找有关信息。

实例 李嘉诚之所以能买下希尔顿酒店，是因为有一天去酒会，后面有两个外国人在讲，一个说中区有一个酒店要卖，对方就问他卖家在哪里？他们知道酒会太多人知道不好，他就说，在Texas（得州）。酒会还没结束，李嘉诚已经跑到那个卖家的会计师行（卖方代表）那里，找他的auditor（稽核）马上讲，要买这个酒店。他说奇怪，我们两小时之前才决定要卖的，你怎么知道？当然我笑而不答心自闲，我只说：如果你有这件事，我就要买。

李嘉诚的司机给他开车开了30多年，准备退休离职，李嘉诚看他兢兢业业干了这么多年，为了能让他安度晚年，拿了200万元的支票给他，司机说不用了，一两千万元我还是有的。李嘉诚很诧异，问："你每个月只有五六千元的收入，怎么能存下这么多！"司机回答说："我在开车时候，您在后面打电话说买哪个地方的地皮，开发哪个房子好升值，我也会去买一点，您说要买哪支股票基金的时候，我也会去买一点，到现在一两千万元的资产是有的！"

启示：社交活动不一定获取直接的利益，善于捕捉并利用有用信息却可以带来意想不到的收益。

3．有关营销组合要素的数据资料

具体包括影响产品、价格、促销与分销决策的各项因素。例如，了解产品供求状况、市场容量、市场占有率、商品销售趋势、现在服务的满意度和不足、客户需要的新服务等内容。

5.1.4 网络营销调研的过程

一般来说，网络营销调研的过程可以分为3个阶段：准备阶段、实施阶段和调查结果处理阶段。

1．准备阶段

网络营销调研之前，必须有一个总体的设计和规划，并做好充分的准备工作。网络营销调研的准备工作主要应该规划好6W2H 8个方面的内容，即调研什么（What）、调研目的（Why）、调研对象（Which）、调研主体（Who）、调研时间（When）、调研范围（Where）、调研方法（How to do）、调研费用预算（How much）。

2．实施阶段

这个阶段的主要任务是调研计划的具体实施过程。其主要工作是：查询调研对象，编写调研问卷，策划并利用热点话题进行调研，在互联网上进行相关信息的查询等。

3．调查结果处理阶段

（1）把调查信息送入数据库

有些调查信息可直接转入数据库（如通过网站的问卷调查），有些信息则需要经过人工的整理再转入数据库（如通过电子邮件、新闻组），这也是一项繁复的工作，同时还需要一些判断和技巧，不要只提取急需的资料，而不转入数据库。

（2）通过数据库和分析策略提取所需资料

通过数据库和分析策略（通常需要一些专用软件按分析策略从数据库中提取资料）提取所需资料，需要注意的是，对这些资料的提取需要结合本单位目前的状况和经营目标。

（3）编写调研报告，为网络营销提出建议和意见

网络营销调研的结果最终要通过调研报告的形式反映出来。一般而言，一份规范的调研报告从结构上来说应该包括以下内容：

- 题目；
- 内容提要（概括介绍调研的主要情况与结论）；
- 调研报告正文，主要包括序言（调研报告的目的）、主要的结论（一系列简短的陈述）、调研采用的主要方法、调研结果（正文、表格、图表）、调研结果小结、结论和建议；
- 参考资料；
- 附录。

（4）事后追踪调研

事后追踪调研的目的是看与市场形势发展是否相符，以便积累经验，改进调研方法，提高调研质量。

5.1.5 网络营销调研的原则

利用互联网进行营销调研是一种非常有效的方式，如许多企业在网站上设置在线调查表，用以收集用户反馈的信息。在线调研常用于产品调研、消费者行为调研、顾客意见调研、品牌形象调研等方面，是获得第一手调研资料的有效工具。如何提高网络营销调研的效果，是开展网络营销调研的关键。

1. 网站的建设要有吸引力

英特尔前总裁格罗夫曾说过："我们正置身于一场争夺眼球的战争。"对于网络营销和网上调研，最重要的是将客户的注意力从其他公司的网站吸引到本公司的网站来。企业在开展网络营销调研时，如何让访问站点的消费者肯花时间接受调查？首要的一点是，网站本身要具有足够的吸引力。

2. 调研问卷的设计要合理

在线调研问卷应该主题明确、简洁明了，所有的问题便于被调查者正确理解和回答，且便于调查结果的处理，这是所有问卷设计都应该遵循的基本原则。具体来说，调研问卷的设计应该满足以下几个要求：

- 调研问卷的目的性要明确；
- 问卷问题要让人能够接受，甚至愉快地接受，不可引起访客的反感，涉及属于隐私的问题（如医学上的咨询），最好使用"安全套接层"（SSL）协议，对这些信息进行加密，保护访客的权利，避免一些为难的问题，不使访客退出调研问卷；
- 调研询问的问题和备选答案都要简明、易懂；
- 答案要便于存入数据库，并有利于以后的整理和分析；
- 尽量减少无效问卷，提醒被调查者对遗漏的项目或明显超出正常范围的内容进行完善。

3. 能吸引高比例的人参与调研

参与者的数量对调研结果的可信度至关重要，问卷设计的内容中应体现出"你的意见对我们很重要"，让被调查者感觉到，填写调查表就好像在帮助自己或所关心的人一样，这样往往有助于提高问卷的回收率。当然，提高问卷的回收率也离不开有力的宣传推广，网上调研与适当的激励措施相结合会有明显的作用，必要时还应该和访问量大的网站合作以增加参与者的数量。

4. 要公布保证个人信息不泄露的声明

无论哪个国家，对个人信息都有不同程度的自我保护意识，要让用户了解调研的目的并确信个人信息不会被公开或用于其他任何场合。

5．避免滥用市场调研功能

营销调研信息也向用户透露出企业的某些动向，从而使得市场调研具有一定的营销功能，但应该将市场调研与营销严格区别开来。如果以市场调研为名义收集用户个人信息从而开展所谓的数据库营销或个性化营销，不仅将严重损害企业在消费者（至少是被调查者）中的声誉，同时也将损害合法的市场调查。

6．尽量降低样本分布不均衡的影响

样本分布不均衡表现在用户的年龄、职业、教育程度、用户地理分布及不同网站的特定用户群等方面，因此，在进行市场调研时要对网站用户结构有一定的了解，尤其是在样本数量不是很大的情况下。

7．奖项设置要合理

作为补偿或刺激参与者的积极性，问卷调研机构一般都会提供一定的奖励措施，但这样同一个用户多次填写调查表的现象常有发生，即使在技术上给予一定的限制条件，也很难杜绝。所以，只有合理设置奖项才有助于减少不真实的问卷。

8．多种网上调研手段相结合

在网站上设置在线调研问卷是最基本的调研方式，但并不局限于这种方式，常用的网上调研手段除了在线调研表之外，还有电子邮件调研、对访问者的随机抽样调研、固定样本调研等。根据调研目的和预算还可以采取多种网上调研手段相结合的方法，从而以最小的投入取得尽可能多的有价值的信息。

5.1.6 网络营销调研方法分类

按照网络营销调研所收集的信息来源划分，网络营销调研包括对原始资料的调研和对二手资料的调研两类方法。

对原始资料的调研，需要调研者直接收集并分析所需的信息资料，也称直接调研。其缺点是工作量较大，需要投入的人财物较多。其优点是收集到的信息具有较高的可靠性、客观性、及时性、实用性。对二手资料的调研，主要是查询与分析别人已经收集整理出来的信息，也称间接调研。相对来说，这种方法不需要投入太多的人财物，但在及时性、实用性、可靠性方面却不一定很理想。

5.2 网络营销直接调研

5.2.1 网络营销直接调研方法分类

1．按照收集信息的方法划分

按照收集信息的方法不同，网络营销直接调研可以分为网上问卷调研法、网上讨论法、网上观察法。其中，网上问卷调研法是最常用的收集原始资料的网络营销调研方法。

2．按照调研者在组织调查样本过程中的行为特点划分

按照调研者在组织调查样本过程中的行为特点不同，网络营销直接调研又可以分为主动调研和被动调研。主动调研，即调研者主动组织调研样本，完成统计调查与分析活动的方法。被动调研，即调研者被动地等待调查样本造访或提供信息完成统计调查分析的方法。被动调研法的出现是市场营销调研的一种新情况。

3. 按照收集信息所采用的技术手段划分

按照收集信息所采用的技术手段不同，网络营销直接调研还可以分为站点法、电子邮件法、随机 IP 法和视频会议法。

站点法是将调查问卷的 HTML 文件附加在一个或几个网络站点的 Web 上，使浏览这些站点的网上用户在此 Web 上回答调研问题的方法。站点法属于被动调研法，这是在网络经济条件下出现的基本的网络营销调研方法。

电子邮件法是调研者通过发送电子邮件将调研问卷寄发给一些特定的网上用户，由用户填写后再以电子邮件的形式回复给调研者的一种调研方法。电子邮件法属于主动调研法，在原理上，与传统的邮件调研法相似，优点是电子邮件传送的时效性得到了极大的提高。

随机 IP 法是以产生一批随机 IP 地址作为抽样样本的调研方法。随机 IP 法属于主动调研法，其理论基础是随机抽样。利用该方法可以进行纯随机抽样，也可以依据一定的标志排队进行分层抽样和分段抽样。

视频会议法是基于 Web 的计算机辅助访问（Computer Assisted Web Interviewing，CAWI），将分散在不同地域的被调查者通过互联网视频会议功能虚拟地组织起来，在主持人的引导下讨论调研问题的调研方法。这种调研方法属于主动调研法，其原理与传统调研法中的专家讨论调研法相似，不同之处是参与调研的专家不必实际地聚集在一起，而是分散在任何可以连通互联网的地方。因此，网上视频调研会议的组织比传统的专家调研法简单得多。视频会议法主要适合一些定性问题的调查研究。

5.2.2 网上问卷调研法

网上问卷调研法是在网上发布问卷，被调研对象通过网络填写问卷，最后通过网络回收（甚至整理分析）问卷完成调研的方法。网上问卷调研法是网上最流行、最方便的调研方法，它的结果比较客观、直接，从技术上看，目前已经能够很容易地实现了，即使客户的信息需要加密也是很容易实现的。但是，它对某些问题很难做到深入的调查和分析。根据所采用的技术，网上问卷调研法一般分为三类：站点在线调研法、电子邮件邮寄问卷法和利用专业的调研公司网站调研。

1. 站点在线调研法

（1）站点在线调研法的概念

站点在线调研法是将调查表或调查问卷放置在网络站点上，由访问者自愿填写。网上调研问卷既可以投放在本企业的站点上，也可以投放在综合门户网站或相关的行业门户网站上。

在本企业的站点上直接投放调查问卷，因为站点的浏览者大多是老顾客，所以可以得到比较详细准确的资料，保证调查问卷的有效性。同时，这也是一条维系顾客关系、增强企业与顾客沟通的途径。由于仅在本企业的站点进行调查，总体偏小，获得的资料不够全面，因此一般只用于调查使用者对产品或网站的看法。

门户站点浏览量大，可以保证网络调查有足够大的总体和样本，有利于完成调查目标，同时还可以间接地起到广告的作用。但是，门户网站的浏览者比较复杂，不一定是企业的调查对象，有时会造成无效问卷，影响调查结果的准确性。

（2）在线调研问卷的基本结构

在线调研问卷往往是在本企业的网页上发布的，在客户访问本企业站点时，邀请他进行填写。在线调研问卷的结构一般由调研问卷名称、问候语、问题项目栏、备选答案栏、编码栏五部分构成。调研问卷名称应该醒目且有吸引力，问候语应向调研对象讲明调研的宗旨、目的和使用方法等内容，并请求当事人予以协助。

实例 在线调研问卷基本结构如图 5-1 所示，但这一问卷设计存在明显的问题，请你查找一下，该问卷存在哪些缺陷？

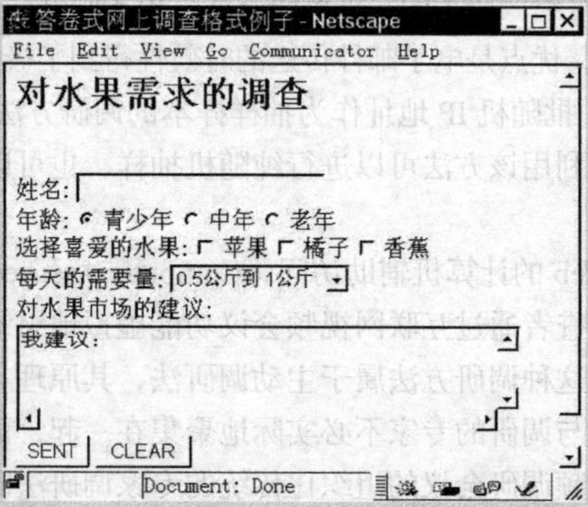

图 5-1 在线调研问卷的基本结构

1）文字输入行。如图中的“姓名”和“对水果市场的建议”。问卷中文字行输入的格式要少用，一方面，用户输入麻烦，另一方面，计算机处理也复杂。

2）多项中选一项。如图中的“年龄”。客户只要在合适的圆圈中用鼠标单击即可。此外，还有另一种形式——下拉列表框，如图中的“每天的需要量”。这是一种很常用的格式。

3）多项中选几项。如图中的“选择喜爱的水果”。客户只要在合适的方框中用鼠标单击即可。这也是一种很常用的格式。

4）密码文字输入行。这在图中没有，其格式同文字输入行，但输入的字符不直接显示在屏幕上，而是显示点符（或星符）。这是一种保密输入的要求，如要求输入客户会员的密码等。

（3）在线调研问卷设计应该注意的问题

从网络营销调研实现的方便性、客户填写的简洁性、调查结果计算机处理的简便性等方面考虑，在线调研问卷设计中应注意以下几个方面的问题。

第一，问题设计应科学。问题设计应力求简明扼要，可有可无的问题或没有太多实际价值的资料无须出现在调研问卷中。一般所提问题不应超过 10 项。

所提问题不应有偏见或误导，避免使用晦涩、纯商业及幽默等容易引起人们误解或有歧义的语言，同时，不要把两个及两个以上的问题放在一个问题中。例如，“你认为这个网站是否易于浏览且有吸引力？”这样的问题将使受访者在不完全肯定时无法选择。

- 避免有诱导作用的问题。不要采用让人们按照提问者一开始就定下的思路（方向）回答的方法。问题应是能在记忆范围内回答的，必须尽力避免一般被认为超出受访者记忆范围的提问。

- 提问的意思和范围必须明确。当看到“最近你从这家电器商店购买了什么家电产品”的提问时，首先使被调研者感到困惑的是“最近”是指什么时间段。此时，应明确具体的时间段，如“3 个月之内”等。
- 避免引起人们反感或偏冷的问题。应该尽量避免提问引起人们反感的问题，也不要提很偏冷的问题，只有受访者能够予以冷静的判断和回答的问题，才能得到有效的调查结果。

第二，题目和选项顺序应随机变化。调查问卷中的所有问题都应设计得能够得到精确答案。题目出现的先后顺序和选项排列顺序应随机变化，避免因为固定不变的问题顺序和各题的选项顺序而使调查数据出现偏差。

第三，闭卷单屏跳出式提问。借鉴传统调查研究的方法，题目可以采用闭卷单屏展示的方式给受访者（相当于传统调查时要求调研者逐一念出问题），对某些问题中的各个选项也应该逐一显示。这样受访者填写问卷时，不会被其他问题或选项所干扰，从而影响调查数据的质量。

第四，逻辑跳答。根据受访者对前一题的不同回答，在本题出示不同的题目，可以更真实地体现受访者的真实想法，以缩短每个受访者看到的问卷长度，从而避免冗长问卷对调查数据的影响。

第五，运用逻辑判断。根据预先设定好的技术锁，可以实时判断受访者的答题是否符合规范，并且立刻要求更正不符合规范的回答。

第六，帮助提示。对某些调查应提供“帮助”，使受访者可以更好地了解调查意图，避免传统调查中因访问者曲解、误传题意，甚至作弊而对调查数据造成的致命影响。

第七，网络用户身份的唯一性检验。在采集调查信息时，为了尽可能地消除因同一个被调研者多次填写问卷给调查结果带来的代表性偏差，可以利用 IP 地址作为判断被调研者填表次数唯一性的检验条件，以实现网上用户身份的唯一性，排除干扰。在采用电子邮件邀请和在线调查相结合的方法时，调研者给被调研者提供一个含有密码的链接，每个被调研者的密码都不一样，而且只能使用一次。当被调研者单击链接时，程序会读取密码并与数据库核对，这样可避免不合乎标准的人填写问卷，防止被调研者的多次填写。

第八，利用相关标准过滤样本。可根据所要调查问题的特点，建立一组指标体系，利用特征标志作为过滤器，根据具体调查问题选取有效的指标，如年龄、性别、学历、职业、职务、地区及其他品质标志和数量标志等作为特征标志，通过特征标志将调查表中代表性差的样本过滤出去。

2. 电子邮件邮寄问卷法

电子邮件邮寄问卷法是用电子邮件按照已知的地址将问卷发送给被调查者，被调查者完成问卷后再用电子邮件回复；或者在其他媒体上发出调查问卷，用电子邮件来收集回复的方法。

这种方式的好处是：电子邮件问卷制作方便，分发迅速，利用电子邮件的群发功能可快速得到调研信息；可以有选择地控制被调查者，由于直接出现在被访者的私人信箱中，因此能够得到注意。其缺点是：首先，容易遭到被访问者的反感，有侵犯个人隐私之嫌，有可能违反《反垃圾邮件法》，因此，使用该方法时应征得被访问者的同意，或者估计被访问者不会反感，并向被访问者提供一定补偿，如有奖问答或赠送小件礼物，以降低被访问者的敌意；其次，它只限于传输文本，图形虽然也能在电子邮件中进行链接，但与问卷文本却是分开的；最后，大量反馈的电子邮件必须用专用软件自动处理。

3. 利用专业的调研公司网站调研

企业也可以在一些专业的网上调研公司网站上进行委托调研或自助调研。客户在这种类型的工具网站上，可以自行独立完成网络调研的整个流程，网站还会为客户提供调研结果的基本分析，并提供数据下载功能。

实例 Panel Power（www.panelpower.cn）是一家以自行开发的网络线上调查系统和经过多年实践的以Know How为基础，在中国境内招募专门会员并进行线上调查的专业市场调查公司。网络用户加入会员后，会收到该公司寄送的参与线上调查的邀请邮件，依据网络用户所参与调查性质与难易度的不同，该公司会提供会员不同等级的积分。当会员所累积的积分到达50点时，可以1∶1的比率进行现金兑换。

益派调查网（www.epanel.com.cn）是由北京益派市场咨询有限公司建立并运营的在线市场调查平台。旨在招募会员参与专业市场调查，并提供高额回报。会员每次成功参与各类市场调查后，都可以获得相应的积分，以此兑换精美礼品、现金，奉献爱心。

专业调研公司的在线问卷调研系统主要包括三种功能，即问卷设计、问卷投放、问卷分析，其特点是简单易操作，客户不需要专业的程序知识就能很快地掌握设计方法，整个系统的流程如图5-2所示。

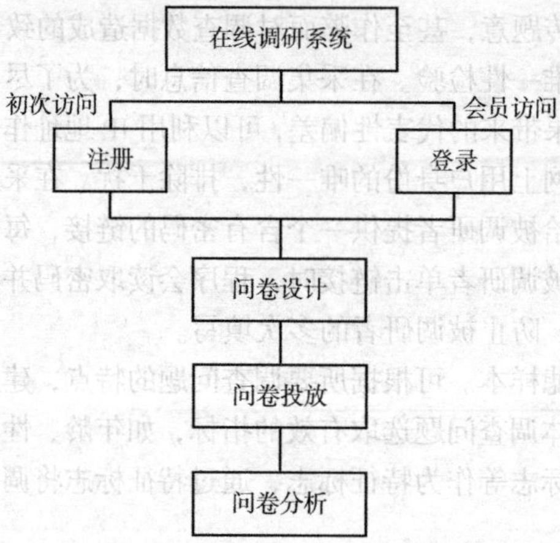

图5-2 专业调研公司的在线问卷调研系统

一般问卷在线设计系统中的问卷投放功能大致为客户提供两种方式：一种是提供问卷的网络链接，客户向其调研目标发送问卷的链接，调研目标单击链接就会直接进入客户的调研问卷；另一种是由客户上传调研对象的电子邮件信息，由网站帮其向这些调研对象投放问卷。

有些在线调研网站是通过现金或礼品的奖励，来吸引一些网上用户到网站参与调研的。一般是用户来网站参与调研然后获得相应的积分，当积分达到一定的数量时便可以兑换成现金或礼品，从而为发布调研问卷的客户提供覆盖面广泛、信息完整、高活跃度的调研样本，如图5-3所示。

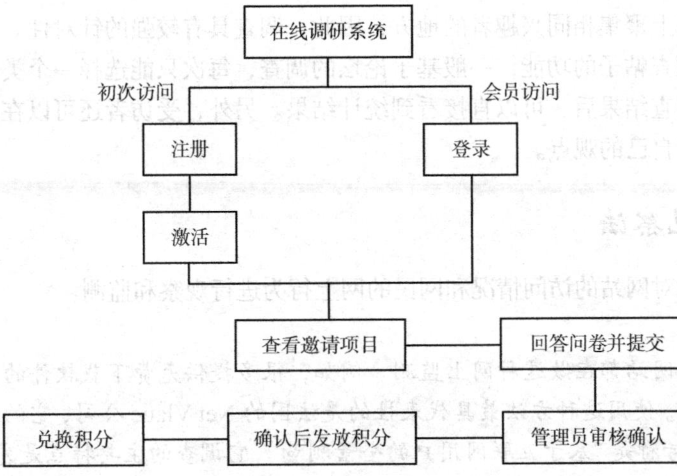

图 5-3　积分兑换调研系统

5.2.3　网上讨论法

网上讨论法可以通过多种途径来实现，如 BBS、OICQ、新闻组、网络实时交谈（IRC）、网络会议（Net Meeting）等。在相应的讨论组中发布调研项目，请访问者参与讨论。或者将分散在不同地域的被调查者通过互联网视频会议功能模拟地组织起来，在主持人的引导下进行讨论。网上讨论法属于定性市场调研法，是传统的小组讨论法在互联网上的应用。

1．焦点小组会谈法

这种方法是采用小型座谈会的形式，在一个经过训练的主持人组织下，以一种无结构、自然的形式与一个小组 8 ~ 15 名具有代表性的被调研者交谈，从而获得对有关问题的深入了解。其主要特点是，强调小组内成员间的互动，通过互动研究可以了解被调研者的观念、态度和意见等。

小组会谈可以是实时的，也可以是非实时的。在实时会谈中，参加者可以通过群组聊天软件或聊天室等来参与讨论，相互间的信息交流是立即展示的，实时的小组会谈具有快速、热烈、互动性强的特点。非实时的小组会谈不需要参加者同时参与讨论，可以在自己适当的时候去回答其他参加者的问题，或者提出问题让其他人以后再做评论。因此，非实时的小组会谈可以克服各地时差不同、参加者数据录入速度不同的问题，特别是在需要得到详细的、经过思考的信息时比较适用。

2．在线深度访谈法

深度访谈是一种无结构的、直接的、一对一的访问形式。访问过程中，由掌握高级访谈技巧的调研者对被调研者进行深入的访问，用以揭示对某一问题的潜在动机、态度和情感。在线深度访谈类似传统的深度访谈，由研究者对一人或多人进行网络访谈，可以采用电子邮件或利用实时音视频软件的方式进行访问。在调研者和被调研者都具备网上交流条件的前提下，对于文本访谈记录要注意保存，对于语音访谈可以用录音软件进行录音。

3．基于论坛的调查

网络论坛是网上聚集相同兴趣者的地方，因此，调查具有较强的针对性。网站的论坛系统一般都具备发起调查帖子的功能，一般基于论坛的调查，每次只能选择一个类型的问题进行调查，受访者提交调查结果后，可以直接看到统计结果。另外，受访者还可以在调查帖子的下面跟帖来询问或解释自己的观点。

5.2.4 网上观察法

网上观察法是对网站的访问情况和网民的网上行为进行观察和监测。

实例 大量网站都在做这种网上监测。例如，很多提供免费下载软件的网站，事实上就在做网上行为监测。使用这种方法最具代表性的是法国的Net Vlaue公司，它的重点是监测网络用户的网上行为，号称是“基于互联网用户的全景测量”。它调查的主要特点是先通过大量的“计算机辅助电话调查”（CATI）获得用户的基本人口统计资料，然后从中抽取样本，寻找自愿受试的用户，下载软件到用户的计算机中，由此记录下被测试用户的全部网上行为。Net Vlaue的独特之处在于：一般的网上观察是基于网站的，通过网站的计数器来了解访问量和停留时间等信息；而Net Vlaue的测量则是基于用户的，它可以全面了解网站和用户的情况。而且Net Vlaue的调查是目前世界上唯一基于TCP/IP进行的，即它不仅记录了用户访问的网站而且还记录了网民上传和下载软件、收发电子邮件等全部网上行为，因此被称为全景测量。

（1）网站流量监测法

这种方法是在网站服务器端安装统计分析软件，对受访者的网络行为进行监测。目前，许多著名的网络公司（如百度、谷歌、雅虎等）都提供了免费的统计代码，网站的主办者将代码置于需要进行流量监测的页面上，即可获得网站流量的基本数据。以谷歌提供的流量统计服务谷歌分析（Google Analytics）为例，通过流量监测可以获得三个方面的主要数据：受访者概况、流量来源、访问内容。

（2）网民行为跟踪法

这种方法是利用网民安装在浏览器或客户端计算机上的第三方统计软件，对网民的网络访问行为进行跟踪记录。为了让网民安装第三方统计插件，第三方统计软件的发布者往往以物质补偿或提供信息服务为代价，以获取网民的网络行为资料。例如，艾瑞咨询集团发布的调研通软件及Alexa公司发布的流量监测插件。安装调研通软件的网民可获得艾瑞咨询集团的金额报酬，软件记录网民每天的网络访问行为。网民行为跟踪法可以对安装插件的网民样本进行有效性检验，通过筛选和加权等方法，推断整体网民的网络行为，具备一定的科学性。

（3）搜索引擎关键词统计法

这种方法是对百度与谷歌提供的网民搜索关键词的统计分析，如百度指数、谷歌趋势和热榜等。搜索引擎是网民上网的必需工具，网民在搜索引擎中输入的关键词反映了网民的兴趣及焦点所在。搜索关键词数据的统计分析，对于判断和预测网民行为具有重要的参考价值。

调研者也可以通过“挖掘”与产品或企业相关的论坛和聊天室获得定性资料。使用数据挖掘，调研者通过观察个体在无干预的沟通过程中说些什么来获得资料数据。

5.3 网络营销信息检索

5.3.1　网络营销信息检索的概念

网络营销信息检索，就是网络营销调研人员根据网络营销调研的目的，按照网络营销调研的计划，适应网络营销决策的信息要求，利用计算机网络检索硬件设备、软件程序，在互联网海量的信息中及时、准确、适度、经济地获得所需信息的一种间接营销调研方法。在网上，完成这种工作的是各种搜索工具——软件，比较专业的叫法是搜索引擎。

搜索引擎就是一个对互联网上的各种信息资源进行收集整理，然后再根据用户的查询请求把结果反馈给用户的系统。它一般包括搜索、索引和查询三部分。搜索是指系统在互联网上自动收集网页，这是由一个自动收集机器人，即 Robot（有时也叫 Spider、Wanderer、Crawler 等）来完成的。它自动在互联网上漫游，根据 HTML 文档中包含的超链接，下载一个又一个 Web 文档，并对下载后的网页进行分析，提取特征信息，从而建立一个详尽的文档数据库。索引就是为数据库建立各种索引库，以提高查询的效率。查询则是提供用户访问的检索服务，即根据用户的请求来查询索引库，并对索引库返回的结果进行排序和输出。

5.3.2　搜索引擎的类别

1. 按照信息收集方法分类

（1）分类目录式搜索引擎（Directory Search Engine）

分类目录式搜索引擎是以人工方式或半自动方式收集信息，由编辑员查看信息之后，人工形成信息摘要，并将信息置于事先确定的分类框架中。信息大多面向网站，提供目录浏览服务和直接检索服务。该类搜索引擎因为加入了人的智能，所以信息准确，导航质量高，缺点是需要人工介入（维护工作量大），信息量少，信息更新不及时。严格来说，这类系统算不上搜索引擎，只是提供了按目录分类的网站链接列表。用户不必提交关键字，而可以通过层层单击所需信息所属的分类，直到找到目标信息。这类搜索引擎的代表是国外的雅虎、Look Smart、Ask Jeeves、Snap、Open Directory、About、Project 及国内的搜狐和网易等。

（2）机器人搜索引擎（Crawler-Based Search Engine）

这是我们通常所说的基于关键字查询的搜索引擎，它由一个称为蜘蛛（Spider）的机器人程序以某种策略自动地在互联网中收集和发现信息，由索引器为收集到的信息建立索引，由检索器根据用户的查询输入检索索引库，并将查询结果返回给用户。服务方式是面向网页的全文检索服务。该类搜索引擎的优点是信息量大，更新及时，无须人工干预；缺点是返回信息过多，其中有很多无关信息，用户必须从结果中筛选。这类搜索引擎的代表是国外的 AltaVista、Northern Light、Excite、Infoseek、Inktomi、Fast、Lycos、Google 和国内的百度等。

（3）元搜索引擎（Meta Search Engine）

这类搜索引擎没有自己的索引器和搜索系统，而是在接到用户的请求后，将用户的查询请求同时向多个搜索引擎递交，将返回的结果进行重复排除、重新排序等处理后，作为自己的结果返回给用户。服务方式为面向网页的全文检索。这类搜索引擎的优点是返回结果的信息量大，其缺点是不能充分使用元搜索引擎的功能，用户需要做更多的筛选。这类搜索引擎的代表是

WebCrawler、InfoMarket。

目前，商业的搜索引擎站点正在结合各种搜索引擎的优点，在类型上有逐渐融合的趋势。

2．按照检索软件分类

（1）全文数据库检索软件

全文数据库检索软件正常运作的前提是网站要拥有大量的信息，因此必须依靠强大的数据库作为后盾。它能够提供完整的文献和信息检索，查全率很高。但由于信息量非常大，检索起来比较困难，对检索技术的要求很高。

（2）非全文数据库检索软件

非全文数据库检索软件具有速度快、使用简便、索引量大的特点，但仅提供部分全文检索，有时需要二次检索，操作上不太方便。

（3）主题指南类检索软件

主题指南类检索软件是目前网络检索中最常用的检索软件。这种软件查准率高，速度快，使用方便。现在大部分网站都具备主题指南类检索功能。

5.3.3 网络营销信息检索应该注意的问题

1．网上信息多而分散，得到有用信息难

互联网是一个全球性分布式网络结构，大量信息分别存储在世界各国的服务器和主机上。信息资源分布的分散性、远程通信的距离和信道的宽窄都直接影响了信息的传输速率。因此给网络营销调研带来的问题是：企业搜索获得信息的成本增加，准确性降低，速度减慢。信息检索入门很容易，只需在搜索引擎栏键入关键字，然后回车等结果就可以了。但是，如何经济有效、快速便捷地得到有用消息却非易事。

因此，网络营销调研人员应该了解搜索引擎原理，熟悉信息检索方法，掌握信息检索技巧，以快捷地获得有用的信息。

2．网络信息检索能力有限，得到全面信息难

目前，对互联网的网页和网址的管理主要依靠两个方面的力量：一是图书馆和信息专业人员通过对互联网的信息进行筛选、组织和评论，编制超文本的主题目录，这些目录虽然质量很高，但编制速度无法适应互联网的增长速度；二是计算机人员设计开发巡视软件和检索软件，对网页进行自动收集、加工和标引。第二种方式虽然省时、省力，加工信息的速度快、范围广，可向用户提供关键词、词组或自然语言的检索，但由于计算机软件在人工智能方面与人脑的思维还有很大差距，在检索的准确性和相关性判断上质量不高。因此，现在很多检索软件都是将人工编制的主题目录和计算机检索软件提供的关键词检索结合起来，以充分发挥两者的优势。但由于互联网信息的范围和数量过大，没有建立统一的信息管理和组织机制，使得现有的任何一种检索工具都没有能力提供对网络信息的全面检索。

因此，网络营销调研人员应该注意多种调研方法的配合使用和多种信息检索方法的综合运用，以尽量获得全面的信息。

3．网络信息鱼龙混杂，得到可靠信息难

互联网上的信息质量参差不齐，良莠不一。在这种环境下，有价值的信息和无价值的信息，高质量的商业信息与劣质甚至违法的信息混杂在一起。但目前，互联网上还没有人能开发出一种强有力的工具对信息的质量进行选择和过滤。因而，用户会发现大量毫无用途的信息混杂在

检索结果中，大大降低了检索的准确性。

因此，网络营销调研人员应该注意对搜索结果的分析判断、验证核实和选择过滤，以求得到准确可靠的信息。

4．各种检索软件检索方法不统一

各种检索软件使用的检索符号和对检索方式的要求不一样，给用户的使用造成了很多不便。因此，网络营销调研人员应该熟悉各种检索软件的计算机检索方法，以便快捷地得到有效信息。

如果网络营销调研人员希望通过“逻辑和”搜索具有两个或两个以上关键词的内容时，可以使用逻辑运算符号“和”来匹配多个关键词的内容，但不同的检索软件使用的符号是不一样的。例如，表示“和”的关系“百度”搜索引擎使用“|”；而“新浪”搜索引擎则使用“空格”、“逗号”（，）、“加号”（+）和“&”。“逻辑和”一般会搜索到比较全面的信息。

如果网络营销调研人员希望通过“逻辑差”来缩小搜索范围，则可以使用逻辑运算符号“差”来匹配相关内容，但不同的检索软件使用的符号是不一样的。例如，表示“差”的关系“百度”搜索引擎使用减号“-”，但减号前必须留一个空格，表示命中文献出现算符左边的词，但不能出现右边的检索词。而“Google”却不支持“-”功能，要想缩小检索范围，需要输入更多的关键词，关键词间用空格隔开。

5．语言翻译要准确，力求获得真实信息

在互联网中使用最广泛的语言是英语，现在有很多字典、翻译程序，甚至全屏幕英汉翻译来帮助理解，虽然这些工具可以帮助我们理解一些外语资料，但是还无法获得高质量的原意。

5.3.4　网络营销信息检索的步骤

为了及时、有效、准确、经济地获得网络营销决策所需的信息，企业应该遵循科学高效的检索程序，利用各类适用的检索软件，运用各种科学的检索方法和技巧，明确检索目标，缩小检索范围，以获得理想的检索效果。

1．确定检索主题

检索之前，首先要根据网络营销调研计划的要求确定检索的主题是什么，即确定希望通过检索获得哪些方面的信息。

2．明确检索目标

要完成一个有效的检索，还应当确定检索的目标是什么，即希望通过检索获得主题信息的深度、广度、信度、效度、可靠度、准确度，以及成本和时间要求。也就是说，要明确在多长时间内，以多大成本，收集多么精细、多大范围、如何准确可靠、如何可信有效的信息内容。

3．规划检索方法

不同的搜索引擎有着不同的特点与要求，掌握常用搜索引擎的特性，充分发挥它们各自的优点，往往可以得到最佳及最快捷的查询结果。

4．分步细化逐步实现检索目标

多数搜索引擎都采用了使用关键字的查找方法：用户在输入框中输入想要查找的关键词，然后单击“搜索”（Search）按钮。搜索引擎便到自己的数据库中查找这些关键词，显示满足要求的 URL 列表，列表中的每页都有自己的超链接，单击该链接就可以查看所匹配的网页。但每个搜索引擎都有自己的数据库并且有不同的特色和使用技巧，对同一关键字进行搜索，可能得到不同的结果。搜索引擎的数据库内包括了已经整理好的由网址（URL）、关键字等组成的数量庞大的记录。这些站点设计了不同的算法来负责这些超大型数据库的维护管理，使其全天候接待来自全球各地用户的访问。

在确定主题之后，应当列出一个与检索信息有关的单词清单，以及一个应当排除的单词清单，下一步，应该考虑使用哪个检索软件来获得更有效的检索结果。如果主题范围狭小，不妨简单地使用两三个关键词试一试。如果不能准确地确定检索的是什么或检索的主题范围很广时，可以使用雅虎等分类检索类搜索站点，尽可能缩小检索的范围。

5.3.5 常用搜索引擎

（1）百度

百度（www.baidu.com）于2000年1月创立于北京中关村，是全球最大的中文网站、最大的中文搜索引擎。1999年年底，身在美国硅谷的李彦宏看到了中国互联网及中文搜索引擎服务的巨大发展潜力，抱着技术改变世界的梦想，携搜索引擎专利技术，于2000年1月1日在中关村创建了百度公司。

百度为用户提供的互联网搜索产品及服务包括：以网络搜索为主的功能性搜索，以贴吧为主的社区搜索，针对各区域、行业所需的垂直搜索，以及门户频道、IM等。

随着移动互联网的发展，百度网页搜索完成了由PC向移动的转型，由连接人与信息扩展到连接人与服务，用户可以在PC、Pad、手机上访问百度主页，通过文字、语音、图像多种交互方式瞬间找到所需要的信息和服务。

（2）谷歌

Google公司（中文译名：谷歌）是一家美国的跨国科技企业，致力于互联网搜索、云计算、广告技术等领域，开发并提供大量基于互联网的产品与服务，其主要利润来自AdWords等广告服务。

1998年，拉里·佩奇和谢尔盖·布林在美国斯坦福大学的学生宿舍内共同开发了谷歌在线搜索引擎，并迅速传播给全球的信息搜索者；8月7日，谷歌公司在美国加利福尼亚州山景城以私有股份公司的形式创立。

2014年5月27日，谷歌在华遭遇大规模屏蔽，包括极为重要的HTTPS搜索服务和谷歌登录服务，且所有相关的谷歌服务都受到影响。2015年8月，谷歌宣布重大重组，成为Alphabet子公司。2015年11月，谷歌重返中国推应用商店，不与国际版连通。2016年6月8日，《2016年BrandZ全球最具价值品牌百强榜》公布，谷歌以2 291.98亿美元的品牌价值重新超越苹果成为百强第一。2016年12月8日，中国的谷歌开发者网站上线。2017年2月，Brand Finance发布2017年度全球500强品牌榜单，谷歌公司排名第一。

（3）有道

网易公司（www.163.com）创立于1997年6月。2007年12月，网易旗下自主研发的搜索引擎“有道”（www.yodao.com）正式版问世。有道是网易旗下利用大数据技术提供移动互联网应用的子公司。有道以搜索产品和技术为起点，并在此基础上衍生出语言翻译应用与服务、个人云应用和电子商务导购服务等三个核心业务方向。

2012年9月，原有道购物搜索、有道购物助手、网易返现全面整合，以“为消费者代言”为宗旨上线了惠惠品牌，为网购用户提供商品推荐、在线比价等服务，并于2015年3月推出一键海淘服务。截止到2016年3月底，惠惠网、惠惠购物助手PC端软件以及APP累计用户量近

1 亿人。截止到 2016 年 4 月，网易有道词典（桌面版+手机版）用户量超过 5.5 亿人，是网易第一大客户端和移动端产品。

（4）雅虎

雅虎（www.yahoo.com）是美国著名的互联网门户网站，其服务包括搜索引擎、电邮、新闻等，业务遍及 24 个国家和地区，为全球超过 5 亿个的独立用户提供多元化的网络服务。雅虎是最老的“分类目录”搜索数据库，所收录的网站全部被人工编辑按照类目分类。

2005 年 8 月 11 日，阿里巴巴并购了雅虎中国资产。中国雅虎（www.yahoo.cn）于 2007 年 6 月 5 日上线。2013 年 8 月 19 日中国雅虎邮箱停止服务，2013 年 9 月 1 日零时起，中国雅虎不再提供资讯及社区服务，标志着中国雅虎的核心业务都已经从中国市场退出。

2017 年 2 月，威瑞森电信宣布，同意以 44.8 亿美元的现金收购雅虎核心的互联网资产。

（5）搜狗

搜狗（www.sogou.com）是由搜狐研发、于 2004 年 8 月 3 日面世的专业搜索网站，推出的全球首个第三代互动式中文搜索引擎，目前形成了以搜索引擎、输入法和浏览器为主，以通话管理、地图、智能硬件等产品为辅的产品布局。

2010 年 8 月，搜狐与阿里巴巴集团宣布达成合作，将旗下的搜索业务——搜狗分拆成立独立公司，由阿里巴巴集团以及包括马云个人在内的战略投资人进行注资。2012 年 7 月，搜狐发布公告称，已回购阿里巴巴所持有的搜狗约 10%的股份，搜狗与阿里巴巴两年的牵手宣布正式终止。2013 年 9 月，腾讯向搜狗注资 4.48 亿美元，并将旗下的腾讯搜搜业务和其他相关资产并入搜狗。2014 年 5 月 8 日，搜狗搜索宣布启用全新的独立标识（Logo），新标同时应用在 PC 和移动搜索，同时发布移动搜索 APP，开始为用户提供跨终端的搜索服务。根据艾瑞咨询 2015 年 12 月数据，搜狗 PC 用户规模达 5.21 亿个，移动端 APP 用户仅次于腾讯。

（6）爱问

爱问（http://iask.com）是一个基于社交的问答平台，是全球最大的中文问答平台。在 2005 年 6 月 30 日召开的主题为“问尽天下事　搜索新坐标”的新闻发布会上，“爱问”正式亮相。2014 年 6 月，爱问正式并入深圳问我时代科技有限公司。2014 年 7 月中旬，爱问改版后正式上线。“爱问”包含了一系列传统搜索所不具备的人性化功能：对视频搜索的支持实现了内容形式上的丰富和扩展；具有浓郁地区特色的本地搜索为网民提供包括地图在内的生活、娱乐、出行等所需的各地区相关信息。

（7）360 搜索

360 搜索属于全文搜索引擎，包括新闻、网页、问答、视频、图片、音乐、地图、百科、良医、购物、软件、手机等应用。

2012 年 8 月 16 日，奇虎 360 推出综合搜索，该服务初期采用二级域名，整合了百度搜索、谷歌搜索内容，可实现平台间的快速切换。8 月 31 日，360 综合搜索正式启动独立域名 360sou 和 360so，品牌为“360 搜索+”，其中 360sou 为主域名。9 月 21 日，360 搜索正式启动独立域名 so.com。

2015 年 1 月 6 日，360 搜索正式推出独立品牌——好搜，新品牌名和 Logo 于 2015 年 1 月 6 日起正式启用，域名为：haosou.com，用户登录原域名 so.com 后将自动转跳到新域名。2016 年 2 月 1 日，好搜搜索更名为 360 搜索，域名也从“haosou.com”切换为更易记忆、更易输入的“so.com”。

（8）中国经济信息网

中经网数据有限公司（简称“中经网公司”），是国家信息中心控股的有限责任公司，成立于1996年6月。经过近20年的努力，中经网公司已经形成了包括动态信息推送、信息综合集成、研究报告制作、数据库群开发、辅助决策平台研发、视频培训课程、研究咨询服务，以及网络技术服务等全产业链服务，是国内核心的经济信息综合服务商。

（9）中国知网

中国知网（www.cnki.com.cn 或 www.cnki.net），国家知识基础设施（National Knowledge Infrastructure，CNKI）工程是以实现全社会知识资源传播共享与增值利用为目标的信息化建设项目，由清华大学、清华同方发起，始建于1999年6月，经过多年努力，采用自主开发并具有国际领先水平的数字图书馆技术，建成了世界上中文信息量规模最大的“CNKI数字图书馆”，并正式启动建设《中国知识资源总库》及CNKI网格资源共享平台，通过产业化运作，为全社会知识资源高效共享提供最丰富的知识信息资源和最有效的知识传播与数字化学习平台。

除中国知网外，重庆维普资讯网（www.cqvip.com）、万方数据（www.wanfangdata.com.cn）、龙源期刊网等都可以查询一些比较成熟的二手文献资料。一般只需下载阅读器（CAJViewer 或 AdobeReader），输入账号与密码，就可以任意查询相关主题的文章信息了。

5.4 网络营销信息的储存、整理与分析

5.4.1 网络营销信息的储存

网络营销信息的储存就是把获得的大量信息（可能是计算机格式、图片、音像、文字、录音）转换为计算机文档，存储于计算机设备中。信息储存的方法主要是根据信息提取的频率和数量，建立一套适合需要的信息库系统。信息库系统是由大小不等的、相互联系的信息库组成的。信息库的容量越大，信息储存得越多，对决策就越有帮助。大容量信息库的缺点是提取和整理比较麻烦，而且有些信息库虽然很大，但有些信息却从未有人提取过，甚至已经无法提取，这样的信息就会成为死信息，白白地浪费了信息库的空间，这样的大信息库反而不如小的更为优越。

5.4.2 网络营销信息的整理

收集到的信息和储存的信息往往是杂乱零散的，不能反映系统的全貌，甚至收集到的信息中可能还有一些是过时的或无用的信息。信息的整理就是将获取和储存的信息条理化和有序化的工作，其目的在于提高信息的价值和提取效率，发现所储存信息的内部联系，为信息的加工做好准备，一般应按照以下几个步骤来完成。

1．确认信息时效，明确信息来源

通过网上调查得到的信息，特别是通过搜索引擎得到的二手资料，时间范围相差很大，因此，在信息整理过程中要注意确认所收集到的资料的时效，努力收集最新资料与信息，滤除过时的信息。对于重要信息，一定要有准确的信息来源，没有下载信息来源的，一定要重新检索补上，一方面以后还可以再次查询，另一方面也是进一步核实信息真实性、可靠性的需要。

2．去伪存真，去粗取精，初步筛选

在浏览和分类过程中，对所得到的大量信息有一个初步筛选的任务。对于虚假、错误与过

时的信息和完全无用的信息应当及时删去。对于不十分可靠与可信的信息应该进一步确认与核实。对于各类信息也需要按照可靠程度或真实程度加以分类管理。

3．浏览信息内容，添加明确文件名

从互联网上下载的文件，一般都是沿用原有网站提供的文件名。这些文件名基本上都是由数字或字母构成的，以后使用起来很不方便。因此，从网上下载文件后，需要将文件重新浏览一遍，添加一个适合信息分类、储存与查询的文件名。

4．按专题分类归档，方便检索调用

从互联网上收集到的信息通常杂乱无章、良莠不齐，必须通过整理才能够使用。若信息量不大时可以采用专题分类的方法进行管理。如果信息量很大，则应该建立自己的信息检索系统。当需要信息时，随时就可以检索调用。

5.4.3 网络营销信息的分析

网络营销信息分析的目的就是针对具体应用，抽取商业数据库的有关部分，对它进行加工、运算，得到期望的数据形式。

具体的应用是指网络营销调研的具体目的，如价格定位、购买行为模式、广告效果调研、产品供求状况、市场容量、市场占有率、商品销售趋势、企业目标市场和竞争对手等方面的调研。

“抽取商业数据库的有关部分，对它进行加工、运算”是指根据调研的具体目的，从数据库中提取与之有关的部分，进行计算，得出所需数据和结论。目前软件人员是能胜任这种工作的。如果已有现成的软件，处理的时间一般来说是很快的。

“期望的数据形式”是指分析结果的表示形式，有报表型、图表型、预测型等。

1．数据库营销

数据库通常用来储存被企业收集和分析的资料。所储存的资料可能来自顾客、销售跟踪、存货记录、供应商和其他合作伙伴，也可能来自贸易杂志和第三方研究者。

所谓数据库营销，就是企业通过收集和积累顾客信息，经过分析筛选后有针对性地使用电子邮件、短信、电话、信件等方式进行顾客深度挖掘与关系维护的营销方式。或者说，数据库营销就是以与顾客建立一对一的互动沟通关系为目标，并依赖庞大的顾客信息库进行长期促销活动的一种全新的销售手段。

一般来讲，数据库营销一般经历数据采集、数据存储、数据处理、寻找理想消费者、使用数据、完善数据六个基本过程。数据库营销有以下诸多用途：

- 市场细分。利用数据库有助于识别那些对相似营销策略做出反应的顾客的一般特征。数据库可以实现个性化营销策略和识别顾客盈利潜力大小。
- 分析顾客流失。利用数据库有助于企业估测到顾客转换到竞争者情况的严重程度。
- 欺诈检测。利用数据库可以估计到欺诈性交易的可能性大小。
- 客户服务。利用数据库可以让企业基于客户以前的体验提供客户服务。数据库还可以发现客户问题发生的一般模式。
- 直复营销。利用数据库有助于识别最可能对直复营销做出反应的前景。
- 互动营销。利用数据库有助于企业预测到网站访问者最有兴趣浏览的内容。
- 购物车分析。利用数据库有助于发现客户最可能一起购买的产品组合或服务组合。

- 趋势分析。数据库有助于识别在一定期间内，顾客群的区别与发展趋势。这一分析有助于企业做出长期、中期及短期决策。

2．数据挖掘

数据库营销的核心是数据挖掘。数据挖掘是指应用统计分析软件将原始资料处理成管理决策有用信息的过程。数据库营销是为增强顾客关系而设计的，数据库营销约束了在促销投入上诸如垃圾邮件等方面的浪费，而只是针对有兴趣的目标顾客开展促销工作。数据挖掘发现顾客战略价值的方法主要有以下三种。

（1）二八定律

所有的客户并不都是一样的。一些客户可能会比其他客户更有利可图，而有一些客户还可能会花费企业的钱。二八定律表明，企业80%的利润源于20%被称为大量使用者的关键客户。客户的战略价值决定了哪些客户应该接受专门的服务，哪些客户应该被鼓励增加其购买量或缩减其购买量。

（2）客户终生价值

客户终生价值（Customer Lifetime Value）指的是每个购买者在未来可能为企业带来的收益总和。研究表明，每个客户的价值都由三部分构成：初始价值（到目前为止已经实现了的客户价值）、未来价值（如果客户当前行为模式不发生改变的话，将来会给公司带来的客户价值）和潜在价值（如果公司通过有效的交叉销售可以调动客户购买积极性，或者促使客户向别人推荐产品和服务等，从而可能增加的客户价值）。决定客户终生价值的测量方式可以使用如下公式：

客户终生价值=初始价值（收入–成本）+未来价值（未来收入–未来成本）+潜在价值

这个公式表明，虽然与新客户的一些交易是无利可图的，但从长期来看，这个客户还是值得保留的。

（3）RFM测量

RFM法是从客户最近一次消费（Recency）、消费频率（Frequency）、消费金额（Monetary）三个方面测量客户价值。

客户最近一次消费就是营销人员首先要利用的工具。从理论上说，最近一次消费时间越近的客户应该是比较好的客户，对提供即时的商品或服务也最有可能会有反应。

消费频率是顾客在限定的期间内所购买的次数。一般而言，最常购买的客户，也是满意度最高的客户。

如果客户近期有过一次数量大、金额高的购买行为，则该客户可以被看作更有价值的。营销人员一旦明确了顾客的RFM值，随后就应该实施增加消费频率与消费总量的策略了。RFM既是传统的数据库营销手段，是数据挖掘技术关注的模型技术，也是建构客户关系管理的核心分析技术。

【复习思考】

1. 与传统的调研方法相比，网络营销调研有哪些特点？
2. 网络营销调研的过程可分为哪3个阶段？各阶段的主要内容是什么？
3. 网络营销调研的原则有哪些？网络营销直接调研的方法有哪些？
4. 网络营销信息检索应该注意的问题有哪些？搜索信息的方法有哪些？

【技能训练】

1．网络用户目前获得信息最主要的途径是通过（　　）。

A．电子邮件　　B．BBS　　C．搜索引擎　　D．新闻组

2．最常用的收集原始资料的网络营销调研方法是（　　）。

A．网上问卷调研法　　B．网上讨论法　　C．网上观察法　　D．视频会议法

3．下列网络营销调研方法中，属于被动调研法的是（　　）。

A．站点法　　B．电子邮件法　　C．随机 IP 法　　D．视频会议法

4．在网上输入关键字查询信息的方式属（　　）。

A．发送　　B．数据挖掘　　C．PUSH　　D．检索

5．若企业的销售额年增长率为 6%，而整个行业的增长率为 10%，则企业的市场占有率（　　）。

A．提高　　B．降低　　C．不变　　D．无法判断

6．最近 6 年，某产品的年销售量依次为 5 000 台、6 000 台、7 500 台、9 500 台、9 800 台、9 850 台，由此可以看出该产品现在处于其市场生命周期的（　　）阶段。

A．投入期　　B．成长期　　C．成熟期　　D．衰退期

【实习实践】

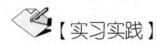

1．登录百度（www.baidu.com）搜索各自的姓名，观察能搜索到多少条信息，比较分析哪些同学搜索到的页面最多，哪些同学搜索到的词条信息最少。为什么会产生这样的结果？对企业网站注册搜索引擎与关键词广告有什么启发？

2．搜索“网络营销调研”、“网上市场调查”等词条，补充学习教材中没有提到的网络营销知识，并互相交流。

3．登录百度（www.baidu.com）、搜狗（www.sogou.com）、有道（www.youdao.com）、360 搜索（www.so.com）等搜索引擎网站，搜索“你的名字”词条，分析各搜索引擎网站的搜索结果有何区别。然后在百度、谷歌、中国雅虎搜索关键词“杭州丝绸”，并填写表 5-1。根据上述实践撰写一份 1 000 字以上“主要搜索引擎网站搜索结果比较”的实践报告。

表 5-1　主要搜索引擎网站搜索结果比较

比较项目	百度	360	搜狗
搜索速度			
搜索信息量（页面数）			
排名前 10 名页面			
搜索引擎广告			

4. 登录益派调查网（www.epanel.com.cn）注册会员后，参加DIY自助调查，实践调查问卷设计、发布等内容。分析这一网站提供这些服务内容的目的是什么。

5. 登录EnableQ在线问卷调查系统（www.itenable.com.cn）单击免费试用，练习问卷设计、发布、回答等内容；单击问卷设计了解调查问卷设计的有关知识，在该网站浏览问卷样卷，选择某一问卷进行分析。

6. 在百度或谷歌中输入“在线调查系统”搜寻还有哪些好的在线调研网站，选择一个，撰写分析报告，推荐给其他同学。

7. 登录百度指数（http://index.baidu.com），输入某一关键词（如陈醋），分析该关键词在各时段、各地区的用户关注度、媒体关注度，以及使用该关键词网民的职业、地区、学历、年龄等分布情况。

8. 登录oqss（www.oqss.com）、网题（www.nquestion.com）、第一调查网（www.1diaocha.com）、易调网（www.yidiao.net/sur）、91问问调查网（www.91wenwen.net）、问卷星（www.sojump.com）等第三方网络调查网站，会员注册后，操作在线调研系统。

9. 登录自己的博客，进入个人中心，分别单击“应用”图标下的投票和访问统计图标，使自己的博客具有网络投票和访问统计功能。

10. 网络投票系统操作。

（1）登录 http://www.18q.net/vote/，会员注册后登录，单击“增加新的调查”，填写调查问卷名称、选项等内容后单击“提交信息”，如图5-4所示。

（2）拷贝代码，如图5-5所示。

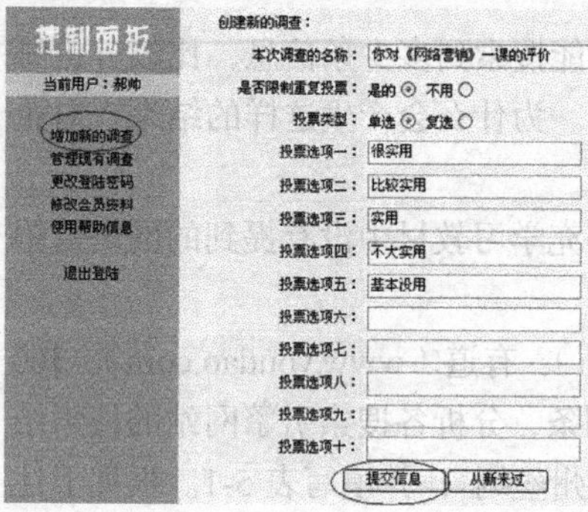

图5-4　填写相关信息

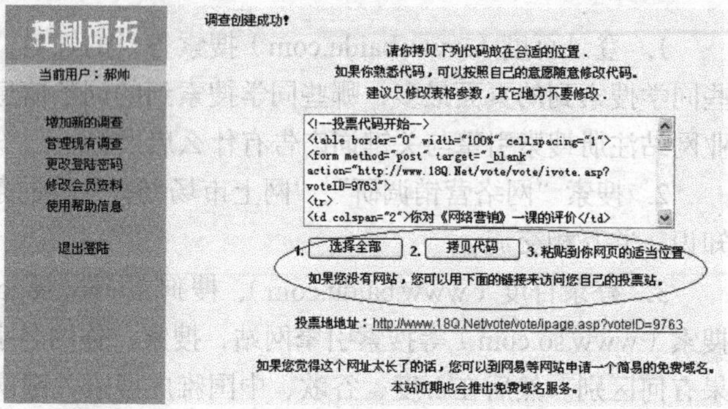

图5-5　拷贝代码

（3）将代码添加到自己建立的新浪博客页面。具体操作步骤为：登录博客→页面设置→添加自定义组件→添加文本组件→勾选“显示源代码”→粘贴源代码→去掉“显示源代码”对钩→单击“保存”。

11. 使用西米客观测博客访问者访问痕迹。

（1）登录西米客网站（http://www.similog.com），单击“注册”图标，填写注册信息。

（2）填写注册表单（见图5-6），完成注册。

（3）添加并保存博客地址，如图5-7所示。

图 5-6　填写注册信息

图 5-7　添加并保存博客

（4）单击“获取代码”（见图 5-8）即可获取统计代码。

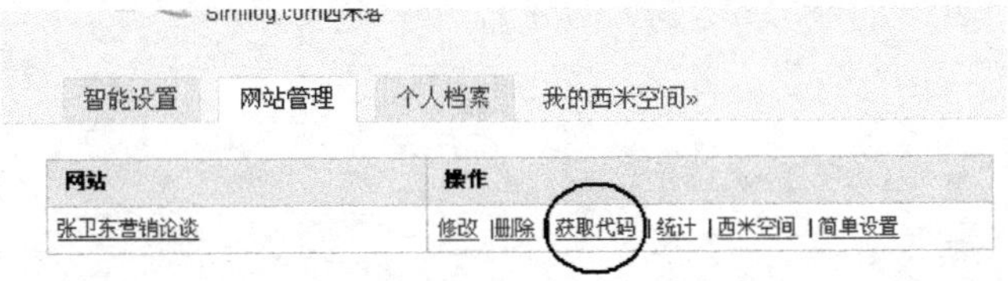

图 5-8　获取统计代码

（5）登录自己的新浪博客，单击“页面设置”，单击“自定义组件”，单击“添加文本组件”，勾选“显示源代码”，将获得的西米客统计代码粘贴到文本框内，去掉“显示源代码”对钩，单击“保存”，就可以获得博客访问者的访问痕迹了，如图 5-9 所示。

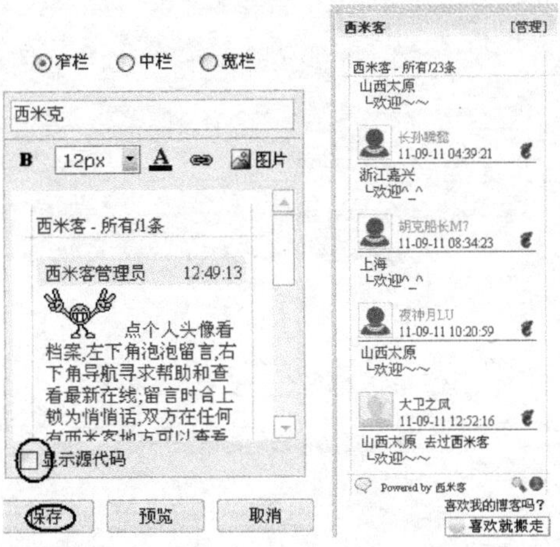

图 5-9　访问者的痕迹

12. 实践练习以下几个常用搜索查询命令。

- 把搜索范围限定在网页标题中——intitle：关键词
- 在特定站点中搜索——关键词 site：站点域名（不带 http，无空格）
- 把搜索范围限定在 url 链接中——inurl：需要在 url 中出现的关键词
- 利用搜索引擎查询文档——关键词 FILETYPE：文档类型后缀

文档类型后缀如 doc（Word）、xls（Excel）、ppt（Powerpoint）、pdf（Adobe）等，实现全文检索。

反向链接查询——LINK：WWW.域名

13. 在自己新浪博客里添加投票（调研问卷）。

操作步骤：登录博客→个人中心→应用→投票→发起新投票。

第6章 网络营销战略规划

✎ 对应工作（岗位）

网络营销总监

📖 网络营销总监工作描述

- ☑ 在准确把握企业网络营销环境的基础上，全面规划企业有效的网络营销战略并负责组织实施
- ☑ 负责企业网络营销方案的总体策划与组织实施
- ☑ 全面负责企业网络营销平台的整体运营
- ☑ 负责企业网络营销团队的组建与管理
- ☑ 全面负责企业网络营销目标的规划与达成
- ☑ 全面负责网络销售渠道的拓展和维护

📖 网络营销总监工作要求

- ☑ 具有积极的网络营销战略管理意识
- ☑ 熟悉网络营销理论，了解网络营销技术，精通网络营销战略、战术
- ☑ 具有强烈的市场营销意识和现代营销理念，精通市场策划、营销管理运作，有计划和统筹协调能力，具备极强的整合营销能力
- ☑ 具备网络营销项目的管理经验，熟悉项目的进度管控、流程规划，具备整合协调能力
- ☑ 思维敏捷，有较强的市场洞察力和应变能力，具备良好的人际沟通能力，有强烈的事业心和开拓创新意识
- ☑ 管理学、电子商务、市场营销等相关专业毕业，具有4年以上网络营销管理经验

6.1 网络营销战略规划的含义与作用

企业在现代市场营销观念与网络营销理论的指导下，开展网络营销战略管理的一个重要内容就是制定切实可行的网络营销战略规划。

6.1.1 网络营销战略规划的含义

网络营销战略规划是企业以市场需求为导向，在激烈的市场竞争中，为了充分利用市场机会，避免环境威胁，求得企业持续、稳定、健康、高效的发展，在对企业内外营销环境分析的基础上，对企业网络营销的任务、目标以及实现目标的方案、重点和措施做出总体的和长远的谋划并实施与控制的过程。它是指导企业网络营销活动，合理分配企业网络营销资源的纲领。

在企业的网络营销活动过程中，希望实现的目标往往不止一个，但企业必须依据内部条件和外部环境，确定一个一定时期内最为合理的目标，这便是网络营销战略规划的第一层含义。同时我们知道，实现一个既定的目标，往往不止一种途径、一种方案，但其中必有一种方案或一种途径被企业认为是最适宜、最可行的，因此，谋划、选择和确定一个最为合理、最为可行、最能快速高效实现其预定目标的方案，便是网络营销战略规划的第二层含义。

6.1.2 网络营销战略规划的作用

网络营销战略规划是关系企业长远发展和全局利益的重大决策，其选择的正确与否，直接影响网络营销的成败和经济效益的大小，它是企业全体员工行动的纲领，在企业的网络营销活动中起着重要的作用，主要表现在以下几个方面。

1．战略规划网络营销活动

网络营销战略规划是企业对未来较长时期内的网络营销活动运行与发展的总体规划，它的着眼点是迎接未来的挑战，是在环境分析和科学预测的基础上展望未来，为企业谋求长期发展的目标与对策。人无远虑，必有近忧，没有这种对未来的高瞻远瞩，企业必将羁绊于眼前的困扰而不能自拔，失去营销的主动性，从而也就增加了企业经营的风险性。

实例 当当为什么“起了大早赶了个晚集”没能做大？

当当成立于2000年，远早于淘宝和京东，头顶着中国B2C第一家上市公司光环，但现在距离两者，差距不可以道里计。当当为什么起了大早赶了晚集没能做大？

一是在2009年，当当首次盈利，这时候公司管理层和投资人面前摆着两个选择：其一是尽快上市，取得市场领先位置，投资人也可以落袋为安；其二是像京东那样，暂不上市，继续烧钱，烧出更大规模再行上市。这时候，公司选择了上市。2010年年底，公司成了中国B2C第一家上市公司，但成为公众公司后，也丧失了再次大规模业务转型、投入的自主权。从此之后，当当的所有战略选择都以少花钱、不冒险为主，这都从上市埋下伏笔。二是价格战。其在与京东的价格战中丧失主动，被动跟随，节衣缩食，将更多精力放在了品类调整和价格调整上，没有在公开市场上筹集粮草，更没有进行更大的战略布局。三是在当当网图书失守，连年亏损之后，当当从自营B2C向综合平台迈进，亏损加剧。公司随后将重点转向“走出去、请进来”，包括去天猫开店，也包括与1号店、酒仙网、国美、腾讯等合作。这些做法有效降低了流量成本，但也最终未能形成当当自身的大生态体系，将公司的战略地位从一线拉到了一群二线电商之间。

2．统一协调网络营销活动

网络营销战略规划的制定是以企业的全局为对象，根据网络营销活动总体发展的需要，对企业总体行动的谋划。有了它就可以把企业的各项营销活动有条不紊地组织起来，进一步发挥其整体协同功能，进一步提高营销效率，使企业能够持续有序地向前发展。

3．合理配置网络营销资源

网络营销战略规划在目标确定、方案选择及实施与控制中无不体现着合理配置、高效使用营销资源的思想。企业在对内部资源和外部环境的科学分析下，在不同部门、不同业务、不同产品及不同市场间合理安排并使用其可资利用的网络营销资源，从而使企业实现其各项目标的可能性更大。

4．动态适应网络营销环境

21 世纪，人们的思想意识和价值观念，以及社会经济环境都正在发生着翻天覆地的变化。在此不断变化的营销环境中，要使企业的网络营销活动不是盲目的、被动的、滞后的，就必须在战略规划的约束下，有预见性地、主动地、方向明确地随时调整其营销活动，使企业临变不乱、稳步前进，以提高企业经营的稳定性与安全性。

5．加倍提高网络营销能力

网络营销战略规划的制定能在企业内部统一思想，统一目标，大大提高企业网络营销活动的目的性、预见性、整体性、有序性和有效性，增强企业的竞争能力和应变能力。在企业众多的营销工具中，战略规划是最富科学性、艺术性的。在市场竞争中，有些资源贫乏的小企业，却能战胜实力雄厚的大企业，如同军事上以弱胜强一样，只有靠战略规划上胜人一筹才能达到，这便是战略规划对营销能力产生“1+1>2”的倍乘效应。

6.2 网络营销战略规划的内容

6.2.1 网络营销战略规划的内容概述

网络营销战略规划主要包括以下内容：首先，在了解企业网络营销环境、明确企业所处的市场地位的情况下，规划企业网络营销的任务，把网络营销任务具体化为可以实现的目标；其次，根据企业网络营销的任务与目标规划设定网络营销的旗帜与口号，规划确定企业网络营销的经营模式与网络营销网站功能定位，在具体的网络营销战略实施环节则要规划设定网络营销的主题与诉求风格，最为关键的是要对网络营销战略规划的方案进行人力、物力、财力及管理能力的估计与测算；最后，要制订出详细而具体的、可以付诸实施的营销计划，以作为企业网络营销的纲领性文件，如图 6-1 所示。

互联网上的任何事物都是变化很快的，网络营销也不例外。因此，网络营销战略规划对于可能发生的变化也应有超前的应对策略。同时，在网络营销实践过程中，还要根据网络营销战略规划各环节的实施情况进行必要的反馈与控制。

在网络营销观念与理论指导下依次进行 →

定形势	定位置	定任务	定目标	定旗帜	定口号	定方针	定形象	定主题	定风格	定实力	定方案
分析网络营销环境	明确网上市场地位	规划网络营销任务	设定网络营销目标	选择文化营销战略	提升网络营销理念	确定网络营销模式	塑造网上市场形象	规划网络营销主题	形成营销诉求风格	预算网络营销能力	制订网络营销计划

← 根据网络营销实践反馈控制

图 6-1　网络营销战略规划步骤

6.2.2　网络营销战略规划的指导思想

企业网络营销战略规划应该遵循科学的指导思想，具体来说，可以概括为以下几个方面：

- 网络营销战略规划要适应网络经济外部环境，适合企业内部条件；
- 网络营销战略规划要围绕网上市场需求规划，体现现代营销理念；
- 网络营销战略规划要建立可持续发展的技术平台，贯彻到网站建设与运营全过程；
- 网络营销战略规划要重新整合业务流程，处理好网上业务与网下业务的协同关系。

6.2.3　定形势与定位置

1．定形势：分析网络营销环境

定形势就是要分析企业所处的网络营销环境。对企业网络营销活动从外部环境、内部条件两个方面，从优势（Strengths）、劣势（Weakness）、机会（Opportunities）、威胁（Threats）四个维度做出分析的方法又称 SWOT 分析法。分析网络营销环境的目的就是：发挥优势，克服劣势，寻求机会，避免威胁，谋求企业外部环境、企业内部条件与企业网络营销目标间的动态平衡。如图 6-2 所示，处于第Ⅰ象限的企业，面对外部机会处于优势状态，可以采取增长型战略，如开发市场、增加促销投入等战略来充分利用外部环境提供的发展良机；处于第Ⅱ象限的企业，虽然面临良好的外部环境机会，但受到内部劣势的限制，因此可以采取扭转型战略，设法扭转内部不利的条件，以便尽快形成利用环境机会的能力；处于第Ⅲ象限的企业，内部存在劣势，外部面临巨大的环境威胁，可以采用防御型战略，设法避开威胁和消除劣势；处于第Ⅳ象限的企业，具有强大的内部实力，但外部环境存在威胁，宜采用多元化战略，一方面使自己的优势得到更充分的利用，另一方面也可以使经营风险得以分散。

2．定位置：明确网上市场地位

企业在市场竞争中所处的市场地位，可以根据企业在目标市场上市场占有率的高低来定。一般而言，按照市场占有率由高到低的排列，可以把同一目标市场上的企业分成以下四类，如图 6-3 所示。处于不同市场地位的企业应该采取不同的竞争战略与营销策略。

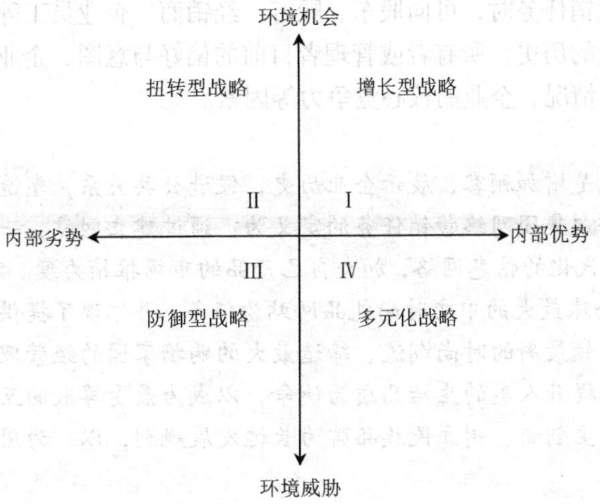

图 6-2　SWOT 分析法

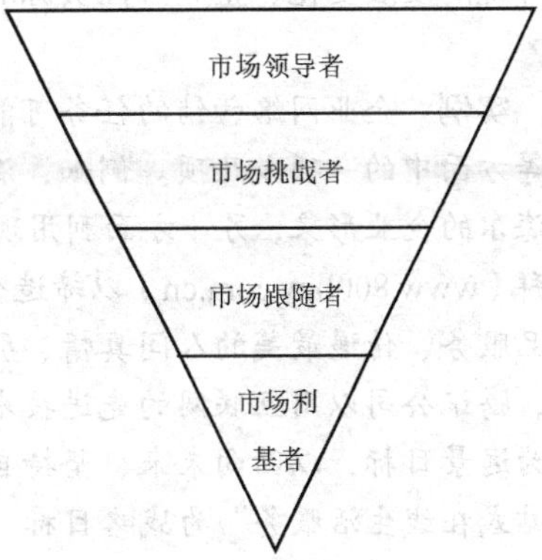

图 6-3　企业市场地位

（1）市场领导者

市场领导者是指占有最大市场份额，在价格变化、新产品开发、营销渠道建设和促销策略等方面对本行业的其他企业起着领导作用的企业。市场领导者要想维持自己的领导地位，必须注重 3 个方面的努力：扩大总需求、维持现有市场份额和逐步扩大市场份额。作为市场领导者应该不失时机地选择网络营销策略进行对抗与防御，以保持在传统市场和新兴市场上的竞争优势和领导地位。例如，美国的沃尔玛（Wal-Mart）公司在了解和把握网上市场的特征后，推出了网上商店服务，并积极与美国在线公司进行合作，以扩大其网上虚拟市场的品牌知名度。

（2）市场挑战者

市场挑战者是指在本行业市场上占据第二位及第三位，且有能力对市场领导者和其他竞争者采取攻击行动，希望夺取市场领导者地位的企业。这类企业一般都积极地把网络营销看作竞争的有力武器，制定网络营销策略时一般采取的是积极的、全力投入的阵势。

（3）市场跟随者

市场跟随者是指那些在产品、技术、价格、渠道和促销等大多数营销战略方面都采取模仿和跟随市场领导者的公司。市场跟随者一般采取有利于自身发展而不会引起竞争者报复的营销策略。例如，针对可口可乐公司这个市场领导者，我国娃哈哈集团营销网站选用了与之一样的红颜色作为网站主色调，而作为挑战者的百事可乐网站则选用了与之相反的蓝色作为主色调。

（4）市场利基者

市场利基者是指那些专门为规模较小的或大公司不感兴趣的细分市场提供产品或服务的公司。一般而言，市场利基者通常采取拾遗补阙、见缝插针的专业化营销战略。

6.2.4　定任务与定目标

1．定任务：规划网络营销任务

企业的生存是为了完成一定的任务，网络营销活动的开展应该有助于企业总任务的实现，企业开展网络营销、制定战略规划的首要问题就是在网络营销机会分析的基础上，界定企业网络营销活动的任务。

界定网络营销任务时，企业先要根据本企业的特点、所处行业的性质，清晰地界定网络营销的任务。企业在规定或调整其网络营销任务时，可向股东、顾客、经销商、企业员工等有关利益方广泛征求意见，并且需考虑企业的历史、所有者或管理者目前的偏好与意图、企业生产经营环境的发展变化、企业可控资源的情况、企业的核心竞争力等因素。

实例 企业网络营销的任务可能是增加顾客，展示企业历史，促进公共关系，塑造企业形象等方面中的一项或几项。例如，海尔集团网络营销任务的定义为：通过建立网站，一方面宣传海尔的企业形象；另一方面利用现代化的信息网络，加大自己产品的市场推销力度。又如，八佰拜（www.800buy.com.cn）以缔造全球最大的中文时尚礼品网站为任务，并体现了提供最好的礼品服务、传递最美的人间真情、引领最新的时尚潮流、缔造最大的购物家园的经营理念。再如，腾讯公司以用互联网的先进技术提升人类的生活品质为使命，以成为最受尊敬的互联网企业为远景目标，以面向未来、坚持自主创新、树立民族品牌为长远发展规划，以“为用户提供一站式在线生活服务”为战略目标。

2. 定目标：设定网络营销目标

企业的网络营销任务确定以后，还要将这些任务具体化为网络营销各部门、网络营销各环节的目标，最终形成一套完整的目标体系，使网络营销各环节都有自己明确的目标，并担负起实现这些目标的责任。目标是企业预期要达到的结果，同时也是评价其业绩优劣的标准。企业常用的营销战略目标有以下几项。

（1）投资收益率

投资收益率是指一定时期内企业所实现的利润总额与企业所有者投入企业的资本总额之间的比率，这是衡量、比较企业利润水平、获利能力大小的一项主要指标。对于上市公司，人们评价其业绩常用每股盈利额或每股亏损额的指标。

（2）市场占有率

市场占有率是反映企业竞争能力的一个指标，可以分为绝对市场占有率和相对市场占有率两种。

绝对市场占有率是指在一定的时空条件下，本企业产品销售量（或销售额）在同一市场上的同类产品销售总量（总额）中所占的比例。

相对市场占有率是指本企业某产品的销售总额与竞争对手的同种产品销售总额之比。

（3）销售增长率

销售增长率或称市场增长率是指产品销售增加额与基期产品销售额的比率。它是反映企业产品在市场上成长性大小的一个指标。

（4）产品创新、塑造企业及其产品的良好形象

这一指标越来越显示出其在企业战略目标体系中的重要性与深远性，它们反映的是企业创新能力和在网络市场上知名度、美誉度的大小。实现这类目标对于提高企业竞争力、扩展市场、延长产品市场寿命、扩大销售等将会发挥长远的作用。

除以上几项目标外，网络营销企业还可根据需要选择利润额、销售额、销售费用、产品服务质量、市场占有率的提高水平等作为其目标。当前，在电子商务、网络营销的初级阶段，企业常用的目标有：注册用户数、在线销售额、平均日交易笔数、日访问人数、有效购买率（访问人次中发生购买的人次）、广告收入、每股收益、网民知晓率等。

6.2.5 定旗帜与定口号

1. 定旗帜：选择文化营销战略

“文化搭台，营销唱戏”，定旗帜就是企业网络营销所选定的能够发挥“号令天下”作用的、起到“一呼百应”效果的、能够产生有效“积聚人气”效益的文化营销战略。

当企业的网络营销模式拥有广泛的消费群体，特别是形成了一种文化的力量后，其潜在的营销功能是不可低估的，目前，网络社区正呈现出这种强大的力量。各种各样的网络社区数量之多，种类之丰富，可以说，还没有人能统计过来。不仅各大门户网站无一例外地把网络社区作为积聚人气和增加用户黏度的最有力的手段，而且一些专业细分的网络社区更是方兴未艾，受到社会各阶层消费者近似狂热的追捧。一些细分和富有特色的网络社区，不仅形成了稳定忠实和数量庞大的用户群体，而且还形成了一种独特的网络社区文化，成为凝聚消费一族的精神力量，从而显示出强大的发展潜力。有了文化这一强大的精神力量，网络社区在网络营销中的影响力将日益凸显。企业可以根据自己的目标市场营销战略，选择各类亚文化群体作为自己的目标诉求对象，实施行之有效的文化营销战略。

实例 许多企业竖起体育旗帜，即使企业的经营内容与体育毫不相干，但通过网站精心的规划，这样的旗帜也起到了极大的号召作用。树立体育旗帜，耐克在这方面是老手，浏览耐克公司的网站，就可以感觉到其以体育为主旗帜的文化营销战略。耐克成功推动鞋文化就是充分利用了网络力量。新浪上有一个“我为鞋狂”的论坛，网友在上面可以讲述鞋子的故事；还有一个论坛是“耐克星踪”，网友可以在那里交流有关耐克的信息。而只有单一产品的可口可乐公司，在网络营销中虽然无法使用以产品为主导的旗帜，却竖起了美国式快餐文化的旗帜。麦当劳则是以“我就喜欢”为口号，以无拘无束的新生代文化为旗帜。我家我秀（www.5j5x.com）则是定位于与亲友分享家庭生活的网络社区，并推出家族树功能，把传统的家谱搬到网上。

2. 定口号：提升网络营销理念

定口号是企业高举网络营销文化大旗，对自己的网络营销理念加以提炼总结后提出的，能与目标顾客达成共识、产生共鸣、导致共振的标语性口号。表6-1是部分企业的网络营销口号。一般来说，网络营销口号应该具备以下几个条件。

- 它是企业网络营销战略与目标顾客之间共同利益基础的概括性描述；
- 它的任务是把企业带有理论性、战略性、指导性的网络营销经营理念概括成带有感情色彩的、富有人情味的、体现人性化的、具有冲击力和震撼力的语句；
- 它是企业网站理念识别的重要组成部分，因此，它应该体现出企业网络营销经营理念的特色与个性，而且容易被公众所识别；
- 它是企业网络营销战略的重要组成部分，也是网络营销战略规划的指导思想，因此，网络营销口号应该能够科学地向目标顾客传递企业的网络营销战略信息；
- 它也是号令与统帅企业全体网络营销人员共同奋斗与努力的精神纲领；
- 它一般短小精练，用词练达，适合作为站铭出现在企业网站的站徽下面或主页顶部或网页其他较为醒目的地方。

表 6-1 部分企业的网络营销口号

企业营销网站名称	网络营销口号	企业营销网站名称	网络营销口号
凡客诚品	互联网快时尚品牌	强生公司	因爱而生
海信集团	创新就是生活	海尔商城	我的生活我创造，一站式购物平台
TCL	创意感动生活	阿里巴巴	商人的网站，小企业做生意的地方
亨氏（中国）	在您身边的婴儿营养专家	800buy	礼尚网来，八佰拜
麦考林	时尚购物第 E 站	当当网	网上购物享当当
京东商城	网购上京东，省钱又放心	麦当劳	我就喜欢（i'm lovin'it）
麦包包	买包包？麦包包！	1 号店	只为更好的生活
易趣	全球集市	赶集网	赶集网，啥都有

6.2.6 定方针与定形象

1. 定方针：确定网络营销模式

网络营销模式就是企业希望通过什么样的网络营销运作机制实现什么样的网络营销目标。不同的企业应该根据自身情况规划确定不同的网络营销模式。

企业发展电子商务，开展网络营销，既不应该消极被动，也不应该盲目跟风，重点应该放在电子商务技术、网络营销技术与企业主营业务的结合上，既要体现行业特点，又要发挥现代网络技术优势。显而易见，传统企业与互联网企业、网络公司的网络营销模式会有很大的区别，而且传统企业中的餐饮服务业和重型机械工业网络营销的重点也会有很大不同，图书影像制品经销企业和蔬菜水果经销企业的网络营销策略也会有极大差异。传统企业开展网络营销的重点应该是：营销活动向互联网的迁移、开拓和创新，同时，企业原有的后勤保障业务流程也要进行必要的网络化调整。不同类型的企业面对不同类型的细分市场所选择的网络营销模式主要有以下几种类型。各企业可根据自身特点和目标顾客的需求，选择或创造一种有助于实现企业网络营销目标的经营模式。

（1）产品宣传型网络营销

产品宣传型网络营销的运行机制与最终目的如图 6-4 所示。这种网络营销模式的战略重点是通过网上产品的全方位介绍，实现产品推广与促销的目的，而企业的营销网站一般不具备网上订货与销售的功能。网络营销初级阶段，大量传统企业实施的就是这种以网上产品介绍为导向的网络营销战略。例如，张裕集团有限公司（www.zhangyu.cn）、爱普生中国有限公司（www.epson.com.cn）网站的主要功能在于发布企业及其产品的信息，介绍企业产品的营销网络，并不具有网上销售的功能。

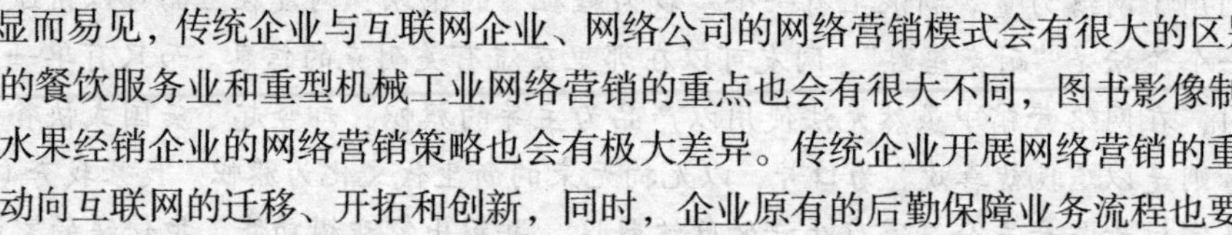

图 6-4 产品宣传型网络营销的运行机制与最终目的

（2）供求信息发布型网络营销

供求信息发布型网络营销的运行机制与最终目的如图 6-5 所示。这种网络营销经营模式的战略重点是通过网上供给或需求信息的发布，实现产销联系，以扩展网下业务。而企业的营销网站一般也不具备网上订货与销售的功能。企业 B2B 业务网络营销一般实施的就是这种以网上供求信息发布与联系为导向的网络营销战略。

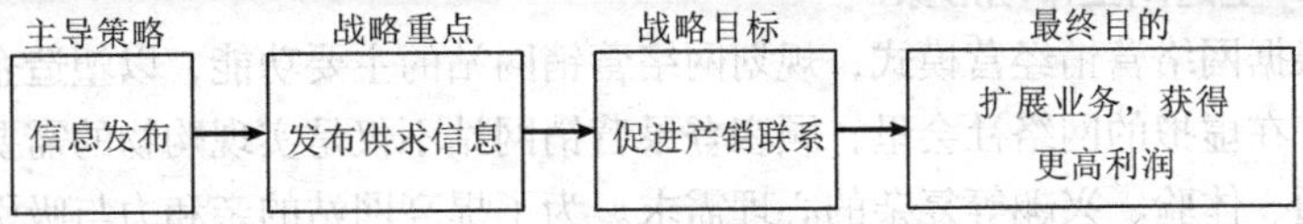

图 6-5 供求信息发布型网络营销的运行机制与最终目的

（3）公共关系型网络营销

公共关系型网络营销的运行机制与最终目的如图 6-6 所示。这种网络营销经营模式的战略重点是通过网络营销提高企业及其产品的知名度与美誉度，增强整个企业的品牌形象，帮助企业在网上虚拟市场中通过建立新的品牌形象来拓展新的市场，以提高顾客对企业及其产品的忠诚度，从而获取更多的利润。例如，可口可乐、百事可乐、耐克、麦当劳、肯德基等公司的网络营销经营模式实施的就是以公共关系为导向的网络营销战略。

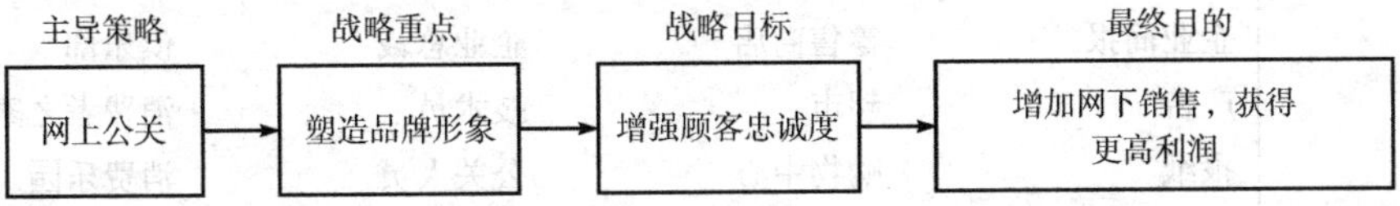

图 6-6 公共关系型网络营销的运行机制与最终目的

（4）市场培育型网络营销

市场培育型网络营销的运行机制与最终目的如图 6-7 所示。这种网络营销经营模式的战略重点是通过网上消费者教育、提供技术支持与咨询及其他售前服务、售后服务，培养潜在顾客，激发现实需求。例如，全国最大的婴幼儿辅助食品生产企业亨氏联合有限公司网站（www.heinz.com.cn）并不通过网站直接销售产品，却提供了育儿宝典、婴儿营养与美食、产品冲调小窍门、妈妈 DIY、妈妈心得等栏目，以服务新老顾客。一些 IT 产品的生产企业，如中国惠普公司网站，也不具备在线销售功能，但提供产品与专业服务、支持及驱动程序、解决方案、网下购买指导等服务。

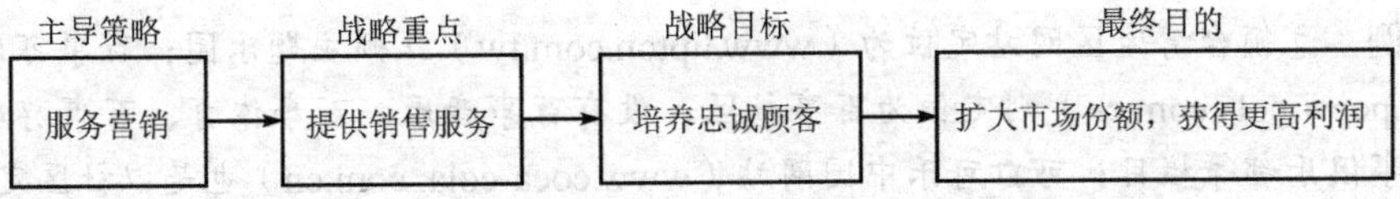

图 6-7 市场培育型网络营销的运行机制与最终目的

（5）直复营销型网络营销

直复营销型网络营销的运行机制与最终目的如图 6-8 所示。这种网络营销经营模式的战略重点是把网络作为企业与顾客沟通、商品交换的主渠道。运用网络开展直复营销，可以简化销售渠道，降低销售成本，减少管理费用，同时还可以将降低的费用以折扣的形式让利给顾客，实现企业与顾客的互利，从而吸引更多的顾客。大多数网上商城，一部分具备网上销售功能的传统企业实施的就是以网上直销为导向的网络营销战略。

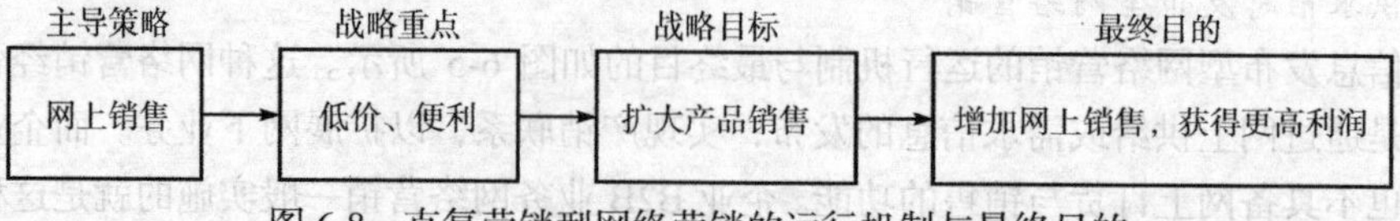

图 6-8　直复营销型网络营销的运行机制与最终目的

2．定形象：塑造网上市场形象

定形象是根据网络营销经营模式，规划网络营销网站的主要功能，以塑造企业营销网站的网上市场形象。在虚拟的网络社会里，顾客登录营销网站不仅是实现购物的需要，而且还要满足其交流、沟通、体验、兴趣等复杂的心理需求。为了提高网站的亲和力与吸引力，在网站建设与规划中，则需要预先设定网站的虚拟身份，这便是营销网站的形象塑造战略。一般来说，企业营销网站形象塑造的定位策略如表 6-2 所示。

表 6-2　网站功能定位策略

角色 序号	媒　体	购物场所	人	社　区
1	产品说明书	商品库	推销员	企业家
2	产品快讯	专卖店	营销经理	
3	企业简报	零售商店	企业总裁	俱乐部
4	广告	超市	技术员	消费者之家
5	报纸	购物中心	公关人员	消费乐园
6	杂志	业务室	经验顾客	休闲乐园
7	黑板报	展销会	朋友	销售服务部
8	橱窗	订货会	网友	公共关系部
9	历史档案馆	无人售货机	招聘人员	客服中心

网站具体应该实施哪种形象塑造战略则需要考虑企业情况、产品特点、企业的网络营销经营模式、网站建设目的等许多因素。企业可以选择其中一种战略，或者综合几种战略，总而言之，要以增强企业网络营销的效果为原则。但是，网络营销网站的建设要注意弱化商业气氛，体现以人为本的原则，营造人性化氛围。

实例　立顿台湾地区网站定位为（www.lipton.com.tw）立顿主题乐园；百事可乐中国网站（www.pepsi-cola.com.cn）则定位为百事社区，设有百事音乐、百事体育、百事游戏、百事下载、百事俱乐部等栏目；可口可乐中国网站（www.coca-cola. com.cn）也是以社区定位为主，设有游戏地带、奥运天地、开心赢、可口可乐 IN 志等栏目，同时也可以对可口可乐企业情况、产品生产过程轻松愉悦地进行演示；而麦当劳网站（www.mcdonalds.com.cn）则定位为儿童园地。其实可口可乐公司早期的网站设计缺乏吸引力，形象显得很干瘪，后来经过一系列的完善，推出了中国首个运用 3D 形象的在线社区——冰爽无比 iCOKE 炫酷空间。在炫酷空间里有大量的游戏内容，游戏玩家可以尽情享乐，更可以享受到可口可乐与一些著名网络游戏企业联合促销的游戏道具或其他奖励，这才使可口可乐的网络品牌形象迅速魅力四射起来。

6.2.7　定主题与定风格

1．定主题：规划网络营销主题

简而言之，网络营销主题就是网络营销话题，俗称网络营销“由头”。具体而言，网络营销主题就是企业根据网络营销的战略任务与目标，考虑网络营销经营模式与形象定位，在网上文化营销整体战略规划下，在一段时期内主推的一种阶段性的网络营销活动项目。规划与实践网络营销主题的目的是适时调动网站人气，明显促进营销效果。

规划网络营销主题，需要注意的问题包括：要选择能吸引访问者关注的题目；主题要服务于网络营销战略目标的实现；主题要与网站形象定位、诉求风格等相一致；主题要服从网上文化营销战略的总体规划；主题要设计出浅显易懂、简明精练、高屋建瓴的主题词；主题要选择能激发购买欲望或优化企业形象的主题词；主题要与站铭诉求的营销理念相呼应；主题要有具体可行的实施方案作保障。

实例　2004 年可口可乐网络营销选择的是奥运会主题内容，2005 年年初则选择以“金鸡舞新春，可口更可乐”为主题的可口可乐新年壁纸屏保下载、可口可乐金鸡罐数竞猜活动；2008 年 8 月北京第 29 届奥林匹克运动会期间，在可口可乐炫酷空间（www.icoke.cn）开设奥运专区开展可口可乐奥运畅爽地带、火炬在线传递、奥运纪念章交换等活动；2011 年则策划展开了一系列以“爽动大运（大学生运动会）”为主题的活动。2016 年，第 31 届夏季奥林匹克运动会，于 2016 年 8 月 5—21 日在巴西的里约热内卢举行，可口可乐在其网站围绕这一活动大作文章。

2．定风格：形成营销诉求风格

一般来说，网络营销的诉求风格有理性诉求和感性诉求及综合三种。理性诉求风格坚持以理服人的指导思想，向顾客传递与沟通的是一种由不容置疑的证据支持的主张，所用语言多为专业技术语言、商业语言、事实语言、数据语言及广告语言，一般以事实为基础，以介绍性文字为主。所用图片、动画、颜色、情景等其他诉求方法一般都比较严谨规范、严肃客观。而感性诉求风格则坚持以情动人、以景感人、以图诱人的指导思想，向顾客传递与沟通的是一种“感觉”良好的体验与感受，体现的是一种人性化的沟通与温情的关怀。所用图像动画、框架色彩、情景情节，有的充满亲情关爱，有的诙谐幽默，有的艺术性夸张或缩小，有的则喻情拟人或晓理比物。

与营销网站的形象塑造战略相配合，从总体上对网站语言进行组织、修饰与包装是企业网站设计中的重点与难点。网络营销处在一个处处体现“以人为本”的年代，因此，对于网络营销来说，获取“民心”远比获得“订单”重要得多。一些成功的网络营销网站一般都有“情”、“理”两条主题主线，即情理兼备的战略。“理”的主题主线与企业传统的销售规律基本一致，较易掌握。

一些企业设计以“情”为主题主线的网络营销活动。网站每帧都能沿着“情”、“理”两条主题主线交替展开。这样的站点就如一个人的智商情商双高一样，可敬可亲。相反，许多国内外企业网站因重理轻情，所以主题单一（导致结构也单一），故几个层面加上十多帧网页后就无法再深入展开，网站也很难产生感召力和亲和力。而网站一旦有了“情”、“理”两条主题主线，就可以消除企业与顾客在时空上的距离，培养客户忠诚度，增加客户价值，企业通过拓展、建立、保持并强化客户关系从而使自身营销效益实现最大化。

6.2.8 定实力与定方案

1. 定实力：预算网络营销能力

定实力就是企业根据网络营销中的定位置与定形势、定旗帜与定形象等规划企业的人力、物力、财力和管理控制能力，以及预测网络营销发展过程中它们的变化趋势，即确定管理规划和预算安排。各个企业在网络营销能力方面的差别是极大的。小企业在网络营销刚起步时，可以委托互联网业务提供者或开发商建立网站，一年付费几千元就可开张了，而通过复杂的网络营销战略规划不定期分析确定企业的网络营销实力是十分复杂的。

实例 美国联合包裹服务公司网站系统除了主机、中型机以外，个人计算机就有10万~20万台，与2 000多个局域网相连；有3 000条光纤与卫星信道同几十个国家的远程网相连；可同时支持50万个用户的并发作业；每天电子跟踪监控1 000万件包裹的运输进程……联邦快递公司网站单单网页就有几千多页。通用汽车站点更是个极其庞大的系统，设想一下，该站点如果每20分钟维护一次，那么将需要有多少专业人员的运作！

2. 定方案：制订网络营销计划

制订网络营销计划，是根据网络营销战略规划的内容，制订出具体的、可操作的执行方案。网络营销计划一般通过编写网络营销计划书反映出来。网络营销战略计划应全面考虑网络营销战略规划实施的全过程，然后编撰出完整的计划书。网络营销过程主要包括10个基本步骤：分析企业网络营销环境，广泛听取各部门的意见，确定网络营销目标，明确网络营销任务，确定网络营销预算，分配网络营销任务，规划营销活动的内容，创建网络营销网站，调整与更新网络营销网站内容，网络营销效果的测试、分析与评价。

【复习思考】

1. 试解释网络营销战略规划的含义、作用与基本内容。你是怎样认为的？
2. 企业网络营销战略规划应该树立哪些指导思想？为什么？
3. 试叙述网络营销战略规划的过程。
4. 企业网络营销定旗帜与定口号有何重要意义？
5. 如何确定企业网络营销主题与风格？

【技能训练】

卓越号称中国最大的图书音像商城，当当称自己为全球最大的中文网上商城，阿里巴巴号称全球最大的网上贸易市场，中商网则称自己打造中国第一购物门户……这反映了这些公司都以争做（　　）为目标。

A. 市场领导者　　B. 挑战者　　C. 跟随者　　D. 利基者

【实习实践】

1. 登录肯德基（www.kfc.com.cn）、麦当劳（www.mcdonalds.com.cn）、可口可乐（www.coca-cola.com.cn）、亨氏（www.heinz.com.cn 与 www.heinzbaby.com.cn）、海尔（www.haier.com）、立顿台湾地区网站（www.lipton.com.tw）、百事可乐中国网站（www.pepsi-cola.com.cn），从网络营销战略规划“12 定”方面对它们进行分析。每一小组同学负责分析一个网站，写出分析报告，在课内教师主持下集中分析与交流。

2. 请运用所学知识为某企业策划网络营销战略规划，有自主创业梦想的同学，尝试规划自己的创业计划，特别应注重网络营销战略的作用。

第7章 网络目标市场营销规划

对应工作（岗位）

网络营销经理

网络营销经理工作描述

- ☑ 在把握企业外部环境与内部条件的基础上，正确规划并组织实施企业网络营销市场战略
- ☑ 正确规划适合本企业的市场细分战略
- ☑ 正确规划适合本企业的目标市场选择战略
- ☑ 正确规划并组织实施网络市场定位战略
- ☑ 负责对企业市场销售团队的管理、考核，以及带领团队完成企业制定的销售目标

网络营销经理工作要求

- ☑ 大专以上，具有2年以上网络营销相关业务经验，以及部门主管的工作经验
- ☑ 有强烈的责任心和事业心，具有较强的心理素质，有优秀的协调合作能力
- ☑ 具有强烈的网络目标市场营销意识
- ☑ 具备网络营销专业领域市场分析能力、信息处理能力、文字表达能力，精通市场战略的规划实施，擅长于市场方向、方针的制定并指导实施
- ☑ 熟悉掌握网络传播手段及相关资源，具备一定的网页设计能力、网站推广能力、搜索引擎营销能力、网络贸易能力、组织协调能力
- ☑ 拥有丰富的网络媒体资源，能够处理网络营销过程中出现的各种突发问题

7.1 网络市场细分

网络目标市场营销是指在网络营销活动中，企业通过市场细分选择一个或几个细分市场作为自己的目标市场，专门研究其需求特点并针对其特点设计适当的产品，确定适当的价格，选用适当的分销渠道和促销手段，开展网络营销活动。

实施网络目标市场营销，包括四项工作：一是在市场调研和预测的基础上，按一定标准进行网络市场细分；二是选择对本企业最有吸引力的细分市场作为自己的网络营销目标市场；三是确定自己的产品在市场上的竞争地位，在目标顾客心目中树立起独特的产品形象，即做好网络市场定位工作；四是根据目标市场特点、市场定位要求，制定有效的网络营销组合策略。

7.1.1 网络市场细分概述

1．网络市场细分的概念

网络市场细分就是对网上消费者分类的过程，是根据某一标志将网上现实或潜在消费者群分成在需求和欲望方面有明显差异的子市场的过程。具体来说，网络市场细分就是企业在调查研究的基础上，根据网上消费者在需求、购买动机及其购买行为方面的差异，把网络市场即全部潜在消费者与现实消费者，划分为若干具有某种相似特征的消费者群，以便确定自己的目标市场。人们一般又把市场细分以后的每类顾客群称为“子市场”或“细分市场”。

2．网络市场细分的作用

（1）有利于企业准确认识网络目标市场，制定切实可行的网络营销组合策略

网络营销是一种个性化的营销活动。通过网络市场细分可以充分把握各类网上消费者的不同需要，并根据各子市场的潜在购买数量、该领域的竞争状况及本企业实力的综合分析，科学选择自己的目标市场，并投其所好地开展行之有效的网络营销活动。

实例　单身戒（www.singelringen.cn）以单身人群为目标顾客。Singelringen 源自瑞典，在瑞典语里的含义是“自信的单身族”（proud singles）。每枚单身戒指都在内圈刻有“Designed in Sweden”（瑞典设计）的字样和一个唯一的注册号码。这个注册号码允许拥有者加入覆盖全球的网上单身戒社区，只要登录 Singelringen 官方网站激活你的戒指就可以立即开始与其他 singelringer 的交流。每只单身戒都拥有独一无二的编号，购买者可以由此知道自己是全球第几号 singelringer，并与全世界的单身者展开有趣的邂逅。

（2）有利于企业发现网络营销机会，形成新的经济增长业务

在竞争激烈的微利时代，企业可以通过网络市场细分，发现新的经济增长业务，选择新的目标市场，增加盈利机会，缩小企业的战略目标差距。在营销活动中，可以说那些没有满足的需求便是企业的营销机会。通过网络市场细分，企业可以了解各子市场的需求满足状况，从而及时发现那些没有满足的需求或那些没有充分满足的需求，进一步根据自己的资金、技术状况决定是否将其选择为自己的目标市场。

（3）有利于企业发挥资源优势，形成核心竞争力

企业通过网络市场细分，充分发掘市场营销机会，并根据主客观条件选定目标市场。这样可以使企业将资源集中用于最有利的子市场，从而取得最好的营销效果。企业通过市场细分选

择一个或几个子市场作为目标市场，就有可能更加深入细致地研究需求的特点，集中人力、物力、财力，有针对性地生产经营适销对路的产品，更好地满足目标市场的需要，从而实现市场需求与企业优势的最佳组合，在市场竞争的某一领域获取强有力的核心竞争力。

3．网络市场细分有效性的标准

网络市场细分必须遵循一定的原则，或者必须满足一定的条件，只有这样市场细分才可能是有效的。具体来说，这些条件可以概括为以下几个方面。

（1）可衡量性

可衡量性是指在选择细分市场的标准时，一定要选择那些容易识别和衡量，而且资料容易获得的因素作为细分标准进行市场细分。因为这样细分出来的各子市场不但界限清楚，而且能大致判定该市场规模的大小，而且还有可能取得表明这些购买特性的资料。例如，以地理、消费者的年龄和经济状况等因素进行市场细分时，这些消费者的特征就很容易衡量，这些资料的获得也比较容易；而以消费者心理因素和行为因素进行市场细分时，其特征就很难衡量了。

（2）殷实性

殷实性是衡量市场细分是否有效的另一个标准，是看市场细分以后的各子市场是否有足够的需求规模，也就是说，细分出来的各子市场必须大到足以使企业实现它的利润目标。在进行市场细分时，企业必须考虑细分市场上消费者的数量、消费者的购买能力和购买数量。一个细分市场应是适合设计一套独立营销计划的最小单位。因此，市场细分并不是分得越细越好，而是应该科学归类，保持足够的容量，使企业有利可图。

（3）可进入性

可进入性是指企业具有进入这些细分市场的资源条件和竞争实力，企业对所选中的网络目标市场，能有效地集中营销能力，进入目标市场，开展营销活动，提供有效服务。例如，细分的结果发现已有很多竞争者，自己无力与之抗衡，无机可乘；或者虽然有大量的营销机会，企业却因自身实力无能为力；或者受法律限制根本无法进入等，就说明这种细分是没有意义的。

（4）可到达性

可到达性是指在网络营销活动中，企业能够通过一定的媒体把产品信息传递给潜在消费者，而且产品能够通过一定的营销渠道顺利地到达细分市场。否则，市场细分就是没有意义的。通俗地说，企业的网络营销活动必须认真分析有多少人是网民，网民中有多少人是潜在消费者，这些潜在消费者又有多少人能受到企业网络营销活动的影响。同时，还要现实地考虑企业是否已经建立起顺利到达消费者手里的顺畅通道。

（5）反应行为的差异性

反应行为的差异性是指细分出来的各子市场，对于企业针对不同细分市场采用的相同营销组合应具有不同的反应程度。如果网络市场细分后，几个细分市场对相同的营销组合策略做出相似的反应，那么就不需要为每个子市场制订一个单独的营销组合策略方案了，则细分市场也就失去了意义。例如，如果所有的细分市场按同一方式对价格变动做出反应，也就无须为每个市场规定不同的价格策略，这样的市场细分显然是不成功的。

（6）稳定性

稳定性是指网络细分市场必须在一定时期内保持相对稳定，以便企业制定长期的营销策略；有效地开拓并占领该目标市场，获取预期收益。若细分市场变化过快，则企业的经营风险也随之增加，在企业还没有来得及实施其营销方案时，目标市场已经面目全非，这样的市场细分也是没有意义的。

7.1.2　B2C 市场细分的依据

在 B2C 市场上，市场是由以满足生活性消费为目的的消费者组成的，消费者的需求和购买行为具有许多不同的特性，网络市场之所以能够进行细分，就是由于消费者市场需求具有较大的差异性。因此，这些形成需求差异的因素，就可以作为市场细分的依据。一般来说，可以用作 B2C 市场细分的依据有地理因素、人口因素、心理因素和行为因素四类。常用 B2C 网络市场细分依据如表 7-1 所示。

表 7-1　常用 B2C 网络市场细分依据

分类	因　素	例　案
地理因素	国家	国内市场、国际市场；按国家或区域分设站点，如海尔的美国、欧洲和中东站点
	城乡	城市、农村
	地区	卓越网在北京分五环内与五环外，在上海分中心区与郊区
	城市	分各大城市站点，如卓越网站分上海、广州、北京等分站，45 个城市送货
人口因素	年龄	胎儿、婴儿、幼儿、儿童、少年、青年、中年、老年等，如电子商务网站提供成人用品类产品，卓越、当当母婴频道，华婴网专营婴幼儿产品等
	性别	分男性与女性商品类别，如 QQ 女性、搜狐女性、新浪女性、TOM 女性等
	语言	分中文简体和繁体、日语、英语、韩语、法语等
	收入	无收入、低收入、中等收入、高收入等
	婚姻状况	新浪上海的单身贵族频道（http：//local.sh.sina.com.cn）
	职业	职业经理人、学生、明星、名人等
	文化程度	研究生、本科、高职高专、中职等，如电子工业出版社网站
	宗教信仰	泰博源购物网（http：//www.tby.com.cn）提供的宗教类图书
行为因素	上网地点	家里、单位、学校、网吧、网校、网络咖啡厅、公共图书馆、移动上网、其他
	上网时间段	1 点至 7 点，8 点至 10 点，11 点至 15 点，16 点至 18 点，19 点至 21 点，22 点至 24 点
	上网目的	获取信息、休闲娱乐、学习、交友、获得免费资源、对外通信、学术研究、炒股、情感需要、追崇时尚、网上购物、商务活动、其他
	网上购物的目的	节省时间、节约费用、追求便利、寻找稀有商品、出于好奇、有趣、其他
	支付方式	货到付款、网上支付（信用卡或储蓄卡）、邮局汇款、银行汇款、其他
	购买频次	团购、零购
	使用情况	普通会员、VIP 会员、非会员
	上网方式	无线门户网站为无线移动细分市场提供专门服务
心理因素	活动	随着火星临近地球，美国更掀起了一股不小的“火星热”，亚马逊购物网站上有 3 400 多种商品与火星有关

续表

分类	因　素	例　　案
心理因素	兴趣	发烧友、天文爱好者、电脑爱好者、电影爱好者等，如动漫游戏商城运用电子商务网站为动漫游戏爱好者提供网络购买平台
	意见	网上论坛用户群，如中国石油商务论坛（www.oilchina.com/BBS/channel.jsp）；波导的各类网上论坛（http://www.chinabird.com/birdBBS/dwBBS）
	个性	如个性烫画服饰网站（http://www.chinatshirt.com）提供个性T恤衫

1. 地理因素

依照地理因素细分市场的过程习惯上称为地理细分。地理细分就是按照消费者所处的地理位置及其他地理因素（包括城市、农村、地形气候、交通运输条件等）为依据，把总体消费者群进行分类的过程。

地理细分的主要依据是处在不同地理位置的消费者，对企业及其产品具有不同的需要和偏好，他们对企业的营销战略、营销策略也会有不同的反应。

互联网是一个全球性的网络，它打破了常规地理区域的限制，因此，在网络营销活动中，对于区域性特别明显的产品或服务，就可以采取地理细分的方法。反之，对于那些区域性不明显的产品则没有太多的必要进行网络市场地理细分。当然，网络不能跨越文化的差异。如果地理亚文化特别明显，那么在网络市场细分中可以依照对应的地理细分来代替文化细分。

2. 人口因素

依照人口因素细分市场的过程习惯上称为人口细分。所谓人口细分，是指企业按照人口统计因素（包括年龄、性别、语言、收入、职业、受教育程度、家庭规模、家庭生命周期的阶段、所信仰宗教、国籍、种族等）对网络市场进行分类的过程。

互联网打破了时间与空间的限制，相对于其他因素而言，人口因素较易衡量，而且一些非人口统计因素也可以由人口特征来表达。因此，在网络营销活动中，人口因素是网络市场细分最常用的指标。

一般来说，在国际网络营销中，运用较多的市场细分因素是语言，这就把使用不同语言沟通交流的网上消费者区分开来，分别设计发布不同语言的网站信息，以开展有针对性的网络营销活动。

性别因素也是网络市场细分常用的因素之一。例如，有专门的男性或女性用品网站，有些网站分别有男性和女性用品类别。瑞丽女性网（www.rayli.com.cn）就是一家中国最大的女性垂直门户网站。

实例　在美国，一些企业瞄准了残疾人市场，全美有100多个网站是专门开发残疾人用品和服务市场的网站。与之相配套，一些大企业推出了适应残疾人需要的产品和服务。例如，计算机屏幕用大字显示，计算机能高声诵读文字，设置特殊的键盘等。在我国深圳，残疾人用品用具服务站也引入了各种先进的网络设备，如盲文与可视文字互相转换、网页之声等软硬件，通过这些设施，盲人可以听到计算机里的文字，摸到网上下载的文件，也可以通过网络与外界交流。我国有各类残疾人6 000多万人，一方面应该通过网络实现残疾人群体的“信息无障碍”，另一方面这里也蕴藏着极大商机的细分市场。

网上消费者的需求和购买特点随年龄的增长而发生变化，因而常常把他们划分为一些年龄组：18 岁以下，18~24 岁，25~30 岁，31~35 岁，36~40 岁，41~50 岁，51~60 岁，60 岁以上等。

3．心理因素

依照消费者心理因素细分市场的过程习惯上称为心理细分。所谓心理细分，就是按照消费者的生活方式、个性等心理变量对网络市场进行分类的过程。

（1）按生活方式细分

来自相同的亚文化群、社会阶层、职业的人们可能有不同的生活方式。生活方式是影响消费者需要和欲望的一个重要因素。在网络营销活动中，由于企业无法直接面对消费者，也很难预先估测消费者将出现在全球的哪个角落，因此，生活方式就成为网络营销上常用的市场细分变量。这是因为，网络营销可以通过某种生活方式描绘出消费者的行为模式，从而进一步了解消费者需要什么，企业该为他们提供什么。

进行生活方式细分，企业可以用下面 3 个尺度来测量消费者的生活方式：活动（Activities），如消费者的工作、业余消遣、休假、购物、体育、待客等活动的模式；兴趣（Interests），如消费者对家庭、服装的式样、食品、娱乐的兴趣等；意见（Opinions），如消费者对社会、政治、经济、文化教育、环境保护等问题的态度。这种方法叫作 AIO 尺度测量生活方式法。

在网络营销活动中，企业可以通过调查活动，收集消费者 AIO 三方面的翔实资料，然后对信息进行整理分析，从而发现有代表性的各种生活方式，并归纳出人口统计变量与各种生活方式之间的关系，以帮助企业制定有针对性的营销战略与策略。

通过 AIO 尺度分析消费者的生活方式非常适合网络市场细分。这是因为互联网是个非常好的信息通道，企业可以根据消费者的活动、兴趣、意见等因素来设计问卷，然后在互联网络收集信息，再将收集到的信息运用一些专用软件归纳整理，最后再配合人口统计因素来对网络市场进行生活方式分类。

以生活方式进行网络市场细分，营销人员要明确企业产品或服务最适合哪种生活方式的群体，根据该群体的特征，设法吸引目标上网用户群浏览企业的网站，然后拟定营销策略，激发消费者的购买欲望，并使其转化为现实的购买行为。

实例 中国名犬网（www.cndog.net）主要提供名犬欣赏、名犬企业、养犬技术资料、犬病预防、供求信息、宠物娱乐、宠物博客和名犬论坛八大功能，积聚了一大群爱犬人士。007 小游戏（www.yx007.com）是专业的小游戏网站，提供小游戏 21 000 多个，是目前国内外收集小游戏最多的网站。时光网（www.mtime.com）建立的专业电影资料库，涵盖了数万部电影信息，及时介绍全球最新的电影和碟讯，每日汇集几十万影人和影迷。闪吧（www.flash8.net）是一家主要面向中国大陆用户及全球 Flash 行业用户的综合性 Flash 动画门户网站。中国自驾车（www.caryouyou.com）则是汽车、旅游、户外爱好者的网上家园。饭统网（www.fantong.com）是中国第一家免费预订餐厅、提供优惠折扣的餐饮门户网站。

（2）个性

有些企业还可以按照消费者的个性特征来进行市场细分。常用个性来细分市场的产品主要是一些形象作用较强的产品，如服装、香烟、酒类、化妆品、汽车等。这些企业通过广告宣传，力图赋予其产品与消费者个性相似的“品牌个性”，树立与消费者个性一致的“品牌形象”。在网络营销活动中，消费者的个性可以由一些专用监督软件追踪而得，并存入使用者的信息档案中，企业可以将所销售的产品品牌个性和消费者的个性相呼应，从而增加消费者的忠诚度。

4．行为因素

根据消费者购买行为因素进行网络市场细分的过程称为网络市场行为细分。所谓行为细分，就是企业根据消费者购买或使用某种产品的时机、消费者所追求的利益、使用者情况、消费者对某种产品的使用率、消费者对品牌的忠诚度、消费者待购阶段及消费者对产品的态度等行为因素来细分网络市场的过程。常被用作行为细分的因素主要有以下几个方面。

（1）消费者的购买时机

企业通过购买时机细分市场可以扩大消费者使用本企业产品的范围。在经营网上商店时，尤其要注意对消费者购买时机的研究，网站上所销售的商品要做到在消费者想买的时候，就能随时上网购买，这样才能拓展产品的销售率。例如，我国消费者有在春节、元宵节、中秋节等一些传统节日前大量购物的习惯；而美国人最重视的节日则是圣诞节，在圣诞节前大量采购节日用品。因此，网络营销就要对此做好分析研究工作，适时做好广告宣传工作，及时做好促销诱导工作。

（2）消费者寻求的利益

消费者的购买动机不同，他们所追求的利益也不同，不同类型的消费者上网购物的目的也是不一样的。也就是说，不同的产品会给消费者带来不同的利益，相同的产品也会给不同的消费者带来不同的利益。例如，用户上网的目的是获得各方面信息、学习计算机等新技术、工作需要、休闲娱乐、获得免费网络资源、对外联系、节省通信费用、赶时髦等。首先，网络营销要认真分析潜在顾客群上网的主要动机是什么，从而针对其上网的行为规律与特点，展开网络促销活动。其次，网络营销还要研究潜在顾客选择上网购物的目的是什么。看他们上网购物的目的是追求便利，还是追求价格便宜，是追求一种网上购物的经历，还是追求网上购物难以替代的愉悦等。在深入分析这些因素的基础上，要向消费者提供恰如其分的服务，从而逐步建立消费者通过互联网购买本企业产品的绝对信心。最后，还要研究潜在顾客购买商品追求的核心利益是什么，要考察消费者购物归根结底是为了获得什么利益，以及哪些产品特性可以传递这些利益，从而向他们提供能传递最大效用的产品。

实例 搜折网（www.sozhe.com）是一个搜索折扣信息与优惠券的平台，搜索引擎按“搜优惠券”、“搜折扣”和“搜部落”进行分类。其中“搜优惠券”按照“大类—小类—城区—商圈”进行细分；“搜折扣”按照“商场—品牌—专柜”进行定点搜索；“搜部落”则按“搜写手—搜文章—搜帖子”进行定位搜索。我爱购物网（55BBS.COM）是中国第一女性消费门户，这里聚集着最具时尚消费热情的用户，他们在网络中分享着真实鲜活的消费体验；涉及服装配饰、化妆品、婚嫁、孕宝亲子、美食、旅游、家居、汽车、数码、运动、文化等生活领域，是热爱生活的朋友们的消费顾问和生活指南，是引领时尚消费的前沿媒体。

（3）消费者对产品或服务的使用情况

一般而言，根据消费者使用产品或服务的情况，可以把现实与潜在顾客群总体区分为非使用者、潜在使用者、曾经使用者、初次使用者和经常使用者五大类。对于市场占有率较高、规模实力比较雄厚的企业，应把潜在使用者转化为现实使用者设定为网络营销的战略目标。而对于实力较弱的企业，则应把维持经常使用者作为当前营销的主要目标。当然，企业要对潜在使用者和经常使用者酌情运用不同的市场营销组合，采取不同的市场营销措施。

（4）消费者使用产品或服务的频率

根据消费者使用某一产品或服务的频率来划分，可以将整体消费者市场划分为少量使用者、中量使用者、大量使用者。大量使用者往往在现实或潜在购买者中所占比例不大，但他们所消费的商品数量在商品消费总量中所占比例却很大。有研究表明，某种商品的大量使用者往往有某些共同的人品的、心理的特征和媒体习惯。因此，企业营销的重点应该是这“少数的多数（少数的消费者，多数的消费量）”。

（5）消费者对产品的态度

消费者对产品的态度一般可分为热爱、肯定、不感兴趣、否定和敌对五种类型。企业对不同态度的消费者要分别采取相应的营销措施，以争取更多的消费者热爱和肯定本企业的产品或服务。网络营销活动不但要强化热爱和肯定本企业产品的消费者，而且还要尽量争取那些对本企业产品表现不积极，甚至消极的消费者。

（6）消费者的忠诚度

根据消费者对企业、产品或者某一品牌的忠诚程度，可以将消费者划分为以下四类：一是坚定的忠诚者，即始终只购买某一品牌的消费者；二是动摇的忠诚者，这种消费者同时忠诚于两三个品牌；三是喜新厌旧者，是指经常由偏好某一品牌转移到另一品牌的、偏好不稳定的消费者；四是无固定偏好者，是指购买各种品牌，还没有形成固定偏好的消费者。

如何创建顾客对企业的忠诚度是网络营销最具挑战性的任务。在网络经济条件下，消费者获得信息的困难程度大大减弱，消费者可以非常容易地比较不同企业、不同网上商店或网站所提供的商品或服务，一旦有更加优惠的条件，就会轻易地转移。因此，在网络营销活动中，巩固消费者的忠诚度是比较困难的。在互联网上培养顾客的忠诚度，除了物美价廉的商品、良好的服务外，利用互联网固有的特性对消费者进行个性化、顾客化的服务，也是增加顾客忠诚度的方法。另外，建立网上虚拟社区，给上网的潜在顾客提供一个彼此交流的机会，通过参与讨论的过程增加用户对社区的认同感，进而对企业及其产品产生好感，这也是培养消费者忠诚度的方法之一。

在网络营销条件下，消费者个性化需求的日益突出导致网络市场细分更“细”，同时市场细分的难度也有所增大，传统的细分市场标准也已经不能完全奏效，具体表现在细分的标准发生变化及细分的程度不同等方面。除了上述一些传统的细分标准外，企业还可以按是否上网、上网能力、上网时间、使用的语种等新的细分标准对目标消费者进行细分。

7.1.3　B2B 市场细分的依据

对 B2B 市场进行细分，也可以运用 B2C 市场细分的一些因素，如使用者情况、使用频率、对产品的态度等。此外，B2B 市场还可以根据最终用户、用户规模、用户所属行业等因素进行市场细分。

1．最终用户

在 B2B 市场上，依据产品的最终用户细分企业用户群，在于强调某个产品在某个行业的最终用途是什么。不同的最终用户（或产品不同的最终用途）对同一种产品追求的利益不同。企业分析产品的最终用户，可以针对不同用户的不同需求制定不同的营销对策。例如，电子元件市场可细分为军用市场、民用工业市场和民用商业市场等，他们各有不同的需求重点，军事用户要求产品质量必须过硬，民用工业用户则要求服务周到，民用商业用户则在意价格低廉、有利可图。可见，这些用户所追求的利益是不同的，网络营销活动中，借助网络特性，完全可以把这些不同的最终用户进行分类管理，作为独立的营销对象看待。

2. 用户规模

用户或客户的规模也是细分 B2B 市场的重要依据。在 B2B 市场上，大量用户、中量用户、少量用户的区别，可以说要比消费者市场普遍得多。大客户数量少，但每次采购的数量金额特别大；小客户则相反，户数虽多，但采购量不是很大。用户的规模不同，企业的营销组合方案也应有所区别。在网络营销中，借助顾客数据库，就可以对企业的用户按照采购数量实行分类管理，以制定不同的营销政策。

3. 用户所属行业

产品最终用户的行业是细分产业市场最为通用的依据。在产业市场上，不同行业的用户采购同一产品的使用目的往往互不相同。例如，同是钢材，有的用作生产机器设备，有的用作建筑施工；同是载重汽车，有的用作货物运输，有的用作军用装备。不同行业的最终用户通常会在产品的规格型号、品质、功能、价格等方面提出不同的要求，追求不同的利益。实际工作中，根据“标准产业分类”（SIC）代码，可以将企业划分为不同的行业。我国在国家标准系列中，也有中国的产业分类方法。如果能将 SIC 信息与企业自己的产业细分资料结合运用，就可以做到更精确的目标指向性，从而大大提高网络营销的效果。

实例 B2B 电子商务向区域化拓展的同时，也在向着更加行业化的方向发展，越来越细分的行业网也如雨后春笋般出现。例如，中国化工网、海虹服装网、中国机械网都是比较成熟的行业垂直网站；114 萝卜网（www. 114lb. com）、中国西餐网（www. chinawestfood. com）、中国白菜网（www. china-baicai. com）、中国红薯网（www.hongshuwang.com）等则是更为细分化的行业网站；山西农产品信息网（www. sxagri. gov. cn）、山西煤焦网（www. coalcoke. net）则是区域性与行业性综合细分的产物。

7.2 网络目标市场的选择

7.2.1 网络目标市场选择概述

1. 网络目标市场的概念

所谓网络目标市场，也可称为网络目标消费者群或目标顾客群，是企业为了实现预期的战略目标而选定的营销对象，是企业试图通过满足其需求实现盈利目的的消费者群。

网络市场细分的目的是企业为了选择自己的目标市场，在网络市场细分的基础上，企业先要认真评估各个细分市场部分，然后根据自己的营销目标和资源条件选择适当的目标市场，并决定自己在网络目标市场的营销战略，从而充分发挥目标市场营销的积极作用。

2. 网络目标市场选择的程序

网络市场细分后，企业常常采用“产品—市场”矩阵分析法选择自己的目标市场，即选定最有吸引力的细分市场。矩阵的“行”代表所有可能性的产品，“列”代表细分市场（顾客或顾客群）。其步骤大致可分为以下四个步骤。

第一步，按照本企业所能提供产品的主要属性及可能使用该产品的主要购买者两个变数，在网络市场中划分出可能的全部细分市场。第二步，收集、整理和分析各细分市场的有关信息资料，包括对企业具有吸引力的各种经济效益、技术进步及社会效益等资料。第三步，分析评价各细分市场，根据各种吸引力因素的最佳组合，确定最有吸引力的细分市场。第四步，考虑企业的营销能力、资源状况及营销目标，最终选定最适当的网络目标市场。

3．评估网络细分市场

市场细分以后，企业要在各细分市场中评估选择自己的目标市场。企业在选择目标市场时，先要对各细分市场进行综合考虑与认真分析。

具体来说，一个细分市场能否作为企业的目标市场，一般应满足以下几个条件：有足够的需求规模与增长潜力，能实现一定的销售额和目标利润；有较大的长期获利率和发展前景，有利于逐步缩小战略目标的差距；企业有足够资源和能力满足该网络市场的需求；与竞争对手相比，企业有明显的现实或潜在竞争优势；选择该目标市场有利于实现企业的战略目标。总之，选择网络目标市场的基本原则是：使企业有限的资源最经济地运用于具有最大潜在利益的市场上。

7.2.2　网络目标市场营销战略

1．无差异网络目标市场营销战略

无差异网络目标市场营销战略是指企业将整个网络市场作为自己的目标市场，面对所有的细分市场只推出一种产品并只实施一套营销组合策略，通过无差异的大规模营销，以吸引更多的消费者。实施这种战略的前提是，即使消费者的需求是有差别的，他们也有足够的相似和可能作为一个同质的无差别的目标市场来对待。所以，它比较重视消费者需求的相似性，而忽略消费者需求的差异性，将目标市场所有消费者的需求都看作一样的，一般不进行网络市场细分，如图 7-1 所示。

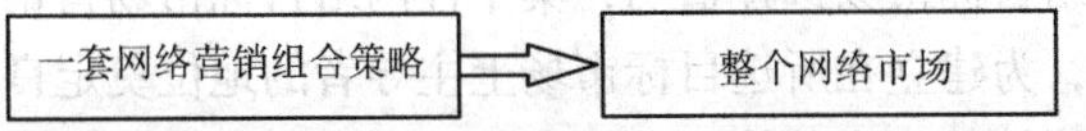

图 7-1　无差异网络目标市场营销战略

这种目标市场营销战略的优点是：由于面对整个目标市场只实施一套营销组合策略。因此所经营产品的品种少而批量大，能够节省大量的营销成本，从而大大提高利润率。这种目标市场营销战略的缺点是：忽略消费者的需求差异；容易被其他企业模仿，从而引起更激烈的竞争，使企业可获利机会减少。

在网络营销活动中，这种战略比较适用于那些市场需求差异在各方面都表现不大的产品或服务，适用于那些有广泛需求、能大量生产和大量销售的、规模经济效益明显的产品或服务。

2．差异性网络目标市场营销战略

差异性网络目标市场营销战略是指企业在网络市场细分的基础上，选择两个或两个以上的细分市场作为网络目标市场，再针对不同细分市场上的消费者需求，分别设计和实施不同的营销组合策略，以满足消费者需求。差异性网络目标市场营销战略如图 7-2 所示。

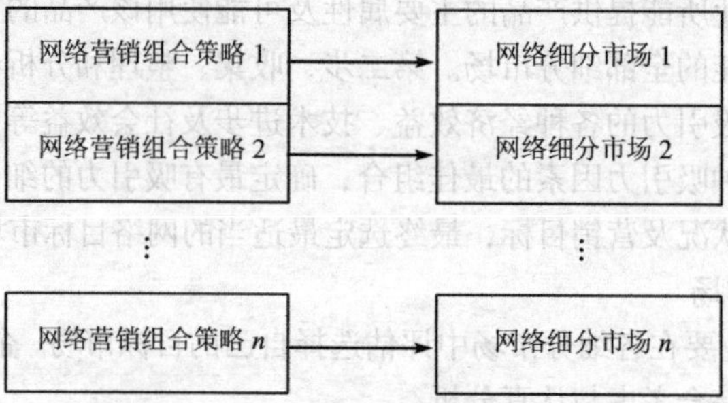

图 7-2　差异性网络目标市场营销战略

这种战略的优点是：由于考虑到消费者需求的差异性，因而有利于满足不同消费者的需求；有利于企业开拓网络市场，扩大销售，提高市场占有率和经济效益；有利于提高企业的市场应变能力。这种战略的缺点是：差异性目标市场营销在创造较高销售额的同时，也增大了营销成本，使产品价格升高，从而失去竞争优势。因此，企业在采用此策略时，要权衡利弊，即分析比较销售额增加所带来的利益与由此增加的营销成本之间的关系，进行科学的决策。

这种营销战略对于那些小批量、多品种生产性企业有较大的适用性。日用消费品中绝大部分商品均可采用这种网络目标市场营销战略。

3．集中性网络目标市场营销战略

集中性网络目标市场营销战略也称密集性目标市场营销战略，是指企业集中力量进入某一细分市场，针对该细分市场设计一套营销组合策略，实行专业化生产和经营，以获取较高市场占有率的一种营销战略。集中性网络目标市场营销战略如图 7-3 所示。采用这种战略通常是为了在一个较小或很小的细分市场中取得较高的，甚至支配地位的市场占有率，而不追求在整体市场或较大市场上占有较小的份额。这种战略的优点是：企业可深入了解特定细分市场的需求，提供有针对性的服务，有利于提高企业在所选目标市场上的地位和信誉；实行专业化经营，有利于降低成本。只要网络目标市场选择适当，集中性网络目标市场营销战略就可以为企业在某一领域形成核心竞争力，为建立在所选目标市场上主导者的地位奠定良好的基础，同时也可以帮助企业获得更多的经济效益。这种战略的缺点是：因企业将所有力量集中于某一细分市场，当目标市场消费者需求迅速发生变化或出现强大竞争对手时，因企业的应变能力与抗风险能力很差，有较大的经营风险，可能会使企业陷入困境，甚至倒闭。因此，采用这种战略时，选择网络目标市场要特别注意，谨防全军覆没。

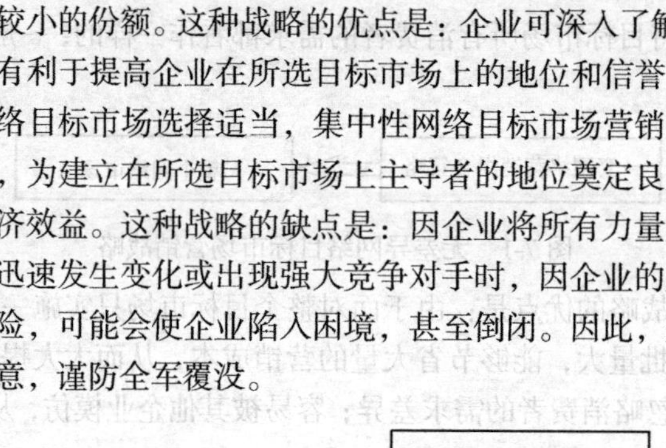

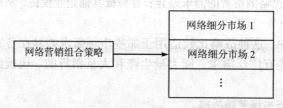

图 7-3　集中性网络目标市场营销战略

这种战略主要适用于那些资源力量有限的小企业。小企业无力顾及整体市场，无力承担细分市场实施差异性网络目标市场营销战略时增加的成本，无力在整体市场上与大企业抗衡，而在大企业没有注意到或不愿顾及、自己又力所能及的某个细分市场上全力以赴，往往更易于取得营销上的成功。

4. 个性化网络目标市场营销战略

个性化网络目标市场营销战略是指企业将每个网上消费者都看作一个单独的目标市场，根据每个个性消费者的特定需求安排一套个性化的网络营销组合策略，以吸引更多的消费者。实施这种战略的前提是：第一，每个网上消费者的需求应有较大的差异，而且他们有强烈的满足其个性化需求的要求；第二，具有同种个性化需求的消费者需具有足够大的规模；第三，企业具备开展个性化营销的条件；第四，个性化营销对交换双方而言都符合经济效益的要求。可以说，个性化网络目标市场营销是差异性网络目标市场营销的细分极限化，与无差异网络目标市场营销同属两个极端的方法。个性化网络目标市场营销战略如图 7-4 所示。

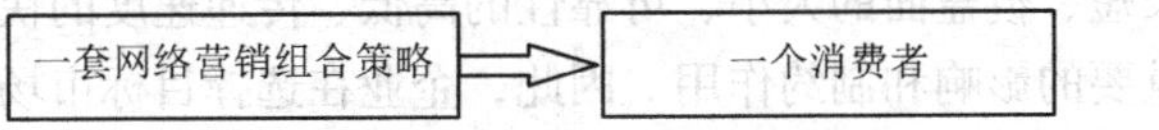

图 7-4　个性化网络目标市场营销战略

网络技术的发展使市场能细分到每个消费者，定制产品的制造成本也日益降低。互联网极强的互动性与一对一独特的交流方式，使得在互联网上进行个性化营销比在其他任何媒体上都容易得多，网络营销的个性化产品设计、个性化定价、个性化分销、个性化沟通等都因互联网而变成现实。

7.2.3　企业选择网络目标市场营销战略应考虑的因素

在网络营销活动中，对以上四种目标市场营销战略，企业到底应该选择哪种，既是一门科学，也是一门艺术，不能一概而论。一般而言，企业在选择网络目标市场营销战略时，应充分考虑以下几个方面的因素。

1. 宏观环境因素

宏观环境因素是企业不可以控制的因素，也是企业选择网络目标市场营销战略时应考虑的重要因素之一。一般来说，应主要考虑以下几方面因素。

（1）上网人口

上网人口是企业选择网络目标市场战略最基本的一个方面，因为网络市场是由那些愿意从网上购物且具有购买能力的上网用户构成的。网络市场的人数越多，网络市场的规模就越大，因此，企业应特别重视网上人口的增长状况及网上人口在网上购物的欲望和行为特征。我国上网用户呈现男性多，女性少；年轻人多，老年人少；高学历多，低学历少；高收入多，低收入少；在校生多，在业人数少；发达地区多，落后地区少等几大特点。所以，企业在选择目标市场时就要充分考虑这些因素。

实例　2016 年“双 11”，三只松鼠当日销售额突破 5.08 亿元，超过 1 400 万名顾客浏览三只松鼠的店铺。统计数据显示，当天进店购买的消费群体男女占比为 3:7。从年龄层来看，18~30 岁人群占比最大，坚果类产品依然是购买最多的产品。

（2）网民的收入水平与支出结构

在上网用户人数一定的情况下，网络市场的规模就取决于人们在网上购买力的大小，因此，企业在选择目标市场时就应充分分析网络市场上不同层次人们的购买力水平。分析网络市场的购买力水平，主要考虑网络市场上消费者的收入水平、支出结构及其变化趋势等因素。

（3）网络营销的基本环境及其发展趋势

企业在选择网上目标市场时，还应考虑不同细分市场上网络营销的基本环境及其发展状况，主要应考虑各细分市场上网络营销的基础设施、技术水平、支付手段、法律法规及市场前景等的现状及其发展状况。

1）基础设施。网络营销的应用发展取决于与之相适应的基础设施的发展，也就是说，基础设施的状况和水平直接决定和影响着网络营销的应用范围、规模和水平。如果基础设施不完善、水平不高，那么网络营销的应用也只能处在一个较低的水平和发展阶段上。如果基础设施条件不能得以改善和发展，那么网络营销的应用阶段也不可能实现由初级阶段向高级阶段的发展。比如，网络线路的长短、覆盖面的大小、可靠性的高低、传递速度的快慢及带宽的程度都对网络营销的应用有着重要的影响和制约作用。因此，企业在选择目标市场时，就要充分考虑各细分市场在开展网络营销方面的基础设施是否完善、水平如何、对企业网络营销的影响和制约有多大等。实践证明，在网络基础设施发达的地区，如北京、上海、广州等地，电子商务、网络营销的发展也明显比其他地区更易推广与成功。

2）技术水平。技术是支持和推动网络营销应用的一个重要基础，决定和影响着网络营销应用的规模及开发的深度。在网络营销的应用发展过程中，如果网络营销技术不能有效地解决安全、保密、支付等技术问题，不能为用户提供安全便捷的营销服务，那么用户就可能持观望犹豫态度，企业对网络营销的应用也就可能停留在某一发展阶段和水平上。

3）支付手段。电子支付是网络营销发展到较高阶段所必须具备的一个前提条件。如果电子支付难以实现，或者不能形成一定规模，或者应用范围非常有限，那么网络营销就不能完全实现，网络营销的应用就不能走向成熟。从某种意义上来看，网上电子支付的实现和大范围、大规模的应用是网络营销走向成熟的一个重要标志。因此，企业选择目标市场，还要考虑各细分市场在支付手段方面的完善程度，对于那些很难实现电子支付，或者支付结算很不便利的细分市场就不能或至少暂时不能选做自己的目标市场。

4）法律法规。企业在选择目标市场时，如果是开展国内范围的网络营销，就要考虑我国的相关法律法规问题；如果选择的是地区性的目标市场，还要考虑相关的地方法规；如果开展的是国际市场的网络营销，还要考虑目标市场国的相关法律法规。总之，要选择那些对企业有利的、能对企业起到保障作用的子市场作为自己的目标市场。

5）市场前景。从网络营销应用发展的过程来分析，市场的容量是衡量网络营销应用发展阶段的主要标志，是反映网络营销应用发展水平的主要指标。因此，选择网络目标市场，特别需要注意分析各细分市场的市场容量及其发展前景，对于那些市场容量小、发展前景不太乐观的子市场，显然是不能选做自己的目标市场的。

2. 微观环境因素

（1）企业的内部条件

企业在选择网络目标市场战略时，首先，要考虑能否实现与传统的网下目标市场战略高效整合；其次，要考虑企业所选的网络目标市场能否有利于企业任务、目标及战略的实现；最后，要考虑企业的实力状况如何，选择的目标市场要有利于发挥企业的资源优势与能力优势。对于实力雄厚的大企业，可采用无差异或差异性网络目标市场营销战略，而对于资源实力有限的企业，如果不能覆盖整个市场，就可以采用集中性网络目标市场营销战略。

（2）产品的同质性

产品的同质性是指产品或服务在性能特点等方面具有较小的差异性，主要表现为消费者对产品特征的感觉具有较大的相似性。例如，消费者对汽油、食盐、面粉和饮料等产品，由于人的感觉无法测试出产品细微的差异，便不会感觉到差异的存在。对这类同质性产品，企业可以采取无差异的营销战略。反之，对服装、家具、家用电器等消费者感觉差异性明显的产品，即市场同质性低的产品，则可采取差异性或集中性网络目标市场营销战略。

（3）产品市场寿命周期

在产品市场寿命周期的不同阶段，会表现出不同的需求特点，因此，可以实施不同的目标市场营销战略。在投入期，新产品刚刚上市，由于竞争者少，产品品种与形式比较单一，网络营销的重点是刺激消费者的需求，因此，比较适宜实施无差异或集中性网络目标市场营销战略；当产品进入成熟期时，产品品种日益增多，竞争对手林立，企业要想维持或扩大销售量，巩固企业在某一细分市场上的优势地位，则可采用差异性网络目标市场营销战略。

（4）建立营销渠道的难易程度

企业在选择网络目标市场时，一方面，应考虑充分利用已经建立起来的一些渠道企业，尽可能与这些企业密切配合，共同开发与拓展市场；另一方面，作为一种新的营销模式，企业还要考虑建立起一套高效协调的为网络营销服务的渠道体系。

实例 20世纪末，网上超市8848中期的经营目标是“把商场开进每个中国家庭”，远期目标是“把中国商场开进每个家庭”，提供消费者满意的、具有网络商业特色的购物服务，建立中国最大的网上消费超市。但是，中国辽阔的地域和经济发展的不均衡性决定了商品配送的巨大困难。我国很多城市根本没有专业的配送企业，这不但使得单件商品的长途运输或邮递需要付出巨大的成本，而且常常造成时间上的延迟，这足以使消费者望而却步。

（5）竞争者的目标市场营销战略

一般来说，企业应采取同竞争对手有区别的营销战略。如果规模实力雄厚的、强有力的竞争对手实行的是无差异网络目标市场营销战略，则企业最好选择差异性目标市场营销战略；如果竞争对手也采用差异性营销战略时，则企业应在某一细分市场上，采用差异性或集中性网络目标市场营销战略；如果市场上竞争对手很多时，为了树立企业及其产品在不同消费者心目中的良好形象，最好采用差异性或集中性网络目标市场营销战略，相反，则采用无差异性网络目标市场营销战略。

（6）市场同质性

市场同质性是指消费者需求、偏好及各种行为特征的类似程度。市场同质性高，表明各细分市场相似程度高，适宜采用无差异营销战略。反之，若各细分市场需求差异明显，则应采用差异性或集中性网络目标市场营销战略。

7.3 网络市场定位与营销组合策略

7.3.1 网络市场定位的概念

所谓网络市场定位，就是根据竞争者产品在网络市场所处的位置，针对消费者或用户对该种产品的某种特征或属性的重视程度，强有力地塑造出本企业产品与众不同的、给人印象鲜明的个性或形象，并把这种形象生动地传递给顾客，从而使该产品在市场上确定适当的位置。换句话说，网络市场定位就是通过营销活动的策划与开展，为企业产品创造一种明显区别于竞争者的特色性差异，并把这种差异形象生动地展示给顾客，使企业产品在顾客心目中形成一种独特的、深刻的、鲜明的印象，从而形成企业在网络市场上独一无二的、不可替代的竞争优势。

7.3.2 网络市场定位战略

企业的网络市场定位工作一般应包括三个步骤：一是调查研究影响网络市场定位的因素，确认目标市场的竞争优势所在；二是选择竞争优势和定位战略；三是准确地传播企业的定位观念。

1. 调查研究影响网络市场定位的因素

适当的市场定位必须建立在深入细致的市场营销调研基础上，必须认真了解与分析有关影响企业市场定位的各种因素。

（1）谁是企业的竞争者

一般来说，企业面临各种竞争者的挑战与市场争夺，因此，企业必须明确哪些组织是自己的竞争者，谁是自己最主要的竞争者，竞争者采取的营销策略是什么等问题。每个企业都需要掌握和了解目标市场上自己的竞争者到底有哪些，只有这样，才能打好有准备的市场竞争战。

（2）各竞争者的定位状况

企业在明确了谁是自己的竞争者后，就应该了解竞争者正在提供何种产品或服务，在顾客心目中的形象如何，并估测其产品成本和经营状况。也就是说，一方面要确认竞争者在目标市场上的定位；另一方面要正确衡量竞争者的潜力，判断其潜在的竞争优势，据此进行自己的市场定位。

（3）目标顾客对产品或服务的评价因素

接下来企业就要明确，在产品或服务诸多属性中，顾客最关心的是什么，从而作为企业制定定位战略的依据。例如，用户在网上购买某一商品，最关心的是快捷方便还是价格便宜，是质量优良还是款式新颖等，从而制定本企业的定位战略。

（4）目标市场潜在的竞争优势是什么

企业明确了网上顾客最关心的因素后，还要结合竞争者的定位状况，进一步确认目标市场上潜在的竞争优势，然后才能准确地选择竞争优势。例如，在同等条件下，可以比竞争者提供价格更低的产品，或者能够以更多的特色满足用户特定的需要。

2. 选择竞争优势与定位战略

企业通过与竞争者在产品、促销、成本、服务等方面的对比分析，了解自己的优势与劣势，从而明确自己的竞争优势，并进行恰当的市场定位。一般而言，企业常用的定位战略主要有以下几种。

（1）"针锋相对式"定位战略

针锋相对式定位战略也叫迎头定位战略，这种定位方式是指，企业把产品或网络服务定位在与竞争者相似或相同的位置上，同竞争者争夺同一细分市场。一般来说，当企业能够比竞争者生产更令顾客满意的产品或能够比竞争者提供更令顾客满意的服务、企业比竞争者更具竞争实力时，可以实行这种定位战略。如图7-5所示，如果C产品定位于竞争者A已经占据的高价格、高质量处的位置，或者 C 产品定位于竞争者 B 已经占据的中档市场，就属于针锋相对式的定位战略。

（2）“填空补缺式”定位战略

这种定位方式是指，企业把产品或网络服务定位在尚未被竞争者占领且被许多消费者重视的位置。当企业具备定位在这一位置足够的实力时，或者这一位置市场机会还未被竞争者发现时，可以实行这种定位战略。如图 7-5 所示，如果 C 产品定位在高质量、低价格处，或者定位在低质量、低价格处就属于填空补缺式定位战略。

（3）“另辟蹊径式”定位战略

如图 7-6 所示，另辟蹊径式定位战略也叫独坐一席定位战略，这种定位方式是指，当企业意识到很难与同行业竞争者相抗衡从而获得绝对优势地位，也没有填补市场空白的机会或能力时，可根据自己的条件，通过营销创新，在目标市场上树立起一种明显区别于各竞争者的新产品或新服务。

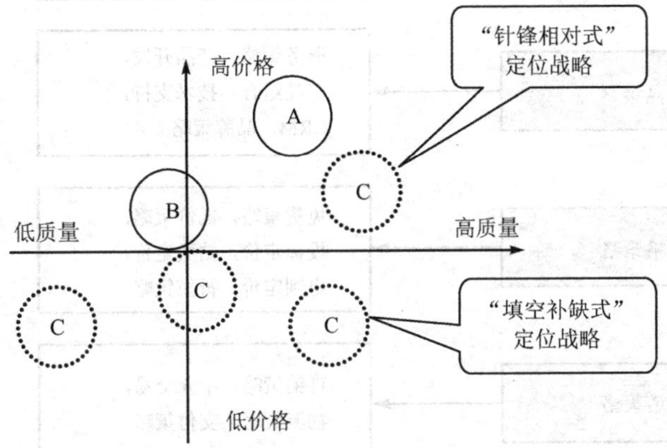

图 7-5 市场定位战略

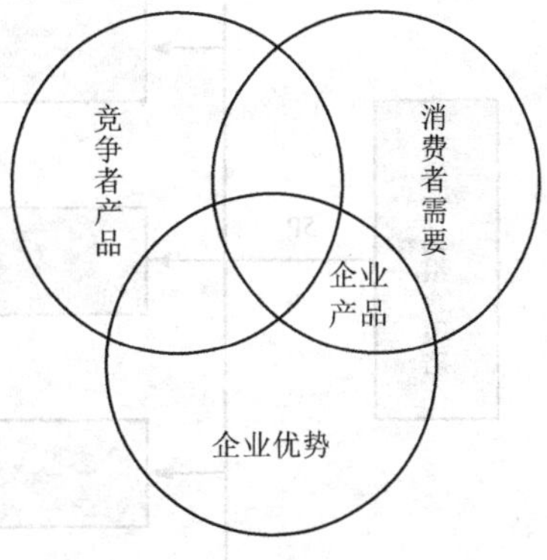

图 7-6 “另辟蹊径式”定位战略

（4）“改头换面式”定位战略

这种定位方式也叫重新定位战略，是指企业最初选择的定位战略不科学、不合理，营销效果不明显，若继续实施下去很难成功获得强势市场地位，经过系统分析后，及时采取的更换品牌、更换包装、改变广告诉求策略等一系列重新定位方法的总称。

3. 准确地传播企业的定位观念

企业网络市场定位的最终目的是在目标市场广大网民心目中塑造一种富有个性的独特形象。因此，企业在做出定位决策时，还必须大力开展网上、网下广告宣传，把企业的定位观念准确地传播给网络目标市场用户，从而在网络目标市场用户心目中形成独特的、印象鲜明的形象。例如，一提到去头屑，人们马上想到海飞丝；提到可乐，人们首先想到可口可乐；提到搜索引擎，人们首先想到百度；提到网上购物，人们首先想到京东商场；提到电子邮件，人们首先想到 163.net 等，所有这些都是企业定位成功、宣传到位的例证。

7.3.3 网络营销组合策略

1. 网络营销组合策略的概念

网络营销组合策略，简单地说，就是企业各种网络营销策略的组合运用。具体地说，就是企业针对自己所选目标市场的需求，优化组合、综合运用可以利用的各种网络营销策略，开展有针对性的、行之有效的、总体效果最优的营销活动，以更好地实现自己的各种营销目标，最终通过满足目标市场用户的需求，实现自己盈利的目的。

2．网络营销组合策略的内容

在网络营销活动中，企业可以组合运用的营销策略有很多，而且通过不断地创新产生许多新的营销工具或手段，总体来说，可以分为五大类，即门户网站策略（Portal Web Site）、产品策略（Product Strategy）、价格策略（Price Strategy）、渠道策略（Place Strategy）和促销策略（Promotion Strategy），简称5P策略。所谓网络营销组合策略，也就是这5个“P”策略的优化组合与搭配，它体现了企业的整体性网络营销思想，如图7-7所示。

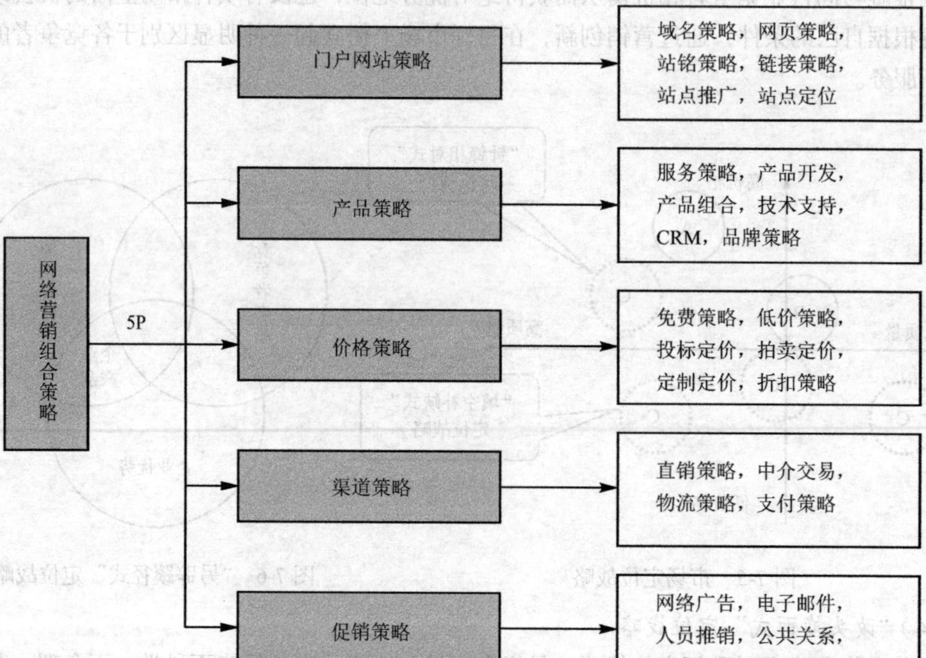

图7-7　网络营销5P营销组合策略

网络营销组合策略具有可控性、复合性、动态性和整体性的特点。也就是说，网络营销组合策略中的各种因素对企业来说，都是可以控制的。但这种可控性也是相对的，不仅受企业资源和营销目标的制约，而且还要受各种微观和宏观环境因素的影响和制约。网络营销管理的任务就是要适当安排网络营销组合策略，使之与不可控制的环境因素相适应。网络营销组合策略中的各种因素又是一个多层次的复合结构，其中每个“P”策略又包括许多具体的策略，每个具体的策略又包括许多更为具体的小策略。网络营销管理不仅要安排好5个“P”之间的适当搭配，还要安排好每个“P”策略内部的最优搭配；同时，网络营销组合策略又是一个动态的整体性的组合。营销管理必须随着不可控环境因素的变化灵活地组合、搭配与运用各种营销策略。

3. 网络营销组合策略的特点

（1）门户网站有魅力，网络营销新内容

传统的网下市场营销最基本的营销策略包括产品策略、价格策略、分销策略及促销策略四大类，一般把它们概括为 4P 策略。网站是网络社会的最基本元素，也是网络营销最基本的手段，如果没有网站，网络营销也就无从谈起。因此，网络营销最为基本的营销策略除 4P 策略外，还应该包括网络营销门户网站策略，这是网络营销与传统营销技术手段最本质的区别。

（2）产品策略个性化，需求满足更有效

从产品策略上看，网络营销对传统经济条件下标准化、批量化产品的生产与销售策略将产生巨大的冲击。网络在市场营销活动中的应用，为企业进行市场研究提供了一个全新的通道，借助于互联网，企业可以随时了解分布在全球各地的潜在消费者的需求，这使得企业可以随时把握消费者的需求动态，然后根据每位顾客的特定要求单独设计并生产产品，通过富有个性化的产品策略吸引消费者并满足他们的需求。

（3）低价策略受推崇，灵活定价受限制

从价格策略上看，互联网的开放性和互动性，为消费者理性的价格选择提供了可能。因为消费者可以通过遍及全球的互联网迅速地收集与购买与决策有关的信息，消费者对价格的敏感性大大加强，消费者比较选择的空间更大，这要求企业应以尽可能低的价格向消费者提供产品和服务。同时，由于互联网的开放性，传统的需求差别定价策略也将受到冲击，这也会使定价策略的灵活性受到限制。

（4）直销策略更普遍，中间商作用受冲击

从渠道策略上看，网络营销作为一种直接营销方式，对传统网下营销中的中间商产生了巨大的冲击。通过互联网，企业可以与最终用户直接联系，中间商的重要性大大降低，企业采用直接营销渠道则更为普遍。

（5）促销策略更丰富，网络沟通更充分

从促销策略上看，网络营销下的促销手段和方式更为丰富多彩。而且，互联网双向互动交流的特点更有利于企业和用户间促销沟通的进一步深入。同时，网络沟通还具有即时性和成本低廉的特点。

4. 整合营销观念与 5P 营销组合策略

如何贯彻整合营销理念，处理好 4C 与 4P 的关系是市场营销组合策略需要解决的重要问题。有的学者认为 4C 远比 4P 科学先进，4C 即将取代 4P，因此，企业营销组合策略的内容应该是 4C，而不再是 4P。我们认为，4C 理论作为一种贯彻市场营销始终的营销理念，显然是科学而且正确的，但它远不是一种体系完整可以操作的营销策略组合，4C 也远不能取而代之 4P。这是因为，首先，无论在什么条件下，市场营销活动都不可能没有产品、价格、渠道与促销策略的运用；其次，4P 是一种营销工具，4C 是一种营销目的，二者完全可以做到统一，并不需要彼此取代对方。而在网络营销条件下，整合营销除考虑沟通、便利、需求、成本之外，还要满足消费者上网冲浪的需求，与之相适应的则是 5P 营销组合策略。网络营销观念、战略、策略的关系如图 7-8 所示。

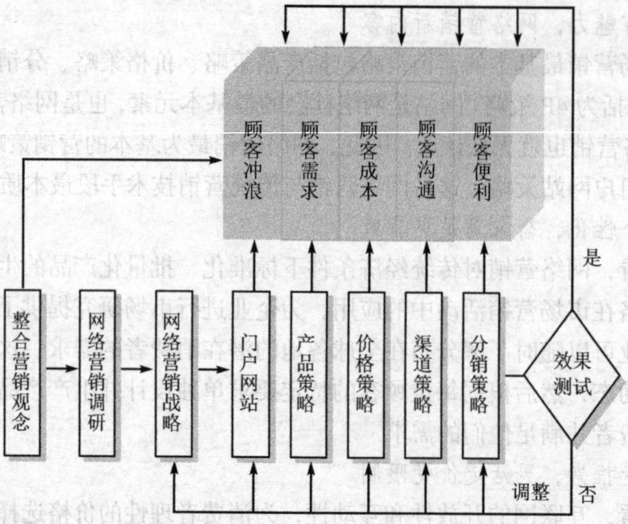

图 7-8 网络营销观念、战略、策略的关系

【复习思考】

1. 解释网络目标市场营销的概念。网络目标市场营销可以分成哪几个阶段？
2. 解释网络市场细分的概念、细分的依据、细分有效性的标准。
3. 可供选择的网络目标市场营销策略有哪些？选择时企业应考虑哪些因素？
4. 何谓市场定位？结合实例谈谈企业应该如何成功进行市场定位。

【技能训练】

1. 全美有 100 多个网站是专门开发残疾人用品和服务市场的网站。这属于（　　）市场细分战略。

   A. 人口　　B. 地理　　C. 文化　　D. 心理

2. 八佰拜本着向年轻时尚的用户提供最经济、最方便的礼品服务的初衷，这说明其目标市场营销战略属于（　　）。

   A. 无差异　　B. 差异性　　C. 集中性　　D. 一对一个性化

3. 一个规模比较小的企业，最适宜的选择目标市场的策略是（　　）。

   A. 无差异　　B. 差异性　　C. 集中性　　D. 拓展产品线策略

【实习实践】

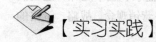

1. 登录肯德基、麦当劳、可口可乐、亨氏、立顿台湾地区网站、百事可乐中国网站，分析其目标市场营销战略（市场细分、目标市场、市场定位）。

2. 运用百度或其他搜索工具分别搜索行业信息网与专业信息网。分析行业信息网与专业信息网的区别与联系，并进入某一信息网了解该网站的内容与功能。

3. 分别进入综合服务类网站（如搜狐、网易、新浪、TOM 等）、商务类网站（如西单商场网 www.xdsc.com.cn 或 www.igo5.com）、科技教育类网站（如天极网 www.yesky.com、101 远程教育网 www.chinaedu.com）、金融类网站（如和讯网 www.hexun.com、财智网 www.imoney.com.cn）、生活服务类网站（如前程无忧网 www.51job.com、中华英才网 www.chinahr.com、中华远程医疗网 www.chinath.net、携程旅游网 www.ctrip.com、e 龙旅行网 www.elong.com、博客中国 www.blogchina.com、亿友娱乐网 www.yeeyoo.com、亿唐 www.etang.com）等不同种类网站，熟悉不同类型网站的内容与风格的异同。分析这些网站的目标市场分别是什么。

第8章

网络营销站点营销策略

对应工作（岗位）

网络推广员、网站营销管理员（网站推广员）、网页设计师、网站设计师

网络推广员工作描述

☑ 充分利用企业自有网站或非自有网站等网络资源开展网络推广活动，积极推广企业形象及企业产品的品牌形象

网络推广员工作要求

☑ 熟悉计算机操作系统，熟练使用各种办公软件

☑ 熟悉网络使用，具备一定的网络技术基础

☑ 具有良好的口头与文字表达能力

☑ 能承受一定的工作压力，沟通、协调能力强，工作有计划性

☑ 具备独立的网络营销策划能力和良好的市场洞察与运作能力

☑ 熟悉论坛发帖程序，熟悉群发软件，熟悉在相关论坛及QQ、MSN等网络工具上发布公司新闻或产品稿

网站营销管理员工作描述

☑ 承担全部或部分网站建设任务

☑ 负责企业营销网站栏目策划、设计、管理、维护、宣传与推广

☑ 负责企业营销网站的正常运作、管理与维护

☑ 策划并组织实施网站网络营销活动

☑ 完善企业网站，制定并实施搜索引擎优化战略，使目标顾客较容易地获得企业营销信息，并为其提供专业化服务

☑ 不断完善和补充网站相关信息，为客户提供充足的信息源
☑ 充分利用企业网站平台，推广企业产品与服务
☑ 配合企业营销战略，熟练利用搜索引擎、网络媒体、论坛、博客等方式开展网站推广工作

📖 网站营销管理员工作要求

☑ 熟悉计算机操作系统，熟练使用各种办公软件
☑ 熟悉网络使用，具备一定的网络技术基础，熟悉浏览器操作
☑ 熟悉网站后台管理流程，熟练掌握前台测试、后台管理技术
☑ 熟悉各类网站营销方法，能熟练地策划开展网站营销活动
☑ 细致耐心，能承受一定的工作压力，沟通、协调能力强，工作有计划性
☑ 具备独立的网络营销策划能力和良好的市场洞察与运作能力

📖 网页设计师工作描述

☑ 能运用现代而实用的网页设计技术，为企业制作行之有效的营销网站页面

📖 网页设计师工作要求

☑ 熟悉网页设计基本流程
☑ 熟练掌握 HTML（Hyper Text Markup Language）、JavaScript、ASP 等语言工具，熟练掌握 Photoshop、Flash、Fireworks 等图像处理技术，熟练应用 Frontpage、Dreamweaver 等网页制作技术为企业设计制作营销效果明显的网站页面（该项内容在其他相关课程学习）

📖 网站设计师工作描述

☑ 能为企业规划制订出合理的上网解决方案，能运用现代而实用的网站建设技术，为企业建设功能较为齐全的营销网站

📖 网站设计师工作要求

☑ 熟悉网站建设基本流程，熟悉网页设计基本流程
☑ 熟悉服务器、交换机、路由器等硬件主流产品性能及市场行情；熟悉操作系统、数据库、Web 服务基础知识，并熟练掌握其安装使用技术
☑ 熟练掌握互联网接入、服务器配置技术、应用服务软件应用技术
☑ 熟练掌握网页设计技术、图形图像处理技术、网站测试、流量分析、远程控制等网站建设、运营与维护技术（该项内容在其他相关课程学习）

☑ 熟练掌握域名空间申请与管理，网站上传、下载及更新等技术

8.1 非自有网站网络营销策略

8.1.1 非自有网站网络营销的概念

非自有网站网络营销就是充分利用互联网资源，借助自有网站之外各种各样的可资利用的、有助于企业营销目标实现的各种网络资源开展网络营销活动。一个技术水平较低、规模较小、实力较弱，对互联网缺乏深入认识与投资信心的企业，借助现有的网络资源，或者与其他网站合作，开展非自有网站的营销活动，不失为一种稳妥的经营之道。通过对互联网作用、优势的逐步深入了解，企业才可能逐步走上建立自己网站的网络营销之路。对于大多数传统企业来说，经历这个阶段还是有必要的。但是，非自有网站网络营销的功能是有限的，好比企业在一座电子商厦中租用了一个门面，优点是有人给你提供物业管理服务，简便易行；缺点是企业所能开展的营销活动受所提供服务的限制，而且也不利于企业的长远发展和建立企业自己独立的网络品牌和形象。

即使实力雄厚、拥有功能完备自有网站的大型企业，自有网站的影响力和功能毕竟是有限的，也需要借助自有网站之外的其他网络资源开展多样化的网络整合营销。

8.1.2 非自有网站网络营销方式

1. 发布供求信息

在互联网上，有许多网站或收费或免费地为企业发布供求信息提供平台，企业通过这些网站可以在互联网上发布自己企业、产品或服务的信息，这是一种比较经济的宣传方式。例如，在阿里巴巴全球最大的网上贸易市场（www.alibaba.com）上可以发布自己产品或服务的有关信息。

企业也可以在一些目标顾客经常光顾的网站上，通过 BBS、Blog、QQ 群、论坛、百度贴吧等网络资源发布企业及其产品的信息。还可以选择一些热门的门户网站发布网络广告。

实例 信息究竟发布在哪里效果最好，当然是有针对性的行业网站、论坛等，如中国化妆品网、中国玻璃网、中国建材网等。而这些网站一般都有用户注册系统，需要企业注册成会员。如果企业要在许多网站发布信息，显然，这是一件繁重而无聊的事情，同时，长时间累积下来的账号和口令，也很不容易记忆，而自动登录软件就可以帮助企业管理它们。当前，互联网上有许多自动登录软件和信息发布软件。例如，自动登录软件有无忧登录、Alasend（阿拉神登）、江民密保、瑞星账号保险柜、奇虎 360 保险箱等，信息发布软件如商务直通车、商务时空等。其操作步骤一般为：找到方便使用的免费软件，往其中添加最适合自己企业的网址信息，再发布最适宜的企业推广信息。

知识拓展：邮件列表（Mailing List）是互联网上最早的社区形式之一，用于各种群体之间的信息交流和信息发布。邮件列表有两种基本形式：公告型邮件列表通常由一个管理者向小组中的所有成员发送信息，如电子杂志、新闻邮件等；讨论型邮件列表中的所有成员都可以向

组内的其他成员发送信息，其操作过程简单来说就是发一个邮件到小组的公共电子邮件，通过系统处理后，将这封邮件分发给组内所有成员。

2. 查询供求信息

企业可以根据自己的需要通过互联网查询所需要的信息。企业营销决策的依据是信息，通过互联网，企业可以查询、下载一些信息资料，以分析市场需求发展变化的趋势，作为自己决策的依据。企业也可以通过一些专业的网上调查系统实施市场调查活动。

实例　沱沱网中文站（http://china.tootoo.com）目标定位在打造最全面、最专业的互联网贸易服务门户，为进出口企业及业内人士提供全贸易过程中商机、物流、通关、结算四大环节的资讯和服务，是一个体验外贸领域前沿动态的园地，充分地整合了外贸人脉、知识、技巧、经验、经营理念等，利用详细的频道体系分类，为用户提供最新的外贸资讯，最实时的外贸行情，学习最实用的外贸知识技巧，并通过贸易实践与体验的结合，构建外贸人互动交流的互联网平台。

3. 搭借他人网站发布网页

互联网上的一些专业网站还可以提供更多的服务。例如，有些网站可以为用户提供固定的网址（一般不提供独立的域名），用户还可以制作简单的网页。专业分类信息网的吸引力在于为客户查询供应商信息提供了较大的方便，因此加入这种专业信息网，将更有助于使潜在客户通过网站发现企业的信息。

行业信息网是一个行业的门户网站，汇集了某一行业的信息资源，为供应商和客户了解该行业信息提供了巨大方便。如果企业所属的行业已经建立了这样的专业信息网，则加入该行业信息网是很有必要的，即便企业已经建立了自己的网站，也有必要加入本企业所属的行业信息网。

实例　在中国企业网络营销领域，“网库”（netkoo.net）出自传统黄页，聚合企业信息，它将收录全国已经存在的 68 万多个企业网站，并为这些网站提供全面的企业网络营销服务。对其企业窗口产品的建站服务将实施全面免费政策，同时也为中小企业提供免费建站服务，这意味着中国 2 300 万个中小企业都将可以免费拥有自己的网站，轻松参与网络营销。

4. 网上业务联系

企业可以在一些热门的门户网站，申请专用电子邮箱服务，然后，有针对性地通过电子邮件向潜在用户发送信息，以创造交换机会，进行业务联系，实现网络营销的目的。企业也可以通过 QQ、MSN 等即时通信工具进行业务联系。

知识拓展：黄页是国际通用按企业性质和产品类别编排的工商企业电话号码簿，以刊登企业名称、地址、电话号码为主体内容，相当于一个城市或地区的工商企业的户口本，国际惯例用黄色纸张印制，故称黄页。网络黄页就是纸上黄页在互联网上的延伸和发展。

传统黄页只是纸质媒体的电话号码形式的黄页广告，涵盖信息包括公司地址、电话、公司名称、邮政编码、联系人等简单信息；网络黄页可以是拥有企业独立 Logo 的网站，多种可供选择的版式，提供包括企业邮箱、产品动态、数据库空间、买卖信息、企业简介、即时留言、短信互动等功能。

传统黄页产品（纸质）基本上以电话为主要的沟通方式，网络黄页则可以有通过电话、短信、电子邮件、IM等多种客户沟通方式。

黄页有免费注册的普通型商家黄页和收费服务的推广型黄页，二者的区别在于，后者可以在网站首页、黄页首页、黄页分类页等位置突出显示，增加商机。

对外贸企业来说，网络黄页推广还可以加入面向全球市场的国家级黄页和世界级黄页目录。

5. 网上销售

（1）网上拍卖

网上拍卖是电子商务领域比较成功的一种商业模式，国内已经有多家网站采取网上拍卖的经营模式，如易趣、淘宝、拍拍网等。这种方式简便易行，只需按照提示，在网站进行注册，然后就可以发布自己买卖产品的信息了。

（2）在网上商城开网店

在互联网上，有一些由买卖双方之外的第三方投资建立的网上商城、网上购物中心、网上商业街等网站。投资者通过招商的形式吸引中小企业入租“柜台”或“摊位”，统一进行物业管理。对于中小企业，开展非自有网站网络营销就可以通过这种形式，在一个别人已经建设好的网上商场或交易市场里租用一定的网页空间来展示与销售自己的产品。

（3）选择网络经销商推广销售企业产品

企业没有自己的营销网站，可以通过一些网络市场拓展能力极强的网上商店经销或代理自己的产品，也可以逐步树立自己的产品在网上市场的形象。

8.2 营销网站建设规划

营销网站建设规划是指在网站建设前，在对目标市场、企业内部条件、外部环境进行认真分析的基础上，对建设网站的目的、网站的功能、网站规模，以及网站建设中涉及的技术、内容、费用、测试、维护等问题做出系统的规划与安排。

8.2.1 营销网站的概念

营销网站是在企业内部网上建立的具有网络营销功能的、能连接到互联网上的万维网站点，即企业在服务器、工作站和各种网络设备技术的支持下，在互联网上设立的有唯一网址（URL）、具备网络营销功能、有一定组织结构的一系列网页（包括主页和普通页面）所构成的一个系统。营销网站是企业开展网络营销的综合工具，也是最完整的网络营销信息源。

网络营销平台一般是建立在Web平台基础之上的，除此之外，还需要相应的支持网络营销各类工作的应用软件与保证网络安全和电子支付需要的应用软件。网络营销平台建设的关键是网站的建设。企业通过网站可以有效开展电子商务和网络营销活动，拓展与客户的商业联系，提高企业经济效益，改善企业形象。在网络经济时代，无论是一家大型跨国公司还是一家中小型的专业公司，如果能拥有自己的网址，抢先注册自己的域名，建立自己的网站，便会获得比非自有网站网络营销更多的营销工具，就会发现更多的营销机会。建立自己的网站对于企业抢占商机，综合塑造企业形象，加强顾客服务，提升企业竞争实力等方面，都有着重要的作用。而且从目前互联网的发展趋势看，企业申请拥有自己的域名网址，建立自己的网站，并不是一件很困难的事情，而且需要的费用对一家中小型公司来说，也是能够承担的。

8.2.2 营销网站建设的过程

1．可行性分析

企业在建立自己的网站之前，为了使决策更加科学、投资更加有效，应该进行网站建设方案的可行性分析，并要写出可行性分析报告，经有关部门及高层决策者审核同意立项后，便可开始建站工作了。企业建立网站的可行性分析主要应解决“企业有没有必要建立网站、企业能不能建立网站、企业建立网站的效益如何”等问题。

2．制订网站建设计划

经过可行性分析与讨论，当企业决定建立自己的网站时，首要的工作是制订自己的网站建设计划。网站建设计划主要要解决“企业如何建设网站、建设什么样的网站”的问题。

企业的网站建设必须有计划地进行，并且要进行周密系统的规划，一个网站的成功与否与建站前的系统规划有着极为重要的关系。只有经过详细的规划，才能避免在网站建设中出现这样或那样的问题，才能使网站建设顺利进行，实现预期的目的。网站建设计划对网站建设有着指导和规范的作用。具体网站建设方案应该通过网站建设计划书体现出来。网站建设计划书应尽可能涵盖网站建设与运营中的各个方面，而且网站建设计划书的写作要科学、认真、实事求是。

3．申请注册域名

互联网中网络和主机的地址类型有 IP 地址和域名地址两种。目前使用的 IP 地址类型为 IPv4，IPv4 地址长度为 32 位，以黑点分十进制表示，如 172.16.0.0。IPv6 则是新一代互联网络协议，与之对应的地址是 IPv6 地址，采用 128 位地址长度。显然，一个 32 位数或者 128 位数的 IP 地址不容易记忆且使用起来很不方便，于是人们又发明了另一套字符型的地址表示方法，即域名地址。域名与 IP 地址之间是一一对应的，人们习惯记忆域名，但机器间只认 IP 地址，它们之间的转换工作称为域名解析，域名解析需要由专门的域名解析服务器来完成，整个过程是自动进行的。

企业在决定入网前，必须向网络管理机构申请注册域名。国际域名注册由互联网域名管理机构 ICANN 统一管理，具体注册工作由 ICANN 授权认证的代理机构执行。

申请域名有两种方式——直接申请和代理申请。自己直接向域名管理机构注册，需要自己准备有关材料，而且也不是很专业；而委托专业公司代理注册，只需缴纳一定的代理费用即可，专业公司不但可以提供注册服务，还可以帮助企业推广注册的域名，扩大企业在网上的知名度。

如果要直接申请一个国内域名，根据《中国互联网络域名管理办法》，CNNIC 于 2002 年 12 月 16 日全面变革域名管理服务模式：CNNIC 作为 CN 域名注册管理机构，不再直接面对最终用户提供 CN 域名注册相关服务，域名注册服务将转由 CNNIC 认证的域名注册服务机构提供。

4．购置网站服务器硬件和符合需要的软件

企业营销网站服务器的建设可以有两类四种选择，即分为自建服务器和非自建服务器两类。非自建服务器又可以根据平台的所有权及使用权状况分为服务器托管、服务器租赁和虚拟主机三种。

（1）自建服务器

自建服务器就是自行购置、本单位存放、自行维护服务器软硬件，并自主解决 Internet 接入的服务器建设方案。如果一个企业规模较大，资金充足，而且需要有大量的信息与外界交流，那么选择企业自建服务器是比较现实的。

选择自建服务器的缺点是费用成本较高。自建一个中等规模的服务器，不但需要支付高速网络专线、服务器通信设备方面的资金，而且每年还要支出一定的信息和通信费用；另外，还需配备必要的几名网络管理人员，支付必要的系统安全维护费用。其优点是有较大的灵活性、自主性，能方便地与外界联系，还可以使企业员工上网更方便，从而提高员工的整体素质。

如果企业选择自建网站的方案，既可以聘请采购专家直接到计算机、网络设备市场负责采购，也可以采取招标的办法委托网络承建商或网络服务提供商提出整体解决方案并负责采购，同时还要选择操作系统及相关的开发程序。

（2）服务器托管

服务器托管即企业自行购买服务器，拥有服务器产权和使用权，但将服务器主机放置在 ISP 机房内，由服务商负责服务器的物理维护和 Internet 接入，企业只需进行主机内部的系统维护及数据更新。

服务器托管的优点是：无须申请专用线路，无须搭建复杂的网络环境，可以节省大量的初期投资及日常维护费用，每月资费标准相对固定，可以缩短建设周期。这种方式的缺点是管理维护比较困难，如果通过远程维护又会带来安全性方面的问题。由 ISP 托管的服务器一般直接接入 ISP 的局域网或通过较大的带宽接入互联网，因此，比较适用于有大量数据需要通过互联网进行传递，以及大量信息需要发布的单位。

（3）服务器租赁

服务器租赁即对服务器租赁服务商的整台服务器进行租赁，享有对该服务器的使用权，服务器租赁服务商负责服务器的物理维护和 Internet 接入。在服务器的使用上与主机托管没有太大的区别。

（4）虚拟主机

虚拟主机是把一台独立的服务器虚拟地划分成多个可供网站运行的空间后分别出租。租用虚拟主机的企业不需要负责对服务器硬件软件的维护和 Internet 的接入。这种方式的优点是大大节约了企业网站建设费用成本。其缺点是：多用户共享一台服务器，性能上会有所干扰，功能上也不灵活，因此一般只用作网站的存放。

5．选择接入互联网的方式

选择服务器托管、服务器租赁、虚拟主机三种方式，互联网的接入均由服务商解决。如果企业选择自建服务器，下一步则需要考虑选择接入互联网的方式。

通过公用网络接入互联网有单机拨号接入和局域网专线接入两种方式。在局域网中选择一台计算机作为互联网的代理服务器，并在其上运行代理服务器软件，使局域网中所有其他计算机都通过代理机间接地连接到主机上。这种方式是一种比较经济的多用户系统，而且局域网上的多个用户可以共享一个 IP 地址。

6．ISP 的选择问题

企业要接入互联网，离不开互联网服务提供商（ISP）。我国互联网接入服务商及其代理机构很多，在选择 ISP 时，首先，应考虑反映 ISP 接入能力的三个因素：ISP 出口带宽接入用户数、

ISP 是否具有独立国际出口及二级代理接入上级 ISP 的带宽等。在条件可能的情况下，应优先考虑接入具有国际出口的 ISP。其次，应考虑 ISP 提供的服务种类、技术支持能力等。获取信息是上网的基本目的。一般来说，访问所属同一 ISP 网站上的信息速度较快，访问与所属 ISP 在同一网络平台上的信息次之，跨网络平台访问速度最慢。网络营销是一种通过网络进行的实时的“无纸贸易”，对安全性要求很高，因此入网时一定要考虑 ISP 是否有足够的实力保证安全性；选择的 ISP 还必须能提供足够的有关网络的各种实用技术支持、咨询和培训。最后，ISP 的服务费用也是必须考虑的一个问题。不同的 ISP 收费形式也不同，要根据自己的情况，选择决定向哪个 ISP 申请账户和选择该 ISP 提供的哪项收费服务。

7．网站内容及功能规划

企业网站的内容主要有两层含义：一是从实物构成的角度来说的网站的功能要素，二是从信息内容的角度来说的网站网页的构成。企业申请域名建立营销网站的目的是全方位地开展营销活动，使消费者方便地获取有用的信息和服务。因此，企业要根据网站的信息、服务的对象及企业的营销目标科学规划、认真安排网站的内容，以充分发挥其营销功能。网站内容规划的核心是网页的策划与设计。

8．网站运行测试与评价

网站内容初步设计完成后，在发布之前要进行细致周密的测试，以保证网站的正常运行和用户的正常浏览。主要测试内容包括：网站功能、服务器稳定性和安全性、链接有效性、访问速度、网页兼容性、网页可读性、下载速度、检索能力、交互能力、内容的完整性等。必要时，可以邀请语言文学、网页设计与制作、互联网技术应用程序开发人员、公司的业务人员和专业美工等专业人员及顾客参加测评，以便及时地修改调整网站内容。

9．建立网站管理与维护组织

网站的管理与维护是一项很重要的工作，而且是一项长期的工作，因此必须设立专门的组织机构，配备专职的工作人员。管理与维护工作包括服务器及相关软硬件的维护、例行的系统检查、防火墙技术的正确设置、数据传送安全性保障、数据库维护、收集用户意见、不断更新与调整网站信息、网页风格创新、采取网站安全性措施（如实施防黑、防病毒方案）等，并且要制定网站维护的规章制度，使网站维护与管理走向制度化和规范化。

10．网站发布与推广

网站建设只是网络营销的第一步，站点建成以后，如何发挥网站的营销功能，如何增加访问量是网站建设规划中必须解决的问题。因此，在企业的网站建设规划书中，还应该对网站运营初期的发布与推广活动进行必要的规划，以指导企业综合运用各种媒体，进行全方位的网站推广。例如，网站测试后应进行必要的公关、广告宣传活动，并尽快进行搜索引擎登记等。

网站建设计划书中应该体现的内容，根据不同的需求和建站目的，可以在上述内容的基础上有所增加或减少。

8.2.3　营销网站的功能构成

营销网站是在 Web 服务、数据库服务及安全管理服务的支撑下运作的。一般而言，一项功能相对齐全的营销网站应该具有如图 8-1 所示的 15 项内容。

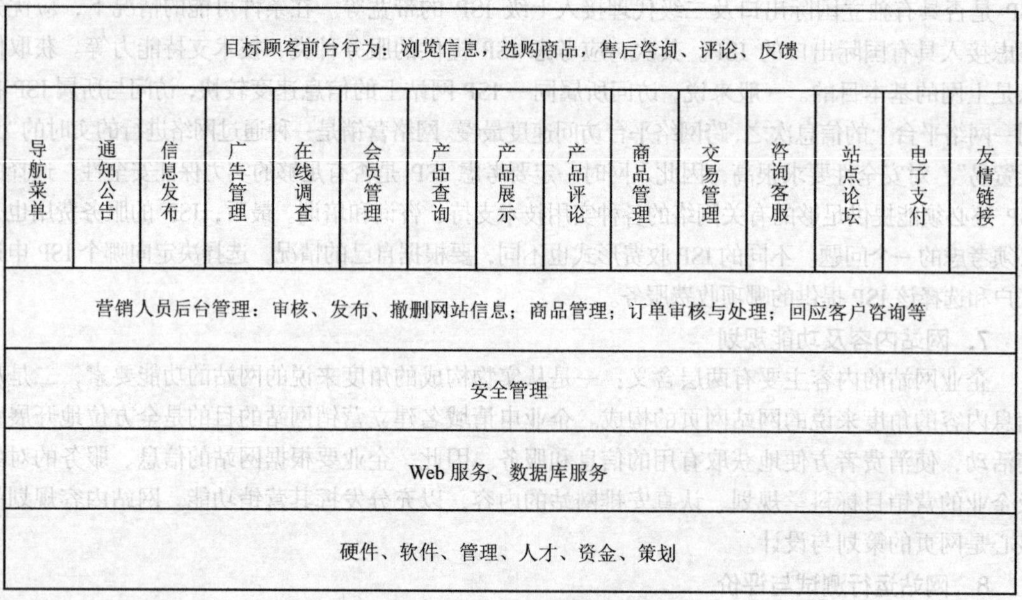

图 8-1 营销网站功能构成

1. 导航菜单

导航菜单是超文本链接访问操作的引导员，是各类企业网站信息系统最常用的技术部件之一。在考虑设计企业网站菜单时，要注意：菜单不仅要组织管理网站设计所有的程序功能模块，而且还要体现企业网络营销的策略和特色；传统菜单是一个严格按功能划分的倒树状分支结构，而在网站上，它是一个菜单加超文本链接方式的扁平化连接结构。其设计必须方便用户操作，且尽可能方便用户查阅。导航菜单分布在主页最上面，并按照一定的逻辑结构细分成若干个级别。主页底端一般也会设置“联系我们”、“网站介绍”、“版权声明”等栏目。

2. 通知公告

通知公告一般设置在网站主页上方比较明显的位置，展示企业一些重要的或时效性较强的信息。有的网站通知公告栏采取滚动字幕、特殊字体或鲜亮字体颜色，以吸引访客的注意。

3. 信息发布

信息发布是网站最基础的功能和目的。营销网站主要通过文字标题的形式在网站主页上发布商品供求或其他营销信息，访客单击某一感兴趣的信息标题后，就可链接打开具有完整内容的信息页面。信息发布一般由专职人员经过专业编辑，并经主管领导审核后登录网站后台提交发布。

4. 广告管理

网络广告的类型很多，网站可以发布哪种类型广告、能够发布什么广告信息、谁的广告可以发布、广告在哪段时间发布、广告可以发布在网站什么位置等，必须经过管理人员的统一管理审批才可以在前台站点显示出来。网站广告管理一般通过专用软件实现，这种软件一般能满足各种形式广告的编辑、制作、审核、发布、撤销等管理，同时还具有记录分析广告发布效果的功能。

5. 在线调查

通过网站发布设计好的调查问卷，并激励访客回答问卷，是网络营销中企业收集顾客信息的重要手段。企业调查表以什么样的格式、设计哪些项目、什么时间发布、什么时间截止等问题前台用户是无权修改的，只有经过授权的专职管理员才可以按照网络营销计划进行操作。调查结果一般可以直接传输到后台数据库中进行统计汇总。

6. 会员管理

登录浏览营销网站的用户可能有好几类，对于每类用户，他们在浏览网站过程中的权限应该是有所区别的。网络营销网站通常采用会员制度，可以通过顾客会员注册，记录留存顾客资料，以确保交易的安全性与真实性；可以通过验证会员身份，授予特定权限，提供专项服务；也可以通过建立会员资料库，分析发现营销机会等。因此，营销网站一般应该具有会员登录和密码验证系统，包括用户注册功能、用户登录功能、用户登录失败提示功能、用户名和密码信息修改等功能。

营销网站的会员管理也是通过专用软件实现的，软件可以记录并查询会员在网站中的各种行为。

7. 产品查询

企业营销网站主页的面积是有限的，除个别处于热卖中或促销中的商品能够在主页上直接展示外，其他商品的访客只有通过查询功能才能看到。企业在网络服务中提供产品查询的主要目的是，通过提供各种逻辑组合信息查询的方法来帮助顾客尽快地找到其所需要了解的产品信息及企业所希望向用户推荐的信息。在网络营销活动中，这一服务的最终目的是希望用户能够更多地了解本企业产品的性能和服务的特点。一般可以提供关键词查询、分类查询和高级查询等不同的搜索方式。例如，在三联家电网上商城（www.shop365.com.cn），消费者还可以将关注的产品加入收藏夹，这样在登录时就可以看到所关注产品的价格变化。

8. 产品展示

该项功能主要是向浏览者提供企业产品或服务的简介、价格清单、产品或服务的名称等信息，同时还应具有链接到反映产品或服务具体信息页面的作用。营销网站对于产品的展示主要通过文字、图片、表格、视频等手段实现，网站页面常常采用信息分层、逐层细化的方法展示企业产品或服务的详细信息。在页面设计中，有可能的话，最好增加一些新的装饰风格或生动图像，使页面浏览可以更轻松。

9. 产品评论

营销网站一般在每个商品展示信息的下方开辟一块评论的空间，已购买商品的顾客可以在此发表自己的购后感受，访客在浏览营销网站所展示的商品后也可以发表评论。

10. 商品管理

商品管理一般通过商品信息维护系统实现。商品信息维护系统包含供管理人员输入和维护商品信息的功能，以及面向前台的商品信息查询功能。如专职的产品管理人员登录后台添加商品类别信息，然后再添加某一具体商品类别下特定商品的详细信息，发布新商品信息，设定商品价格，查询、修改、删除商品信息等。

11. 交易管理

交易管理包括以订单管理为线索的产品选购、货款支付、物流配送、售后服务等环节的管理，具体包括顾客前台购物车、顾客前台订单查询、管理人员后台订单管理等功能。

顾客前台购物车功能是指顾客选择喜欢的商品放入购物车，再根据需要增减购物车中的商品，最后确认购买、生成订单、选择配送方式、到收银台付款结算的功能。

顾客前台订单查询是指顾客可随时了解已下订单的处理情况，可详细查询已复核订单的商品数量和价格、下单日期、所填写的联系方式等详细信息。

管理人员后台订单管理则能按时间先后顺序在订单管理的首页显示所有订单的订单号、下单人、订单金额、下单时间、订单状态等。管理员可根据订单号或在某个下单的时间范围内进行搜索与处理。具体管理流程如图 8-2 所示。

图 8-2 B2C 网络营销网站后台管理流程

12．咨询客服

营销网站可以设立访客留言、客服在线等栏目实现与顾客的即时互动交流，以有效提高顾客的忠诚度。同时也可以通过 FAQ（Frequently Asked Questions），即常见问题解答页面的设置，由顾客自助解决。

13．站点论坛

论坛是网站浏览者交流的场所，为企业产品售前、售后提供一种广泛交流的渠道，通过讨论可以集聚人气，提高顾客关注度，促进顾客购买行为的产生。在网络营销活动中，企业或者为了吸引用户了解本企业的发展动向；或者为了与用户加强了解、增进理解、化解矛盾、减少摩擦；或者为了引导消费需求；或者为了传播一种营销理念，可以利用网站论坛开展热门话题讨论，也可以利用网站论坛开办网上俱乐部。对于网络营销来说，企业开展热门话题讨论和网上俱乐部需要注意两点：一是要设立主持人，主持人可以引导用户的话题方向，适时激发公众的兴趣，特别要注意网上论坛要为营销服务的宗旨；二是要及时分析汇总公众谈论最多的问题，以把握市场需求的变化趋势。

14．电子支付

能否实现电子支付有时是影响网络营销效果的重要因素。为了方便企业电子商务的开展，提高网络营销的成功率，企业应积极通过电子信息网络实现电子支付。在企业网站上的电子支付系统有三个技术部件：电子收银机（e Till）、电子钱包（e Wallet）和支付网关（Payment Gateway）。这三个技术部件在企业申请注册加入安全电子数据交换系统时，可以从安全交易系统供应商处获得。这三个技术部件是企业利用互联网安全地进行支付或收账的基础。

15．友情链接

友情链接是指企业与相互关联的网站之间建立相互链接或与一些知名的大型网站建立链接关系。一般是在网站主页上开辟一块领域，列举几个相关网站的徽标，当用户单击这些网站徽标时，页面直接转到该徽标指向的网站。营销网站设置友情链接的主要目的在于相互推广网站，具有增加目标顾客进入本站点的概率，增加搜索引擎收录页面数量等好处。

8.3 网站推广策略

8.3.1 网站推广策略的概念

网站推广策略（Push Web Site Strategy）是指利用各种技术手段，借助各种媒体工具，推广介绍企业的营销网站，将企业营销网站的网址、域名及主要内容推荐介绍给潜在的目标顾客，以提高企业营销网站的知名度与单击率的各种方法手段的总称。

网站推广的目的在于将企业网站的信息尽可能地传递给潜在的目标顾客，使尽可能多的潜在用户了解并访问企业营销网站，通过企业的营销网站获得有关产品和服务等信息，为最终形成购买决策提供支持，如图 8-3 所示。

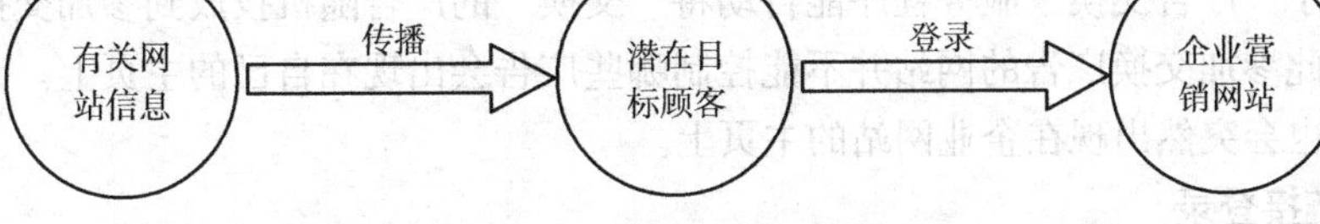

图 8-3　企业网站推广策略

网站的推广方式一般可以分为两大类：一类是利用网下传媒宣传，另一类是在互联网上借助一定的网络工具和资源进行宣传。因此，企业要制定系统的网站推广策略，就要综合运用网上网下的各种媒体和方式，全方位、多角度地推广企业的网站。

8.3.2 利用网下传媒的网站推广策略

目前，无论是从全球还是从全国来说，电子商务、网络营销都还处于初级阶段，上网的企业、上网的消费者都还不足 50%，因此网下传媒仍然是人们接触最多的信息传播媒介；另外，无论是全球还是全国，电子商务、网络营销又都处于高速发展的阶段，大多数用户正处于刚刚触网、用网的阶段，于是在网站推广中“抢占先机”便显得尤其重要。利用网下传媒推广企业的营销网站，就是要设法利用各种网下传媒宣传企业网站，塑造网站在公众心目中的良好形象。

1．广播、电视、报纸、杂志

企业网站建成后，就可以利用电视、广播、报纸、杂志及一些其他媒体将网站富有个性地介绍给公众，特别是有针对性地介绍给网站目标顾客。

2．企业印刷品

可以积极利用企业的商务名片、宣传材料、办公文具、自办媒体、报价单、产品说明书、产品包装等印刷品宣传企业的网站。

3．其他传统媒体

除了在传统的四大媒体上进行广告宣传之外，还要尽可能地利用一切机会，利用其他可以有效宣传推广企业网站的媒体宣传推广企业的网站。例如，可以让网址、域名或网站名称在尽可能多的地方出现，只要有企业地址和电话号码的地方就要有企业的网址。

8.3.3　在互联网上的网站推广

1．登录搜索引擎

所谓登录搜索引擎，是指企业为了扩大宣传本企业的网站，将自己网站的信息提交到搜索引擎，让企业网络营销网站及相关的信息存入专业的搜索引擎数据库，以增加与潜在客户通过互联网建立联系的机会。用户可以很方便地通过输入一定的文字，查找到自己所要寻找的网站。

2．利用网络论坛推销网站

在各个论坛及BBS上发布自己网站的消息也是推销网站的好办法。利用中文论坛的自动登录功能只要输入网站的相关信息就可自动将它们发布到论坛上，但需要注意的是，遵照网络惯例，不要在与自己网站所从事的内容无关的论坛上贴帖子。

3．广告交换登录

广告交换登录也是目前普遍采用的一种推广网站的方法。许多网站提供了1：1的广告交换系统登录功能，登录后，只要将各个系统提供的代码添加到自己的网页中即可。

但是，由于“广告交换”服务程序能自动将“交换”的广告随机投放到参加交换的各网站的主页上，因此参加交换广告的网站并不能控制哪些广告会出现在自己的主页上。甚至，有时竞争者的广告也会突然出现在企业网站的主页上。

4．友情链接登录

与其他的网站建立链接关系可以有效地推广本企业的网站。企业可以与一些流量大、知名度高、和自己网站内容互补或不容易与自己形成竞争关系的同类网站建立友情链接。

5．电子邮件宣传

企业如果建立了电子邮件系统，则可以通过电子邮件广告宣传企业的网络营销网站。同时，邮箱用户在与外界的邮件往来中也无声地宣传了企业的网站地址。

6．提供RSS输出

RSS是站点用来和其他站点之间共享内容的一种简易方式（也叫聚合内容），网络用户可以在客户端借助于支持RSS的新闻聚合工具软件，在不打开网站内容页面的情况下阅读支持RSS输出的网站内容，主要是用于定制个人感兴趣的内容以便持续关注。网站提供RSS输出，有利于让用户持续获取网站内容的更新。

8.3.4　搜索引擎营销

1．搜索引擎营销的概念

搜索引擎是专门提供信息查询的网站，它们大都是通过对互联网上的网站进行检索，从中提取相关的信息，从而建立起庞大的数据库。

所谓搜索引擎营销就是根据目标顾客运用搜索引擎工具的行为特点，适应搜索引擎收录网络信息的机制，以增加被目标顾客搜索到的机会、争取出现在主要搜索引擎搜索结果的显要位置为目的，以搜索引擎为导向优化企业网站及其页面信息的一系列活动的总称。搜索引擎营销的基本原理如图 8-4 所示。

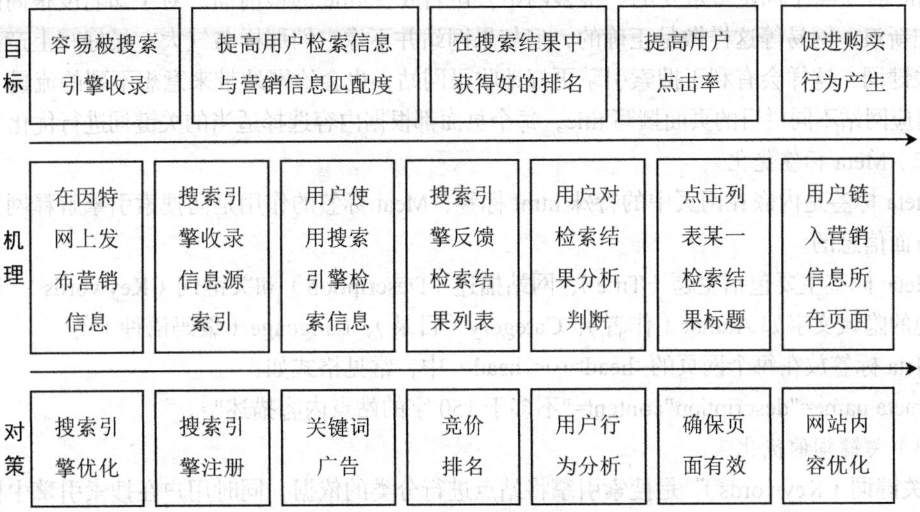

图 8-4　搜索引擎营销的基本原理

2. 搜索引擎注册

在搜索引擎网站上进行注册，按照是否收费可以划分为收费注册与免费注册两种；按照注册方法，可以划分为直接到搜索引擎网站上注册、利用搜索引擎注册工具注册和到提供注册服务的网站上注册三种；按照注册的内容可以划分为竞价排名、登记分类目录、购买关键词广告等形式。直接到搜索引擎网站上注册是最普通的一种方法，只要登录到要注册的搜索引擎网站，该网站上一般都有登录新网站的链接，单击它，然后在提示下输入自己网站的相关信息就可以了。利用搜索引擎注册工具注册，该工具则可以将注册请求同时提交到几个、几百个甚至上千个搜索引擎网站上，这样就可以大大减轻工作量，提高注册效率。到提供注册服务的网站上注册，这类网站提供的功能和搜索引擎注册工具类似，你只需填入网站的相关资料，单击"提交"，该网站就会自动将你的注册信息提交到几十个甚至上百个搜索引擎上去。

3. 搜索引擎优化

根据 CNNIC 历次发布的统计报告，用户得知新网站的主要途径中搜索引擎占居首位，因此，在主要的搜索引擎上注册并获得最理想的排名，是网络营销的基本任务。为了使企业网络营销网站的信息能排列在显著而靠前的位置，就需要进行搜索引擎优化。搜索引擎优化就是为了在搜索引擎中获得好的排名而进行的针对性设计，如设置 META 标签中的关键词、网站描述，以及对网页标题、网页中信息的合理设计等。每个引擎在排名中都有各自的算法，但是内容都是关键和根本。企业应该尽量了解这些搜索引擎的规定与算法。

（1）标题优化

标题是搜索引擎判断一个网页和用户输入的关键词关联程度的重要内容，标题设计不合理会影响搜索引擎对网站的索引和收录。网页标题是出现在 Web 浏览器顶端名称栏的内容，是网页文件源代码<title>与</title>标记符之间的那段文字，标题是搜索引擎用于确定网页内容主题最重要的因素。

<title>20～30个字的网站标题</title>

标题优化首先要保证标题中一定要包含关键词，其次需要注意，标题不要太长，一般在20～30个字。

title前3~4个词是最重要的。很多网站公司名放在title的最前面，对于知名度很高的大网站，如新浪、网易等这样做是正确的，但如果网站并不像它们那样名气大，最好写上产品或服务的关键词，这样会有利于搜索引擎更好地收录网站，也会给网站带来意想不到的流量。

对应网站不同栏目的页面撰写title，每个页面都根据内容选择适当的关键词进行优化。

（2）Meta标签优化

Meta标签是内嵌在网页中的特殊html标签，Meat标签的作用是向搜索引擎解释网页是有关哪方面信息的。

Meta标签主要包括主题（Title）、网站描述（Description）和关键词（Keywords）。还有一些其他的隐藏文字如Author（作者）、Category（目录）、Language（编码语种）等。

Meta标签放在每个网页的<head>…</head> 中，常见格式如：

<meta name="description"content="不多于150字的站点内容描述">

（3）关键词的优化

“关键词（Keywords）”是搜索引擎将站点进行分类的依据，同时用户在搜索引擎中检索信息都是通过输入关键词来实现的。Keywords标签是一个隐藏的标签，它向搜索引擎提供了一组与网站页面有关的关键字或关键短语列表。

<meta name="keywords"content="逗号或空格隔开的20～40字符的关键词">

关键词之间要用逗号或空格隔开，逗号表示逻辑运算“或”的意思，空格表示逻辑运算“与”的意思。关键词一定要与网页内容有关，且不能重复，也不是越多越好，最好不要有空洞的没有意义的大众化词汇，如最好的、漂亮的、优秀的等，尽量避免采用热门关键词等。网页信息中一篇文章里的关键词也要适度，密度太高可能会遭到作弊惩罚。

一般来说，可以运用一定的方法找出有效的关键词。例如，选几个主要的搜索引擎，输入初步拟订的网站关键词，然后Search。一般情况下会得到一个很长的列表，打开前几位的网站，打开源文件，查看这些网站的META标签（META标签在 <head>...</head> 中，看看这些网站的Keywords，从中借鉴一些你没有想到的词，最后归纳出自己网站的关键词。

（4）图片的优化

搜索引擎收录网页信息时，主要针对的是文本信息，而对于图片内容却无能为力。对于网站上的图片信息，则要优化图片标签，特别是通过图片标签突出网站的关键词。

（5）友情链接优化

一个网站的链接有三种情况：一是单方面被其他网站链接，二是单方面链接其他网站，三是相互链接。谷歌、百度等搜索引擎把一个网站被其他相关网站链接的数量作为评估网站级别的依据之一。因此，对于一些小型网站则要通过适度的友情链接实现搜索引擎的优化，友情链接应该主要指向被那些高质量的、高相关性的网站链接，如果只是一般的网站链接，效果则不一定很好。

（6）网站结构优化

遵照国际Web标准，通过对网站结构的优化，使企业网站更符合用户的浏览习惯和搜索引擎的收录标准。网站结构的优化还要确保网站内部链接的有效性，即每个网页间是相通的。

网站首页属于第一层链接，首页上的链接指向的网页为第二层，如果在第二层页面上还有指向下级网页的链接，则被该链接引导的页面为第三层，以此类推。所有搜索引擎都能访问网站的全部页面，不管它隐藏有多深。搜索引擎在收录网页时是有先后次序的，所以将重要的页面置于靠上的链接层也是搜索引擎优化的好办法。

（7）网站地图优化

在网站首页上提供一个纯文字的网站地图链接到每个页面就为搜索引擎爬虫（或叫机器人）提供了一条可以方便地进入各个页面的途径，而且能确保每个页面单击不出两次就可以返回到首页。

（8）动态网页静态化

各个网站采用的制作工具不同，有些网站使用 ASP、JSP 等动态网页，但动态网页对搜索引擎并不友好，容易使大量页面不能被搜索引擎收录。而 HTML 格式的静态网页则为搜索引擎收录网页信息提供了方便。

知识拓展： Alexa（www.alexa.com）是一家专门发布网站世界排名的网站。Alexa 的网站世界排名主要分两种：综合排名和分类排名。综合排名也叫绝对排名，即特定的一个网站在所有网站中的名次。Alexa 每三个月公布一次新的网站综合排名。此排名的依据是用户链接数（Users Reach）和页面浏览数（Page Views）三个月累积的几何平均值。Alexa 分类排名，一是按主题分类，如新闻、娱乐、购物等，Alexa 给出某个特定网站在同一类网站中的名次。二是按语言分类，目前分 20 种语言，如英文网站、中文网站等，给出特定站点在所有此类语言网站中的名次。对于中文网站的排名，目前只发布排在前 100 名的网站名单。Alexa 排名是根据用户下载并安装了 Alexa Tools Bar 嵌入 IE 等浏览器，从而监控其访问的网站数据进行统计的，因此，其排名数据并不具有绝对的权威性。但由于其提供了包括综合排名、到访量排名、页面访问量排名等多个评价指标信息，且目前尚没有更科学、合理的评价参考，所以，大多数人还是把它当作当前较为权威的网站访问量评价指标。

8.4 域名策略

8.4.1 域名的基本概念

1. IP 地址

为了在网络环境下实现计算机之间的通信，互联网上的任何一台计算机都有一个唯一的 IP 地址，而且同一个网络中的地址不允许重复。IP 地址是在互联网上为每台主机分配的由 32 位二进制数字组成的唯一标识符。很明显，这些数字不太好记忆，为了便于记忆，可以将这 32 位的二进制数字分成 4 组，每组 8 位，用小数点把它们分开。如 202.99.96.140（这是天津 Chinanet 的入网主机 IP 地址），前 3 组数字为网络号码，第 4 组号码为所在特定网络上的某一主机号。有了 IP 地址，互联网上的任意两台计算机之间便可以进行联机通信了。

随着地址不断被分配给最终用户，IPv4 地址枯竭问题也在随之产生。下一代 IPv6 的设计采用 128 位地址长度，可以为地球上每平方米提供 1 000 个网络地址。

2．域名

根据2004年12月20日起施行的《中国互联网络域名管理办法》的定义，域名是互联网上识别和定位计算机的层次结构式的字符标识，与该计算机的互联网协议（IP）地址相对应。

为了便于记忆，给网络上的每台计算机都命名不同的名字，网络上采用域名系统（DNS）为其命名，即把IP地址进行符号化。域名命名时是按层次进行的，名字越靠后的层次越高，命名时是从高级到低级按层次授权进行的。域名一般有三级到四级，其通用的格式如表8-1所示。一级域名往往是国家或地区的代码，如中国代码为CN，英国代码为UK，日本代码为JP等；二级域名主要表示主机所属网络的性质，如表8-2所示；三级域名一般是自定义的个性化网站名称。

表8-1　域名的通用格式

案例	四级域名 自定义网站名	三级域名 自定义网站名	二级域名 网站性质	一级域名 国家或地区代码
1		.cnnic	.net	.cn
2	.robot	.haier	.com	
3		.sohu	.com	
4		.lenovo		.cn

表8-2　常用国际域名

域名	含义	域名	含义
com	公司	firm	企业或公司域名
edu	教育机构	info	提供信息服务的单位的域名
gov	政府部门	biz	商务（business）
int	国际机构	name	个人用户
mil	军事网点	CC	商业公司（Commercial Company）
net	网络机构	asia	亚洲地区域名
org	社会组织	mobi	手机域名

8.4.2　域名设计策略

域名是企业在互联网上的名称，一个富有寓意、易读易记、具有较高知名度的域名无疑是企业一项重要的无形资产。域名被视为企业的“网上商标”，是企业在网络世界中进行商业活动的前提与基础。所以，域名的命名、设计与选择必须审慎，否则，不仅不能充分发挥网站的营销功能，甚至还会对企业的网络营销产生不利的影响。策划、设计一个域名一般要考虑以下几个方面的问题。

1．处理好域名与企业名称、品牌名称及产品名称的关系

为了在消费者中塑造企业网上与网下统一的形象，也为了使网站的推广更容易，域名可以采用企业名称、品牌名称或产品名称的中文或英文字母，这样既有利于用户在网上网下不同的营销环境中准确识别企业及其产品与服务，又有利于网上营销与网下营销的整合，使网下宣传与网上推广相互促进。目前大多数企业都采用这种方法。

- 域名的长度。域名越短越好。短的域名不仅易记，而且输入方便，不易出错。简单的数字、字母的组合容易被记住，这样的网站登录的人就多。域名的印象即一个域名在人们

看了第一眼后能够记住的程度，对于这个域名的价值很重要。11.com、33.com、78.Com、999.com、567.com 和 678.com 都是价值百万元以上的域名。4.cn 这个域名估值几百万元。

- 域名的意义。好的域名，其意义一眼就能让人看出来。现在的注册者喜欢使用中文的拼音，但是因为汉字的多音字很多，往往造成理解上的困难。而那些有着明显含义的英文字母、数字组合往往能取到意想不到的效果。如 travle.cn、computer.cn 这些有含义的词汇，域名价格也不错。
- 域名的后缀。对于商业应用来说，.com 域名无疑是最具诱惑力的，而.net 及.org 域名就差得多了。

2．域名要好读、好记、好用、好听、好看、好传、好找

域名不仅要易读、易记、容易识别，而且要好听、好看、容易传播，同时还应简短、精练，便于查找使用。这是因为，用户上网通常是通过在浏览器地址栏内输入域名来实现的，所以域名作为企业在互联网上的地址，应该便于用户直接与企业网站进行信息交换。因为简单精练、易记易用的域名更容易使顾客选择和访问企业的网站。如果域名过于复杂，则很容易造成拼写错误，无形中增加了用户访问企业网站的难度，相应地就会降低用户使用域名访问企业网站的积极性与可能性。

3．域名要具有国际性

由于互联网的开放性和国际性，其用户可能遍布全世界，只要能上网的地方，就可能有人浏览到企业的网站，就可能有人对企业的产品产生兴趣进而成为企业潜在的用户。所以，域名的选择必须能使国内外大多数用户容易识别、记忆和接受，否则就会失去开拓国际市场的机会。目前，互联网上的标准语言是英语，所以，命名最好用英语，而网站内容最好能用中英文两种语言。例如，雅虎为了成为国际性名牌，在全球建立了 20 个有地方特色的分站，如与中国香港网擎资讯公司合作，将其中文搜索引擎结合到雅虎中文指南的服务中，与方正联合推出 14 类简体中文网站目录，从而更好地为中国网民服务，而不只是简单地向中国网民提供英文服务。又如，亚马逊公司的非英文语种有法语、德语、日语等 8 种。

4．域名要有一定的内涵或寓意

企业网站域名的命名与设计不能随心所欲，最好能满足以下一条或几条要求。

1）要结合并反映本企业所提供产品或服务的特性。例如，阿里巴巴、一拍、淘宝、易趣都反映了拍卖网站的业务特性，中国搜索、百度、搜房等网站域名都反映了网站搜索门户的业务特性。

2）能反映企业网站的经营宗旨。例如，一搜要做中国第一搜索网站。Google 取自数学名词“古戈尔”（googol，10 的 100 次方，即数字 1 后跟 100 个零，指巨大的数字）的谐音。这显然是一个富含远大战略目标的创业梦想。八佰拜源于 800Buy 音译，800 意味着方便的服务，体现企业产品质量百分百、客户服务百分百、工作效率百分百、引领时尚百分百、技术保障百分百、信守承诺百分百、创新进取百分百、以人为本百分百 8 个百分百的经营理念。Buy 直译为“购买”，体现企业自信（Belief）、团结（Unity）、活力（Youth）的企业精神。

3）用户喜闻乐见，不要违反禁忌。冯小刚 2001 年的贺岁片《大腕》调侃“搜狐”的著名段子是这样的：“搞个网站叫搜狗，他们搜狐我们搜狗，各搜各的。”据说，搜狗网站域名的灵感正源于电影《大腕》中的对白。搜狗意味着专业、灵敏、服从、善解人意，且域名容易记忆，这个专业搜索引擎的独立推出将使搜狐重新引领国内搜索市场。中文网站新浪网的 Sina 一直受到质疑，原因在于“Sina”在日语中和“支那”的发音相同，而支那是日本右翼对中国的蔑称，因此，在选择域名时要避免可能引起的文化冲突。

4）寓意深远，富有创意等。51job 网站取“无忧”的谐音，象征网民无忧无虑地找到自己合适的工作；亚马逊原是世界上最长河流的名字，亚马逊书店采用这一响亮的名字，获得了极大的成功；珠穆朗玛峰是世界上最高的山峰（海拔高度 8 848.13 米），域名用 8848，谐音是“发发誓发”，按中国人的理解是一定成功的意思。而且，珠穆朗玛峰在国外又具有极高的知名度，因为它是世界第一峰，其冲击力是相当明显的。Yahoo!（雅虎）代表“yet another hierarchical officious oracle”，意为“又一个有影响力的、好为人师的 Oracle”。

5．域名要符合相关法规

设计与注册域名还要符合相关法规对此的规定。《中国互联网络域名管理办法》中规定，任何组织或个人注册和使用的域名，不得含有的内容有：反对宪法所确定的基本原则的；危害国家安全，泄露国家机密，颠覆国家政权，破坏国家统一的；损害国家荣誉和利益的；煽动民族仇恨、民族歧视，破坏民族团结的；破坏国家宗教政策，宣扬邪教和封建迷信的；散布谣言，扰乱社会秩序，破坏社会稳定的；散布淫秽、色情、赌博、暴力、凶杀、恐怖或者教唆犯罪的；侮辱或者诽谤他人，侵害他人合法权益的；含有法律、行政法规禁止的其他内容的。这些都是设计、注册互联网域名时需要注意的问题。

8.4.3 域名保护策略

1．域名要及时注册

根据现行有关法规，域名与企业名称、产品名称及商标名称并不要求必须一致。一个域名只能由一家企业注册，该企业并不一定要拥有与该域名相同或相似的企业、商标或产品名称。但是，不知情的顾客常常根据自己知晓的企业及其产品或商标名称搜索其网站，如果企业及其产品或商标的名称已经被他人抢先注册，那么企业的合法权益则可能受到侵犯，自己积累的无形资产则可能因此而流失，这就要求富有战略眼光的企业应该把自己企业及其产品与品牌的中英文名称及时注册成域名，以防止被别人抢注的风险发生，确保自己的未来收益。

我国目前的域名管理是根据国家有关规定，并参照国际互联网络域名管理准则，实行后置审查为主，前置预留为辅的原则。信息产业部发布并自 2004 年 12 月 20 日起施行的《中国互联网络域名管理办法》第二十四条规定，域名注册服务遵循“先申请先注册”的原则。第二十五条规定，为维护国家利益和社会公众利益，域名注册管理机构可以对部分保留字进行必要保护，报信息产业部备案后施行。除前款规定外，域名注册管理机构和注册服务机构不得预留或变相预留域名。

企业追讨丢失的域名一般有两种途径：一是通过法院诉讼或域名争议程序解决；二是直接向原注册者协商赎买。当发生域名争议时，解决办法有三种：一是到法院诉讼；二是到仲裁机构申请仲裁。其前提必须是争议双方有仲裁协议或约定。而实务中，通过此途径来解决域名侵权纠纷的并不多见；三是到域名争议解决机构申请解决。此途径具有快捷、高效和费用低廉的优势。

法律法规中规定的恶意注册行为包括故意造成与原告提供的产品、服务或原告网站的混淆，误导网络用户访问其网站或其他在线站点的；曾要约高价出售、出租或以其他方式转让该域名以获取不正当利益的等。

2．设计注册相似域名

由于域名命名的限制和申请者的广泛，因此极易出现相类似的域名，从而导致用户的错误识别，影响企业的整体形象。例如，经常有人将 www.whitehouse.com 错误地当作白宫的网站 www.whitehouse.gov。因此，企业最好同时申请多个相近似的域名，以避免企业自身形象受损的可能。另外，为便于顾客识别同一企业不同类型的服务，企业也可以申请类似的但又有所区别的系列域名，如微软公司的 www.microsoft.com 和 home.microsoft.com 提供不同内容的服务。美国通用汽车公司中国网站域名为 www.gm.com.cn，但域名 www.gm.net.cn 却是中国金药网域名。搜狗搜索引擎网站（www.sogou.com）和搜狗网（www.sougou.com）域名就容易混淆。85818 是网上购物中心（www.85818.com.cn）的域名，而域名 www.85818.com 却是另一家网站的域名。

实例 2005 年，Google 被迫以超过百万元的代价赎回几年前未及时注册的 CN 域名——Google.com.cn 和 Google.cn，创下了 CN 域名史上的交易最高价。

2005 年 3 月 14 日，国际电器巨头松下电器一口气注册了 102 个 CN 域名，其中包括与 songxia、songxiadianqi 及 panasonic 三个英文词相关的、容易引起歧义的地级 CN 域名；2005 年 3 月 16 日，汽车大鳄大众汽车急注了 67 个 CN 地级域名，将涉及 volkswagen 及 vw 两个英文词所有可能引起争议的 CN 域名全部揽入其中，为企业全面构建起牢固的 CN 域名保护圈。

跨国企业一般已经注册了完备的国际顶级域名，除了企业、产品商标，还有与这些商标相似的一些字母组合等，甚至包括一些含有污辱性的词汇，例如，国际零售巨头沃尔玛就已经注册了 200 多个由粗俗名称构成的域名，担心那些域名容易让人联想成玷污“沃尔玛”形象的名称。国内知名企业可以借鉴国外的做法，除了注册企业的所有品牌之外，还要考虑到与品牌相关组合的中英文注册成各个后缀的域名，如 myhaier、haiergroup 等。

3．按照国际标准选择顶级域名

一般来讲，将域名最后有类似“cn”、“jp”、“hk”等地区性标志的域名称地区域名。例如，其中以“cn”结尾的域名是代表中国大陆的地区标志，对中国用户来说，即国内域名。与此相对应，如果域名不是以地区标志结尾的，一般都称为“国际域名”。从功能上讲，这两类域名没有任何区别；但在注册费用上，国内域名收费要比国际域名收费低 50%左右。从实际使用的角度来讲，到底注册哪类域名，取决于企业开展业务所涉及的地域范围、目标用户的居住地，以及企业业务发展的长远规划所涉及的区域等因素。如果企业的业务大部分都是跨国界的，就应该考虑注册国际域名，或者同时注册国际域名和国内域名，这样就可以保证国内、国外用户能较容易地通过互联网获得企业及其产品的信息。

4．申请注册网站名称

网站名称就是企业为自己网站所起的名字，如搜狐、网易、一搜等，网站名称一般作为网站徽标的一部分，放置在网页最显著的位置。网站名称不同于中文域名，网站名称是人们对网站的称谓，而中文域名是网站在互联网上的地址，其区别如同人的姓名与身份证号码一样。网站名称一般到当地工商管理部门注册登记，以免自己的合法权益受到侵害。例如，网站名称都为“中国商品网”的网站其实却是域名为 www.cscst.com 和 www.goods-china.com 的两个不同的网站。

5．及时续费保护

域名注册实行年费制，即每年要向域名注册机构缴纳一定数额的管理费。在实际注册中，根据年限长短、申请的域名数量多少还可给予一定程度的优惠。对于续费截止日未完成续费的域名将暂停服务，注册服务机构届时将提醒企业，暂停服务15日仍未完成续费的域名将予以删除，重新开放给公众注册。

8.4.4 域名统分策略

1. 统一域名策略

统一域名策略是指企业的网络营销活动主要通过现有的企业网站（综合性行政网站，也称企业官方网站）展开，其网络营销页面以目录的形式放在企业网站的域名之下。其网络营销页面域名一般形式为“企业网站域名/产品名或营销页面名”。这是国内外大多数企业都采用的一种域名策略，如表8-3所示。

表8-3 统一域名策略案例

企业名称	企业总站域名	企业网络营销频道	企业营销网站页面地址
格兰仕集团有限公司	www.galanz.com.cn	商务中心	www.galanz.com.cn/Business/index.asp
电子工业出版社	www.phei.com.cn	网上书店	www.phei.com.cn/bookshop
摩托罗拉（中国）	www.motorola.com.cn	产品介绍	www.motorola.com.cn/A780/
南风化工集团	www.nafine.com	产品营销	www.nafine.com/nfcpyx

这种域名策略的优点是突出宣传企业，节约网站建设、维护及宣传等费用，但很难针对某一细分市场，突出某一品牌产品。如果消费者偏好某一品牌产品，却不知道是哪家企业生产的产品时，找到该产品网页则会有一定的难度。

2. 总分域名策略

实施总分域名策略，企业的网络营销活动是通过相对独立的分网站完成的。企业网络营销网站域名的一般形式为“网络营销分网站名.企业网站名.com”，如表8-4所示。

表8-4 总分域名策略案例

企业名称	企业总站域名	企业网络营销网站名称	企业网络营销网站域名
联想集团	www.lenovo.com	阳光易购	www.shop.lenovo.com
搜狐	www.sohu.com	搜狐商城	www.store.sohu.com
易趣	www.ebay.com.cn	男士服装与配件	menclothing.ebay.com.cn

与上述统一域名策略相比，实行总分三级域名策略可以使企业有更多的相对独立的网页空间宣传企业的产品，而且每个产品拥有一个三级域名，使消费者既可以根据企业名称，也可以根据产品名称搜索到企业的网站。

3. 独立域名策略

独立域名策略是企业在母网站之外设立独立的子网站开展网络营销，同时，设计使用、申请注册独立的网络营销域名，并且母子网站之间建立起相互链接关系，如表8-5所示。

表 8-5　独立网络营销网站域名策略案例

企业名称	企业总站域名	企业网络营销网站名称	企业网络营销网站域名
海尔集团	www.haier.com	海尔网上商城	www.ehaier.com
		海尔 B2B 采购	www.ihaier.com

实施独立域名策略，一般是那些技术上能够基本完成网上购物流程，而且产品种类较多的企业，为了集中力量开展网络营销而建设的专业化网络营销网站。

4．多域名策略

多域名策略是指企业在网络营销活动中，针对不同的目标市场、不同的业务、不同品牌的产品或者出于其他考虑而分别设计注册截然不同的两个或两个以上的域名，并建立相互链接的多个网站的域名策略。丝宝公司按照其品牌设立的一组域名如表 8-6 所示。

表 8-6　丝宝集团多域名一览表

网站名称	域名	网站名称	域名
丝宝集团网站	www.c-bons.com.cn	洁婷品牌产品网站	www.ladycare.com.cn
柏兰品牌产品网站	www.balance.com.cn	伊倍爽品牌产品网站	www.ufresh.com.cn
美涛品牌产品网站	www.maestro.com.cn	风影品牌产品网站	www.s-dew.com
舒蕾品牌产品网站	www.slek.com.cn		

5．家族域名策略

家族域名策略是多域名策略的一种特例，一般是指实行多元化经营的企业集团在网络营销活动中，针对不同的目标市场、不同成员企业、不同的业务、不同品牌的产品或出于其他考虑而分别设计注册具有家族特征的一系列域名，并建立起相互链接的多个网站的域名策略。实施多域名策略与家族域名策略的主要目的在于以下几个方面。

（1）不同的业务使用不同的域名

一些实行跨行业混合多元化经营的大型企业集团或跨国公司，因为其所经营的业务关联度很小，目标顾客重合度也很小，所以一般按照不同业务建立彼此独立的网站，这样既能方便访问者，又能便于各自的维护与运营。

（2）传承并保护现有品牌

如宝洁公司在主网站之外，直接以所经营的品牌注册域名，既方便消费者对现有产品的查询与了解，也使现有品牌的作用延伸到网上市场，这也是对现有品牌资产的有效保护。

（3）扩大企业产品网上市场的辐射面

企业除主网站域名外，还把以众多品牌和服务项目命名的系列域名网站登记在搜索引擎网站，再宣传推广到各种媒介，这样，消费者只要知道企业一个品牌的信息，就会链接到企业及其他产品的网站，大大扩展了企业产品在网上市场的辐射面。

例如，美国的通用电气公司在大部分子网站域名前面都加上“GE”标识，通用汽车公司在大部分子网站前面都加有“GM”标识，韩国三星电子的家族网站域名前都加有 SAMSUNG，亨氏集团家族网站域名前大多加有“HEINZ”的标识。我国的 TCL 集团各成员企业网站域名前大多加有“TCL”标识，并相互链接，以强调企业集团的整体网络形象，如表 8-7 所示。

表 8-7　TCL 集团家族域名（部分）一览表

网站名称	域名	网站名称	域名
TCL 集团网站	www.tcl.com.cn	TCL 国际电工有限公司	www.tcl-elc.com
TCL 金能电池有限公司网站	www.tclbattery.com	TCL 照明电器有限公司	www.tcl-lighting.com
TCL 移动通信有限公司	www.tclmobile.com	TCL 网络设备有限公司	www.tclnetworks.com
TCL 万维科技	www.tclinfo.com	TCL 空调器有限公司	www.tclac.com
TCL 王牌电子有限公司	www.tclking.com		

注册使用多域名多网站开展网络营销的缺点是：投入加大，分散企业总体形象，宣传推广力量分散等。因此，实施这种策略应该慎重分析，权衡利弊。

8.4.5　域名交易

2005 年 2 月 4 日，我国域名注册管理机构中国互联网络信息中心（CNNIC）正式发布了《域名交易服务规则》。该规则对规范国内域名交易行为、促进域名资源的优化配置提供了有力保障。根据《域名交易服务规则》规定，域名交易将涉及“域名交易管理机构”、“域名交易服务机构”及“域名交易人”等几个方面。其中“域名交易管理机构”是指中国互联网络信息中心，作为国家授权的域名注册管理者，负责运行和管理相应的域名交易系统，维护域名交易中央数据库，认证域名交易服务机构提供域名交易服务。“域名交易服务机构”是经 CNNIC 认证从事域名交易服务的专门性组织。

根据《域名交易服务规则》规定，域名交易过程分为交易准备、交易请求、验证请求、锁定域名、进行交易、交易确认、交易码（Trading Code）、域名过户和交易完成后解除锁定恢复正常状态九个环节。

8.5　网页策略

8.5.1　企业营销网站页面的组成

在网络营销活动中，网站信息内容的表示主要就是通过网页的设计与组织完成的。一个完整的企业网站通常由两类页面组成：主页（Home Page）和普通页面（Page），它们是企业向外发布信息的载体。图 8-5 为一个简单的网页系统树。网页具有文字、图片、色彩、声音、动画、电影等所有广告媒体的功能。企业的产品、服务信息及广告信息可以放在网页上，从而达到塑造企业形象、宣传企业产品的目的。

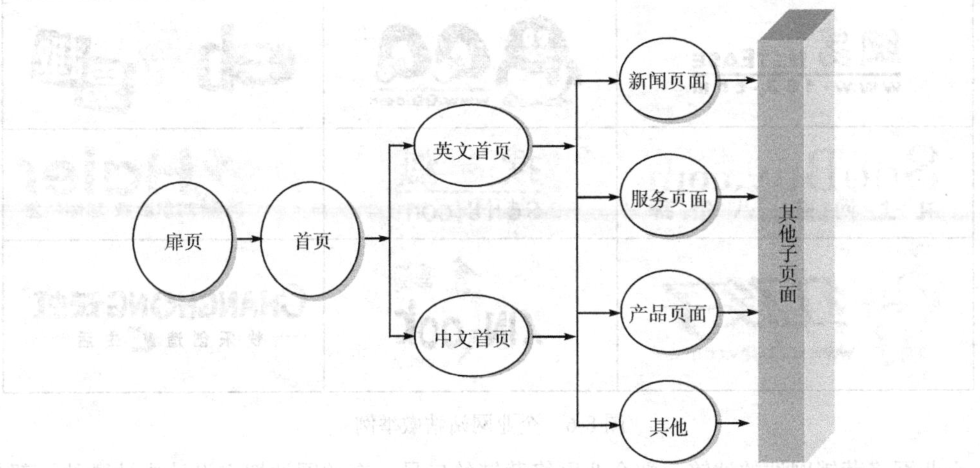

图 8-5　网页系统树

1．扉页

为了产生较强的视觉冲击力，产生使人“耳目一新”、“回味无穷”、“印象深刻”的视觉效果，一些网站在主页之前，设计制作了一帧或多帧“熠熠生辉”、“充满动感”、形象生动的页面，内容多为企业标志、商标、主题活动公告或情景广告等，为后续网站的内容形声造势，前奏铺垫，我们把这些主页之前的页面称作扉页。但是，由于这些扉页需要“Loading…”，需要花费较长的时间才能看到，因此可能会使顾客放弃访问。所以，设有扉页的网站要设计选择图标，让不愿意等待的访问者可以直接进入首页。

2．主页

主页也称企业网站的首页，是一个企业在网上的“门面”，是网站内容与栏目的总体反映，所以，它也称企业的形象页面，将给浏览者留下对企业及其网站的第一印象，是网站页面中最重要的部分，它的设计对整个企业网站来说非常重要。通过主页应将企业名称、标志、用户与企业的联系方式、当前最重要的新闻等提供给访问者，最重要的是在主页上提供对网站简洁清晰的导航菜单或图标、简要的购物简介等。主页设计与制作应遵循快速、简洁、吸引人、信息概括能力强、易于导航等原则。主页应具备的基本成分包括以下几点。

1）页头。在网站主页的首要位置，要有企业网站的站徽（Logo）、站铭及企业标志等。这样可以使浏览者一打开网页便知道这是哪个企业、哪个网站的主页。注意，标志不要太大，否则会影响下载时间，不耐烦的浏览者或许连标志还没有看到就离开了。

站徽是将企业网站的名称、性质、经营理念、网络营销口号、中英文域名、网址等因素，通过具体的文字、图形、字母、数字、符号等要素抽象概括设计而成的一种企业网站的标志，如图 8-6 所示。它能使人们在看到站徽标志的同时，自然产生对企业网站的联想，从而对企业网站产生认同与识别。例如，看到围着红领巾的企鹅，人们很快会想到腾讯；看到尾巴高翘的狐狸，自然就想到搜狐。站徽与企业的网络营销紧密相关，它是网站推广、日常营销活动、广告宣传、站点社区文化建设、对外交流必不可少的元素，随着企业的成长，其价值也在不断地增长。好的站徽设计无疑是日后无形资产积累的重要载体。

图 8-6　企业网站站徽举例

企业网络营销网站的站铭，即企业网络营销的口号。有的网站把它设计成站徽的一部分；有的网站则单独设计铭牌，放置于企业网站主页的顶端、中部或右上角；也有的网站将铭牌放在主页右下角处；还有一些企业把站铭放置在所有页面上。

2）导航菜单或图标。导航菜单如同浏览网站的“导游图”或“内容目录”，所以应使主页上的导航菜单或图标能快速连接到企业网站的其他页面，以方便上网者的浏览和购买。

3）联系方式，如 E-mail、普通邮件地址、电话或 QQ 等方便顾客咨询联系的方式。

4）版权信息，声明版权所有者等。

5）其他信息。

3. 普通页面

普通页面是按照营销网站建设规划，适应网络营销需要，制作发布的一系列页面。具体包括哪些页面并无统一的规定与要求，企业可根据自己的实际情况规划设计。例如，企业新闻页面、企业产品或服务页面、用户支持页面、营销调研页面、企业信息页面、广告与促销页面、公关页面、独立销售页面等。

8.5.2　网页设计步骤

1. 根据网站建设的目的，确定网站应有的功能

企业网页的设计要根据不同的营销目标进行有所区别、有所侧重的策划。同时，还应把网站建设目标、网络营销目标根据各目标的重要性、战略位置等因素，通过树状结构图反映出来。总目标常常是不具体的和间接的，必须把总目标层层分解，即把总目标分解为若干分目标，再进一步分解为次级分目标，直到分目标具体直观、能落实到具体的网页功能为止，这是非常重要但又易于被人们忽略或轻视的一步。

2. 根据目标用户需求，确定网页的内容

企业营销网站的网页主要是为目标市场服务的。因此，网页设计与策划中应牢记要以“消费者需求”为中心，而不是以“美术完美”为中心进行设计规划。只有清醒地认识到谁是网站的用户，他们需要网站通过网页给他们提供什么，他们最感兴趣的内容是什么，他们喜闻乐见的网站风格是什么，才可能通过网页向他们提供所需要的服务和信息。确定目标市场的用户需求后，应该进一步了解要满足这些用户需求，网站应包含哪些内容。然后，把这些初步确定的网页内容以策划草案的形式写出来，以征求项目负责人或其他相关业务人员的意见和建议。

3．根据网页内容，收集整理信息

网页应包含的内容确定以后，就要根据网页的内容向相关的各部门或各处室、各相关人员收集整理所需要的信息资料了。在信息的收集和整理过程中，从技术的角度来说需要注意以下问题：建立一个收集信息、转换为 HTML 和不断更新信息的工作流程；把信息生成一个目录结构，并在文本之间建立超文本链接；要尽量保持信息结构的灵活性，以适应以后修改、调整或更新的需要等。

4．总体策划网站网页，形成网页逻辑结构图

如何把收集整理出来的信息以适当的形式表现出来，形成易于人们查找的信息结构，是吸引人们反复访问页面的关键。根据网站内容策划方案的规划，可以大致画出网站结构图，结构图有很多种，应依据网站的内容而定。画出结构图的目的主要是便于有逻辑地组织网站网页和链接，而且这个图也是网页设计中分配工作和任务的依据。

网站建设是一个长期持续进行的工作。因此，在网站策划中还应考虑：网站网页要具有可调适性，即网站网页的结构是否合理，能否适应将来的不断调整与发展。例如，有些重要的现在还不能实现，但将来肯定会实现的功能模块，从长远的角度考虑就应该在结构图中预留接口，甚至摆上介绍性质的静态页面或菜单。这样做，对自己来说，逻辑清晰，容易扩展与延伸；对浏览者来说，也不致对以后网站的结构调整感到困惑。

5．遵照网页结构图，设计与制作网页

统驭网站内容的网页结构图形成以后，下一步就是对各个页面内容的详细设计了。网页设计中需要注意：在目前大多以万维网形式访问主页的通信条件下，主页页面要尽量简洁、紧凑；在文字与图像的安排方面，应考虑到远程用户的困难，其指导思想为以文字信息为主，声像信息为辅，因为声像太多会影响下载的速度；在网页设计中，最好能请一个有经验的专业美术设计人员参与设计。

6．网页发布

将这些文档转化为 HTML 文档并上传到网站上。

8.5.3　网页设计艺术

1．适当使用表格

在网页中使用表格，可以使网页内容的分类清晰明了，使网页更加美观，但表格文件需要很长的下载时间，而且表格下载要等整个表格都传过来以后才能在浏览器中显示出来。如果下载时间太长很容易发生中途断线，使用户的查询前功尽弃，而且浏览者往往不愿浏览下载时间较长的文件。因此，在设计网页时，应尽量不使用表格，如果必须使用的话，最好将表格压缩到尽可能小，或者可以将一个大的表格转换为几个小的表格。

2．慎重使用新技术

在设计主页时，是否使用尖端的技术，一定要看这种尖端的新技术是否能在各种流行的浏览器上得到支持。如果不是介绍网络新技术的专业网站，那么就一定要慎重地运用网页制作的新技术，一定要牢记用户方便快捷地得到所需要的信息是网页策划与设计首要的原则。当然，对于网站设计者来说，也必须注意不断地学习、掌握网页设计的新技术，并根据网站内容和形式的需要合理地应用到设计中。

3．巧妙使用色彩

色彩是艺术表现的要素之一，色彩的使用也是一门艺术。网页设计中如果能恰如其分、巧妙地使用各种色彩，不但可以使网页增加美感，而且还可以使浏览者赏心悦目、心旷神怡，同时，也能降低浏览者的疲劳感，增强网站的吸引力。

1）在网页设计中，应遵循和谐、均衡和重点突出的原则，根据人们对色彩的心理感受，将不同的色彩进行合理搭配来装饰页面。例如，设计出售冷冻食品的虚拟店面，就应使用淡雅而沉静的颜色，使人心理上有一种凉爽的感觉。

2）网页的颜色应用并没有严格不变的规范，既不能单调乏味，也不能毫无节制地运用多种颜色。一般情况下，应先根据网站总体风格的要求和网站的特点确定一两种主色调，已经导入企业形象识别系统（CIS）的企业，为保持形象的统一，最好按照其中的VI进行色彩运用。

3）在网页的色彩运用过程中，还应注意不同社区文化的差异。例如，由于国家种族、宗教信仰、风俗习惯、文化修养、职业个性等的文化差异，不同的人群对色彩的喜恶程度也有很大的差异。儿童喜欢对比强烈、个性鲜明的纯颜色；生活在草原上的人喜欢浓重的红色；生活在闹市中的人喜欢淡雅的蓝色；生活在“沙漠”中的人则喜欢青翠的绿色。

4）由于各种系统处理色彩的方式不一样，而且不同的浏览器（如网景公司的Navigator和微软公司的Internet Explorer）处理色彩的方式也不同，在一些系统上看着好的主页，在其他系统上视觉效果不一定就好。因此，要进行必要的测试，以便有对策地处理类似的问题。

5）网页颜色的设计要使用户能通过链接的颜色判断出页面是否已经被访问过，从而了解访问路线，这是大部分浏览器所支持的标准导航辅助特性之一。要让用户明确各种链接颜色的含义，而且要使颜色的使用一致。例如，用户还没有访问过的页面链接为蓝色，已经访问过的页面链接应该是紫色或红色，不要把这些颜色混淆起来。

4．科学规划版式风格

网页设计作为一种视觉语言，要讲究版式的编排和布局，版式设计要通过文字与图形的完美组合，表达出网页风格布局的和谐美。对于多页面网站，网页的编排设计要求把页面之间的有机联系反映出来，特别要处理好不同页面之间和同一页面内各内容之间的关系。总之，为了达到最佳的视觉效果，网页版式设计应讲究整体布局的合理性，使浏览者有一个流畅的视觉体验。例如，据有关机构调查，网络用户对网页的浏览视线轨迹一般呈F形；若要建立一个虚拟的网上百货商店，装饰风格就应该按产品类型有逻辑地分类布设。

5．适时更新网站信息

企业建立网站后，其信息要适时进行更新。网站信息的不断更新，可以让浏览者了解企业的发展动态和了解企业新的产品或服务的供应信息，但更新的速度也不能太快，要给用户一定的选择比较、考虑决策的时间。当然，网上信息更新太慢又会使用户对企业能否提供新产品或新服务失去希望。特别要注意把那些过期的页面内容彻底从服务器上清理掉。同时，网页设计要有足够的弹性，要使网站管理人员能比较容易地对原来制作的网页进行修改调整。

6．尽量缩短网页下载时间

好的主页在强调页面美观的同时，也应考虑用户的下载速度。有研究表明，网页反应时间如果超过10秒，用户就会失去兴趣。所以，网页的设计要考虑其下载速度，尽量节约访问者的时间。实际工作中，可以将设计好的页面在一般的调制解调器上检测一下其下载时间，勿使其超过30秒（这是有关统计分析所认为的浏览者等待下载的忍耐限度）。企业网站也要尽可能地提高自身的软硬件配置，这是因为，如果网站本身的配置低，即使用户的配置再高，下载时间也还是会很长。

7．网页不宜过长

互联网上，网页和网页之间可以用标题、图案等轻易地链接。但是，有的网站将许多资料包括在单一的页面上，使浏览者要滚动许多次页面才可以将整页内容看完，这样常常使浏览者忽略屏幕显示范围以外的内容。为此，一方面要将关键的内容和导航选项尽量置于网页的顶端，另一方面应尽量少出现过长的页面。

8．尽量方便用户导航

一个网站是由许多网页构成的，必须要有一定的组织形式将它们有机地组织起来。在一开始设计网站的时候，就应该十分清楚所要展示信息的体系结构，并且把它清晰地展现给用户，使用户一看就能够知道他们所在的位置。每个页面都应该有一个通向主页的链接，以及该页面在网站中逻辑位置的指示。要确保每个页面，或者至少每组页面具有一个“回到主页”（Return to Home）的开关，且所有的网页都要包含明确的指示，以表明它们属于哪个网站。

9．合理使用动态效果

在主页设计中，加入许多栩栩如生的动画图像虽然增强了页面的整体吸引力，但动态图像（如滚动字幕、变换的选择框及持续的动画）会给浏览者造成一种视觉刺激的效果。一方面不利于他们停留在这个页面上继续浏览那些静态的文字部分的内容；另一方面不断运动的页面元素、运动的图像容易对人的视觉感受产生不良影响，闪烁的东西更是令人无法忍受。所以，页面应该创造平和而安静的环境以方便用户阅读。

10．努力保持链接的有效性

人们对网站最为反感的是其中经常有链接失败和无法显示的图案。因此，在将每个链接放到页面上之前，应该对其有效性进行验证，并要定期检查，确定它们目前是否仍然有效。

【复习思考】

1. 一个不具备自己建立网站条件的企业应该如何利用网络开展营销活动？
2. 解释营销网站的概念，一般来说，营销网站应该具备哪些功能？
3. 营销网站的页面应如何设计？营销网站的页面设计应体现哪些方面的艺术性？
4. 网站推广有何重要性？企业的网站推广策略有哪些方面？
5. 什么是域名？域名在网络营销活动中有什么作用？企业的域名策略有哪些？
6. 何谓搜索引擎优化，网站搜索引擎优化有哪些好处？如何实现网站的搜索引擎优化？

【技能训练】

1. 下面关于域名的表述错误的是（　　）。

A．域名是企业在网络上的地址体现

B．域名相当于在网上的一种企业商标

C．原则上域名的选择可随意

D．网络上可能存在两个相同的域名

2. 在IE地址栏中输入“http://www.sohu.com/”链接的是（ ）服务器。

A. Web　　B. FTP　　C. Mail　　D. 数据库

3. 百度域名为 www.baidu.com，但域名 www.baidu.net 是上海百度密封材料有限公司的域名。这反映了百度在实施（ ）策略方面意识不强。

A. 域名保护　　B. 统一域名　　C. 独立域名　　D. 单一域名

4. 一个网站只能有唯一的IP地址，但可以有多个域名，此说法正确吗？（ ）

5. 在域名中，对于美国之外的国家地区采用两位字母表示域名，中国的域名为（ ）。

A. CN　　B. ZG　　C. GB　　D. BJ

6. 如有网址 www.cctv.com.cn，则这个网址的顶级域名是（ ）。

A. CN　　B. COM　　C. CCTV　　D. WWW

7. 为了区别互联网中的主机，为主机分配了一个 IP 地址，目前一个 IPv4 地址还是由（ ）位二进制数组成的。

A. 8　　B. 16　　C. 32　　D. 64

8. 互联网中用于撰写WWW网页的描述性语言是（ ）。

A. HTML语言　　B. HTTP　　C. FTP　　D. C语言

9. HTTP是一种（ ）。

A. 高级程序设计语言　　B. 域名

C. 超文本传输协议　　D. 网址

10. 网络营销站点域名采用“企业网站域名/产品名或营销页面名”的形式属于（ ）。

A. 总分域名策略　　B. 统一域名策略

C. 独立域名策略　　D. 多域名策略

【实习实践】

1. 登录www.ip.cn、www.ip138.com，查询你上网所用计算机的IP地址，输入某一网站域名查看该域名对应的IP地址是多少。

2. 登录站长之家网站（www.chinaz.com），使用站长工具输入某一网站域名，查看该网站备案信息、IP 地址、百度收录、WHOIS 查询、PR 查询、ALEXA 查询、友情链接检测、SEO综合查询等项目。

3. 登录阿里巴巴网站，实践下列项目内容，并写出实习报告。

（1）完成“会员注册”，思考为什么要注册成为会员。注意注册过程要填写哪些内容（填写有效电子邮箱地址），注意记录会员名、密码及邮箱地址。

（2）与同桌同学一组，分工负责操作“我要采购”与“我要销售”，将“电子商务模拟实习软件”的产品供求信息登记发布出去，然后进行模拟交易，在一定期限内可能有供求网商与你联系。

4. 登录中国万网（www.net.cn）、中国频道（www.china-channel.com）、美橙互联（www.cndns.com），查询你希望注册的国际域名与国内域名是否已经被别人注册；实践“域名服务”、“网站制作”、“企业邮箱”、“网站推广”等项目内容，了解“独立主机”与“虚拟主机”建站收费情况；依次操作实践域名注册各阶段内容，并写出实习报告。

5. 登录百度，打开“加入百度推广”，了解百度搜索推广、网盟推广、品牌专区、图片推广、人群定向、百度商桥、百度统计、推广助手、百度指数，并写出实习报告。

6. 登录中国互联网络信息中心网站（www.cnnic.net.cn），了解注册中文域名、通用网址操作内容，并写出实习报告。

7. 登录中文搜索引擎指南（www.sowang.com），学习有关搜索引擎知识与技巧。

8. 如果你要建设一个校园网上超市，制定出网站建设、推广与运营方面的战略规划，并写出项目计划书。

9. 登录易名网（www.namenic.cn）、易名中国（www.ename.cn）、中域互联（www.118cy.net）等域名交易网站，了解域名交易知识，如有条件可实践有关项目。

10. 登录中国网站排名网（www.chinarank.org.cn），了解网站排名各项指标的概念，在该网站搜索口输入你们学校网址或关键词或网站名称，了解你们学校网站全国排名第几，有哪些网站与它建立了链接，客户流量如何分布等信息，撰写分析报告，提交给学校网管以做参考。下载安装中国网站排名工具条，随时了解你所登录的各个网站的有关指标数值。思考这对你的网络营销有何启发。

11. Alexa（www.alexa.com）是一家专门发布网站世界排名的网站，登录该网站了解中文网站 TOP 100 有哪些。输入你们学校网址，看能提供哪些分析数据，撰写实践报告与同学交流。

12. 反向链接又被称为链接广泛度，就是网络中其他站点对本站点投的支持票；反向链接数量越多，越说明站点具备很高的价值，越受到搜索引擎及用户的重视。在谷歌、百度搜索栏中输入“domain：某网站域名”或“link：某网站域名”或直接输入某网站域名，在雅虎搜索引擎中输入“domain：某网站网址（带 http://）”或“link：某网站网址”，分析链入本网站的站点有哪些。

13. 登录网络营销指南（www.wgo.org.cn），操作网络营销指南首页→网络营销工具→搜索引擎蜘蛛 Spider 模拟器，体验蜘蛛收录某一网站网页结果。实践关键词密度演示工具、Alexa 网站排名查询、网站访问量统计分析工具、Google Dance 检测、网站无效链接检查、PageRank 值查询、网站外部链接查询、搜索引擎收录查询、关键词创建工具、企业网站专业性在线评价、CN 域名 WHOIS 查询、国际域名/IP 地址 WHOIS 查询等内容。

登录站长之家网站，使用站长工具，单击搜索蜘蛛、机器人模拟工具，输入某一网站域名，体验搜索引擎机器人机理。

14. 操作“开始→程序→附件→记事本”，在记事本中输入以下 HTML 语句：

```
<html>
<head>
<title>网络营销实训室</title>
</head>
<body>
<h1 align="center">欢迎访问××大学网络营销实训室</h1>
<h2>欢迎访问网络营销实训室网站管理中心</h2>
<h3>欢迎访问网站管理中心搜索引擎营销部 sem 部</h3>
<h4>搜索引擎营销专员××欢迎您</h4>
```

<p align="center">××大学网络营销实训室始建于 2008 年 8 月 8 日，功能完备，技术先进，能为培养合格的网络营销高等技术应用型专门人才提供强有力的保障。</p>

<hr align="center" width="100%" size="4" color="#3333ff">

<h5 align="center">欢迎学习网络营销知识与技术</h5>

《网络营销理论与实务 3.0》分析网络营销现状，跟踪网络营销发展，传播网络营销知识，培养网络营销意识，讲授网络营销方法，训练网络营销技能，解析网络营销案例，启发网络营销创意。

<hr align="center" width="100%" size="4" color="#3333ff">

<p align="center">版权归××所有</p>

<h1 align="center">版权归××所有</h1>

</body>

</html>

将该文件保存为 1.htm（将*.txt 修改为 1.htm），存放到某一文件夹，然后在浏览器中打开，观察其结果。查阅有关 HTML 语言，看如何修改调整该网页格式。

15. 登录你们学校网站，然后单击“查看→源文件”尝试分析该站点需要进行哪些搜索引擎优化。

16. 下载安装环球商务信息发布系统，登录后填写信息内容，勾选或增加需要发布的网站地址，单击发送，查看发送结果。登录发送成功的站点，查看你发布的信息。

17. 登录友情链接平台 www.go9go.cn、www.oooip.com、www.sogouu.com、www.skycn.org.cn 了解与其他网站建立友情链接，登录 http://链接交换.com，单击“自动友情链接”自动加入，体验如何与其他网站实现互换链接。

18. 登录中国企业网络黄页（www.page.net.cn）、网络 114（www.net114.com）、中国 114 黄页网站（www.114chn.com）体验企业黄页、产品黄页知识，实践发布供应信息、发布求购信息、创建商铺等项目。

19. 登录自己的新浪博客，单击“进入页面设置”，添加“自定义组件”，添加“列表组件”，将自己的博客与你们学校的网站及你经常浏览的网站名称及地址输入相应位置，然后单击“添加”（见图 8-7），建立友情链接。

图 8-7 单击“添加”

将所有需要建立友情链接的页面都添加完毕后，单击“保存”（见图 8-8），回到首页，检验链接是否有效。

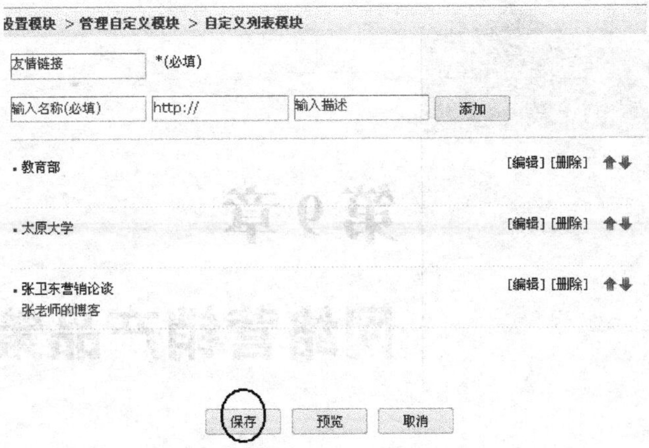
设置模块 > 管理自定义模块 > 自定义列表模块
友情链接
*(必填)
输入名称(必填)
http://
输入描述
添加
教育部
[编辑] [删除]
太原大学
[编辑] [删除]
张卫东营销论谈
张老师的博客
[编辑] [删除]
保存
预览
取消

图 8-8　单击“保存”

第9章

网络营销产品策略

✎ 对应工作（岗位）

商品管理员

🕮 商品管理员工作描述

- ☑ 负责企业营销网站产品信息的分类、编码、登录、发布、删除、查询、热卖推广等工作
- ☑ 负责规划与实施网络营销中售前、售中与售后服务的提供
- ☑ 通过各种沟通方式，为客户提供产品咨询和解答疑难

🕮 商品管理员工作要求

- ☑ 树立正确的网络营销产品整体概念与顾客服务意识
- ☑ 正确理解网络营销产品的概念与特点
- ☑ 能规划并实施有效的网络营销产品策略
- ☑ 能辨别并收集有效的网络营销新产品开发信息
- ☑ 熟悉网站商品管理、在线服务等模块的操作实务
- ☑ 熟悉网站所售商品的种类、档次、货号、品名、规格、价格、颜色、产地、商标、包装、生产日期、性能、质量、用途、保管、结构和维修等信息

9.1 网络营销产品的概念与特点

9.1.1 网络营销产品的整体概念

市场营销学所讲述的产品概念是一个整体概念，它是指商品交换活动中，企业为消费者提供的能满足消费者需求的所有有形或无形因素的总和。

因此，网络营销产品的概念可以概括为：在网络营销活动中，消费者所期望的能满足自己需求的所有有形实物和无形服务的总称。

9.1.2 网络营销产品的内容

根据网络营销产品在满足消费者需求中的重要性，可以将网络营销产品整体划分为以下 5 个层次的内容。网络营销产品各层次关系如图 9-1 所示。

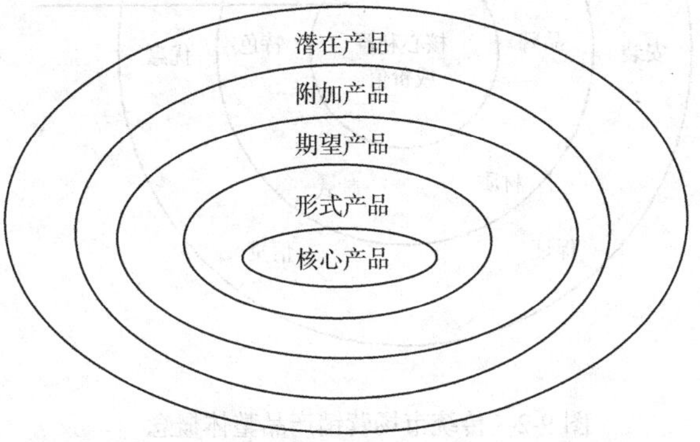

图 9-1　网络营销整体产品各层次关系

1．核心产品：产品的核心功能或基本使用价值

网络营销整体产品中，核心产品是指消费者希望通过交换活动得到的最为核心或最为基本的效用或利益。这一层次的利益是目标市场消费者所追求的共同的无差别的利益。例如，消费者购买计算机并不是为了获得一个带有显示屏、装有各种部件的机器，而是为了获得能满足自己学习、工作、娱乐等方面需要的效用。可以说，对于普通消费者而言，他们只是把计算机当作一个黑匣子，具体技术原理他们可能列举不出多少，但希望计算机提供给自己什么效用，他们却可以列举出许许多多。其实，企业产品的研制、生产与提供正是在研究消费者希望得到的这许许多多效用的基础上完成的。企业营销的目标就是要最大限度地满足消费者这许许多多的效用。哪个企业能更好地、更全面地满足消费者的这许许多多效用，哪个企业就能在市场竞争中赢得优势。

2．形式产品：产品的实体存在形式或外在表现形式

网络营销整体产品中，形式产品是指核心产品、期望产品、潜在产品的价值借以存在并传递给消费者的具体形式。如图 9-2 所示，对于实物产品，它主要由产品的质量水平、材质、式样、品牌、包装等因素构成。对于服务产品则由服务的程序、服务人员、地点、时间、品牌等构成。

3．期望产品：消费者所希冀的产品的个性化价值

网络营销整体产品中，期望产品是指在网络目标市场上，每个细分市场甚至每个个体消费者希望得到的，除核心产品价值之外的满足自己个性化需求的价值的总称。不同的消费者对同种产品所期望的核心效用或价值一般是相同的，但除核心产品之外，不同的消费者对产品所期望的其他效用，又会表现出很大的个性化色彩，不同细分市场或不同个体消费者所追求的产品价值又是富有个性的。例如，不同的消费者购买面包所期望的核心效用或价值都是充饥，同样是可以充饥的面包，有的消费者喜欢豆沙面包，有的消费者喜欢果酱面包，有的消费者却喜欢奶油面包等。又如，同样是上网聊天，人们追求的都是社交需要的满足，有的人以觅友为目的，而有的人以宣泄个人感情为目的，还有的人完全出于追求一种网络社交的体验等。

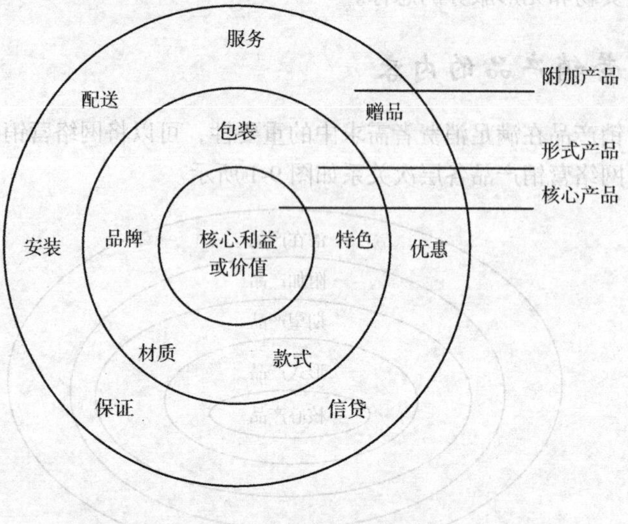

图 9-2 传统市场营销产品整体概念

4．附加产品：随购买行为产生而延伸的产品附加价值

（1）附加产品的概念

附加产品也称延伸产品，是指消费者选择网上购物希望得到的一些附加价值的总称。这一层次产品的内容是为了满足消费者因获得前三个层次的产品而派生出的延伸性需求，如图 9-2 所示。它通常包括销售服务、保证、优惠、信贷、免费、赠品等内容。它是产品的生产者或经营者为了帮助消费者更好地获得核心产品与期望产品而提供的一系列服务。例如，某干果网店铺在货品中会附赠开箱器、果壳袋、湿巾等很多体验品。

（2）网络营销附加产品创新

在网络营销过程中，网上顾客对附加产品的需求，除传统网下营销固有的附加产品外，还增加了许多新的内容，概括而言，主要包括 9 个方面，如图 9-3 所示。

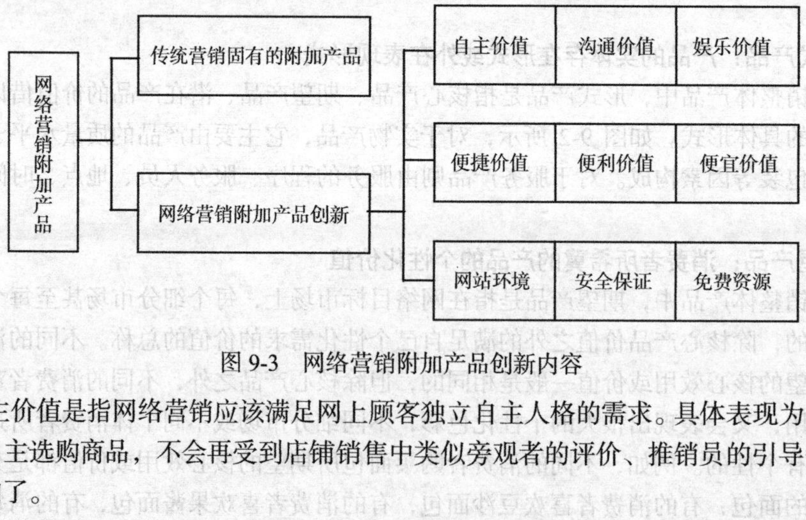

图 9-3 网络营销附加产品创新内容

1）自主价值是指网络营销应该满足网上顾客独立自主人格的需求。具体表现为自主选择网上商店，自主选购商品，不会再受到店铺销售中类似旁观者的评价、推销员的引导等不可排除的外界影响了。

2）沟通价值是指网络营销应该使企业与顾客的沟通效果更加理想。具体表现为网上顾客可以通过多样化的网络沟通方式方便地沟通信息，互动地解决问题。

3）娱乐价值是指网络营销应该使网上顾客的购物过程轻松愉快。网络营销提供了一种全新的体验，但是，由于网上购物是人与机器之间的交流，顾客也要承受前所未有的精神压力。因此，许多网络营销网站充分考虑到这一需求，设计了集动画、图像、声音、文字于一体的多媒体网页，使顾客可以在同一时间内获得多样化的集成信息，对产品有了更详细的视觉和听觉认识，同时效果也更为直观，满足了“顾客快乐购物的目的”。

4）便捷价值是指网络营销应该能降低网上顾客购物的时间成本，即尽量缩短购物过程所花费的时间，包括搜寻商品的时间、商品交易的时间及等待收货的时间。

5）便利价值是指网络营销应该能降低网上顾客购物的精力成本，包括脑力成本和体力成本，从而满足顾客方便购物的需要。此种情况一方面能使顾客拥有更多、更全、更准确、更鲜明的信息，较快地完成购物过程；另一方面能使顾客在希望的时间和希望的地点得到服务。

6）便宜价值是指网络营销应该能降低网上顾客购物的货币成本，使消费者从上网购物中得到实惠。顾客上网购物的成本包括产品价格、上网费用、上网终端设备硬件和软件的购置费用等。

7）网站环境是指网络营销应该能提供舒适的网站购物环境，应该努力把网站环境营造成清新、优雅、美妙的世界，网页设计应该集艺术性、娱乐性、欣赏性为一体，使消费者视购物为乐事。企业营销网站建设应该考虑顾客的需要和欲望，树立以顾客为中心的零售观念，并按照顾客的需要及购买行为的要求，组织设计网站栏目与页面内容。

8）安全保证是指网络营销活动中，企业应该做出必要的承诺与安全保证，并建立安全的交易与支付机制。在网络营销活动中，交易双方是通过互联网进行交换活动的，由于互联网安全问题没有完全解决，交易安全隐患很多，因此企业应该能够满足顾客保证交易与安全的需要。

9）免费资源是指网络营销应该尽可能地发挥网络技术优势向目标顾客提供适量的免费信息或其他免费资源。这既是培养现有顾客忠诚度的一种有效手段，又是吸引眼球提高网站客流量的重要策略。

5．潜在产品：满足消费者潜在需求的超值利益

网络营销整体产品中，潜在产品是指在核心产品、个性化产品、附加产品之外，能满足消费者潜在需求，尚未被消费者意识到，或者已经被意识到但尚未被消费者重视或消费者不敢奢望的一些产品价值。它与附加产品的主要区别是：顾客没有潜在产品仍然可以很好地满足其现实需求，但得到潜在产品，消费者的潜在需求就会得到较好的满足，顾客需求也会得到超值的满足，消费者对产品的偏好程度与忠诚程度会大大强化。在高新技术发展日益迅猛的时代，其实产品的许多潜在价值还没有被顾客充分认识到，这就需要企业通过消费者教育和消费引导活动，使消费者发现或认识到潜在产品。例如，联想推出天禧系列计算机时，在提供计算机原有的一切服务之外，还提供了直接上网的便捷服务。

9.1.3　网络营销产品的特点

经营适销对路的产品是企业营销活动的重要策略之一。电子商务、网络营销与网下营销相区别，最明显的特征是：信息流以电子数字信息的传输为主；拥有一个覆盖全球的互联网通道，电子信息在这一通道上具有“海的容量、光的速度”。

因此，开展网络营销就要经营适合以电子数据方式销售并适合利用互联网传递的商品。一般而言，适合在互联网上销售的产品通常具有以下特性。

1．产品形式：大多属于易于数字化、信息化的产品

可以说，通过互联网可以营销任何形式的产品，但最适合在网上营销的产品是那些易于数字化、信息化的产品，不同形式的产品，网络营销策略的重点是不一样的。例如，音乐、电子图书、信息软件、信息服务、网上咨询、远程教育、远程医疗等。经营这类商品，商家投资小，消费者购买方便，商品可以直接通过网络实现配送，消费者只需按几下鼠标就可以完成全部购物过程。如果企业经营的产品是大型机械设备，则网络营销的主要任务就是企业形象的宣传与产品品牌的推广，而非在线销售。

2．产品性质：一般属于质量差异不大的同质产品或非选购品

网络的虚拟性使得顾客可以突破时间和空间的限制实现远程购物或远程订购，却无法使消费者在购买之前进行较充分的实物挑选与评估比较。因此，适合在网上营销的产品一般属于质量差异不大的同质产品或非选购品，消费者可以从网上获得这类产品的信息，根据这些信息就能确定和评价其产品质量，如书籍、计算机、手机、预订机票、名牌产品等。又如高档时装、首饰等需要消费者反复试穿试戴才肯购买的产品就不适合在网上销售。

3．产品品牌：一般是那些名牌企业的产品或名牌产品

比较适合网络营销的产品一般是那些名牌企业的产品，或知名网站经销的产品，或名牌产品。这些产品可能属于质量差异比较大的异质产品，但对于这些企业或产品，早已经被众多的消费者购物实践证明过其货真价实、质量可靠，消费者在购物过程中只是认牌购物，不必再花费太多的精力和时间去比较选择。因此，尽管不属于挑选性小的同质产品，但也可以实现网上营销，如海尔系列产品、TCL系列产品的网络营销都比较成功。这是因为：首先，要在网络浩如烟海的站点中获得浏览者的注意，必须拥有明确、醒目、较高知名度的网上品牌；其次，一方面，网上购买者可以面对很多选择；另一方面，网上购物无法进行购物体验，只能认牌购物，以减小购物风险。所以，在网络营销中，生产商与经销商的品牌同样重要，具体要从品牌知名度的提高与美誉度的形成两方面做工作。

4．产品的顾客群：一般容量大、覆盖范围广、配送容易

网上市场是以网络用户为主要目标的市场，因此，适合在网上销售或能发挥网络营销优势的产品一般是那些市场覆盖范围较大的，且市场容量比较大的产品。如果产品的目标市场比较狭窄，虽然也能实施网络营销，但营销效益不佳，不能充分发挥出网络营销的优势。如果网络目标市场覆盖范围很广，市场容量很大，但网络营销的可到达性很差，或者物流配送体系跟不上，或者网络营销信息到达率很低，在这种情况下，也不适合网络营销的开展，或者说，至少在一定时间内不能开展。

5．产品价格：一般要有低价优势

互联网作为信息传递的工具，在初期是采用共享和免费策略发展而来的，一方面，网上用户比较认同网上产品价格低廉的特性；另一方面，由于通过互联网进行销售的产品成本低于其他渠道的产品，因而，在网上销售产品一般采用低价位定价。

6．产品价值：最好有不可替代的垄断性

企业的营销渠道可以有3种选择模式：一是单一的网下营销，二是单一的网上营销，三是网上渠道与网下渠道的整合运用。如果企业选择单一的网上营销渠道，一般应选择那些替代性不大、具有较强垄断性的产品，或者选择那些不太容易在网下设店经营的特殊品。如果经营那些消费者随处可得或极易替代的产品，则就很难形成网络营销优势。

9.2 网络营销顾客服务策略

9.2.1　网上顾客服务的概念与内容

1. 网上顾客服务的概念

在网络营销中，服务是构成网络营销产品的重要组成部分。企业通过互联网提供的服务产品，一种是属于网络营销整体概念中作为有形实体产品的附加产品或延伸产品的服务，它是网络营销附加产品重要的组成部分；另一种是独立向消费者传递价值的网上服务，我们称其为网上服务产品。

（1）作为网络营销附加产品的服务

作为网络营销附加产品的服务是传统企业开展网络营销的一项重要工作。有形实体产品的网络营销过程，根据顾客与企业发生关系的阶段，可以分为销售前、销售中和销售后 3 个阶段。因此，按照服务在有形实体产品的网络营销过程中所处的阶段不同，可以划分为以下 3 个阶段的服务：网上售前服务、网上售中服务和网上售后服务。

（2）有独立向用户提供价值的服务产品

服务是无形的商品，商品是有形的服务。服务本身也是商品，在网络营销活动中，网上企业可以利用信息技术及互联网的特性开发多种大众化的信息服务，如新产品开发与使用信息的发布、生活常识的介绍等；也可以提供众多专业化的信息服务产品，如网上股票信息、网上教学、网上诊疗等；还可以提供适应不同用户群的娱乐、消遣性的服务产品，如网络游戏、网上影院等。总之，互联网信息化服务产品的开发具有无限广阔的市场前景，它是人类社会的新的消费趋势。

2. 网上顾客服务的内容

网上顾客服务过程实质上是满足顾客除产品以外的其他派生需求的过程。因此，完善的网上顾客服务必须建立在掌握顾客这些派生需求的基础之上。用户上网购物所产生的服务需求主要有：了解公司产品和服务的详细信息，并从中寻找能满足他们个性需求的特定信息；需要企业帮助解决产品使用过程中发生的问题；与企业有关人员进行网上互动接触；了解或参与企业营销全过程 4 个方面的需求。因此，网上顾客服务的内容也主要有以下几个方面。

（1）全方位的信息服务

用户在做出购买决策之前需要了解产品或服务比较全面的信息，以增强决策的科学性。提供全面而详细的产品信息是网络营销的最大优势，这是传统的营销媒体难以比拟的。比如，化妆品商店应能向用户提供专业性、权威性、针对性强的美容建议；服装商店则应能提供适用的男女服装尺寸表及不同国家的尺码对照表，以及服装选购、使用与保养知识等。

（2）有针对性的个性化服务

从人们对服务的需求来说，电子商务时代是一个服务需求多样化、个性化的时代。网络营销的个性化服务正是反映了满足用户个性化需求的趋势，其特点是企业针对每个用户的不同需求状况提供相应的信息服务。例如，一些著名的美容产品营销企业，让顾客购物时提供自己的年龄、皮肤状况、眼球和头发的颜色及个人对色彩的偏爱等信息，并据此提供相应的美容建议。由于采用计算机处理数据，所以很快就能把信息在网上反馈给顾客。

某些技术性强的产品常常在用户使用过程中发生这样或那样的故障或问题，所以通过互联网还可以向顾客提供较为完善的售后服务。

（3）多元化的促销服务

网络营销还可以采用多元化的服务策略，使服务的方式和内容多样化。例如，可以采用传统的折扣优惠，包括批量折扣及热销商品、廉价商品和专家精选商品推销，更可以利用网络技术提供方便的服务。

（4）个性化的定制服务

网上个人定制是指作为网上用户，可以按照自己的目的和要求，在某一特定的网上功能和服务方式中，自己设定网上信息的来源和方式、表现形式、特定功能及其特有的网上服务方式等，以达到最为方便快捷地获取自己所需要的服务内容的目的。可以说，个人定制的服务方式是个性化服务的一种高层次的表现。

9.2.2 网络营销网站的顾客服务功能

提供良好的售前、售中、售后服务，提高用户满意度是增强网络营销吸引力与竞争力的重要途径。一般来说，为了满足网络营销中顾客不同层次的需求，一个功能比较完善的网络营销网站至少应具有下列顾客服务功能：

- 提供产品分类信息和技术资料，方便客户获取所需的产品、技术资料；
- 提供产品相关知识和链接，方便客户深入地了解产品，也可从其他网站获取帮助；
- FAQ，即常见问题解答，帮助客户直接从网上寻找疑难问题的答案；
- 网上虚拟社区（BBS 和 Chat），为客户提供发表评论和相互交流学习的园地；
- 客户邮件列表，即客户可以自由登记和了解网站最新动态，企业可以及时地发布消息。

借助网站这些基本的功能，企业一方面可以向用户发布产品或服务的信息，另一方面也可以从用户那里接收反馈信息，同时企业与客户还可以直接进行互动式沟通。网络营销服务策略如表 9-1 所示。

表 9-1　网络营销服务策略

服务阶段	网站功能
售前服务	注册搜索引擎、消费知识、产品知识、品牌或产品查询、网站地图、网下营销网络、专卖店查询、虚拟展厅、热卖促销产品、产品网站链接、电子优惠券、在线问答、电子杂志订阅、新闻组、会员注册
售中服务	在线购买指南、购物流程、订购方式、配送服务、付款方式介绍、网上购物电话咨询、购物车、订单查询、货物配送追踪、产品定制
售后服务	FAQ、下载专区、服务热线、在线报修、网下维修网络介绍、产品技术咨询、客户投诉、CRM、消费者俱乐部、BBS、友情链接

9.2.3 网上售前服务策略

1．网上售前服务的基本概念

网上售前服务是指企业在产品销售之前，针对消费者的购物需求，通过网络向消费者开展诸如产品介绍、产品推荐、购物说明、协助决策等的消费者教育与信息提供的活动。企业网络营销售前服务的主要任务是向潜在的用户提供全面有用的信息服务。这些信息包括产品技术指标、产品性能、式样、价格、使用方法、功能、特色等。

2. 网上售前服务的基本策略

（1）发布产品信息和相关知识，开展网上消费者教育，培养消费需求

销售之前，企业应积极地利用网络媒体开展多方面的消费者教育活动。一般来说，企业利用互联网提供售前服务的方式主要有两种：一种是通过自己的网站宣传和介绍产品信息，这种方式要求企业的网站必须有较高的知名度，否则将很难吸引上网用户的注意；另一种是通过由第三方经营的信息平台发布产品信息。

企业在设计网上产品信息的发布时应努力做到以下几个方面：第一，当客户看到这些产品信息或知识后，基本上不再需要通过其他渠道了解产品信息的效果；第二，很多企业提供的服务往往是针对某一特定群体的，为了保守商业秘密，可以用路径保护的方法，让企业和客户都有安全感；第三，对于一些复杂的产品，特别是一些高新技术产品，企业在详细介绍产品各方面信息的同时，还需要介绍一些相关的知识，以增强他们对购买行为的信心。在不损害社会利益、考虑消费者切实利益的前提下，可以利用网络展开发布信息，如介绍消费时尚、引导消费潮流、宣传消费知识、营造消费文化、培养消费观念等服务。

实例　宝洁的子品牌帮舒宝在互联网上进行的成功传播值得借鉴。在其网站上，年轻的父母不但可以看到大量关于照料孩子的知识，如孩子的安全、儿童疾病的防治等，而且还可以了解到专家关于孩子生理和心理特点的观点和看法。此外，帮舒宝网站还专门开辟了一个板块，让父母们讲述自己宝宝的故事。这一系列的传播活动提高了消费者对该品牌的忠诚度。类似的案例还有妮维雅、薇姿等品牌在瑞丽女性网、网易和搜狐等社区女性论坛上长期建立的品牌俱乐部。

（2）建立虚拟展厅以充分展示产品形象，激发购买欲望

网上购物的缺陷之一就是难以满足消费者眼观手摸商品的需求。如果建立网上虚拟展厅，利用网络立体逼真的图像，结合声音甚至味道来展示企业的产品，可使消费者如身临其境一般，感受到产品的存在，且对产品能有一个较为全面的认识与了解，这样将商品更好地展现在网上用户面前，可以激发他们的需求与购买欲望。在建立虚拟展厅时，企业应在展厅中设立不同产品的显示器，并建立相应的导航系统，使消费者能快捷地寻找到自己所需要的产品信息。例如，有的电子商务网站提供的网上订票业务可以在网上虚拟展示机舱内各座位的具体位置与环境等因素。

9.2.4 网上售中服务策略

1. 网上售中服务的基本概念

网上售中服务主要是指销售过程中的服务。这类服务是指在交易过程中，企业为了保证商品交换活动的顺利实现，而向用户提供的一系列服务活动，如简单方便的商品查询、体贴周到的导购咨询、简便高效的商品订购、安全快捷的货款支付、迅速高效的货物配送等服务。另外，在设计网上营销网站，提供网上订货功能的同时，还要提供订单执行查询功能，以方便顾客及时了解订单执行情况。例如，美国的联邦快递公司（www.fedex.com）通过其高效的邮件快递系统将邮件在递送过程中的信息都输送到指定的数据库，用户可以直接通过互联网查找邮件的足迹与最新动态，直到收件人安全地收到包裹为止。

2. 网上售中服务的基本策略

（1）设立“虚拟组装室”努力开展定制营销，满足个性化需求

在虚拟展厅中，对于一些可以由消费者自主决策进行组装的产品，在不影响产品性能、又在企业生产技术允许的前提下，可设计多种备选方案，由消费者根据自己的需求或喜好，对产品进行个性化组装。

（2）建立实时沟通系统，增强消费者网上购物的信心

用户对网上购物的安全性与可靠性存有较大的顾虑。如果能建立及时的信息沟通系统，则可以大大消除他们的顾虑，增强他们网上购物的信心。首先，企业应建立及时、快捷的信息发布系统，使企业的各种信息能及时地传递给消费者；其次，要建立信息的实时沟通系统，加强与消费者在文化、情感上的沟通，并随时收集、整理、分析用户的意见和建议；最后，要建立快速高效的用户查询系统。例如，在实体产品的物流配送中，有的企业能做到实时向用户报告货物踪迹的服务。另外，美国众多的电子商务网站上常常标有一些由第三方机构授予的表明信誉度、可靠度的标识，其实这也是一种无声的沟通，它在向用户传递一种可靠性的信息。

（3）发挥网络优势，提供个性化服务

个性化服务（Customized Service）就是按照用户特别是一般消费者的要求提供特定的有针对性的服务。个性化服务包括三个方面的内容：服务时空的个性化，即在人们希望的时间和希望的地点得到服务；服务方式的个性化，即能根据个人爱好或特色进行服务；服务内容的个性化，即不是千篇一律、千人一面，而是各取所需、各得其所。互联网为企业在以上三个方面给用户提供个性化服务提供了技术上强有力的支持。

9.2.5 网上售后服务策略

1. 网上售后服务的基本概念

网上售后服务就是为了使用户需求得到更好的满足，企业借助互联网直接沟通的功能，以便捷的方式满足用户在产品消费过程中所派生的各种需求。网上售后服务有两类，一类是基本的网上产品的消费支持和技术服务，包括帮助用户安装调试产品、排除技术故障、提供技术支持等服务；另一类是企业为满足用户附加需求而提供的各种附加产品的服务，如免费维修、定期保养、寄发产品改进或升级信息、接受顾客对产品或服务的信息反馈等。提供网上产品的消费支持和技术服务，可以帮助用户通过网站直接找到相应的企业或专家进行技术咨询，从而减少诸多不必要的中间环节。例如，美国的波音公司通过网站公布了其零件供应商的联系方式，同时将许多技术资料放到网站，以方便各地的飞机维修人员及时索取最新资料和寻求技术上的帮助。

与传统的网下销售服务相比，网上销售服务具有方便快捷、灵活高效、成本低廉、直接自助的特点，从而大大增强了企业的竞争实力。网上销售服务是24小时开放的，用户可以随时随地上网寻求支持和服务，不再受作息时间的限制；网上销售服务综合了许多技术人员的知识、经验和以往客户出现问题的解决办法，用户可以根据需要从网上自助寻求相应的帮助；网上销售服务的自动化和开放性使企业可以减少销售服务和技术支持人员，从而大大减少了企业的管理费用和服务成本。

2．网上售后服务的基本策略

（1）建立顾客数据库，积极管理顾客关系

消费者购物活动一般以“钱货两清”为终结。但在网络营销活动中，顾客是企业的一项重要资源，企业应树立关系营销观念，建立顾客数据库，以积极管理顾客关系，提高顾客的满意度，加强顾客的忠诚度，为企业培养出大批的忠诚顾客。以网上商店为例，通过顾客数据库，企业可以全面了解顾客的购买习惯、个性偏好等信息，从而在合适的时间用极具针对性的促销方案，通过电子邮件的方式向顾客推荐他所偏好或过去购买的产品。这样做不但营销效果好、成功率高，而且成本低、周期短，是巩固顾客关系的一种有效方式。

实例　美国贺轩卡片（HallMark）网站就有这样一个突破传统的非常受欢迎的服务——提醒服务。只要顾客将重要的日子，如父母、爱人的生日等填写好，并选好需要网站在这个重大日子的前几天提醒他，则网站就会提供这项服务。例如，一位顾客某天可能会接到贺轩商店的信息，告诉他爱人的生日要到了，并提醒他去年送的是巧克力，今年要不要考虑送只泰迪熊再加上一束玫瑰花，对这样的服务顾客当然会有所钟情的。

（2）提供良好的网上自动服务系统，提高顾客满意度

在消费者购物过程的最后一个阶段是购后评价阶段，消费者的满意程度取决于两个方面，即顾客实际所得的效用与顾客预期的效用。顾客的满意程度等于顾客实际所得的效用除以顾客预期的效用。显然，在网络营销活动中，如果能使顾客有一个合理的预期效用并充分认识到实际所得的效用是一个很关键的问题。

在网上售后服务过程中，如果能根据顾客的需要，自动适时地提供网上顾客服务，则是提高顾客满意度的重要途径。

（3）设计 FAQ 页面，解决常见问题

FAQ（Frequently Asked Questions）即常见问题解答。在网站中提供 FAQ 页面，主要是为顾客提供有关产品及公司情况方面的信息，它既能够引发那些随意浏览者的兴趣，也能够帮助那些在产品使用过程中遇到疑难问题的顾客迅速找到他们所需要的信息，获得常见问题的现成答案。如微软公司的网站中有非常详尽的“Knowledge Base”（知识库），对于客户提出的一般性问题，在网站中几乎都有解答。同时还提供了一套有效的检索系统，让人们在数量巨大的文档中能快捷地查找到所需要的东西。

（4）设计答疑解惑空间，解决疑难问题

与 FAQ 相比，这部分一般是解答一些不经常遇到的且相对深入的问题，特别是一些故障类的问题。对此，如果能通过网页比较清楚地表达出来，甚至分步列出解决问题的每个环节，就可以让顾客在企业的技术指导下自己解决问题，并因此树立企业或网站在顾客心目中的可信度。

（5）利用在线聊天室，营造一个与企业产品或服务相关的网上社区

在企业网站上建立的网上社区，可以用在线聊天让用户对企业的产品或服务评头论足。国外的某些公司甚至还提供售后服务人员通过 Web 与用户实时交流的渠道。这不仅可以稳定企业原有的用户，而且还可以吸引更多潜在的用户参与进来。顾客购买产品后，一个重要的环节就是购后的评价和体验，对于一些不满足可能会采取一定的措施和行动以寻求平衡。企业设计网上虚拟社区的目的就是让用户在购买后既可以发表对产品的评论，也可以提出针对产品的一些建议，还可以与一些使用该产品的其他用户进行交流。营造一个与企业的服务或产品相关的网

上社区，不但可以让客户自由参与，同时还可以吸引更多潜在客户参与。

（6）利用电子公告板（BBS）

BBS是一种简单实用的方法。但一定要做到有问必答，对于网上解决不了的问题应马上通过电话、传真、信函等传统的方式回复用户并加以解决。

（7）利用电子邮件列表

电子邮件是最便宜的沟通方式，用户一般比较反感滥发的电子邮件，但对与自己相关的电子邮件还是非常感兴趣的。企业建立电子邮件列表，可以让客户自由登记注册，然后定期向客户发布企业最新的信息，加强与客户的联系，这是很多企业网站经常采用的方法之一。由于参加电子邮件群组的访问者通常都是自愿的，而且一般都对同类问题有着共同的兴趣，所以这种方式的效果远远大于漫无目的的、轰炸式的电子邮件广告。

（8）利用交互式表格

许多网站上都设有“在线反馈”、“读者留言”等栏目，它们大多数是通过交互式表格（Form）实现的。Form是通过互联网获得顾客信息反馈的一种在线填写的电子表格。Form还有一种应用方法是自动发信，即把要发布的信息放到服务器上，在网站上公布信息的摘要，如“产品的名录和价格”、电子报刊的订阅信息等。只要用户在Form中输入自己的电子邮件地址并且单击“提交”按钮，有关“产品的名录和价格”或定期发行的电子报刊中的信息就会自动发送到用户的邮箱中。

3. FAQ的设计

精心设计 FAQ 页面不仅可以方便用户使用，而且还能够为企业和用户节约出许多在线时间。为此，必须能够使用户在网站上容易找到FAQ页面，而且页面上的内容必须清晰易读、易于浏览。一般来说，设计一个容易使用的FAQ需要注意以下问题。

（1）保证FAQ具有较高的效用

企业在网站上建立和设计FAQ时，必须要保证有一定的容量、广度和深度，问题的回答应尽可能地提供足够的信息，从而达到对顾客有实质性的帮助。而且要经常更新问题，回答客户提出的一些热点问题，要了解并掌握客户关心的问题有哪些。

（2）保证FAQ简单易用

为使FAQ简单易用，首先，企业网站可以提供搜索功能，用户只要输入关键词就可以直接查找到有关问题的答案；其次，可以采用分层目录式的结构来组织问题，以方便用户查询；再次，最好将用户经常遇到的问题列到前面；最后，对于一些复杂的问题，可以在问题之间加上链接。

（3）注意FAQ的内容和格式

要从用户的角度考虑问题，看看FAQ能使用户对企业产生什么样的认识。常用的方法是按主题将问题分成几大类，每类问题都有其对应的区域，这些区域基本上能够使用户明白在何处能查询到所需要的答案。

（4）信息披露要适度

FAQ为用户提供了企业有关的重要信息，但企业没必要把企业及其产品或服务的所有信息都公开，因为它可能给竞争对手了解企业的情况提供机会。所以信息披露要适度，就是要使FAQ既对顾客产生价值又不让竞争对手了解企业内情为准。

9.3 网络营销产品分类及策略

9.3.1 网络营销产品的分类

根据网络营销产品的具体形式来划分，可分为以下三种。

1. 实体产品

实体产品是指以能看得见、摸得着的有形实体为产品形式层的网络营销产品。它是以互联网作为交易媒体的实体商品营销活动的主要内容。例如，电子购物、网上市场交易一般都采取网上订货、网下交易或网上交易、网下送货的营销模式。

2. 数字化信息产品

数字化信息产品是指产品的核心产品、潜在产品、附加产品、期望产品能够以数字化信息的形式存在并通过互联网传递的网络营销产品。例如，通过互联网销售的计算机软件、书籍、音乐、图片、音像资料等。

3. 服务产品

服务产品是指网络营销产品的利益主要是通过企业所提供的某种服务获得的，也可以说网络营销产品的形式层是以服务的形式传递与获得的。例如，各网站提供的免费或收费的电子邮箱服务、搜索引擎服务、信息发布服务，或者远程教育、远程医疗、订票服务、旅游服务等。

9.3.2 产品组合策略

1. 产品组合的概念

产品组合，服务性企业称业务组合，即企业的业务范围与结构，实践中也称企业产品结构。它是指网络营销企业向网上目标市场所提供的全部产品或业务的组合或搭配。

产品组合中的全部产品可以分成若干条产品线，每条产品线中的每种产品又叫产品项目。所有这些产品大类和项目按一定比例搭配，就形成了企业的产品组合。

产品线是指产品组合中的所有产品根据某种分类标准划分成的产品大类。产品组合中的产品可以依据产品功能上相似、消费上具有连带性、供给相同的顾客群、有相同的分销渠道或属于同一价格范围进行分类。

产品项目是指每个产品大类中所包括的每种产品，即产品组合中的各种不同品种、档次、质量、价格或其他属性的特定产品。

2. 产品组合决策

产品组合决策一般是从产品组合的宽度、长度、深度和关联性等方面做出决策与规划的。

产品组合的宽度是指一个企业生产经营的产品大类的多少，即拥有多少条产品线。多则称之为宽，少则称之为窄。产品组合的宽度主要反映企业在网络营销活动中所涉及的产品或业务面的宽窄问题。

实例 红孩子于2004年3月成立，在线销售以母婴、化妆、食品、家居、保健、厨电等品类为主，共5万多种商品。2012年9月25日，苏宁电器正式宣布以6 600万美元收购母婴电商品牌红孩子。现在已经拥有奶粉辅食、尿裤湿布、洗护用品、儿童玩具、车床座椅、童装童鞋、儿童图书、孕妈专区八条产品线。如图9-4所示，2017年2月，海尔商城网上销售的产品有17个大类、56个项目，即海尔商城有17条产品线，因此其产品组合宽度为17，长度为56，深度则是3.3（56/17）。

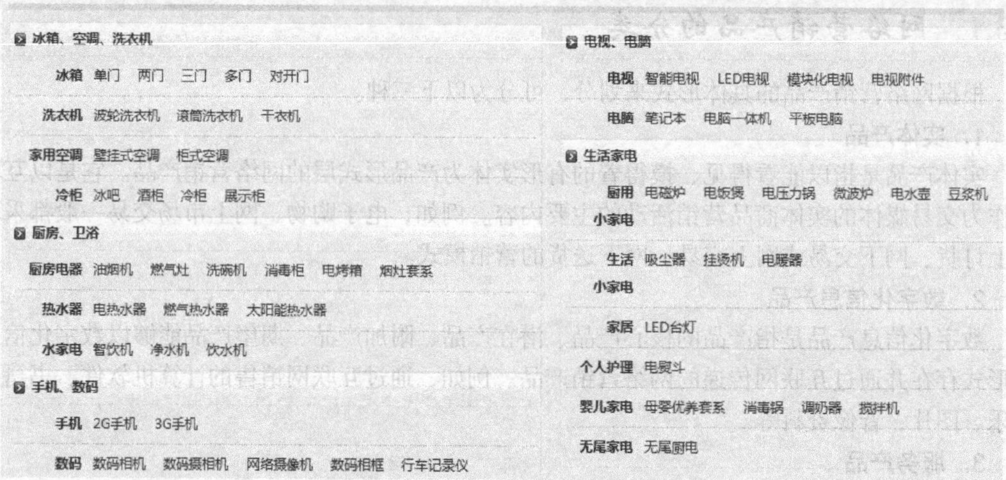

图9-4 海尔商城产品组合图示

产品组合的长度是指企业产品组合中包含在各条产品线中的所有产品项目的总数。产品组合的长度反映了企业在网络营销活动中所经营的产品项目内容的多少。多则称之为长，少则称之为短。

一条产品线中所包含的项目越多，说明企业经营的某一大类产品越齐全，开发的深度越大。所以，产品组合的深度是指企业产品组合中平均每条产品线所包含的产品项目数。产品组合的关联性是指各条产品线在最终使用、生产条件、分销渠道或其他方面的相互关联的程度。

3．扩充产品组合策略

扩充产品组合策略主要包括增加企业网络营销产品组合的宽度或增加产品组合的深度从而增加产品组合的长度等策略。

增加产品组合的宽度是指在原有的产品组合中增加一条或几条产品线，以扩大企业网上营销的产品范围；增加产品组合的深度是指在原有产品线内增加新的产品项目。增加企业网络营销产品组合的宽度，扩大企业网上营销的范围，可充分发挥企业各项资源的潜力，提高效益，减少风险；而增加产品组合的长度和深度，则可以使产品线丰满充裕，可以迎合广大网上用户的不同需要和爱好，以吸引更多的顾客，从而可以占领同类产品的更多细分市场。

4．缩减产品组合策略

缩减产品组合策略与扩充产品组合策略正好相反，是指企业减少网上营销的产品大类数或减少某一产品线内的产品项目数，从而减少产品组合长度的策略。从产品组合中剔除那些获利很小甚至不获利的产品大类或产品项目，使企业可以集中力量发展获利多的产品大类或产品项目。

例如，最初八佰拜陈列的商品有几万种，现在却只有1 000多种，但订单量比以前反而有所增加。炎黄新星CEO（首席执行官）张毅说，以前几万种商品，可能用户要查找到自己需要的商品并不容易，或者很难知道是否能够给他提供所需要的商品。而将产品精选细分，定位在做现在六大类时尚礼品服务后，用户就能留下很深的印象，就有一个很明确的目标去查找，也可能很快地找到。

5. 产品线延伸策略

产品线延伸策略就是突破企业网络营销原有经营档次的范围，使产品线加长的策略。其实，产品线延伸策略是实现扩充产品组合策略的一种重要途径。可供选择的产品线延伸策略主要有以下 3 种。

（1）向下延伸

向下延伸是指有些生产或经营高档产品的企业逐步增加一些较低档的产品，称为向下延伸。当企业生产经营的高档产品由于种种原因，不能再提高销售增长速度，而且企业又具备生产经营低档产品的条件，且能最大限度地避免向下延伸带来的风险时，可以采用该策略。

（2）向上延伸

向上延伸是指企业的网络营销原本只经营低档产品，现在逐步增加中高档的产品或业务，称为向上延伸。它一般适合下述几种情况：一是高档产品有较高的销售增长率和毛利率；二是为了追求高中低档产品齐全的完整的产品线；三是以某些高档的产品来调整整条产品线的档次。

（3）双向延伸

双向延伸是指有些经营中档产品的企业，在一定条件下，逐渐向高档和低档两个方向延伸，称为双向延伸。这种策略可以加强企业的竞争地位，击退竞争者，赢得市场领先地位。例如，八佰拜产品定位于中高端，汇集各种国内外著名品牌 1 500 余种，其比例为：高档品牌 10%、中高档品牌 30%、中档品牌 40%、大众品牌 20%。

9.3.3　网络营销品牌策略

1. 网络品牌的概念

网络品牌即网上市场品牌，也称网上品牌，它有广义和狭义两层含义。广义的网络品牌泛指网络企业名称、网站中文名称及标识、网站中英文域名、网络营销企业的网上形象、在网上销售的产品品牌等内容。目前，人们使用较为广泛的网络品牌概念多指网站中文名称、站徽及中英文域名。网络营销品牌策略则是指网站中英文名称、站徽及中英文域名的设计、注册与宣传推广策略。

实例　2007 年 10 月 23 日，B2B 电子商务网站阿里巴巴在香港 IPO（Initial Public Offering）首次公开募股。根据胡润当时品牌榜单，阿里巴巴的品牌价值高达 29 亿美元。而当时国家工商总局接到的“阿里巴巴”商标申请书则已高达 108 份。其中，北京正普科技公司被北京市高级人民法院判定：其申请的“阿里巴巴 alibaba”获得了在“植物养护”领域的商标所有权，在除“植物养护”以外的全部指定服务上的注册申请不予核准注册；而法国香怡国际企业集团则通过商标转让购买方式获得了“阿里巴巴”商标在珠宝饰品类领域的所有权。

狭义的网络品牌仅指在网上销售的产品的牌子，它是企业给自己的产品规定的在网上市场交换活动中所使用的名称与标志，通常是由文字、标记、符号、图案和颜色等要素或这些要素的组合构成的，可以用来识别一个企业或企业集团的产品，以便同竞争者的产品相区别。

2. 网络品牌策略

严格地说，网络品牌应该是就其狭义概念而言的。因此，网络品牌策略也就是指网络产品营销中所运用的品牌策略。一般而言，网络品牌策略包括以下几个方面的内容。

（1）新创品牌策略

如果企业网络营销面对的网上目标市场与传统的网下目标市场有很大差异，或者企业的现有品牌在传统的网下市场很不成功，希望借此机会重新塑造品牌形象，企业在开发网上市场时就可以考虑为企业产品重新设计、注册与使用一个全新的、适合网络营销的、富有个性的网上品牌。这种策略对于那些选择单一网上销售渠道的企业来说较为适用，但对于实行网上、网下双渠道营销的企业则不是十分合适。

（2）延伸品牌策略

延伸品牌策略包括两个方面的内容：一是将网上市场的知名品牌延伸运用到网下市场，如许多网络歌曲在网上市场受到青睐后，便转向网下唱片发行。一些网络文学受到广大网民认可后，开始通过网下传媒发布。二是将网下市场知名品牌延伸运用到网上市场。

如果企业已拥有一个在传统市场上具有很高知名度与美誉度的品牌，那么在开发网上市场时就可以将现有品牌延伸运用到网上市场，但应该考虑到网上目标市场、网上宣传推广手段、网上顾客的认知程度等的差异。

实例 2001年腾讯和广东东利行合作，推出了Q-Gen品牌及系列产品，此后腾讯又与品牌授权管理商——天络行公司进行合作，将QQ企鹅的品牌形象代理事宜全权交给对方负责。从2005年5月开始，短短一年时间，授权品类就包括童鞋、冰帽、华旗QQ碰碰机、塑胶玩具、QQ计算机周边产品、方便面、润唇膏、内衣、饰品等。QQ企鹅甚至一度被认为"中国本土第一卡通形象"。"把现实中的品牌商引入虚拟世界中"，是腾讯的商业设想。利郎、美特斯邦威、拜丽德、森马、NIKE、锐步、ESPRIT等时尚品牌都曾经选择腾讯QQ秀作为新款服装的网络"T型台"。

由芬兰罗维奥游戏公司为触摸屏智能手机研发的休闲智力游戏"愤怒的小鸟"自从2009年年底推出至今，已迅速火暴全球，获得巨大成功。2011年11月11日11时，芬兰罗维奥游戏公司"愤怒的小鸟"全球首家主题专卖店在赫尔辛基开张。专卖店不仅销售"愤怒的小鸟"游戏、毛绒玩具、T恤衫、书包和书籍，还为顾客提供自己动手体验"愤怒的小鸟"游戏魅力的机会。罗维奥公司40%的收入来自"愤怒的小鸟"游戏的衍生产品。

（3）品牌网站策略

品牌网站策略是指在网络营销活动中，企业为某一新创品牌或延伸品牌产品建立相对独立的站点或网页，有的企业还把这一品牌名称注册成中英文域名，从而使企业既可以站在企业的角度进行整体推广营销，又可以站在某一品牌的角度单独进行推广宣传。例如，宝洁公司旗下有72个著名的品牌，每个品牌都有自己独立的营销网站。

9.3.4 网络营销包装策略

"包"即包裹，"装"即装饰。产品包装是商品实体的重要组成部分，通常是指产品的容器、包装物及其设计装潢。包装在营销活动中的作用表现为：保护产品、便利消费、促进销售、适合储运。产品包装包括三个层次，网络营销的包装策略主要从这三个方面进行规划。

1. 内包装

内包装是包装产品的直接容器或器物，如饮料瓶子、香烟纸盒等，因此也称使用包装。这部分包装的作用主要是方便消费者的消费与使用。无论是传统营销还是网络营销，都应该根据产品的特点、性质及目标顾客的需求设计适用的包装。

2. 外包装

外包装是指能起到保护内包装、方便销售和促进销售作用的包装物，如酒瓶外的包装纸盒，因此也称销售包装。消费者一般会在购买商品后、使用商品前随即扔掉这部分包装。而网络营销属于无店铺销售形式，因此，包装的促销作用大大减弱，大部分商品可以省略华美精贵的外包装，既可以降低企业的营销成本，还可以降低价格，增加产品网络营销的优势，还可以让利于消费者，实现双赢的目的。

3. 储运包装

储运包装是指产品储存和运输过程中所使用的包装物。与传统店铺销售相比，网络营销对商品的储存、运输、配送有较高的要求。例如，传统市场营销中，产品分销遵循由批发到零售的模式，产品物流量常常是由多渐少，对大批量产品的包装要求较多。而在网络营销中，产品分销单件小批日渐增多，对单件小批产品的外包装则提出了更高的要求。

9.3.5　网络营销新产品策略

1. 网络营销新产品的概念

网络营销学中所讲的新产品是从网上市场和企业网络营销两个角度认识的。对网上市场而言，第一次出现的产品即新产品，或者说，凡是能给消费者带来某种新的满足、新的利益的产品，都可称新产品；对企业网络营销而言，第一次生产与销售的产品就叫新产品，或者说，只要产品整体概念中任何一部分有所创新、改革、改进的都属新产品。

2. 网络营销新产品开发方式

与传统的网下营销一样，新产品的开发过程一般由八个阶段构成，即形成构思、筛选构思、形成产品概念、制定营销战略、进行商业分析、研究试制、市场试销、正式投放市场八个阶段。但由于网络的运用，这一过程的各个阶段都不同程度地有所变化。

在新产品开发中，企业可以利用网络征集消费者对产品设计的构想，然后迅速地向顾客提供产品的结构、性能等各方面的资料，并进行市场调查。顾客可以及时地将意见反馈给企业，从而提高企业开发新产品的速度，降低企业开发新产品的成本。企业还可以利用网络电视会议等工具与其他公司协作共同开发新产品，以提高企业的竞争力与灵活性，减少企业本身开发新产品的复杂性和创新风险。通过互联网，企业还可以迅速建立和更改产品项目，并应用互联网对产品项目进行虚拟推广，从而高速度、低成本地实现对产品项目及营销方案的调研和改进，并使企业的产品设计、生产、销售和服务等各个营销环节都能共享信息，互相交流，促使产品开发从各方面满足顾客需要，最大限度地实现顾客满意。例如，企业可以展示尚未试制的虚拟产品，而不用像在传统网下营销活动中那样，要试制出一小批样品，从而减少新产品开发的费用和风险。

网络市场作为新兴的市场，网上消费者一般愿意先尝试新产品。因此，通过网络营销来推动新产品试销与正式上市不失为一种有效的策略与途径。

实例　试尚网（www.17try.cn）和试用网（www.itry.cn）是专业以试用为媒介进行品牌营销的传媒平台，通过展示商品、免费派发、产品体验的形式，搭建会员与企业之间最为直接的沟通桥梁。为商家提供在线市场调查，让想要获得产品试用装的用户填写问卷，或者完成一个商家设计的游戏，不知不觉中，商家获得了他们想要的数据，消费者也获得了产品的试用体验。

9.4 网络营销商品分类与编码

9.4.1 商品分类与商品目录

1．商品分类

商品分类是根据一定的管理目的，选择适当的商品属性或特征作为分类标志，将一定范围内的商品集合体科学、系统地逐次划分类别的过程。商品分类的方法一般有线分类法与面分类法两种。

线分类法（层级分类法）是将拟分类的商品集合总体按选定的属性或特征作为划分基准或分类标志，逐次地分成若干个层次的分类体系。一般分为大类、中类、小类、细类四层。线分类法的特征是，同层是并列关系，上下层是归属关系。线分类法是商品分类中常用的分类方法，采用线分类法编制商品分类目录时，必须预先留有足够的后备容量。面分类法是将拟分类的商品集合总体根据其本身固有的属性或特征，分成相互之间没有隶属关系的面，每个面都包含一组类目。一般都将面分类法作为线分类法的辅助或补充。

2．商品目录

商品目录以商品分类为依据，也称商品分类目录或商品分类集，是在商品分类和编码的基础上，用表格、符号和文字等全面记录商品分类体系和排列顺序的书面形式。目前我国常采用的商品分类体系可概括为基本分类体系、国家标准分类体系、应用分类体系三大体系。基本分类体系是按商品的用途作为分类标志，将商品分为生活资料商品和生产资料商品两大类。国家标准分类体系是以国家标准形式对商品进行科学、系统的分类编码所建立的商品分类体系。应用性分类体系则是以实用性为原则，为满足使用者的需要进行分类所形成的分类体系。

9.4.2 商品代码与商品编码

1．商品代码

商品代码是指某种或某类商品的一个或一组有序的符号排列，目的是便于人或计算机识别与处理的代表符号。商品分类与代码共同构成了商品目录的完整内容。

商品代码按其所用的符号类型可分为数字型代码、字母型代码、数字–字母混合型代码和条形码四种。

1987 年我国颁布了国家标准 GB 7635—87《全国工农业产品（商品、物资）分类与代码》，这是全国各部门、各地区必须一致遵守的商品分类与商品编码准则。该体系把我国生产的全部工农业产品、商品、物资划分为 99 个大类、1 000 多个中类、7 000 多个小类，总计 36 万多个品种。根据这一国家标准，商品代码编制的方法如下：

代码结构共分四层，即大类、中类、小类、品种，由八位数字组成。门类另用英文字母表示顺序。每层均以两位数字表示，从 01~99。第一、二、三层类目不再细分时，其代码后面补“0”，直至第八位。各层均留有适当空码，以备增加或调整类目用。各层数字为“99”的代码均表示收容类目。层内分成若干区间时，每个区间的收容类目一般用末位数字为“9”的代码表示。为满足管理上的特殊需要，第三层设有“开列区”，其类目用“01”至“09”表示，可按不同层次重新分类或按不同要求补充设置类目。如贸易粮的代码为 A01010100。不设开列区时，第三层代码从“10”开始编码，如移动式空调器的代码为 T78031005。

2．商品编码

商品编码是指根据一定规则赋予某种或某类商品以相应商品代码的过程，即赋予某类商品以统一的符号系列（顺序）。符号系列可由字母、数字和特殊标记组成。

9.4.3　商品条形码

商品条形码（Barcode，简称条码）是由一组宽窄不同、黑白或彩色相间的平行线及其对应的字符，依照一定的规则排列组合而成的“条”、“空”数字图形，是计算机输入数据的一种特殊的代码，包含有一系列的商品信息。商品条码根据其编码主体的不同，可分为商店条码和厂家条码；根据其使用范围的不同，可分为商品条码与物流条码。

1．商店条码

商店条码是指为便于 POS 系统对商品的自动扫描结算，商店对没有商品条码或商品条码不能识读的商品自行编制和打印条码，是仅限于本店内部使用的店内码。

2．厂家条码

一般所说的商品条码主要是指厂家条码。厂家条码是指生产厂家在生产过程中直接印在商品包装上的条码，它们不包括价格信息。目前，世界上应用的商品条码主要有国际通用商品条码（EAN 条码）和北美通用产品条码（UPC）两种。

国际通用商品条码是国际物品编码协会（简称 EAN）制定的用于商品标识的条码，有 13 位数字的条码（简称 EAN-13）和 8 位数字的条码（简称 EAN-8）两种形式。

我国于 1988 年 12 月成立中国特别编码中心，1991 年 4 月被国际物品编码协会接纳为会员，同年 5 月，我国颁布推荐性国家标准《通用商品条码》。为促进我国电子商务、商品流通信息化的发展，于 2005 年 10 月 1 日起施行国家质量监督检验检疫总局颁布的《商品条码管理办法》。

中国商品条码是国际通用条码在我国的具体表现形式，通用于世界各国。中国商品条码有 13 位数字，即由 3 位国家代码（前缀码）、4 位厂商代码、5 位商品代码和 1 位校验码构成。国家代码由国际物品编码协会（国际条码组织）分配，EAN 总部目前分配给我国的国家代码是“690”、“691”、“692”。厂商代码由中国物品编码中心分配，占 4 位数字。国家代码加上厂商代码，通常称为“厂商识别代码”。商品代码占 5 位数字，代表单项商品，由厂家编定。校验码占 1 位数字，是为防止误读根据前 12 位数按 GB 12904—1998 附录 A 规定的方法计算得出的，实践中，校验码一般不用人工计算，由制作条码原版胶片或制作条码标签的设备自动生成。

凡在我国工商行政管理部门登记注册过的企业都可申请使用商品条码，成为中国商品条码系统的成员。申请加入商品条码系统的企业需填写申请表，并履行有关手续，经审查批准后，由中国物品编码中心颁发《中国商品条码注册证书》，并予登报公布。

商品代码一经编定，在全世界范围内仅代表这种商品，不会与其他商品重复。例如，广西某企业的厂商识别代码为“6908521”，该企业生产的 250ml 易拉罐猕猴桃汁商品代码为“10668”，则“690852110668”即该商品的代码，在全世界范围内不会与其他商品的代码相重复。

3．物流条码

物流条码是企业内部使用的代表物流信息的条码，其编码原则可以由企业自行规定，其应用主要体现在销售信息系统（POS 系统）、库存系统、分货拣选系统等方面。

电子商务的运用不仅不会削弱条码的发展，相反，条码作为一种廉价、便捷、准确、高效的存储介质和数据录入手段，必将随着电子商务的普及而赢得更加广阔的发展空间。

【复习思考】

1. 网络营销整体概念可以分成哪几个层次？各是什么？
2. 适合网络营销的产品具备哪些特点？分析不同类型的产品分别适用什么样的网络营销策略？网络营销条件下，企业的包装策略、品牌策略有哪些新变化？
3. 网络营销顾客服务的内容有哪些？如何实施网络营销顾客服务策略？
4. FAQ 的设计需要注意哪些问题？
5. 网络营销新产品应该如何定义？网络经济为企业的新产品开发会带来哪些机会与威胁？
6. 产品组合的含义是什么？企业可以实施哪些产品组合策略？
7. 商品分类、商品编码与商品条码技术在网络营销活动中有哪些应用？其应用前景如何？

【实习实践】

1. 搜易得数码科技有限公司（www.soit.com.cn）是中国领先的 IT 数码购物门户，是中国第一家由消费者协会指定的“先行赔付”电子商务网站。定位为“IT 数码专家诚信购物门户”的搜易得，将立志成为中国最杰出的电子商务企业。登录其网站分析其产品组合策略。

2. 登录联想集团网站（www.lenovo.cn），分析其网站内容及其优缺点。

3. 登录李氏牛仔网站（www.lee.com.cn），分析其网站建设风格，对你有什么启发。

4. 登录可口可乐网站，观看灌瓶生产过程；登录肯德基网站，了解该网站是如何介绍其产品质量的，分析如何有效实现不同类型产品的网上虚拟展示。

5. 登录索尼中国（www.sony.com.cn）网站，分析其产品组合策略，在企业社会责任菜单下，单击进入索尼探梦页面（www.sony.com.cn/ses/index.html）后，体验该网站的线上参观和虚拟展厅等页面。

6. 搜索“广汽本田在线虚拟展厅”视频，体验汽车产品网络营销的展示方式，思考这种方式还可以运用到哪些产品中。除此之外，还有哪些好的网络展示方式介绍给大家？

第10章 网络营销定价策略

✎ 对应工作（岗位）

价格管理员

📖 价格管理员工作描述

☑ 规划网络营销定价目标、方法与方案
☑ 规划实施网络营销定价策略
☑ 配合商品管理员做好商品价格信息管理工作
☑ 负责网站发布商品标价的检查、核实与纠偏处理
☑ 负责建立企业网络营销价格管理体系，建立、维护、完善价格信息库；负责制定、完善价格管理制度及流程；负责降低成本费用，规避财务风险

📖 价格管理员工作要求

☑ 了解网络营销定价的基本原理
☑ 熟练掌握计算机网络操作技能，熟练操作网站价格管理模块
☑ 对数字具有高度的敏感性，细致认真，责任心强
☑ 熟悉线上、线下同类产品比价体系

10.1 网络营销定价概述

价格是市场营销组合策略中十分敏感的因素，定价是否恰当直接关系到顾客对产品的接受程度，影响着企业产品的销售量和盈利水平。因此，价格策略是企业营销策略中最富有灵活性和艺术性的策略，也是一个非常重要的网络营销策略。

10.1.1 网络营销定价应考虑的因素

影响企业定价的因素是多方面的，如企业的定价目标、企业的生产效率、国家的政策法规、消费者的接受能力、竞争对手的定价水平、供求关系及供求双方的议价能力等。市场营销理论认为，产品价格的上限取决于产品的市场需求水平，产品价格的下限取决于产品的成本费用，在最高价格和最低价格的范围内，企业能把产品价格定多高，则取决于竞争对手同种产品的价格水平、买卖双方的议价能力等因素。由此可见，市场需求、成本费用、竞争对手产品的价格、交易方式等因素对企业定价有着重要的影响。

1. 需求因素

从需求方面看，市场需求规模及消费者的消费心理、感受价值、收入水平、对价格的敏感程度、消费者的议价能力等都是影响企业定价的主要因素。经济学里把因价格和收入变动而引起的需求的相应变动率称为需求弹性，需求弹性一般来说可以分为需求收入弹性、需求价格弹性、交叉价格弹性和顾客的议价能力等几类。

（1）需求收入弹性

需求收入弹性是指因收入变动而引起的需求相应变动的敏感程度。一般来说，高档商品、奢侈品、服务产品、娱乐消费多属于需求收入富有弹性的产品，而生活必需品则一般表现为需求收入缺乏弹性。网络营销是以网络用户为对象的。根据 CNNIC 的统计报告，我国网络用户中低收入网民仍然占据主体。虽然我国属于发展中国家，但近年来，人们的收入也有较快的增长。因此，网络营销定价中要考虑需求收入弹性的大小问题。

（2）需求价格弹性

需求价格弹性是指因价格变动而引起的需求相应变动的敏感程度。在正常情况下，市场需求与价格的变化呈反方向变动。一般来说，高档食品、奢侈品、服务产品、娱乐消费多属于需求价格富有弹性的产品，而生活必需品则一般表现为需求价格缺乏弹性。

在网络营销活动中，价格策略的制定必须了解所定价产品需求价格弹性的大小，即了解需求量对价格的敏感程度。一般来说，对于需求价格富有弹性的产品可以实施薄利多销的低价渗透策略，而对于需求价格缺乏弹性的产品则可以实施高价撇脂策略。

（3）交叉价格弹性

交叉价格弹性即商品 A 需求变化的百分比与商品 B 价格变化的百分比之间的比率，可能是正数、负数，也可能是零。如果交叉价格弹性大于零，则商品 A 与 B 之间存在着相互替代的关系；如果交叉价格弹性小于零，则说明商品 A 和 B 之间存在着互补关系；如果交叉价格弹性的绝对值很小，接近于零，则说明商品 A 与 B 之间没有什么关系，互相独立。因此，企业产品的定价还要考虑互补品、替代品、条件品的价格水平的高低。

（4）顾客的议价能力

在网络营销活动中，顾客有着较强的选择性与主动性，顾客的议价能力或顾客价格谈判的能力对企业产品交易价格的形成有很大的影响。一般来说，顾客的议价能力是众多因素综合作用的结果。这些因素主要有：顾客购买量的大小、企业产品的性质、顾客趋向一体化的可能性、企业产品在顾客产品形成中的重要性、顾客寻找替代品的可能性等。

实例　2006 年广为流传着一则案例：一位叫麦克唐纳的加拿大小伙子从在美国分类广告网站上贴出一则交换广告开始，从一个 0.3 米长的曲别针，一步步从鱼形笔换到烤炉，从烤炉换到啤酒，从啤酒换到雪地摩托，最后换得一纸唱片合约，随后又用这一唱片合约换到了一套房子的使用权。而换客网（www.zghuan.com）、换客中国（www.huanke.com）等网站也向换客提供完全免费的物品置换平台，通过这一平台，换客可以通过原始的交易方式在网站上发布自己的闲置物品，并换到自己所需要的物品。

2. 供给因素

从供给方面看，企业产品的生产成本、营销费用是影响企业定价的主要因素。成本是产品价格的最低界限，也就是说，产品的价格必须能补偿产品在生产、分销、促销过程中发生的所有支出，并且要有所盈利。产品成本根据与产量（或销量）之间的关系来划分，可以分为固定成本和变动成本两类。固定成本是指在一定限度内不随产量或销量变化而变化的成本部分；变动成本则是指随着产量或销量增减而增减的成本。二者之和即产品的总成本。产品的最低定价应能收回产品的总成本。对企业定价产生影响的成本费用主要有总固定成本、总变动成本、总成本、单位产品固定成本、单位产品变动成本、单位产品总成本等因素。

3. 供求关系

从营销学的角度考虑，企业的定价策略既是一门科学，也是一门艺术。但从经济学的角度考虑，企业的定价大体上还是遵循价值规律的。因此，供求关系也是影响企业产品交易价格形成的一个基本因素。一般而言，当企业的产品在市场上处于供小于求的卖方市场条件时，企业的产品可以实行高价策略；反之，当企业的产品在市场上处于供大于求的买方市场条件时，企业的产品应该实行低价策略；当企业的产品在市场上处于供给等于需求的均衡市场时，交易价格的形成基本处于均衡价格处，因此，企业的定价不能过度偏离均衡价格。

4. 竞争因素

竞争因素对价格的影响，主要应考虑商品的供求关系及其变化趋势，竞争对手的定价目标和定价策略及变化趋势。在营销实践中，以竞争对手为导向的定价方法主要有 3 种：一是低于竞争对手的价格；二是随行就市与竞争对手同价；三是高于竞争对手的价格。

5. 交易方式

市场营销的本质是一种商品交换活动。在商品交换活动中，交易方式的选择对企业产品价格的发现、交易价格的生成都有很大的影响。在工业经济时代的商品交换活动中，由于需求方受市场空间和时间的限制，常常处于信息不充分、不完全或信息不对称的地位，在议价过程中不得不处于一种被动的劣势地位。但在网络营销活动中，网络跨越时空的特性，使得需求方可以通过互联网了解、比较完全的供给信息，完全可以做到“货比全球”，因而做出的购买决策也更趋于理性，这使得买方的议价能力大大提高。企业必须考虑这一明显的变化，制定出更为合理的价格。商品交换活动中，交易方式的不同使产品价格发现的程度也不尽相同。而在网络营销活动中，企业可以考虑采取谈判定价、拍卖定价、密封投标定价、明码标价等交易方式制定出较为合理的价格。

10.1.2 网络营销定价目标

企业的定价目标是指企业希望通过制定产品价格所实现的目的。它是企业选择定价方法和制定价格策略的依据。不同的企业有不同的定价目标，同一企业在不同的发展阶段也有不同的定价目标。

1．以维持企业的生存为目标

当企业生产能力过剩、面临激烈的市场竞争或试图改变消费者的需求时，企业可以把维持企业生存作为主要的定价目标。此时，企业的价格策略主要是保本价或低价。

2．以获取当前最高利润为目标

有些情况下，一些企业价格的制定以追求当期利润最大化为目标。一般而言，需求价格弹性较大的产品能够做到薄利多销，所以希望实现利润最大化可以制定低廉的价格；而对于需求价格弹性较小的产品，则可以通过高价策略，实现当期利润最大化。

3．以市场占有率最大化为目标

有些情况下，企业试图通过价格策略的实施赢得某一商品最高的市场占有率，以赢得某一商品绝对的市场竞争优势，从而做到最低成本和最高长期利润的营销效果。在此情况下，企业一般制定尽可能低的价格来追求高市场占有率的领先地位。

一般而言，当企业以市场占有率最大化为目标时，需要具备的条件是：该产品需求价格弹性较大，产品销量会随着价格的降低而快速增长；该产品的生产或销售规模经济效益明显，产品成本会随着销量的增加而下降，利润会因销量的增加而上升；企业有足够的实力承受短期内低价所造成的经济损失；低价能阻止现有的或可能出现的竞争对手。

4．以应付和防止竞争为目标

有些企业为了阻止竞争者进入自己的目标市场，故意将产品的价格定得很低。这种定价目标一般适用于实力雄厚的大企业。也有些中小企业在激烈的市场竞争中，为了维持自己的市场地位，跟随市场主导企业的降价行动，也实施降价策略，从而消除竞争对手降价对自己造成的威胁。

当前，在网络营销活动中，网上市场还处于培育阶段，企业进入网上市场的主要目标是占领市场谋求长期的生存与发展机会。获取高额利润目前还只是一种长远的战略目标。所以，目前网络营销产品的定价一般都属低价甚至免费。根据顾客的身份与购买目的的不同，网络市场可以分为两大市场：一是网上消费者市场，二是网上组织市场。对于网上消费者市场，由于当前上网人数还很少，有网上购物行为的顾客所占的比例也不是很大，因此当前最主要的工作是市场培育与“圈划”市场。面对这个市场，企业只能采用相对低廉甚至免费的定价策略来占领市场。网上组织市场的购买者一般是企业或其他组织机构，它们的购买行为一般都比较理性。企业针对这个网上市场则可以采用能实现双赢的定价策略，即通过互联网技术的运用与网络资源的开发，降低企业间的供应与采购成本、库存费用、生产成本及营销费用，以共同分享成本降低带来的价值增值。

10.1.3　网络营销定价的特点

1．全球性

全球性特点是指网络营销面对的是开放的和全球化的市场，顾客可以在世界各地直接通过互联网选购商品，而不必考虑网站是属于哪个国家或地区的。在网络营销情况下，企业的目标市场从过去受时空限制的局部市场拓展到范围广泛的全球市场。在此情况下，一方面，企业产品国际间的价格水平将趋于统一化或国别间的价格差别将大大缩小。例如，顾客不仅能够将网上商店的价格与传统零售商的价格相比较，还可以登录至价格比较网站或通过购物代理商方便地比较网上产品的价格与特色。另一方面，企业面对全球性的网上市场，很难以统一的标准化定价来面对差异性极大的全球市场，因此，必须考虑遵照全球化和本土化相结合的原则来开展营销活动。为了解决这类问题，企业可以采用本土化的办法，在有较大规模潜在市场的国家建立地区性网站，以适应不同地区网络营销活动的要求。

2．低价位

借助互联网进行销售，其优势之一便是可以大大节约企业的费用成本。因此，网上销售的价格一般来说比网下销售通行的市场价格要低。这主要是因为网上信息是公开的、比较充分的和易于搜索比较的，因此网上顾客可以凭借较为全面的信息做出理性的购买决策。根据研究，消费者选择网上购物，一方面是因为网上购物比较方便，另一方面是因为从网上可以获取更多的产品信息，从而能够以最低廉的价格购买到满意的商品。

3．顾客主导定价

所谓顾客主导定价，是指在网络营销活动中，顾客完全可以做到依据充分的市场信息来选择购买或定制生产自己满意的产品或服务，并以最小的代价（货币成本、精力成本、时间成本等）获得这些产品或服务。或者说，网络营销活动的定价只有做到让顾客所得到的让渡价值最大化，顾客才会选择网上购物的方式，这也正是网络营销的生命力所在。当然，顾客主导定价是一种双赢的发展策略，它既能更好地满足顾客的需求，同时企业也因营销机会的增加而获得更多的利润。实践中，顾客主导定价的策略主要有：顾客定制生产定价和拍卖定价等策略。例如，Priceline 要求买方说出自己愿意为飞机票、住房筹资、汽车、旅店客房支付的价格，然后许多企业决定是否接受所报的价格。

4．弹性化

由于网络营销的互动性，顾客可以和企业就产品的价格进行协商，也就是说，可以议价。另外，根据每个顾客对产品和服务所提出的不同要求，可以制定相应的价格。

10.2　网络营销定价策略介绍

10.2.1　低价渗透策略

低价渗透策略就是企业把产品以较低的价格投放网上市场，以吸引网上顾客，抢占网上市场份额，提高网上市场占有率，以增强网上市场竞争优势。低价能使企业取得最大的网上市场销售量，并且能够有效阻止竞争者的跟进与加入。

采取这种策略的条件是：市场规模足够大且存在着较多的潜在竞争者；产品无明显特色，

需求弹性大，低价会有效刺激需求增长；大批量销售会使企业成本显著下降，企业总利润明显增加。

1．直接低价策略

直接低价策略是指产品价格在公布时就比同类产品定的价格要低。它一般是制造商在网上进行直销时采用的定价方式，如戴尔公司的计算机定价比同性能的其他公司产品低 10%~15%。采用低价策略的前提是，开展网络营销、实施电子商务为企业节省了大量的成本费用。

2．折扣低价策略

折扣低价策略是指企业发布的产品价格是网上销售、网下销售通行的统一价格，而对于网上顾客又在原价的基础上标明一定的折扣率来定价的策略。这种定价方式可以让顾客直接了解产品的低价幅度，明确网上购物所获得的实惠，以吸引并促进顾客的购买。这类价格策略常用在一些网上商店的营销活动中，它一般按照市面上的流行价格来进行折扣定价。例如，亚马逊网站的图书价格一般都要打折，而且折扣达到 3~5 折。

3．促销低价策略

这种定价策略是指企业虽然以通行的市场价格将商品销售给顾客，但为了达到促销的目的还要通过某些方式给顾客一定的实惠，以变相降低销售的价格。如果企业为了达到迅速拓展网上市场的目的，而产品价格又不具有明显的竞争优势，那么由于某种考虑不能直接降价时则可以考虑采用网上促销低价策略。例如，许多企业为了打开网上销售局面和推广新产品，常常采用临时促销低价策略。比较常用的促销低价策略有有奖销售和附带赠品销售等策略。

实施低价渗透策略需要具备以下几个条件：

- 低价不会引起实际和潜在的竞争；
- 产品需求价格弹性较大，目标市场对价格的高低比较敏感；
- 生产成本和营销成本有可能随产量和销量的扩大而降低。

在网络营销活动中，采用低价策略需要注意的是：首先，由于互联网是从免费共享资源发展而来的，因此顾客一般会认为网上商品应该比从其他渠道购买的商品便宜，所以，在网上不宜销售那些顾客对价格敏感而企业又难以降价的产品；其次，在网上公布价格时要注意区分消费对象，一般要区分一般消费者、零售商、批发商、合作伙伴，分别对其提供不同的价格信息发布渠道，否则可能因低价策略混乱而导致营销渠道混乱，甚至影响企业的形象，造成不必要的公关危机；最后，在网上发布价格信息时要充分考虑同类站点公布的可比商品价格水平，因为消费者可以通过搜索功能很容易地在网上找到更便宜的商品，如果企业产品定价明显高于同类商品价格，不仅不能促进销售而且还将在顾客心目中形成定价偏高或不合理的形象。

10.2.2 高价撇脂策略

与低价渗透策略相反，高价撇脂策略是指在产品生命周期的投入期，企业产品以高价投放于市场，以攫取高额利润，犹如从牛奶中撇走奶油一样。以后，随着销量和产量的扩大、成本的降低，再逐步降低价格。根据营销实践，实施高价撇脂策略，一般应满足以下条件：

- 产品的质量与高价相符；
- 市场有足够多的顾客能接受这种高价，并愿意支付高价购买；
- 在高价情况下，竞争对手在短期内不易打入该产品市场。例如，有专利保护的产品就是这样。

在网络营销中，企业为了宣传网站、占领市场，常常采用低价销售的策略。另外，不同类别的产品应采取不同的定价策略。对于日常生活用品等购买率高、周转快的产品，适合采用薄利多销、宣传网站、占领市场的定价策略；而对于周转慢、销售与储运成本较高的特殊商品、耐用品，价格则可定得高些，以保证必要的盈利；对于那些具有独特属性的产品，因为消费者无法通过网络利用感官直接了解产品的价值，主要依赖价格来判断产品的价值，所以企业可以借助高价位树立产品在网络市场上的独特形象。

10.2.3　定制生产定价策略

定制生产定价策略是在企业具备定制生产条件的基础上，利用网络技术和辅助设计软件，帮助消费者选择配置或者自行设计能满足自己需求的个性化产品，同时承担自己愿意付出的价格成本。例如，戴尔公司的用户可以通过其网页了解本型号产品的基本配置和基本功能，再根据实际需要和能承担的价格水平，配置出自己满意的产品。目前这种允许消费者自行定制生产、自行规定价格范围的营销方式还处于不太成熟的阶段，受技术或其他因素的局限，消费者还只能在有限的范围内进行挑选，企业还不能做到完全按照消费者的个性化需求组织生产与供货。

10.2.4　使用定价策略

所谓使用定价策略，就是顾客通过互联网进行必要的注册后，无须完全购买就可以直接使用企业的产品或服务，企业则按照顾客使用产品的数量或接受服务的次数进行计费。

在商品交换活动中，产品的买卖一般是完整产权的转让，顾客购买产品后即拥有对产品的完整产权。随着经济的发展，人们的需求变化越来越快，产品更新换代的周期越来越短，许多产品购买后使用几次就有可能被新产品所替代，或者顾客对某种产品的使用只是偶尔的几次，这种变化的产生无疑制约了这些产品的销售。为适应这种情况，企业可以在网络营销中采用这种类似租赁的按使用次数定价的方式。

这种定价方式一方面减少了企业为完全出售产品而进行的大量生产和营销成本，同时还消除了潜在顾客的某些顾虑，促使顾客积极地使用企业的产品，从而扩大了企业产品的市场份额。另一方面顾客只是根据使用次数付款，在充分满足需求的前提下，大大节约了产品的购买成本。

这里需要说明的是，并非所有的产品都适合这种按使用次数定价的方式。采用按使用次数定价的方式，主要应考虑产品是否适合在互联网上传输，产品使用过程中是否可以实现远程调用。目前，比较适合的产品有计算机软件、音乐、电影、电子刊物等产品。例如，我国的用友软件公司推出的网络财务软件就采用这种定价方式，顾客在网上注册后就可以在网上直接处理账务，而无须花费全额购买软件或担心软件的升级、维护等困难。

10.2.5　拍卖定价策略

拍卖是一种古老的市场交易方式，经济学认为市场要想形成最合理价格，拍卖就是发现产品价格最好的方式。网上拍卖定价也是网络营销活动中经常运用的一种定价方式。

1．网上拍卖定价的方式

（1）增价拍卖

这是最常用的一种英式拍卖方式。一般由拍卖人预定最低起拍价格，规定每次的加价额度，然后买方通过互联网公开竞价，买家可根据自己的实际情况，输入系统要求的最低价格，也可以输入可接受的最高价格，然后由系统代理出价，在规定的时间内，叫价最高者获得产品的购买权。

卖家可以自定义加价额度，也可以使用专用出价系统自动代理加价，系统自动代理加价额度可以预先设定为累进或固定不变两种情况。

网上竞价拍卖一般属于C2C交易，主要是二手货、收藏品或一些普通物品等在网上以拍卖的方式进行出售，它是由卖方引导买方进行竞价购买的过程，一般适用于拍卖周期较长（如1天以上）的拍卖。

当前，在我国比较著名的竞价拍卖网站有易趣（www.eachnet.com）、淘宝网（www.taobao.com）、全球最大的中文网上书店当当网（www.dangdang.com）、拍拍网（www.paipai.com）等。这些网站一般允许商品公开在网上拍卖，拍卖方只需将拍卖品的相关信息提交给网站，经审查合格后即可上网拍卖。竞买人只要在网上进行登记注册后，就可以参加公开竞价购买。

（2）减价拍卖

减价拍卖又称荷兰式拍卖，是先由拍卖人设定一个起拍价格（拍卖的最高期望价格），然后逐步按照预定的降价额度与时间间隔降价，如果在降低到某个价格时有竞拍者愿意出价，则该次拍卖成交。显然，荷兰式拍卖的竞价是一次性竞价，即在拍卖中第一个出价的人成为中拍者。网上荷兰式拍卖一般用于拍卖周期较短（如几小时）的拍卖。

（3）竞价拍买

网上竞价拍买是竞价拍卖的反向操作，它是由买方引导卖方竞价实现产品销售的过程。在拍买过程中，顾客提出计划购买商品或服务的质量标准、技术属性等要求，并提出一个大概的价格范围，大量的商家可以以公开或隐蔽的方式出价，消费者则将与出价最低或最接近要价的商家成交。

（4）集合竞价

集合竞价模式是一种由购买者集体议价的交易方式。提出这一模式的是美国著名的Priceline公司（www.priceline.com）。这在目前的国内网上竞价市场中，还是一种全新的交易方式。

2．拍卖交易的模式

（1）"一对一"的交易模式

这是指拍卖过程中一个卖方与一个买方的交易过程。大部分的个人物品拍卖（C2C），企业以拍卖方式出售单件商品的拍卖交易等，均为这一模式。

（2）"一对多"的交易模式

这是指一个卖方面对众多买方的拍卖过程。多数企业对个人的交易（B2C）是这种模式。这一模式中价格的形成，既有供方主导的正向定价法，又有通过集体议价由需方主导的逆向定价法。

例如，淘宝的荷兰式拍卖就是指一个卖家的多件相同宝贝参加拍卖，多个买家竞买，价高者优先获得宝贝，相同价格先出价者先得。最终商品成交价格是最低成功出价的金额。如果宝贝的拍卖数量大于出价人数，则最终按照起拍价成交。如果最后一位获胜者可获得的宝贝数量不足，则可以放弃购买。

（3）“多对一”的交易模式

这是指众多卖方面对一个买方的拍卖过程。当任何一个供应商都无法满足需求方批量购买商品的要求时，将导致 $n:1$ 交易模式的使用，由多个供应商集体提供商品或服务给该买方。

（4）“多对多”的交易模式

这是指多个卖方面对多个买方的集体议价模式。随着网上市场的逐步完善与成熟，将会有越来越多的产品在互联网上进行拍卖竞价交易。目前，拍卖竞价针对的购买群体主要是消费者市场，个体消费者是目前拍卖市场的主体。但是，拍卖竞价不应是企业首选的定价方法，因为拍卖竞价可能会破坏企业原有的营销渠道和价格策略。采用网上拍卖定价的产品，主要是企业的一些库存积压产品，另外，一些新产品通过拍卖也可以起到展示和促销的效果。许多企业将产品以低廉的价格在网上拍卖，目的在于以低廉的价格吸引消费者的关注。

3．常见拍卖定价策略

（1）一口价+运输费+手续费

一口价即卖家设置的、商品可以立刻出售的价格，买家在拍卖期限内出此价格即刻成为夺标成交者。例如，卖家有一套茶具出售，一口价设置 100 元，如果买家出价 100 元，即可立即购得此茶具，成为夺标者。一口价中一般不包括运输费和手续费。而在网上交易中，顾客需要联系卖家才能确定物品的总价格。

（2）成交价=起始价+拍卖期内标准出价次数×规定的出价增幅

起始价是卖家为了激发买家对其物品出价的热情，而规定的一个竞买的起价。拍卖期是网上拍卖商品一般都要设定的竞买期限。出价增幅是在拍卖期内，拍卖网站规定的一个新的出价必须比当前最高出价高出的单位幅度。如果每个竞买者的新出价都比当前最高价只高出一个单位出价增幅，那么我们就把拍卖期内总出价次数称作标准出价次数。

有些卖家既不设底价，也不设最高价，只把拍卖期内的最后出价作为成交价。所以最后成交价一般就是拍卖期结束时竞买者的最后出价，从数量上来说等于：底价+拍卖期内标准出价次数×规定的出价增幅。

（3）底价≤成交价

很多卖家发现若起始价过高可能会使买家失去对其物品的兴趣，而具有吸引力的较低起始价又常导致卖家不得不以低价出售物品，蒙受损失。因此，在拍卖过程中，卖家就设定一个交易底价。底价是卖家愿意出售该商品的最低价格。如果买家的出价未达到该价格，卖家则可以不出售所拍卖商品。拍卖网站有时并不把底价公告给广大竞买方。设置底价拍卖一般还要向拍卖网站缴纳一定的底价设置费，在规定期限商品卖出，费用退还，在规定期限商品竞卖失败，则底价设置费不退还。

（4）底价≤成交价≤最高价

最高价是卖家设定的最高成交价格，在拍卖期内只要竞买者率先达到最高价即可成为中标成交者。因此，其成交价就大于或等于底价，且小于或等于最高价。

（5）成交价≤最高价

有些卖家不设拍卖底价，但设有最高成交价。因此，其成交价就是拍卖期内小于或等于最高价的最后出价。

10.2.6 密封投标定价策略

招标投标市场的特点是：招标方有一个，处于相对垄断的地位，而投标方却有多个，处于相互竞争的地位。一般而言，报价高，利润大，但中标概率小；报价低，利润小，但中标概率大。开标后，在所有满足条件的投标者中，报价最低的投标者中标。由于是密封投标，竞争对手到底报价多少，不得而知。所以，密封投标定价策略就是企业根据招标方的条件，综合考虑竞争对手的出价水平、企业出价的可获利水平及中标概率的大小等确定标的价格的方法。

10.2.7 免费价格策略

1．免费价格策略的概念

简单地说，免费价格策略就是将企业的产品和服务以免费的形式提供给顾客使用，以满足顾客的需求。免费价格策略是网络营销中常用的策略之一，这种策略一般是一种短期的和临时性的促销策略。在网络营销中，免费价格策略不仅是一种促销策略，而且还是一种非常有效的产品或服务的定价策略。

2．免费价格策略的形式

（1）完全免费

完全免费即产品或服务在购买、使用及售后服务的所有环节都免费提供。例如，美国在线公司成立之初，在商业展览会场、杂志封面、广告邮件，甚至飞机上，都提供免费的美国在线公司软件，连续5年后，吸收到100万名用户。又如，雅虎率先提供免费电子邮件、聊天室、网上寻呼等服务。

（2）有限免费

有限免费即产品或服务可以被有限次免费使用，但超过一定期限或次数后即不再享受免费。

（3）部分免费

部分免费即对产品整体某部分或服务全过程中某个环节的消费可以享受免费的定价方式。例如，一些著名研究公司的网站公布部分研究成果，如果要获取全部成果则必须付费；一些电影或VCD常常免费播放某一片段，要想观看全部内容，则需要付费。

（4）捆绑式免费

捆绑式免费即在购买某种产品或服务时可以享受免费赠送其他产品和服务的待遇。例如，美容院为了促进美容药品的销售，在顾客购买药品后可以享受免费美容服务。

免费价格策略之所以被网络营销所青睐并在互联网上流行，是有其深刻背景的。互联网作为20世纪末最伟大的发明，它的发展速度和增长潜力令人吃惊，任何富有战略眼光的企业都不愿放弃这一潜力极大的发展机会，在网上市场的初级阶段，免费价格策略无疑是最有效的市场占领手段之一。目前，在网络营销实践中，企业实施免费价格策略，一方面在于使顾客在免费使用过程中形成习惯或偏好，再逐步过渡到收费。例如，金山公司允许消费者在互联网上下载使用有限次的WPS 2000软件，其目的就在于使消费者对其产品使用形成偏好后，再购买正式软件。显然，这种免费价格策略的主要目的是实现促销。企业实施免费价格策略，另一方面在于战略性地通过占领市场来发掘网上市场后期潜力极大的商业价值，它是从战略发展的需要来制定免费价格策略的。其主要目的是先占领尽量大的市场份额，然后再通过绝对的竞争优势在市场上获取丰厚的收益。例如，雅虎公司通过免费建设门户站点，在经过几年的亏损经营中，公司却得到了飞速发展，这主要得力于股票市场对公司的认可和支持，因为股票市场看好其未来的增长潜力，而雅虎的免费策略恰恰使它占领了较大的网上市场份额，形成很大的市场竞争优势和巨大的市场盈利潜力。

3．免费产品的特性

在网络营销实践中，并非所有的产品都适合在网上实行免费价格策略。互联网作为全球性开放的网络，它可以快速地实现全球信息交换，只有那些适合互联网这一特性的产品才适合采用免费价格策略。一般来说，免费产品具有以下特性。

（1）易于数字化

互联网是信息交换的平台，它的基础是数字传输。对于易于数字化的产品都可以通过互联网实现几乎零成本的配送。企业只需将这些免费产品放置到企业的网站上，顾客便可以通过互联网自由下载使用，企业通过较小的成本就可以实现产品的大面积推广。

（2）无形化

在网络营销活动中，采用免费策略的产品一般是一些没有实体的无形产品，它们需要借助于一定的载体或工具才能表现出一定的形态，供顾客消费，如软件、信息服务、音乐制品、图书等。这些无形产品可以通过数字化技术实现网上传输来提供给顾客。

（3）零复制成本

零复制成本主要是指当产品开发成功后，只需通过简单的复制就可以实现无限制的生产。对这些产品实行免费价格策略，企业只需前期的研制费用即可，至于产品生产、推广和销售则完全可以通过互联网实现零成本运作。

（4）成长性

免费策略的目的就是利用产品的推广从而推动企业市场的占领，为未来市场的发展奠定坚实的基础。所以，实施免费定价策略产品的目标市场一般都应具有较强的成长性或市场扩散能力。

（5）间接收益

市场经济的游戏规则是交换，不会有真正的免费。所以，实行免费价格策略的产品或服务必须能使企业通过其他渠道获取足够的收益，以弥补免费造成的损失，并带来足够的收益。这种收益方式也是目前大多数互联网内容提供商的主要商业运作模式，他们的主要目的是通过免费产品或服务的提供以吸引大量的网上用户，实现潜在市场的培育，再通过网上用户对企业其他收费性产品或服务提供的支持来盈利。

4．免费价格策略的实施

（1）免费价格策略的风险

对于企业来说，为用户提供免费服务只是其商业计划的开始，盈利计划应该紧随其后。但应该明确的是，并不是所有的企业都能通过免费价格策略顺利地获得成功。实行免费策略的企业要承担很大的风险。

开创互联网上免费价格策略先河的是网景公司。该公司最初允许用户免费下载浏览器，其主要目的是在用户形成使用习惯之后就逐步开始收费。但是，后来微软如法炮制，也免费发放IE浏览器，IE的出现打碎了网景公司的美梦，再后来网景公司只好公布了浏览器的源代码，真正做到了彻底的免费。

（2）免费价格策略实施的步骤

免费价格策略一般与企业的营销计划和战略规划密切配合，企业要降低免费策略带来的风险，提高免费价格策略的成功性，一般来说，应遵循以下步骤思考问题。

1）分析免费价格策略是否与企业的商业运作模式相协调。互联网作为成长性的市场，企业网络营销成功的关键是要有一个切实可行、成功率极高的商业运作模式。因此，制定免费价格策略必须服务于企业整体的战略规划，并与商业运作模式相协调。

2）分析实施免费价格策略的产品或服务能否获得市场的认可。也就是说，所提供的免费产品或服务是否是市场上迫切需求的，实施免费价格策略是否能做到产品的大面积快速推广。互联网上通过免费策略已经获得成功的公司都有一个特点，就是提供的产品或服务受到了市场的极大欢迎。例如，雅虎的搜索引擎克服了在互联网上查找信息的困难，给顾客带来了极大的便利；我国的新浪网站提供了大量实时性的新闻报道，及时满足了用户对新闻的需求。

3）策划推广免费价格的产品或服务。互联网是信息的海洋，对于免费产品或服务，网上用户已经形成习惯。因此，要吸引顾客关注免费产品或服务，应当与推广其他产品一样需要有严密的营销策划。在推广实行免费价格的产品或服务时，应主要考虑通过互联网渠道进行宣传。

4）分析实施免费价格策略的产品在何时推出最为有效。在互联网上推出免费产品的目的是抢占市场，如果市场已经被竞争对手占领或已经比较成熟，则要认真分析所推出产品或服务的竞争力。

10.2.8 产品组合定价策略

如果某个产品是产品组合中的一个组成部分，则企业就需要制定一系列产品的价格，从而使产品组合取得整体的最大利润。这种定价策略主要有以下几个方面。

1. 产品线定价策略

通常企业开发出来的产品是一大类产品，而往往不会只是单一的产品。当企业生产的系列产品存在需求和成本的内在关联性时，为了充分发挥这种内在关联性的积极效应，需要采用产品线定价策略。在定价实践中，首先，确定产品线中某种产品的最低价格，它在产品线中充当领袖价格，主要用来吸引消费者购买产品线中的其他产品；其次，确定产品线中某种产品的最高价格，主要用来塑造品牌形象和收回投资；最后，依次确定产品线中其他产品的价格。

2. 产品群定价策略

为了促进销售，企业可以把在消费上有连带关系的产品组成一个群体，一并销售。这在营销实践中也叫搭配销售、配套销售或捆绑式销售。例如，影剧院不单卖一场的影剧票，而是将几部影片合在一起售票，或出售季票、月票等；各旅游景点推出的通票制等。实施这种定价策略，必须使价格优惠到有足够的吸引力，否则是不会有人购买的。

3. 互补品定价策略

互补品是指需要相互结合才能供顾客消费的一组产品之间的关系。其中价值较高、价值周转或更新周期较长的产品一般为主产品；必须与主产品结合一同使用、价值较低、价值更新周期比较短的产品一般称作次产品或附带产品。例如，照相机与胶卷、刮胡刀与配套刀片等产品之间的组合关系就是互补品。互补品之间的交叉弹性系数为负值，即A产品的价格上升，与其互补的B产品需求量就要下降。所以，对于互补品的价格策略，要综合考虑影响具有互补关系一组产品的各种因素。根据企业的营销实践，主产品一般采用低价渗透的价格策略，而附带产品则常常采用高价撇脂的价格策略。

10.3 网络营销中的价格调整策略

在网络营销活动中，企业制定了基本价格以后，有必要再针对不同的消费心理、购买行为、地区差异、需求差异等对基本价格进行调整。很多传统营销的价格调整策略在网络营销中得到应用的同时也得到了创新。一般来说，网络营销中的价格调整策略主要有以下几个方面。

10.3.1 心理定价策略

心理定价是企业定价时利用消费者不同的心理需要和对不同价格的感受，有意识地采取多种价格形式，以实现促进销售的目的。

1. 尾数定价策略

尾数定价策略也称零头定价策略，就是指在定价时保留小数点后的尾数，这一方面可以使消费者对定价工作增强信任感，另一方面可以使消费者产生一种便宜的感觉。对于需求价格弹性较大的中低档商品，尾数定价往往能带来需求量的大幅度增加。例如，将价格定为 19.80 元，而不是 20 元，就更有利于促进销售。在网络营销中，如果消费者对产品的价值非常了解，同时产品的单价又不高，企业就应该选择尾数定价策略，以增加消费者的认同感。

2. 整数定价策略

整数定价策略就是将产品价格采取合零凑整的办法，把价格定成整数或整数水平以上，给人以较高一级档次的感觉。例如，将价格定为 1 000 元或 1 050 元，而不是 990 元。这主要是消费者认为较高一级档次的产品能显示其身份、地位等，能得到一种心理上的满足。在网络营销中，对于消费者对产品价值不了解或具有独特属性的高价产品，一般可以采用整数定价策略。

3. 声望定价策略

声望定价策略是针对消费者“一分钱一分货”的购物心理，对在消费者心目中享有声望的产品制定较高的价格。特别是对于一些产品质量不易鉴别、产品成本不易估算的产品，比较适合采用这种方法。因为，对于这类产品，价格的高低常常被看作产品质量高低最直观的反映，特别是消费者在识别名优产品时，这种意识尤为强烈。这种声望定价策略不但在零售商业中广泛应用，而且在饮食、服务、修理、科技、医疗、文化教育等行业中也广泛应用。

企业的形象、声誉是网络营销发展初期影响顾客购买行为的重要因素。在电子商务发展的初级阶段，消费者对网上购物和订货往往会存在着许多顾虑。例如，顾客会担心网上所购商品质量能否得到保证，货物能否及时送到等。如果网上商店在消费者心中享有较高的声望，则它所出售商品的价格可比其他商店高些，反之，价格则低一些。

4. 分档定价策略

这是指当一种产品往往有许多品牌、规格、型号时，可以分成几档，每档定一个价格。这既可以使消费者挑选时易于做出决策，又可以简化手续。但档次不可太多，各档间的差价要适当。例如，手机价格可以分为 3 个档次：2 000 元以上、1 000~2 000 元、1 000 元以下，分别代表 3 种质量水平，可以满足不同层次消费者的需求。

5. 招徕定价策略

这是指有些网上商店利用多数顾客贪便宜的心理，将某几种商品定的价格很低（低于正常价格甚至低于成本），以招徕顾客访问企业的网站，从而达到促进其他产品销售的目的。例如，有的网上商店大大降低少数几种商品的价格，特别设置了几种低价畅销商品，有的则把一些商品用处理价、大减价来销售，以招徕顾客。访问的顾客多了，在卖出低价商品的同时，更重要的是带动和扩大了一般商品和高价商品的销售。

10.3.2 折扣定价策略

1．现金折扣

现金折扣是指企业为鼓励买方支付现款或提前付款，在原定价格的基础上给予一定的折扣。例如，“2/10 净 30 天”，表示付款期为 30 天，如果顾客在 10 天内付款，给予 2%的折扣。电子商务中，由于目前网上支付还不完善，为了鼓励买主用现金购买或提前付款，常常在定价时给予一定的现金折扣。

2．数量折扣

数量折扣是指企业为了鼓励顾客大量购买或多次购买企业的产品而给予的一种折扣政策。一般来说，购买的数量越多，给予的折扣就越大。数量折扣又可以分为累计折扣和非累计折扣两种形式，即数量折扣可按每次购买量计算，也可按一定时间内的累计购买量计算。

3．季节折扣

季节折扣是指企业给那些购买过季商品或服务的顾客的一种价格减让。例如，为了鼓励中间商淡季进货或激励消费者淡季购买，可以采取季节折扣策略。

10.3.3 地区定价策略

地区定价策略是在网络营销活动中企业如何为其所经销的产品在不同地区的销售定价。也就是说，对于销售给不同地区的某种产品，是分别制定不同的价格还是制定相同的价格。网络营销的信息传播可以做到覆盖全球的效果，但是对于不能在网上直接配送的产品来说，必然要涉及一个异地间运输、装卸、仓储、保险等费用支出的问题。对此问题的解决，企业就应该考虑地区定价策略的制定了。

1．FOB 产地定价

FOB 产地定价是指卖方负责将产品装运到产地的某种运输工具上交货，并承担此前的一切风险和费用。而交货后的一切风险和费用包括运输费用则由买方承担。这样，每个顾客都各自承担从产地到目的地的运费。

2．统一交货定价

所谓统一交货定价，就是企业对于卖给不同地区顾客的某种产品，都按照相同的出厂价再加上相同数额的运费（按平均运费计算）定价。也就是说，对不同地区的顾客，不论远近，都实行统一的价格策略。这种定价方法与 FOB 产地定价方法正好相反，它简便易行，并可争取远方的顾客，但对近处的顾客则不太有利。

3．分区定价

这种定价方式介于上述两种方式之间。所谓分区定价，就是企业把整个目标市场分为若干个价格区，对于销售给不同价格区顾客的同一种产品，分别制定不同的地区价格。一般来说，距离企业远的价格区定价高，而距离企业近的价格区则定价低。在各个价格区范围内实行的是统一定价。例如，美国 Staples 通过迫使顾客在浏览价格之前先输入邮政编码，以对待不同区域的顾客。实践证明，成功实施这种方案的企业比那些对每个市场只有一种价格的公司可以获得更高的利润。

4．基点定价

基点定价是指企业指定某些城市作为基点，然后按一定的出厂价加上从基点城市到顾客所在地的运费来定价，而不管商品实际上是从哪里起运的。

5．免收运费定价

免收运费定价是指企业为了拓展市场，负担全部或部分运费。采取免收运费定价可以使企业加深市场渗透，并且能在日益激烈的市场竞争中站稳脚跟。

10.3.4　差别定价策略

在网络营销中，企业还可以实行动态的或“智能的”定价机制。在此情况下，企业制定的价格随着市场的不同而不同，具体定价水平则取决于市场情形、个性化服务的成本及顾客重视提供产品或服务的方式变化。所谓差别定价，也叫价格歧视，是指企业根据交易对象、交易时间、交易地点等的不同，对同一产品制定出两种或两种以上的不同价格，以适应顾客的不同需要，从而扩大销售，增加收益。这里需要说明的是，这种价格上的差异并非由成本费用的差别造成的，而是出于对消费者不同需求特征的考虑。

1．差别定价的形式

（1）按顾客身份差别定价

这是指企业按照不同的价格把同一种产品或服务销售给不同的顾客。例如，网上超市对于会员可以享受优惠价格，而对于非会员则不能享受优惠。

（2）按产品的形式差别定价

这是指企业对相同质量和成本，而型号、式样、款式等不同的产品制定不同的价格。例如，不同款式的手机，尽管质量、成本相同但制定的价格则常常有较大的差异。

（3）按产品的部位差别定价

这是指企业对处于不同部位的产品或服务制定不同的价格，但并不是因为它们的成本有差异。例如，火车卧铺的上下铺、剧院座位的前后排、飞机座位的不同位置等都制定不同的价格。网上旗帜广告也常常根据发布位置的不同收取不同的费用。

（4）按产品销售时间差别定价

这是指企业对不同季节、不同日期甚至同一天的不同时段分别制定不同的价格。例如，长途电话在夜间收费可以享受 6 折优惠等。

市场寿命周期较短的计算机等高科技产品就属此类产品，如 B2C 网站易迅（www.icson.com）针对这种情况，设置特价商品区，及时清理多余库存，加快资金的回收，以备需求的不测变化。中国鲜花礼品网（www.flowercn.com）就经常根据不同季节、不同节日来制定当季鲜花的价格，也就是采用了高峰负荷定价这种策略。

2．差别定价的条件

差别定价策略可以起到促进销售的作用。但是，实行差别定价策略必须具备的条件是：市场必须是可以细分的，而且各个细分市场部分必须表现出不同的需求强度；顾客以较低价格买进的某种产品没有可能再将它高价转手卖给别的顾客；竞争者不会在企业以高价销售产品的市场上以低价竞销；实行差别定价所增加的管理费用不能超过从差别定价中获得的额外收入；差别定价能够被顾客接受，不会引起他们的反感，不会因此而影响产品的销售；差别定价的形式必须合法。

10.4 网络营销报价策略

10.4.1 报价模式

企业要想形成科学合理的价格，如果没有科学合理的报价技巧，则商品价值就很难实现。可供选择的报价模式主要有以下几种。

1．固定报价

固定报价即一口价，是指产品的定价不可浮动，只能以网上商店标出的销售价格成交。

2．统一报价

统一报价是指企业将其产品的价格统一制定。不论是在传统的分销渠道，还是在网上渠道；不论是直接从企业的网站上购买，还是从传统的零售商网站上购买，产品均采用统一标价。这种网上网下统一报价的最大优点就是：保证整体市场运作规范，避免市场上的价格混乱，对顾客的最终购买能够提供最大的清晰度和方便。同时这种模式也使得企业较容易地把握和控制在整个渠道中的利润。其缺点是不能反映因销售方式不同而导致的成本差异。这种报价方法一般适用于消费者比较熟悉的商品。

3．区间报价

区间报价是指企业在网上报出一个区间价格，使消费者能根据自己对产品价值的理解与企业进行讨价还价。这种方法可以使用在对产品系列的报价上，企业针对一个产品系列制定出区间价格后，消费者再利用企业所提供的信息对产品系列中的某个产品项目提出一个自己能接受的价格，取得企业认同后成交。

4．分解报价

分解报价是指将产品价格的组成部分分解成一个价格组，使消费者能够了解价格形成的要素，从而对产品产生信任，并采取购买行动。需要注意的是，在网络营销中企业没必要对分解价格进行加总，加总工作应由消费者自己完成。例如，如果对于有物流费用的产品，就可以采取“产品价格+物流费用”的分解报价方法。

5．比较报价

比较报价是网上商店在报价过程中常用的一种报价方法。网上商店在标示某件商品价格时常常会标示出会员价、市场价、折扣价、优惠价、折扣率、原价、节省金额等信息，以帮助消费者比较决策。网上商店比较报价策略如图10-1所示。

有些商务网站还提供比较购物服务，消费者只要把有关产品信息输入搜索栏，网站就可以按照由低到高、由高到低或一定价格范围内搜索出所有同一商品的不同标价，供顾客比较购物。这也为企业了解竞争对手的产品定价水平提供了方便，以便随时掌握竞争者的价格变动，调整自己的价格策略，以保持同类产品的相对价格优势。

爱国者 优时 MP3（128M）播放器
Zippo-火焰之神（c00）
市场价：1 680.00 元　卓越价：598.00 元
VIP 价：586.00 元　立即节省：1 082.00 元
市场参考价：1 099.00 元
当当销售价：930.00 元
您可以节省：169.00 元
发送说明：提供货到付款服务
型号：优时 MP3（128M）
瑞士军刀——探险家
商品编号：0038
市场价：384 元
折扣价：272 元
会员价：250 元
SooBuy.com
名称：变频冰吧冷柜
型号：LC—128BP
原价：2 980 元
普通会员价：2 835 元
俱乐部会员价继续查询

图 10-1　网上商店比较报价策略

6．不公开报价

不直接公开产品的价格，企业将产品的网上销售链接到企业的零售合作伙伴网站，从而让定价以及直接的营销风险由零售商来承担。比如，著名的雀巢公司就将它的网上订购部分链接到中国知名电子商务运营商 e 国商城（www.eguo.com），美国的惠普公司也采用这种营销模式。

7．分步报价

这是指在网络营销中，企业不通过网络传递产品的价格信息，如果消费者有购买意向，再在传统的讨价还价中完成的报价方法。

8．自动出价

这是指在竞买过程中，由竞买方选择自动出价工具并输入愿意支付的最高金额后，计算机会按系统的设定以最小的加价幅度出价。其目的是使买方能以尽可能低的价格买到想要的商品。最高出价金额只有在其他买家也出到这个价格后才会显示出来。

10.4.2　个性化报价策略

个性化报价策略就是利用网络互动性的特性和根据消费者的个性化需求特征，对同种产品制定有差别价格的一种定价策略。网络的互动性能及时地获得消费者的需求信息，而且使个性化营销成为可能，也使个性化报价策略成为网络营销的又一个重要策略。

消费者通常会对产品的功能、款式、颜色、样式等方面有着鲜明的个性化需求。在网络营销条件下，网络为企业满足这种个性化需求提供了强有力的技术支持，企业在技术条件允许的前提下，可以最大限度地为顾客提供“一对一”的个性化产品与服务。显然，个性化产品与服务的成本与其他影响价格的因素会有很大的不同。因此，在网络营销活动中，对提供给不同顾客的同种产品企业不一定制定一致的价格，完全可以根据具体情况制定有差别的个性化产品价格。

10.4.3　特殊品报价策略

特殊品是指特定品牌或具有特色的产品，或者为特定顾客群专门供应的物品，如高档乐器、名牌钟表、供收藏的邮票和古董等。网络营销中，对特殊品的报价策略可以根据该产品在网上的需求状况来制定相应的产品价格。一般来说，特殊品具有稀缺性和垄断性的特点，所以，当某种产品有其特殊需求时，几乎不用考虑竞争因素，只要认真分析需求状况，制定出合适的价格就可以了。网络营销中，具有典型意义的特殊品主要有两种类型：一种是创意独特的新产品（“炒新”），它利用网络沟通的广泛性、便利性，满足了那些品位独特、需求特殊的顾客的需要；另一种是有特殊收藏价值的商品（“炒旧”），如古董、纪念物、邮票、文物或其他有收藏价值的商品。对于这些产品企业则可以考虑采用网上拍卖或其他的一些定价策略。

10.4.4 秒杀

1. 秒杀的概念

秒杀最早出现在网络游戏中，是指瞬间击杀敌人，现在已经延伸到网络购物，是网上竞拍的一种新方式。网络商家为促销等目的组织网上限时抢购活动，商家在网络上发布一些价格低廉的商品，所有购买者在规定时间进行网上抢购，由于活动中商品的价格超低，吸引来大量的购买者，商品一上架很快就被抢购一空。基于这一新型营销模式，产生了许多秒杀在线平台，如秒客网、易拍网（www.yeepai.com）等。

2. 秒杀的两种应用模式

秒杀对于商家不仅是一种促销方式，更是一种低成本的广告宣传方式，秒杀活动能够为商家、店铺迅速增加人气和流量，从而带来大批潜在消费人群。同时，“秒杀”活动还能带动其他产品的网络销售行为。秒杀主要有以下两种应用模式。

1）秒杀的价格与商品的价值差别悬殊。例如一元钱秒杀汽车，这种秒杀活动的本质不再是购买汽车，而是为了宣传、炒作，通过宣传这次活动，吸引到更多的网民的注意力，商家的目的就是通过快速吸引消费者的方式打响企业的知名度，提高企业的品牌影响力。

2）秒杀商品价格比原价略低。秒杀本身就对消费者有很大的诱惑力，人们普遍认为秒杀活动中的商品价格会比原价低很多，利用网民对“秒杀”的这一认识，吸引顾客，形成大批量购买，实质上就是限时抢购，薄利多销。

10.4.5 网络营销智能报价系统

网络营销的报价策略要设计两个系统。一是自动调价系统，即根据季节变动、市场供求状况、竞争产品价格及其他因素，在计算最大盈利的基础上，进行实际的价格调整；二是智慧型议价系统，即与消费者直接在网上协商价格的系统。这是两种立场的价格策略的直接对话，充分体现了网络营销的整合理念。

【复习思考】

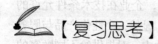

1. 网络营销定价应考虑哪些因素？网络营销定价的目标一般有哪些？网络营销定价与传统营销定价相比有哪些特点？
2. 实施低价渗透策略需要注意哪些问题？分析网络营销实施低价渗透策略的可行性。
3. 网络营销中实施免费定价有何风险？实施免费定价策略的产品需要具有什么属性？

4. 分析电子商务初级阶段，在物流配送体系滞后的情况下，地区定价的可行性及其利弊。
5. 企业实行差别定价需要具备哪些条件？谈谈自己对心理定价策略的体验。
6. 折扣定价策略有哪些？你认为企业实行折扣定价策略应注意哪些问题？怎样做到“讨好个别顾客，但不得罪大批顾客”？目前 B2C 网站采取哪种定价策略最为有效？

【技能训练】

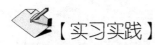

1. 在网络营销的免费价格策略中，一般来说，免费产品除具有易于数字化等特性外，还具有（　　）的特点。
   A. 直接收益　　B. 间接收益
   C. 广告　　D. 公共关系
2. 某企业推出一款新手机，在该款手机上市初期价格定得很高，以便在较短时间内获得较大的利润，这种新产品定价策略称为（　　）。
   A. 撇脂定价策略　　B. 渗透定价策略
   C. 满意定价策略　　D. 获利定价策略
3. 能使消费者产生便宜感和信任感的是（　　）定价策略。
   A. 整数定价　　B. 折扣定价　　C. 声望定价　　D. 尾数定价
4. 某服装企业在上海与太原两地市场对同一服装采取了不同的定价策略，结果上海市场的价格明显高于太原市场的价格。这说明（　　）。
   A. 上海市场的需求价格弹性大于太原市场的需求弹性
   B. 上海市场的需求价格弹性小于太原市场的需求弹性
   C. 两地需求弹性相等
   D. 上海人均收入水平高

【实习实践】

1. 登录当当、易趣、拍拍、淘宝等拍卖网站，分析各网站在商品售卖页面设计、拍卖方式、商品分类、报价方式等方面的相同点、不同点、优缺点，并写出一份 2 000 字左右的分析报告。

2. 登录中拍网（www.a123.com.cn），搜索近日在线拍卖信息，并观看在线拍卖会（视频），思考消费品拍卖网站与生产资料拍卖网站有何异同。

3. 登录中国招标投标网（www.cec.gov.cn）思考作为投标方该如何给出所售商品价格。

4. 上网搜索拍卖知识、《中华人民共和国拍卖法》等内容，把这些知识归纳总结后介绍给其他同学。

5. 浏览其他各类拍卖类网站，介绍 5 个你认为比较成功的、别人没有提到的拍卖类网站，并分析其最富有创意的地方是什么。

6. 考虑如果由你主持策划建设一个拍卖网站，该如何定位与运营，并写出一份 1 000 字左右的策划草案。

7. 登录亚马逊网（http://www.amazon.cn）了解其有哪些定价策略；搜索某一品牌与规格产品，了解其价格后，登录京东商城（www.jd.com）、丫丫购物搜索（www.askyaya.com）、顶九购物搜索（http://search.ding9.com）搜索同一品牌与规格型号产品，看能否找到同一产品，比较各网上商店定价的高低。

8. 登录易拍网，了解秒杀的商品价格特别低，商家是如何保证盈利的？

9. 登录 eBay（www.ebay.com）和 eBay 中国（www.ebay.cn）了解其交易规则与交易流程。

第11章

网络营销渠道策略

✎ 对应工作（岗位）

网上交易员

📖 网上交易员工作描述

☑ 负责订单处理（接受或放弃），订单跟踪，物流配送指令，货款收取指令，在线客服咨询，售后服务管理，顾客意见反馈答复处理等

☑ 与客户进一步联系确认订单，核实结算及交货方式，核对配送地址等

☑ 下载订单，派发生产任务，传递物流配送指令，答复客户咨询，订单追踪检查等

📖 网上交易员工作要求

☑ 熟悉网络营销渠道的类型及特点

☑ 熟悉网络直销及网络间接营销的流程

☑ 熟练掌握网络营销订单管理系统的操作运用

☑ 熟悉网络营销结算系统运作

☑ 熟练掌握网络营销物流管理系统的操作运用

☑ 熟悉计算机网络基础知识与计算机操作

☑ 普通话标准，良好的电话、邮件、IM 交流技巧

☑ 诚实耐心，组织协调能力强

11.1 网络营销渠道概述

11.1.1 网络营销渠道的概念与功能

1. 网络营销渠道的概念

网络营销渠道是一个宽泛的定义，是指为了能使某一产品或服务实现其价值与使用价值而配合起来完全利用或不完全利用互联网履行供应、生产、分销和消费等功能的所有企业与个人。

2. 网络营销渠道的功能

生产者要与消费者通过网络顺利实现商品交换，二者之间至少要完全或不完全通过网络发生四类要素的流动，即物流、商流、信息流、货币流，如图 11-1 所示。因此，网络营销渠道从功能上来说，它可以划分为网络营销物流渠道、网络营销信息流渠道、网络营销商流渠道、网络营销货币流渠道。因此，一个完善的网络营销渠道也应具有四大功能：网络宣传促销功能、网络订货交易功能、网络支付结算功能和网络物流管理功能。

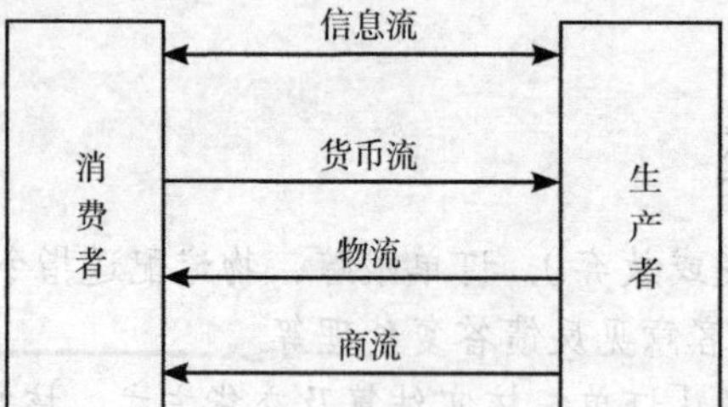

图 11-1　营销渠道内容

（1）网络信息流：网络宣传促销

网络宣传促销，一方面是指生产者通过互联网向目标顾客发布基本的商品信息；另一方面则是在目标顾客了解基本商品信息的前提下，通过网络促销手段向目标顾客发布促销信息，以影响目标顾客的需求，激发目标顾客的购买欲望，促进目标顾客的购买行为。这部分工作主要通过网站建设、网络促销等网络信息发布功能完成。

（2）网络商流：网络订货交易

商流是指商品所有权的流动，网络商流就是通过网络销售渠道实现商品所有权从生产者向消费者的顺利转移。网络销售渠道是通过其网络订货交易系统实现产品销售的。网络订货交易系统是指通过互联网实现生产者与消费者之间信息流与商流功能的一系列软件、硬件、人员等要素的总称。具体而言，网络订货交易系统应该完成网络商务谈判、网络合同签订、网络下订单、网络订单确认、网络订单受理、网络订单处理等环节。一般而言，谈判成交，交钱付货，钱货两清，买卖完毕，商流完成。由于货币流、物流一般是通过相对独立的系统完成的，因此网络商流研究的主要内容就是网络销售渠道及其网络订货与交易系统。

（3）网络货币流：网络支付结算

消费者在选择购买了商品后，网络营销系统应该提供可选择的多种支付方式。这些支付方式可以分成两大类：一类是通过传统的支付方式进行支付，如现金、汇款、账户结转等，这种付款方式虽然很不方便但比较安全；另一类是利用网络支付与结算系统进行电子支付。

（4）网络物流：网络物流管理

物流是指物品的流动，商业物流是指商品实体的流通，是指独立于生产过程之外的商品的实际流通。一般来说，产品分为实体产品、数字化虚体产品和服务三类。对于可以数字化的虚体产品和服务一般可以直接通过网络进行商品物流配送。例如，现在许多软件都可以直接从网络上购买和下载，现在流行的 MP3 格式音乐也可以直接从网络下载使用，通过互联网提供的在线服务也是如此。因此物流配送系统一般讨论的是有形产品的配送问题。

虽然就实体产品而言，产品物流并非通过网络完成，但是网络营销系统还需要建立起网络物流管理系统，以保证网络营销活动的顺利进行。具体而言，网络物流管理系统应该包括库存查询、收货处理、收货统计、出货处理、出货统计、退换货处理等功能。

11.1.2　网络营销渠道的分类

1. 网络直销与网络间接营销

互联网在市场营销中的应用改变了销售渠道的结构。根据生产者与消费者之间是否通过中间商实现商品交换来划分，网络营销渠道可分为网络直销和网络间接营销两种类型。

（1）网络直销

网络直销即网络直接营销，是指生产者不借助中间商，直接通过自己的营销网站与消费者进行商品交换的营销渠道模式，即所谓的 B2C 营销。

（2）网络间接营销

网络间接营销是指在网络营销活动中，生产者通过网络中间商将自己的产品销售给消费者的营销渠道模式，即所谓的 B2B2C 营销或 B2B2C2C 营销。

如图 11-2 所示，渠道①②属于直接分销，渠道③④⑤属于网络间接分销。

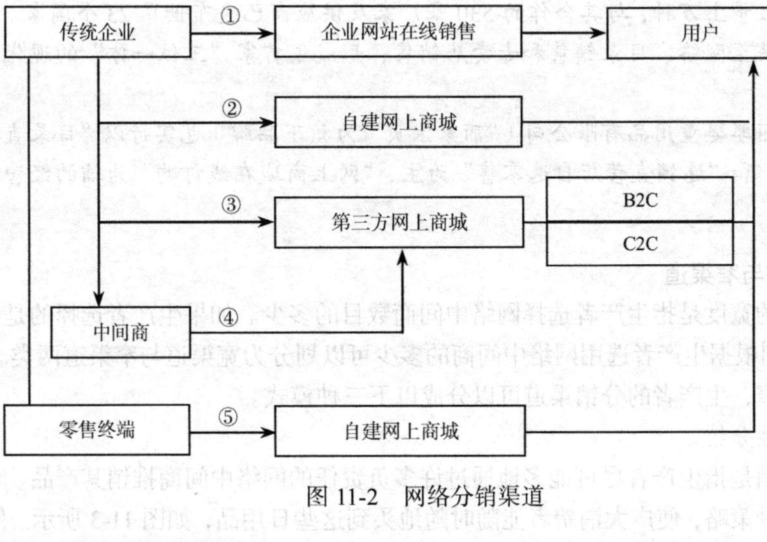

图 11-2　网络分销渠道

2. 单渠道、双渠道与多渠道

根据生产者选用渠道模式的多少，可以划分为单渠道、双渠道和多渠道。

（1）单渠道

如果生产者在营销活动中，只选择了网络直销或网络间接营销的一种网络营销渠道模式，就叫单一的营销渠道，简称单渠道。例如，戴尔只选择网上直销这种渠道模式。

（2）双渠道

如果生产者在营销活动中，同时选择了网络直销与网络间接营销两种模式的分销渠道，就叫双渠道。

在现代化大生产和市场经济的条件下，生产者在网络营销活动中，在自己建立网站的同时，大部分都在积极利用网络间接营销渠道分销自己的产品，通过网络中间商的信息服务、广告服务和撮合服务，扩大企业的影响，开拓企业产品的销售领域，降低销售成本。因此，对于从事网络营销活动的生产者来说，必须熟悉并研究国内外网络中间商的类型、业务性质、功能、特点及其他有关情况，以便能够正确地选择中间商，顺利地完成商品从生产者到消费者的整个转移过程。

（3）多渠道

在一定的时空条件下，如果生产者在营销活动中，同时选择了网络直销、网络间接营销及网下营销等复合式多种渠道模式，就叫多渠道。例如，无忧 Zippo 商城主要经营美国 Zippo 打火机、瑞士军刀等时尚礼品，其选择了网上购物市场与网下实体购物商铺等多种营销渠道的模式；e 国超市也是采取网上零售和网下营销相结合的营销渠道模式。而且一些网络公司也选择了传统的经销渠道推广自己的业务。以网络实名为例，网络实名作为典型的网上服务产品，以广泛发展代理商的传统模式进行销售并获得了巨大的成功。多渠道需要避免的是网上蹿货的问题，一般有三种解决方式：一是线上线下两个牌子运作，二是线上线下统一价格，三是线上价格便宜，但要采用不同的编码或包装的方式来规避渠道冲突。

实例 乐友公司（www.leyou.com）是中国领先的孕婴童用品专卖连锁企业，目前所销售的孕婴童产品数量上万种，与其合作的530家厂家及供应商已遍布世界23个国家。乐友的业务范围也已经拓展至网络、目录销售和专卖店销售，形成了首家“三位一体”的现代化孕婴童用品销售网络。

北京丽家丽婴婴童用品有限公司（“丽家宝贝”为旗下品牌）也实行以“目录直投—电话订购—送货上门”和“连锁直营店自选零售”为主、“网上商城在线订购”为辅的经营模式与服务形式。

3. 宽渠道与窄渠道

分销渠道的宽度是指生产者选择网络中间商数目的多少。如果生产者选择的是网络间接营销渠道模式，则根据生产者选用网络中间商的多少可以划分为宽渠道与窄渠道两类。一般而言，按照渠道的宽窄，生产者的分销渠道可以分成以下三种模式。

（1）密集性分销

密集性分销是指生产者尽可能多地通过许多负责任的网络中间商推销其产品。例如，便利品通常采取这种策略，使广大消费者能随时随地买到这些日用品，如图 11-3 所示。例如，Zippo 打火机既有自己的中国营销网站（www.zippochina.com），同时其产品又在许多网上商店中进行销售。

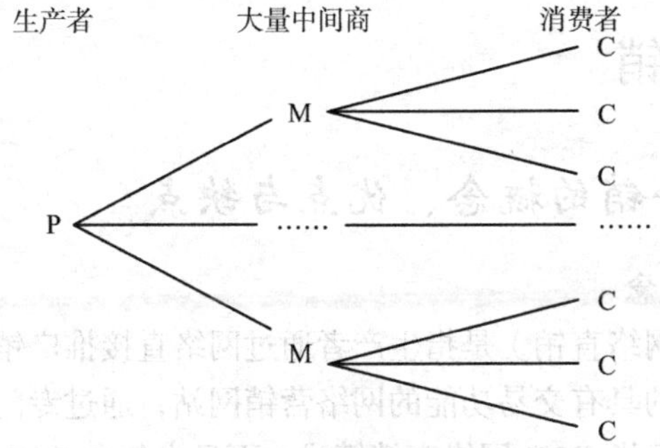

图 11-3　密集性分销

（2）选择性分销

选择性分销是指生产者仅仅通过少数几个精心挑选的、最合适的网络中间商推销其产品。这种形式对各类产品都适用，它比独家分销面宽，有利于扩大销路，开拓市场，展开竞争；而比密集性分销节省费用，又易于控制。一些大型家电一般采取这种模式，如图 11-4 所示。

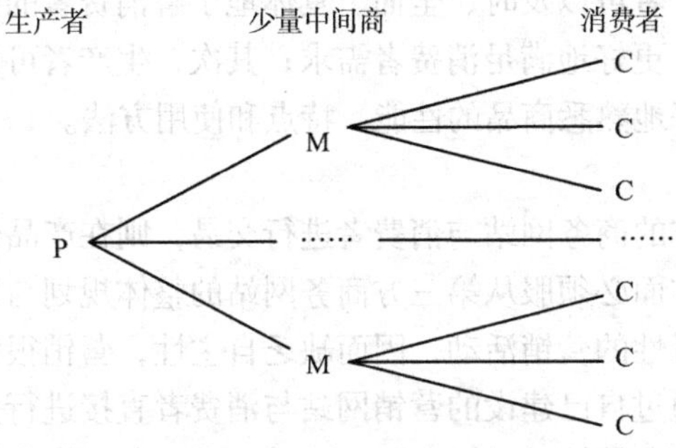

图 11-4　选择性分销

（3）独家分销

独家分销是指生产者仅仅选择一家网络中间商推销其产品，通常双方协商签订独家经销合同，规定中间商不得经营竞争者的产品，以便有效控制中间商的业务经营，调动其经营积极性，以有效占领市场，如图 11-5 所示，这是最窄的分销渠道。例如，联合利华只选择了 85818 网上购物中心；雀巢咖啡只选择了北京的 e 国网站、上海的联华 OK 网作为自己的网上销售站点。

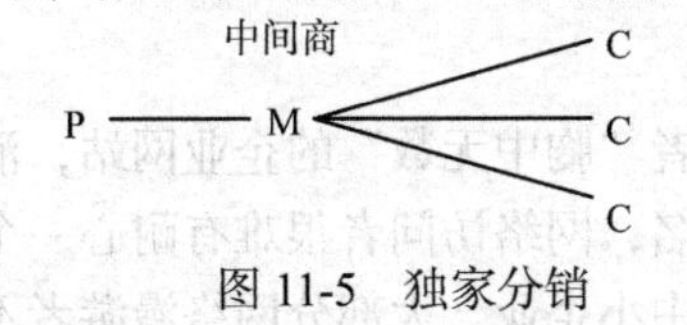

图 11-5　独家分销

在网络营销活动中，如果生产者选择宽渠道，虽然可以使自己产品的营销渠道有宽广的网上市场覆盖面，有效提高产品的网上市场销售量，但是，如果生产者选择了大量的网络中间商，其产品推广费用成本势必会很高。选择窄渠道，费用成本相对较低，但市场覆盖面狭小，却不利于消费者选择。因此，网络营销渠道宽窄的选择应该进行深入细致、科学全面的分析，以便进行决策。

11.2 网络直接营销

11.2.1 网络直接营销的概念、优点与缺点

1. 网络直接营销的概念

网络直接营销（简称网络直销）是指生产者通过网络直接推广销售自己的产品，是企业在互联网上建立了自己独立的具有交易功能的网络营销网站，通过专门的网上交易系统实现产品的销售工作。网络直销不仅指B2C网络直销模式，而且也包含B2B网络直销模式，它是一种高效率、低成本的市场交易方式，代表了一种新的经营模式。

2. 网络直销的优点

（1）产销直接沟通

如果生产者利用自己的交易网站与消费者进行直接交易，那么生产者就可以直接通过网络同消费者接触。首先，生产者可以及时、全面、具体地了解消费者的要求及其需求变化，从而及时地调整生产经营决策，更好地满足消费者需求；其次，生产者可以直接全面地向消费者介绍商品，有利于消费者更好地熟悉商品的性能、特点和使用方法。

（2）营销主动有效

如果生产者借助第三方的商务网站与消费者进行交易，则在产品信息发布、站点推广、广告宣传、销售服务提供等方面必须服从第三方商务网站的整体规划与定位，并不能结合生产者自己的产品特点进行有针对性的营销活动，因而缺乏自主性，营销很难实现理想的效果。而选择网络直销，生产者可以通过自己建设的营销网站与消费者直接进行交易。这样，生产者就能结合本企业的性质、产品特点并针对目标市场，适时开展自主性的营销战略与策略。

3. 网络直销的缺点

（1）费用成本较高

生产者通过网络直接销售产品，必然要设置专门的网络营销机构、设施与人员，从而会增加费用成本。采用网络直销方式既要建设专门的网站，又要购置专门的软硬件，也要培训专门的工作人员，还要保持足够的网站维护与推广费用。此外，要想使网站建设成功还要进行不间断的宣传推广。如果没有足够的网络营销利润做保障，与间接营销相比，这些费用成本都是代价高昂的。

（2）营销网站出头难

在互联网上，有大量令消费者“胸中无数”的企业网站，消费者可能会处于无所适从的尴尬境地。面对大量分散的企业域名，网络访问者很难有耐心一个个去访问那些制作平庸的企业主页。特别是对于一些不知名的中小企业，大部分网络漫游者不愿意在此浪费时间，或者只是在路过时看一眼。这个问题的解决必须从两方面入手：一方面需要企业尽快组建具有高水平的专门服务于商务活动的网络信息服务站点；另一方面则需要从网络间接分销渠道中寻找出路。

11.2.2 网络直销的流程

以市场需求为导向的网络直销流程如图11-6所示，可分为以下几个步骤。

1）生产者建立营销网站或在信息服务商网站发布产品、价格、保证、支付方式、物流方式、

促销活动等营销信息。

2）消费者登录生产者营销网站或信息服务商网站查询有关商品信息；分析比较产品信息；确定购买后，通过购物对话框填写购货信息，包括姓名、地址、所购商品名称、数量、规格和价格；进一步选择支付方式，如信用卡、电子货币、电子支票、借记卡等；选择货物配送方式，如邮寄、快递、自己取货等；再次确认购物后生成购物单。

3）生产者的营销网站通过网络向自己的制造中心或仓储部门发出供货指令。

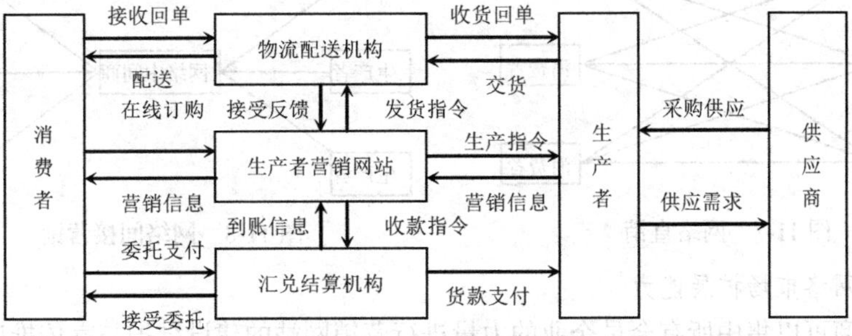

图 11-6　以市场需求为导向的网络直销流程

4）生产者的制造中心或仓储部门，接到指令后做出迅速反应，如有现货，按照指令及时完成交货；如果库存不足则应该及时进货或及时生产，在规定的时间内，将产品交付指定的物流配送机构。

5）物流配送机构接到配送指令后，及时将产品送到指定的顾客手中。

6）顾客收到所购商品后，按照预先约定的支付方式支付货款。如果选择货到付款，若对所收商品无异议，则应立即付款；如果顾客选择了先付款后发货的交易模式，则要按照可选择的支付方式，支付货款。

7）消费者委托的汇兑结算机构（如邮局、网上银行、信用卡公司等）按照消费者指令向生产者的开户银行结转款项。

11.3 网络间接营销

11.3.1　网络间接营销的概念与优点

1．网络间接营销的概念

网络间接营销也称网络中介交易，就是企业通过网络交易中心（或叫网络交易市场），或者借助网络中间商将自己的产品销售给消费者的一种营销渠道模式。

2．网络间接营销的优点

与网络直销相比，网络间接营销主要有以下优点，同时，也使网络营销中间商的存在成为必然。

（1）节约网络营销交易成本

首先，生产者可以利用网络中间商所具有的集中、平衡和扩散的功能，从整个社会的角度考虑，使交易次数减少，从而使网络商品销售简单化，节省了生产者花费在网络销售上的人力、物力、财力，可以集中精力搞好生产。如图 11-7 所示，3 个生产者与 3 个消费者在没有中间商的情况下，需要交易 9 次。而图 11-8 中，3 个生产者与 3 个消费者在有一个中间商介入的情况下，则只需要交易 6 次即可实现同样的网络交易目标。有计算表明，当存在 50 个生产者和 100 个消费者时，这种交易关系则由 5 000 次减少到 150 次。这使生产者和消费者都感到方便和满意，可见其效果是十分明显的。其次，选择网络间接营销，企业在网站建设、网站推广、管理与维护方面还可以节约大量的营销成本。

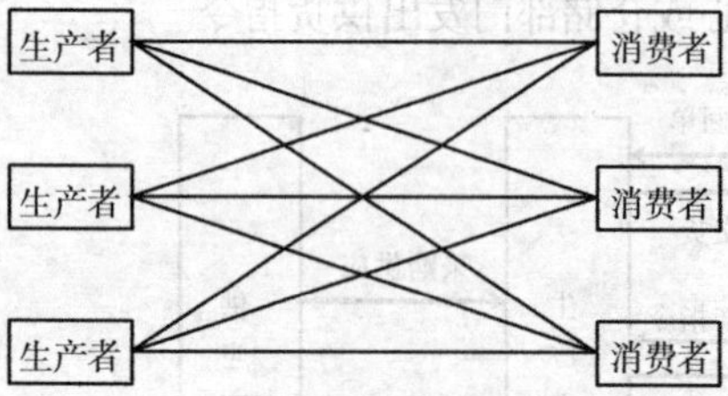

图 11-7　网络直销

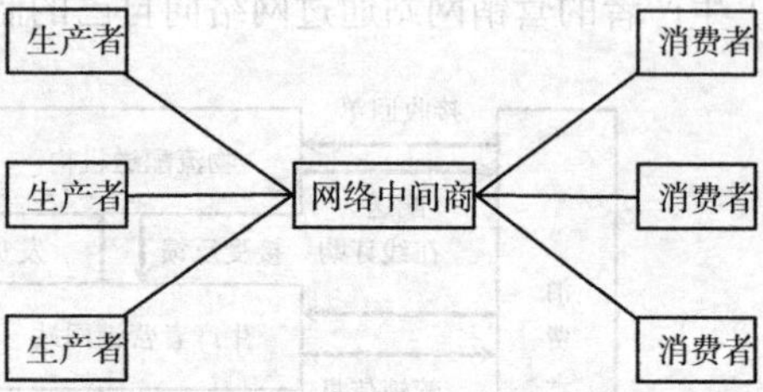

图 11-8　网络间接营销

（2）提高网络市场扩展能力

网络中间商可以集中所有会员企业的力量进行营销网站的建设维护与宣传推广，从而形成庞大的网络营销市场体系和专业的网络营销技术队伍，具有强大的网络市场拓展能力，可以发挥专业优势收集大量的市场信息，准确掌握市场动态。无论生产者是否建设有自己的营销网站，只要借助中间商的市场拓展能力，就能充分发挥他们的纽带和桥梁作用，引导消费，促进产品销售，这不失是一种明智的决策。

（3）撮合功能有利于平均订货量的规模化

作为连接生产者和消费者的一种新型纽带，网络中介交易机构可以有效地克服传统商业的弊端。一方面，它能够以最短的渠道分销商品，满足消费者对商品价格的要求；另一方面，它又能够通过计算机自动撮合的功能，组织商品的批量订货，满足生产者对规模经济的要求。这种具有功能集约的商品流转模式的出现，为从根本上解决现代工业发展中批量组货与订货的难题创造了先行条件。

（4）促使网络交易活动常规化

网络中介交易机构可以一天 24 小时、一年 365 天不停地运转，避免了时间上和时差上的限制；买卖双方的意愿通过固定交易表格进行了统一规范的表达，避免了相互扯皮；中介机构所属的配送中心分散在全国各地，可以最大限度地减少运输费用；网络交易严密的支付程序，使得买卖双方彼此增加了信任感。很明显，网络中介交易机构的规范化运作使交易过程中大量的不确定因素减少，从而降低了交易成本，提高了交易成功率。

（5）便利买卖双方信息收集

传统的交易中，买卖双方都被卷入一个双向的信息收集过程。这种信息搜寻既要付出巨大的成本，又要承担极大的风险。而网络中间商，特别是网络交易市场、商务信息网的出现改变了这种状况，为供求双方的信息搜寻过程提供了极大的便利。网络中介交易机构本身就是一个巨大的数据库，其中云集了全国乃至全世界的众多厂商，也汇集了成千上万种商品信息。这些厂商和商品可以从各个不同的角度检索，买卖双方完全可以在不同的地区、不同的时间，在同一个网址上查询不同的信息，方便地交流不同的意见，最后在中介机构的撮合下，匹配供应意愿和需求意愿。

11.3.2　网络中间商的概念

简单而言，网络中间商就是生产者通过互联网向消费者出售产品时的中介机构。具体而言，网络中间商是指在网络营销活动中，介于生产者与消费者之间，执行组织、实施或协助商品所有权顺利转移的网上虚拟组织或机构。

11.3.3　网络中间商的类型

1. 按照网络中间商的性质划分

按照网络中间商的性质不同，网络中间商可以划分为网络经销商、网络代理商和网络经纪人三类。

（1）网络经销商

网络经销商是指专门从事网络交易业务，在商品买卖过程中取得商品所有权的中间商，其利润主要来自商品的购销差价，一旦买进商品，则商品的销售风险与利益均由自己独立承担的组织或机构。例如，卓越、亚马逊、当当网上书店、85818 网上购物中心、西单 igo5 网上商城等从性质上来说都属于网络经销商。网络经销商又可以划分成网络批发商和网络零售商，也可以划分成经营离线商店的网络经销商和完全虚拟的网络经销商。

（2）网络代理商

网络代理商是指从事商品交易业务，接受生产企业的委托，但不具有商品所有权的中间商，其利润主要来自被代理企业的佣金，但商品的销售风险与利益一般由被代理企业承担。网络经销商与网络代理商的主要区别是是否取得商品所有权，并以赚取购销差价为目的。

（3）网络经纪人

根据我国《经纪人管理办法》的规定，经纪人是指在经济活动中，以收取佣金为目的，为促成他人交易而从事居间、行纪或代理等经纪业务的公民、法人和其他经济组织。经纪人行为具有两个特征，一是促进他人交易，而自己不直接进行交易活动；二是以收取佣金为目的，而不赚取交易差额。网络经纪人既不取得商品的所有权，也不持有和取得现货，其主要职能在于为买卖双方牵线搭桥，协助谈判，促成交易，由委托方付给佣金或会员费，不承担产品销售的风险。

目前，在网络营销实践中，经纪人主要有两种类型。一种是具有网络营销理论与技术的信息经纪员，以帮助企业或个人利用互联网进行产品推广、宣传、寻找和积累客户资源及供货资源的个人；另一种是专门为供求双方提供信息服务，协助谈判，撮合交易的网络组织机构，即网络交易市场。目前，大量存在的收费或免费的商务信息服务类网站为买卖双方建起了沟通信息的桥梁，虽然并没有参与或撮合交易，但也行使了传统商务经纪人的部分职能。买卖双方只要注册成为该网站会员，免费或缴纳一定的会费后，就可以由该网站将产品供求信息发布出去，有的网站还具有负责为买卖双方传递信息、信用保证等服务。因此，完全可以把这类网站称为网络经纪人。例如，我国的阿里巴巴、易趣、雅宝等网站都具有在线交易功能，但商务网站本身并不介入交易过程。

2. 按照网络中间商的业态形式划分

按照网络中间商的业态形式不同，网络中间商可以划分为网上商店、网上商城、网上交易市场、商务信息网和购物搜索门户网站。

（1）网上商店

网上商店一般是具有独立域名、独立接受与处理订单、独立核算的网上商务站点。网上商店主要有网上专业商店和网上综合超市等经营模式。其业务特点为：进货、销售、配送和售后服务一条龙的经营模式。

网上专业商店简称专营店或专卖店，是具有网上购物功能的商务网站，一般而言，其经营的产品范围不大、种类不多。经销的产品一般是关联度比较大的一类产品，或者某个企业的产品，或者某个品牌的产品，如网上书店、网上鲜花店等。例如，搜易得专营 IT 数码、八佰拜专营礼品、云网专营数字卡、三联专营家电。

网上综合超市一般以销售大众化日用消费品为主，价格相对低廉，配送快捷方便，是基本上能满足顾客一次性购全的商务网站。

（2）网上商城

网上购物中心主要立足于为大量中小企业搭建网上商店平台，以招商的形式入驻设店，网站负责站点推广宣传、技术支持与维护等"物业"管理工作。其业务特点为：以出租网络店铺、招商经营为特色的经营模式。因此，购物中心一般是由在购物中心总域名下具有低一级独立子域名的、各自分别独立核算、接受与处理订单的若干网上商店汇集构成。按照网站规模的大小与习惯叫法，网上购物中心一般也称为网上商城、网上商业街等。它与网上商店的区别如表 11-1 所示。

表 11-1　网上商城与网上商店的区别

项　目	网上商店	网上商城
投资主体	单一	多元
配送	统一规划	由各入驻商户自行提供
支付	统一规划	由各入驻商户自行规划
售后服务	统一规划	售后服务由提供商品及服务的商家承担
经营方式	直接向消费者提供	由各进驻商家个性化经营
经营范围	范围小	范围大
购物流程	统一规划	统一规划

（3）网上交易市场

网上交易市场一般是由第三方投资建立而成的商业网站，为经过严格审查的交易者提供交易场所。这个交易场所受明确的规则、行业价格自律及公开市场信息的限制。这种类型的网站有中国粮油食品信息网（www.cof.net.cn）、中国商品交易中心（www.ccec.com）、中国煤焦数字交易市场（www.ccce.com.cn）等。

（4）商务信息网

商务信息网是专门提供商务供求的行业商务信息网站或专业信息网站。这部分网站一般只提供信息发布服务，不具有在线交易功能。因为买卖双方只是通过这种类型的网站寻求商业机会，然后再在线下联系、洽谈与交易，所以一般不把这种类型的网站看作网络中间商。这种类型的网站有中国品牌服装网（www.china-ef.com）、中国商品网（www.goods-china.com）、中国出口贸易网、在线广交会、中国出口商品交易会、中国国际电子商务网等。

（5）购物搜索门户网站

有些门户网站专门为网络用户提供购物信息的搜索服务，因此也就为传统企业、网上商店提供了产品信息发布的一个新渠道，如聪明点、返利网、易购网、特价王、askyaya。如果能让这些购物搜索全部收录一些你的网站商品，而且在首页推荐，每天都能带来一些订单。

（6）第三方 CPS 平台

目前，电子商务比较主流且固定的渠道推广就是 CPS（Cost Per Sales）模式，通过推广产生有效的订单后进行比例分成。这是一种零风险的实效营销方式，如果网站主不能为你的网站带来销售额，广告主不用支付任何广告费用。

实例　第三方 CPS 平台如 Yiqifa、Linktech、唯一、成果网。目前，网络上非常火的淘宝客赚钱就是一种 CPS 广告形式，比如当用户单击了 CPS 广告代码来到淘宝店购买了商品，那么我们就能获得这个商品的提成，通过在你的网站发布的 CPS 广告人数越多，你赚的钱就越多。

3．按照网络中间商的销售对象划分

（1）网络批发商

网络批发商是指向制造商购进产品，然后通过互联网转售给零售商、产业用户或各种非营利组织，不直接服务于个人消费者的商业机构。

（2）网络零售商

目前，网络零售商可以分为三种模式：一是纯网络型零售企业（完全虚拟的网络零售商），如卓越、亚马逊；二是传统零售商建设的网络零售店铺（经营离线商店的零售商），如沃尔玛；三是制造商开展的网络零售业务，如 PPG、BONO、VANCL。

中国电商的三种最典型的模式：一是以阿里巴巴的天猫、淘宝为代表的平台电商模式。商家不直接销售商品，而是提供电商平台服务及营销。这种类型类似于传统零售的 shopping mall（购物中心）模式。商家提供场地及其他服务，负责吸引客流，招募零售品牌进驻。以收取租金或者联营方式获得收入。二是以京东、1 号店为代表的直接销售模式。自行完成商品采购、销售、物流、客户服务等功能。通过整合供应链实现价值。这种类型对应于传统零售的百货或者超市的模式。三是以聚美优品、唯品会为代表的特卖类垂直电商模式。这种模式类似于线下的奥特莱斯或专业品牌店。

11.3.4　网络间接营销的流程

1．通过网络经销商间接营销

无论企业是否建有自己的营销网站，但为了使自己的产品能够拓展并占据网上市场，企业都可以通过网上经销商销售自己的产品。网络间接营销流程（通过网络经销商）如图 11-9 所示。一般来说，面向消费者的推广销售工作主要由经销商完成，生产者与经销商之间的网上交易如同 B2B 直接营销。生产者与经销商之间的新增业务主要有以下几个方面。

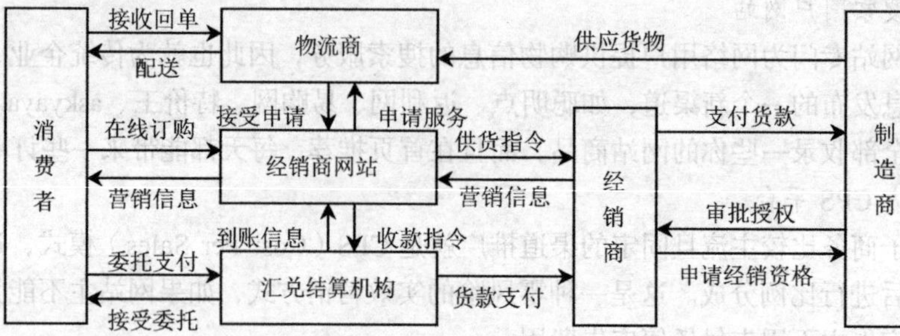

图 11-9　网络间接营销流程（通过网络经销商）

1）经销商需要向制造商提出经销资格申请。

2）制造商对经销商的资格进行审查。

3）设置经销商信誉级别和配给额度。

4）制造商发出授权经销信息。

5）经销商向物流商申请物流服务。

6）物流商审批接受经销商提出的物流服务申请。

7）制造商将货物发送至经销商协作物流商货场或仓库。

8）经销商接到网上订单后，进行订单处理，按照订单约定的结算方式由汇兑结算机构结算货款，按照订单约定的配送方式由物流商配送货物。

9）经销商按照约定付款方式向生产者支付货款。

2．通过网络经纪人（网络交易市场）间接营销

企业通过网络经纪人进行商品交换，即通过网络虚拟市场进行商品交易。网络经纪人网站（网络交易市场）并不参与整个交易过程，只是为交易双方提供一个网络交易的平台。其交易流程的特点是：交易平台由处于第三方的经纪人建立，交易流程由第三方经纪人设计；买卖双方交易的完成，经过第三方经纪人牵线搭桥并从中撮合；买卖双方根据约定向经纪人交付一定的费用；第三方经纪人承担交易双方资格审查、信用保证、交易规则制定与执行服务。网络间接营销流程（通过网络经纪人）如图 11-10 所示，也可按以下步骤进行交易。

1）买卖双方将各自的供求信息提交网络交易中心后，网络交易中心通过信息发布服务向参与者提供大量详细的交易数据和市场信息。

2）买卖双方根据网络交易中心提供的信息，选择自己的贸易伙伴。网络交易中心再从中撮合、促使买卖双方签订合同。

3）买方在网络交易中心指定的银行办理转账付款手续；如果选择网上银行支付，买卖双方应该预先在网上银行开设账户，并存入足够的款项。

4）网络交易中心在各地的配送部门将卖方货物送交买方。

3．通过网络代理商间接营销

在网络代理销售模式中，网络作为产品销售的一个渠道，这个渠道由相应的代理商来运作，网络代理商就像线下代理商一样，负责所在渠道的产品销售。网络营销实践中，网络销售代理又有许多具体的运作模式。

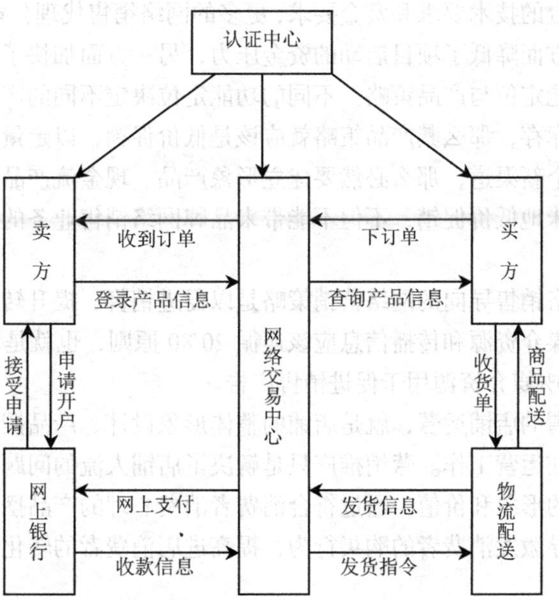

图 11-10 网络间接营销流程（通过网络经纪人）

（1）按照代理业务内容划分的代理模式

1）全部网络销售业务代理。这是指制造商把品牌的网络销售业务完全外包给一家或几家具有一定实力的网络销售代理公司。目前，市场上比较有影响力的网络代理商有古星（代理李宁等品牌）、五洲（代理卡帕、杰克琼斯、美特·斯邦威等品牌）、美宁（代理 361°、QQ 运动、NBA 等）。

实例 李宁的电子商务业务上有三个核心代理商：北京五洲在线、古星电子商务、逛街网。这三个核心代理商在新浪商城、易趣商城、当当网、拍拍网和淘宝网开设了为数不少的李宁网上专卖店，由这三家代理商来代理李宁品牌在网络上的销售业务。361°选择美宁、鼎诚等四家网络销售代理公司负责 361°品牌产品在网络渠道的销售业务。

2）部分运营业务代理。这是指制造商只负责产品控制，而其他具体的网络销售实际运营工作全部由网络销售代理商负责执行。

实例 采用运营外包的典型案例就是日本的优衣库，优衣库于 2009 年 4 月在中国市场上涉足电子商务，同时上线了中国的官方购物网站和淘宝旗舰店。优衣库自己掌握最擅长的核心能力，优衣库自身的电子商务团队只负责包括了品牌和市场推广、促销、商品年度计划、品质等方面的商品控制工作，将一切可外包的职能全部外包给其他专业的代理商。

（2）按照面向的目标市场划分的代理模式

1）B2C 网络代理销售模式。这是指由网络代理商直接面对消费者的代理模式，其优势是有效缩短了企业与消费者之间的距离，能快速有效启动品牌网络销售业务。

B2C 网络代理销售模式的运营过程中有以下几个重要的环节需要考虑：

- 网络销售的平台选择。在平台的选择上不外乎两种——自建平台和借助第三方 B2C 平台。

考虑到自建平台的技术要求和资金要求，更多的网络销售代理公司采用第三方B2C平台的方式，这一方面降低了项目启动的资金压力，另一方面加快了启动网络销售的进程。

- 网络销售的功能定位与产品策略。不同的功能定位决定不同的产品策略。如果网络销售的功能只是清库存，那么其产品策略就应该是低价促销，以走量为主；如果把网络作为产品销售的一个新渠道，那么必然要建立形象产品、现金流产品、跑量产品的合理产品矩阵，否则一味地低价促销，不但不能带来品牌网络销售业务的持续发展，而且对品牌的损伤相当大。
- 营销推广。网络销售导向的网络营销策略是以促进销售、提升转化率为核心目的的，因此企业的网络媒介资源和传播信息应该遵循20/80原则，也就是20%媒介资源用于品牌形象的宣传+80%媒介资源用于促进销售广告。
- 店铺运营。所谓的店铺运营，就是店铺的整体形象设计、产品摆设、产品描述及客户服务等具体的店铺运营工作。营销推广只是解决了店铺人流的问题，因此通过店铺风格的设计传递品牌的形象和价值，通过符合消费者消费心理的产品摆设及具有说服力的产品描述和客服引导激发消费者的购买行为，提高进店消费者的转化率，让更多的人购买及买得更多。
- 物流。物流配送速度是决定消费者消费体验的重要指标之一。在解决物流配送问题上目前基本上有两种模式：一是仓储和配送均外包；二是仓储自建，配送外包。后一种方式是目前大B2C网站普遍采取的方式，并在重点城市自建物流配送团队，优点是成本低，能实现快速配送，顾客体验好。
- 售后服务与客户关系管理。售后服务包括呼叫中心搭建及退换货政策。客户关系管理主要由两个层面的工作构成：一方面是维系客户关系，提升客户的消费满意度；另一方面是用户数据的挖掘，为网络销售提供更为精准的数据库营销。

2）B2B2C模式。B2B2C的网络代理模式是由网络销售代理公司再发展下级代理商，由下级代理商负责产品的销售工作。该模式的优势是快速铺开市场，提升品牌在网络销售平台的曝光率，快速地启动项目。在B2B2C网络销售代理模式的策划中，需要处理好以下两个问题：

- 网络销售代理商的分工。在B2B2C模式中，网络销售代理商作为一个专业的电子商务解决方案提供商，一方面需要为基于品牌的网络销售目标拟定网络销售发展战略，另一方面还需要考虑维系网络加盟体系，建立稳定的网络销售体系。因此在该模式中，网络销售代理公司一般负责的业务为：销售平台的选择、网络销售的功能定位与产品策略、营销推广、发展加盟商、物流等。
- 网络销售加盟商的分工。在B2B2C模式中，网络加盟商作为品牌网络销售直接面对消费者的终端，他们在品牌网络销售体系中业务分工为营销推广、店铺运营、物流、售后服务与客户关系管理等。

11.4 网络营销渠道策划

11.4.1 网络销售渠道策划

1. 网络销售渠道策划的任务

网络销售渠道策划的任务简言之就是设计分销渠道模式，即决定选择不经过网络中间商的网络直销，还是选择经过网络中间商的间接网络营销；选择宽渠道还是窄渠道更为有效；只选择一种模式的分销渠道，还是同时选择若干种分销渠道。影响分销渠道模式选择的因素有很多，企业需要仔细分析，认真考虑，综合评价，然后再设计出适合本企业营销的渠道模式。

2. 网络销售渠道策划应该考虑的因素

（1）产品因素

需要考虑的产品因素有：产品价值的高低、产品的自然属性、产品的体积与重量、产品的技术性能和销售服务要求、定制品的特殊性规格要求、产品的标准化系列化通用化程度、产品所处市场寿命周期阶段等因素。

（2）市场因素

需要考虑的市场因素有：潜在顾客的数量和销售量的大小、潜在顾客的地理分布情况、消费者的购买习惯、竞争对手的渠道模式等因素。

（3）企业自身因素

需要考虑的企业因素有：企业实力状况、企业的渠道管理水平、企业控制渠道的愿望、企业的声誉及提供服务的能力、企业经济效益的考虑。

（4）中间商因素

需要考虑的中间商因素有：中间商的经销积极性、中间商的上货条件、中间商的开拓市场能力等因素。

（5）市场环境因素

需要考虑的市场环境因素有：总体经济形势、国家的政策法规等。例如，我国的 8848 网上商城明确告知：依据有关法律法规的规定，禁止任何商户利用其电子商务软件技术或者其他工具销售 34 类商品。

3. 评估网络中间商的 8C 标准

当企业选择好网络间接营销渠道后，就需要进一步选择具体的渠道成员——网络中间商来承担具体的分销任务了。从制造商的角度出发，企业评价和选择网络中间商的主要依据，可以概括为 8 个方面，简称为“8C”标准，即成本、信用、覆盖、特点、连续性、能力、控制力和资金。

（1）成本（Cost）

企业选择网络中间商先要考虑的就是成本问题，如果选用的网络中间商让企业得不偿失或效益低下或成本太高，那么就不应该选择这个网络中间商。渠道成本就是企业建立与维持渠道所需要的费用成本。费用成本主要是指使用网络中间商时的支出，这种支出分为两类：一类是在网络中间商网站建立主页时的费用；另一类是维持正常运行时的成本。在两类成本中，维持成本是主要的、经常的，各个网络中间商之间也有较大的差别。企业一般应选择那些能够承担一部分广告费用和其他销售促进活动费用的中间商，以减少企业的负担，降低销售费用。

（2）信用（Credit）

这里的信用是指网络中间商所具有的信用度的大小。相对于其他基本建设投资来说，建立一个服务网站所需的投资较少，因而网络中间商如雨后春笋般地出现。目前，我国还没有权威性的认证机构对这些信息服务商进行认证，因此在选择中间商时就应考虑他们的信用程度。一方面，信用保障差、资信程度差的商务网站客流少，不会有乐观的销量；另一方面，商品销售状况虽然良好，但回款能力极差的中间商也应该排除。否则，企业会因资金周转问题而进入困境。

（3）覆盖（Coverage）

覆盖是指网络宣传所能够波及的地区和人数，即网络站点能够影响到的市场区域。一般而言，营销网络市场覆盖率高、覆盖面广阔的网络中间商，其产品推广与市场开拓的能力也强。因此，企业应该尽量选择那些市场覆盖面广、影响力高的网络中间商经销本企业的产品。以占领广阔的市场区域，从而可以从各市场获得最大可能的销售额，确保合理的市场占有率和赢得令人满意的市场渗透。

（4）特点（Character）

企业所选择的分销渠道必须适合企业自身的特点及其产品的特点，企业要考虑所选用的网络中间商的定位是否与企业所要进入的目标市场一致，即所要选用的中间商的经营范围，应该与生产企业的产品销路基本对口。同时，企业应当研究这些主要访问者群的特点、购买习惯和购买频率，进而选择不同的网络中间商。网络中间商物流配送点的地理位置要有利于企业产品的运输和储存，这也是企业选择中间商需要考虑的其中一个因素。

（5）连续性（Continuity）

网络发展的实践证明，网络站点的寿命有长有短。一个企业要想使网络营销持续稳定地运行下去，就必须选择具有连续性的网络站点，以在用户或消费者中建立品牌信誉、服务信誉。在网络营销实践中，企业选择的一些网络中间商可能是一些小型网络中间商，如果这些网络中间商的经营状况不十分稳定，寿命很短，常常因为各种原因倒闭或转业，企业就可能随之失去这部分网络市场。另外，有些网络中间商做生意缺乏连续性，商品走俏能赚大钱时，他们便乐于经销；但时隔不久，他们发现商品销路欠佳或利润较低时，就又会拒绝进货。为此，企业应采取适当的措施密切与中间商的关系。

（6）能力（Capability）

能力是指在对网络中间商进行评价选择时要从其开拓市场的能力、营销能力、管理能力、提供技术支持与售后服务能力、商品的储存运输能力等方面进行考察。具体地说，网络中间商能否在销售过程中，向顾客提供比较充分的技术服务与咨询指导，有没有既懂技术又善于经营的网络营销人员，这些都与产品的销路有着密切的关系。尤其是销售某些技术比较复杂的商品时，更是如此。因此，企业一般要选择那些具有一定物流运输条件和储存条件的网络中间商。

（7）控制力（Control）

在网络营销活动中，选择的网络中间商不同，所享有的控制力也不同。一般来说，企业在其产品的分销渠道中卷入越深，对渠道的控制就越大。属于本企业的渠道和分销人员固然会增大投资，但毕竟也最有利于控制。近年来由于市场竞争变得更为激烈，许多企业为了更及时地掌握市场变化，了解营销渠道的情况，以扩大其销量，就需要增强对分销渠道的控制力。如果在间接网络营销过程中，企业希望增强网络营销渠道控制力，就应该选择经纪人式的网络交易场，或者选择租柜台式的网上商城。如果目前不希望在网络营销方面投入太多，则可以选择合适的网络经销商经销自己的产品。

知识拓展：建设网上分销渠道，授权分销商的可识别性尤为重要，要做到“三个至少”：

- 每个授权分销商至少应该有一份电子授权证书展示在其商铺、网站中。此授权证书应该是唯一的，并且来自品牌企业的官方服务器。在该证书上，应该注明分辨证书真假的方法及投诉渠道指引。
- 在企业官方网站上，应当至少列举授权网络分销商的名称、网址。如果品牌企业是授权给某家公司作为总经销/代理的，应当表明授权此总经销/代理进行次级授权的合法性。

- 应该至少提供一个查询入口，使消费者可以通过分销商的网址、名称来确认分销商的合法性。

（8）资金（Capital）

生产者要尽量选择资金力量比较雄厚、财务状况良好的网络中间商。因为资金力量雄厚和财务状况良好的网络中间商不仅能及时付款，不拖欠，而且还能对有困难的生产者提供某些财务帮助，从而有利于扩大产品销路。

11.4.2　订货系统策划

1. 设计订货系统

订货系统的设计应该坚持以顾客需求为导向的意识，应该体现以人为本的关怀。具体而言，在设计订货系统中需要注意以下几个问题。

（1）订货系统要简单明了，易于操作

设计订货系统要注意简单明了，不要让消费者填写太多信息，而应该采用现在流行的“购物车”的方式，让消费者一边浏览商品信息，一边比较选择，一边进行选购。在购物结束后，一次性进行结算。另外，订货系统还应该提供商品搜索和分类查找功能，以便消费者能在最短的时间内找到所需要的商品，还应该能够提供充足的、细腻的，可以逐级单击的企业产品或服务的信息。

（2）订货系统要购买方便，退货容易

在商品种类较少的情况下，可以直接将订单放在产品页面上，当顾客产生购买需要时，只要输入购买数量，单击一下“提交”按钮就完成订货了。而在商品种类很多的情况下，为了使顾客订货或购物更方便，则应采用“购物车”技术了。一个典型的购物车系统的上半部分是一个包括数量输入框的产品目录，顾客需要购买某件货物，只要在相应的数量输入框中输入所需的数量，然后单击“放入购物车”按钮即可。如果交款之前突然改变主意，不想购买了，只需单击“取消订单”按钮即可。

（3）订货系统要明确承诺，严格兑现

订货系统要对收货时间、销售服务、质量保证、价格承诺等做出明确的承诺，并严格履行承诺。例如，订货系统最好能明确告知顾客在什么时间范围内能收到货物，最好能链接到公司的库存数据库，让顾客了解他所订购的货物是否还有库存。

（4）订货系统要谨慎交易，方式自选

很多人由于对订货系统不熟悉，常常产生重复选购或重复付款操作。因此，订货系统应该具有确认购买信息提示功能与货款支付告知功能。另外，对于货物的配送方式、货款的支付方式也要提供适量的备选方式。但是，在让顾客选择不同类型的运货方式、支付方式时，一定要把相关费用如何归属做到责权明确、告知清楚。

（5）订货系统要面向顾客需要，方便订单查询

当顾客通过订货系统购买货物后，一般希望随时能得到订单的处理程度与结果。因此，订货系统要设计面向顾客的订单查询功能。

（6）订货系统要沟通容易、反应敏捷

在网络营销中，顾客对订货系统可能不熟悉，订货系统本身的设计也可能会隐藏着各种缺

陷，使顾客可能会产生这样或那样的疑问或困惑。因此，订货系统应该设计有反应敏捷、沟通容易的网下联系方式与解决方案。例如，有很多顾客对计算机不大信任，他们不愿意利用网络订货系统，而是希望在购物时能直接与有关人员接触。对于这类顾客最好的办法是在网站上给出一个免费的订货电话，为那些从网上了解产品后决定购买的顾客服务。

2. 订货信息管理

（1）订单数据信息的作用

订单数据通常由客户名称与所处地区、购买商品的类型与数量、运送商品的方式和地点及货款支付方式等信息组成。可以用来研究和分析生产状况、所提供的产品品种及这些产品的网络营销效果，也可作为顾客关系管理的依据与手段。

（2）订单附加信息的收集

除了与订单直接相关及订单所必要的信息外，还可以要求客户有选择地提供一些附加信息，这些信息将有助于市场分析。在对客户进行附加信息的调查时，除非必须输入文字的内容外，应尽量设计多项选择，便于顾客回答。

（3）订货信息管理中的客户机密维护

在订单数据的管理中有一个非常重要的问题需要注意，即有关客户机密的安全问题。客户的信任对于企业来说是至关重要的。当客户感到他们可以信任你时，他们才愿意在你的网站上购物。所以，要把所有的客户信息视为机密，特别要保护信用卡和其他财务信息，也要注意保护客户姓名、地址、电话、购物习惯及所收集的其他客户数据。如果要将数据用于内部研究和推销，应让客户知道，并且在把数据发布给其他人之前要请求客户准许。

11.4.3 结算方式策划

1. 电子支付

消费者选择购买商品后，网络营销系统应该提供可选择的多种支付方式。这些支付方式可以分成两大类：一类是通过传统的支付方式进行支付，如现金、汇款、账户结转等，这种付款方式虽然很不方便但比较安全；另一类是利用网络支付与结算系统进行电子支付。

随着计算机技术的发展，电子支付的工具也越来越多。这些支付工具可以分为三大类：一类是电子货币类，如电子现金、电子钱包等；另一类是电子信用卡类，包括智能卡、借记卡、电话卡等；还有一类是电子支票类，如电子支票、电子汇款、电子划款等。这些方式各有自己的特点和运作模式，适用于不同的交易过程。

2. 第三方支付

许多购物网站采取第三方支付的结算工具，以解决网络营销中的信任与结算问题。第三方电子支付是指基于互联网，提供线上（互联网）和线下（电话及手机）支付渠道，完成从用户到商户的在线货币支付、资金清算、查询统计等系列过程的一种支付交易方式。从事第三方电子支付的非银行金融机构是具备一定实力和信誉保障的独立机构，采用与各大银行签约的方式，提供与银行支付结算系统接口的交易支持平台的网络支付模式。

在第三方支付模式中，买方选购商品后，使用第三方平台提供的账户进行货款支付，并由第三方通知卖家货款到账、要求发货；买方收到货物并检验商品进行确认后，就可以通知第三方付款给卖家，第三方再将款项转至卖家账户上。比较典型的第三方支付工具如阿里巴巴的“支付宝”、腾讯的“财付通”、银联电子支付（www. chinapay.com）、快钱、首信易支付、环迅支付、网银在线、易宝支付、云网支付等。以财付通为例，其交易流程如图 11-11 所示。

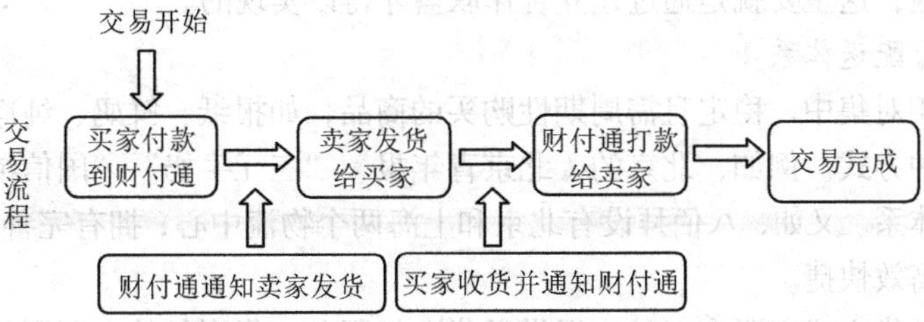

图 11-11 第三方支付——财付通交易流程

知识拓展：为规范第三方支付行业发展秩序，中国人民银行于 2010 年 6 月发布的《非金融机构支付服务管理办法》规定，对于从事支付业务的非金融机构，须在 2011 年 9 月 1 日前申领《支付业务许可证》，逾期未能取得许可证者将被禁止继续从事支付业务。2014 年 7 月 15 日，央行发放第五批第三方支付牌照，此次获批企业共 19 家。此次牌照发放后，持牌单位将增至 269 家。央行此前共发放过 4 批第三方支付牌照，分别为 2011 年 5 月 18 日 27 家单位获批；2011 年 8 月 29 日 13 家单位获批；2011 年 12 月 22 日 61 家单位获批；2012 年 6 月 27 日 95 家单位获批。

2016 年 7 月 1 日起，《非银行支付机构网络支付业务管理办法》正式施行，规定支付机构为客户开立支付账户的，应当对客户实行实名制管理。根据《非银行支付机构网络支付业务管理办法》，个人网络支付账户按照验证身份信息严格程度分为三类：非面对面且仅通过一个外部渠道验证的，只能开设一类账户，适用于小额支付，比如手机发红包，但累计金额不能超过 1 000 元；面对面或通过至少三个外部渠道验证的，可开设二类账户，实现转账、购物、缴水电气费等功能，但一年不能超过 10 万元；面对面或通过至少五个外部渠道验证的，可开设三类账户，能买理财产品、基金、保险，一年不超过 20 万元。

11.4.4 物流配送系统策划

1. 物流配送系统的选择

在选择物流配送系统时，必须就其经济性、便利性、时间性等因素进行综合比较分析，从而选择最适合自己的物流配送系统。

（1）利用第三方物流

第三方物流是指由物流服务供应方、需求方之外的第三方完成的物流专业化运作方式。第三方物流企业是独立于网络交易主体之外的单独核算的企业，它较企业内部自身的物流部门则具有高效率、低成本、专业化、能综合利用物流资源等优势。

对于物流配送系统，利用邮局或其他快递公司是一个好的选择，其优点是规范、覆盖面广，顾客获取商品也较为方便。但从经济性考虑，它主要适合特殊品，如手工艺品、新产品、艺术品、土特产品等，由于这些商品的价格不具有可比性，顾客有可能承受较高的配送成本。

（2）建立物流联盟

在 B2C 模式下，消费者所在地的分散和远距离是最为常见的一种情况，一个物流企业不论多么强大，其物流网络也不可能覆盖所有地区。这就需要物流企业之间达成联盟，相互之间交流各种信息，实现资源共享，把国内（区域内）整个物流资源充分地利用起来，保证以最快的速度把商品配送到客户手中。例如，有些商务网站自己并无独立的配送体系，但可以为顾客把商品送到全国各地，这主要就是通过建立合作联盟才得以实现的。

（3）自建物流配送体系

对于消费者相对集中、稳定且需周期性购买的商品，如报纸、鲜奶、纯净水等，自己建立配送体系也是一种方式。例如，北京的《北京青年报》、“三元牛奶”、“国信纯净水”都建立了自己的商品配送体系。又如，八佰拜设有北京和上海两个物流中心，拥有完善的物流配送系统，既方便用户，又高效快捷。

我国目前的送货方式主要有三种：提供送货上门服务，货到付款；利用邮政、铁路、航空为主体的国有企业和在此基础上发展延伸出的速递、配送服务或储运公司开展的配送业务；社会上小型速递或储运公司的配送代理服务。

2. 库存跟踪与订单跟踪

（1）库存跟踪

对于网络营销网站来说，有时虽然收到不少订单，但是因库存不足或不能保障及时供货，从而导致这些订单无法兑现。而通过记录表跟踪所销售的产品，则可以大致了解产品的需求情况，由此而适时补充或减少库存，这样就可以使库存大体维持在能够满足需求的水平上。通常可将数据库与网站之间建立直接链接，这样订单信息就可以不断地更新数据库，使数据库信息同步显示市场现状。通过程序可以不断地检查库存水平、运行报表，并列出重新进货后已满足需要或仍未满足需要的产品及必要时应补充和减少的库存货物。

（2）订单追踪

如何确保订单能尽快处理和发货呢？最佳途径就是创建追踪订单信息的数据库，以快速提供有关订单及其状态的信息。创建的数据库的报表可包括以下内容：已收到的新订单；延期的订单（库存不足，等待付款等）；在一定时间后已实现的订单。此外，还可允许用户查询他们的订单、接收订单的最新状态及有关订单的任何问题。

【复习思考】

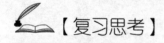

1. 网络营销渠道具有哪些功能？网络营销渠道有哪些类型？
2. 一般来说，网络直销包括哪些基本的阶段？网络直销有哪些特点与优缺点？
3. 解释网络间接营销的概念及其优点。一般来说，网络间接营销有哪些基本阶段？
4. 何谓网络中间商？网络中间商有哪些基本类型？评估选择网络中间商的 8C 标准是什么？你是怎样认为的？
5. 如何设计企业的订单信息管理系统？我国当前常用的网络营销结算方式有哪些？
6. 我国当前常用的物流配送方式有哪些？实施库存与订单跟踪策略的重要性体现在哪些方面？
7. 何谓第三方支付？学习了解第三方支付机理，分析其对网络营销有何积极意义，可能存在哪些方面的风险？
8. 我国目前的网络代理销售模式有哪些？网上收集有关案例介绍给大家。

【技能训练】

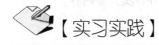

1. 海尔产品在传统商店、海尔商城、网上商店中都可以买到，其渠道模式为（　　）。
   A. 单渠道　　B. 双渠道　　C. 多渠道　　D. 网络直销
2. 雀巢咖啡产品在雀巢公司网站上并不能在线购买，但是可以在其他网店里买到，其渠道模式为（　　）。
   A. 网络直销　　B. 网络间接营销　　C. 多渠道　　D. 双渠道
3. 阿里巴巴网站是典型的（　　）。
   A. 网络代理商　　B. 网络经销商
   C. 网络交易市场　　D. 网络零售商
4. 一个完善的网络营销渠道应有的功能是订货功能、结算功能和（　　）。
   A. 服务功能　　B. 信息功能　　C. 识别功能　　D. 配送功能

【实习实践】

1. 登录中商网（www.chinaec.com），了解借助第三方交易平台建立网上商店的流程，并在这一平台上建立一定时限内免费使用的网上商店。比较这两个定位与第三方交易平台的网站经营模式的不同，并写出实践报告。

2. 登录金利来（中国）有限公司（www.goldlion-china.com）、真维斯（www. jeanswest.com）等网站，思考这些公司都只在网上进行产品介绍，而销售工作却由许多网上零售商与网下零售商来做的主要原因，并写出实践报告。

3. 到银行申领一张银行卡，开通网上银行服务，了解不同银行在安全支付方面采取的措施。

4. 登录中国数字认证网（www.ca365.com），注册申请个人 CA 证书，实践 CA 证书的下载、安装（导入）、备份（导出）等内容。

5. 登录支付宝（www.alipay.com）、财付通（www.tenpay.com）等站点，了解有关第三方支付的机理与流程。

6. 登录淘宝网（www.taobao.com），了解开设网络店铺的流程与内容，尝试开设自己的店铺。具体需要实践淘宝会员注册申请、支付宝账户激活、支付宝实名认证、我要开店测试、我的店铺设置、店铺域名设置、发布商品、下载安装阿里旺旺、下载安装并使用淘宝助理发布商品信息。

7. 登录江西金格科技（www.goldgrid.com）、北京安证通信（www.esa2000. com），或者下载安装优泰电子签章系统（Word 版），实践有关电子签章内容。

8. 在淘宝开店（非商城用户）后，进入"我的淘宝"→"已卖出的宝贝"→"软件服务"，单击"我要订购"，选择页面上方"分销平台"选项，进入淘宝分销页面后，体验网络供应商与网络分销商相关业务流程。

9. 登录亿起发（www.yiqifa.com）、领克特（www.linktech.cn）、唯一传媒（www.weiyi.com）、成果网（www.chanet.com.cn）等网站，了解 CPS 商品推广方式。登录京东商城销售联盟（http://cps.360buy.com），实践如图 11-12 所示的步骤内容。

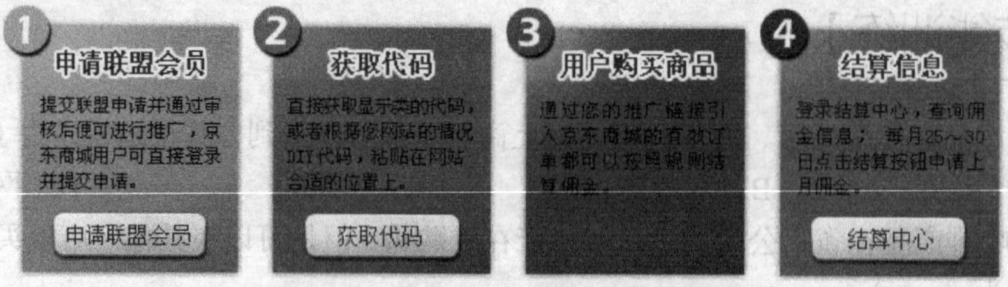

图 11-12　京东商城销售联盟实践步骤

10. 登录易购网（www.egou.com），实践该网站如图 11-13 所示的运营模式。

图 11-13　易购网运营模式

11. 在淘宝网选购一件商品，选择支付宝付款方式，实践支付宝充值、支付宝支付、订单查询、使用物流订单号跟踪查询物流配送进程、收货、支付宝付款、评价卖方等内容。

第 12 章

网络促销策略

✎ 对应工作（岗位）

网络广告员、在线客服、网络促销员、网络公关专员

📖 网络广告员工作描述

☑ 负责网络广告的创意、策划、制作、审核、发布、监测与执行

📖 网络广告员工作要求

☑ 熟悉网络广告制作、发布、监测、统计、分析等技术

📖 在线客服工作描述

☑ 规划实施网络客户服务流程
☑ 规划实施针对不同类型客户的客户服务策略
☑ 能与客户保持良好沟通，并负责撰写客户需求分析报告
☑ 根据企业目标类型，选择合适的网络客户服务系统
☑ 有效实施客户关系管理策略
☑ 通过网络辅助开展洽谈活动及具体工作，通过网络渠道开发客户资源，完成本部门销售任务

📖 在线客服工作要求

☑ 沟通、协调能力强，具有良好的口头与文字表达能力
☑ 积极主动，有良好的心理素质，能承受一定的工作压力
☑ 熟练掌握电子邮件、QQ、MSN 等即时通信工具的使用方法

📖 网络促销员工作描述

☑ 根据企业整体营销战略规划制定年度、月度网络促销计划
☑ 负责规划实施企业定期、不定期的网络促销方案
☑ 监督实施网络促销方案的执行情况，并进行有效的费用控制
☑ 对网络促销活动的执行效果进行评估，并撰写网络促销总结报告

📖 网络促销员工作要求

☑ 思维活跃，富有创见，具有较强的网络促销创意规划能力
☑ 理解领会能力强，具有针对网络促销具体方案的认知理解能力
☑ 认真负责，具有熟练的网络促销具体方案操作实施技能

📖 网络公关专员工作描述

☑ 负责网络舆论环境的监控与分析
☑ 负责网络公关传播方案的策划与执行
☑ 建立并维护公司与知名网站、WAP 网站的关系
☑ 负责企业内部新闻稿撰写，并策划直邮、网媒活动等多种形式的网络传播方案
☑ 网络媒体关系维护，参与网媒活动，监测网络传播计划执行效果，配合监督网络广告、公关软文效果

📖 网络公关专员工作要求

☑ 精通电子邮件、BBS、社区、播客、QQ 群、MSN、BLOG 等新兴网络功能
☑ 熟悉企业所属行业及其网络媒体和论坛
☑ 有组织管理能力，思维活跃，善于沟通
☑ 工作认真，责任感强，有团队合作精神，有良好的沟通能力与文案写作能力
☑ 诚实正直，极强的敬业精神和优秀的心理素质，身体健康
☑ 有较好的文学水平，熟悉网络语言，了解网友阅读心理和习惯，有开设博客的经验和技巧

12.1 网络促销策略概述

12.1.1 网络促销策略的基本概念

1. 网络促销策略的概念

网络促销策略是通过互联网促进产品销售的简称，是指企业应用各种互联网技术与手段，向网络目标市场传递企业及其产品或服务的信息，通过信息沟通使网上目标顾客对企业及其产

品或服务产生兴趣，建立好感与信任，进而做出购买决策，产生购买行为的活动。

2．网络促销组合策略

网络促销组合是指企业在促销活动中，把网络广告、网络公共关系、站点销售促进、电子邮件促销和网络人员推销有机结合、综合运用，以便实现更好的整体网络促销效果。网络促销方式如图 12-1 所示，主要包括网络广告、网络公共关系、站点销售促进、电子邮件促销、网络人员推销 5 大类。

网络促销组合策略
- 网络广告
- 网络公共关系
- 站点销售促进
- 电子邮件促销
- 网络人员推销

图 12-1　网络促销方式

在网络促销方式中，电子邮件促销最根本的特点是凭借电子邮件“邮发信息”促进销售；网络广告促销最主要的特点是“网络广而告知”；网络公共关系促销最主要的特点是“网络关系好”、“网络虚拟社会形象好”、“网络市场人缘好”，追求的是远期效益；站点销售促进最主要的特点是与日常网上销售活动紧密结合，起到催化交易活动的作用，产生“短期效益、快速反应、购买高潮”的效果；网络人员推销的特点是通过网络推销员“人的表现”促进销售。

12.1.2　网络促销的作用

目标顾客购买行为的产生，需要是其“内因”，促销只是“外因”，这是一个大前提。总体来说，促销起的作用只是催化、加速、促成、激励，概括起来有四个方面。

1．传递供给信息，指导顾客消费

企业把进入市场或即将进入市场的产品或服务的有关信息传递给网络目标市场的购买者，以引起他们的注意，使他们明确何时、何地、以何种价格水平，能够买到多大数量、多高质量，何种规格型号、什么特色、哪个品牌、能解决目标顾客什么问题的产品，从而使在网络市场上正在寻找卖主的潜在买主成为现实买主。

2．突出产品特点，激发消费需求

网络促销应突出本企业产品不同于竞争对手产品的特点，以及它能给目标顾客或用户带来的特殊利益，这就有助于加深顾客和公众对本企业产品的了解，建立起本企业产品的形象。有效的网络促销活动通过介绍产品（尤其是新产品）的性能、用途、特征等，能够诱导和激发需求，在一定条件下甚至还可以创造需求。

3．强调心理促销，激励购买行为

网络促销活动其实是一项“攻势强大”的、“软硬兼施”的、体现“攻心为上”、“先予后取”等心理战略、战术的心理促销活动。这是因为促销的对象是网络目标市场上的消费者，要使他们产生有利于本企业的购买行为，“心动”是前提，只有“心动”才可能“行动”，无论哪种网络促销方式，从本质上来说，无不是一种“打动人心”的活动。

4．树立企业形象，赢得顾客信任

网络促销活动有时并不以立即产生购买行为为直接目的，其目的可能是“曲线救国”，通过树立企业及其产品在网络市场上的良好形象，给目标顾客留下深刻印象，形成目标顾客根深蒂固的特殊偏好，与企业结下“厚意深情”的情结，一旦产生购买欲望与需求时，就会马上联想到企业的产品。此时，企业追求的是一种远期效益。

12.2 网络广告

12.2.1 网络广告概述

1. 网络广告的概念

一层含义是动态含义，即网络广告活动，是指“广而告知”的信息传播活动。正如《中华人民共和国广告法》所解释的那样，广告是指商品经营或服务提供者承担费用，通过一定媒介和形式直接或间接地介绍自己所推销的商品或所提供的服务的商业活动。从这个角度来说，网络广告就是通过互联网在网站或网页上以各种形式发布企业或其产品信息的活动。

另一层含义是静态含义，即广告作品，广告作品即广告信息的表达形式，广告媒体不同，人们接受的广告信息的表达形式也不一样。网络广告是指以数字代码为载体，采用先进的多媒体技术设计制作，通过互联网广泛传播，具有良好交互功能的广告形式。

2. 网络广告活动的构成要素

网络广告作为大众传播的一个重要分支，必须具备以下四个基本要素，用国际上对广告设计的习惯表述，即由谁告、告什么、告给谁、怎么告。以上各点构成了广告活动的四个基本要素，即网络广告主、网络广告信息、网络广告受众、网络广告媒体。

（1）网络广告主

网络广告主是网络广告活动的主体，是指为促进产品销售或服务提供，自行或委托他人设计、制作、发布广告的法人、其他经济组织或个人。网络广告经营者、网络广告发布者是与网络广告主相关的两个概念。网络广告经营者是指受委托提供网络广告的设计、制作、代理服务的法人、其他经济组织或个人。网络广告发布者是指为网络广告主或网络广告主委托的网络广告经营者发布网络广告的法人、其他经济组织或个人。例如，企业可能在互联网内容提供商（ICP）的门户网站上发布广告，也可能在自己建设的网站上发布广告。

（2）网络广告信息

网络广告信息是网络广告活动的内容，一般是指商品信息、服务信息和观念信息等。在网络广告中，商品信息包括产品的性能、质量、规格、型号、价格、产地、用途、销售地点、销售时间等内容。服务信息是指网络广告主向社会或个人提供的各种为生产和生活服务的信息。观念信息是指网络广告通过网络广告活动倡导的某种意识，使目标顾客树立一种有利于网络广告主促销其商品或服务的消费观念。

（3）网络广告受众

网络广告受众是网络广告活动的客体，是网络广告信息的传播对象，主要指工商企业的买主或流通业者及其他单位的用户和个人。因为每种商品都有其特定的目标顾客，而不同的商品属性又构成不同的网络广告对象。因此，只有了解网络广告对象的性别、年龄、教育程度、职业、地域等，才能根据网络广告对象的要求、利益和爱好，有的放矢，投其所好，才能实现网络广告的目标与目的。

（4）网络广告媒体

广告活动是一种有计划、有目的的大众传播活动，其信息的传播必须借助一定的媒体来实现。网络广告媒体就是互联网，具体表现为电子邮件、网页、BBS、新闻组、图标、按钮、背投、旗帜等形式。

12.2.2 网络广告的形式

1．电子邮件广告

（1）邮箱广告

邮箱广告包括箱体广告与信尾广告两种。邮箱箱体广告以横幅广告为主，主要出现在一些提供免费邮件服务网站的电子邮箱箱体上，广告通常出现在个人邮箱或个人邮件的上方或底部中央，如图 12-2 所示。信尾广告则出现在打开信笺的末端，一般是文本链接广告或网址链接广告。

（2）直邮广告

直邮广告是企业通过各种途径收集其顾客或潜在顾客的电子邮件地址，然后有针对性地将它们的广告直接发送给特定的客户。这就是电子邮件广告最一般的形式。

（3）邮件列表广告

邮件列表广告是利用网站电子刊物服务中的电子邮件列表，将广告加在每天读者所订阅的刊物中发放给相应的邮箱主人。这种直接电子邮件广告是受到邮箱用户许可的，因为网络公司电子邮件地址清单上的所有用户都是自愿加入并愿意接受他们所感兴趣的邮件的。

要想在邮件列表上做广告，首先要弄清楚它是否允许做广告，其次要仔细检读邮件列表的内容，确信其主题与企业产品是匹配的。使用邮件列表进行信息发布工作，要先通过申请手续得到一个独立的邮件列表，此时，你就成为这个邮件列表的管理者。如果有其他人订阅了这个邮件列表，你就可以向他们发送含有相关信息的电子邮件。如果这个邮件列表允许讨论，还可以通过这个邮件列表向其他的订户发送信息。

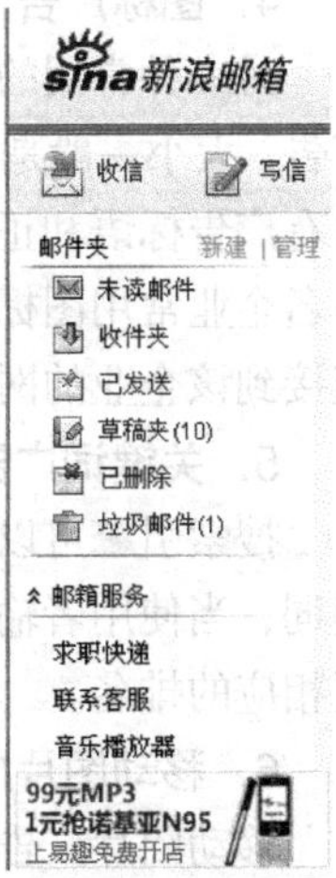

图 12-2 邮箱广告

2．电子公告牌广告

电子公告牌（BBS）是一种以文本为主的网上讨论组织，上网用户可以在其中以文字的形式，通过网络与别人聊天、发表文章、阅读信息、讨论某个问题或在网站内通信。一般都具有很高的访问单击率。企业可以利用这些工具来发布产品信息，介绍产品的功能和使用方法，往往会收到意想不到的效果。网上交易市场典型的是供求公告栏、二手产品市场、网上租售房市场等，访问者通过 BBS 可以直接与对方进行联系，寻找自己满意的产品。这类 BBS 发展非常快，它已经类似于一个网上虚拟的买卖市场。企业也可以在 BBS 上开设商务讨论区，以与自己的产品和服务相关的信息作为讨论的主题，或者直接登录一些商务 BBS 站点发布广告信息。

3．旗帜广告

网站建设中，常常在网页中分割出一定大小幅面的区域（视版面规划而定）发布广告，因其像一面旗帜或悬挂的横幅，故称旗帜（Banner）广告或横幅广告。旗帜广告也称网幅广告或广告条、页眉广告等，是当前网络中最常见的广告形式，其尺寸多为 460×80 像素。旗帜广告会因出现在网站页面上的位置、幅面尺寸不同而收费不同。一个好的旗帜广告通常具备以下特点：

使用具有震撼力的词汇；广告词简单、明了、直截了当；文字与图形的设计及色彩、动画相互协调。旗帜广告一般可以划分为非链接型和链接型两类。

（1）非链接型旗帜广告

非链接型旗帜广告不与广告主的主页或网站建立链接，浏览者单击（Click）后可以打开该广告，进一步了解具体详细的广告信息。

（2）链接型旗帜广告

链接型旗帜广告与广告主的主页或网站建立链接，浏览者单击（Click）后可以直接链接到企业的网站页面，如图 12-3 所示。

图 12-3　旗帜广告

4．图标广告

另一种常用的网络广告形式是图标广告，也称图形按钮（Button）。图标广告属于纯提示型广告，大小一般是 80×30 像素，通常由一个标志性图案组成，且经常是商标或网站站徽等图形，没有广告标语和正文，所以它的信息容量极为有限，只具有一定的提示作用。软件公司及一些知名企业常用图标广告来刊登广告，当用户在标有企业名称的图标广告上单击时，就可以直接链接到该企业的网站了。

5．关键词广告

搜索引擎可以根据使用者输入的关键词找出相关的网站，因此企业可以向搜索网站购买关键词，当使用者输入该关键词进行搜索时，搜索网页上就会优先出现企业的广告信息，或者购买相应的排名。

6．移动图片广告

移动图片广告（Mobile）也叫浮游小图片广告，是一种可以在屏幕上移动的小型图片广告。用户只要单击该图片，该移动图片广告就会自动扩大展示广告页面。如图 12-4 为 51 钻石（www.51zuanshi.cn）与金猴集团（www.jinhougarments.com）的移动图片广告。

图 12-4　移动图片广告

7．插页式广告

插页式广告，又名“弹跳广告”，广告主选择自己喜欢的网站或栏目，在该网站或栏目出现之前插入一个新窗口显示广告，面积大小从正常页面的 1/4 到占据整个页面。

8．互动式游戏广告

互动式游戏广告是指利用互动游戏技术将嵌入其中的广告信息传达给受众的一种广告形式。广告主还可以定做一个将自己产品信息融入其中的互动游戏广告。

实例　2009 年 7 月，500 年一遇的天文事件“日全食”牵动了国人的眼球。在日全食发生的前一天，天涯、猫扑出现了旗帜广告“为什么会发生日全食”，一句话就抓住了网民的眼球。随后运用网络互动游戏的形式来让网民体验用杰士邦制造日全食的惊喜快感：用鼠标移动杰士邦去套太阳，而太阳像个顽皮的小孩，四处躲闪，终于太阳落网了。画面黑了下来，日全食发生了——画面一片黑暗，接着出现一行字：“畅享欢乐，确保安全。”这是杰士邦全新包装产品上市的广告。

9．分类广告

网络分类广告类似于报纸杂志中的分类广告。大多数门户网站都提供此类服务。这些网站在站点中按照某个标准划分类别，用户可以到自己所发布信息的所属类别中进行登记注册，经网站后台审批后就可以发布出去。这种广告方式的优点是针对性极强，分类明确，同类信息集中，目标顾客很容易找到自己所需要的内容。发布网络分类广告需要注意的是分类标题要引人注目，内容要简练翔实，精美图片最好有辅助说明。

10．扉页广告

有的网站直接把扉页设计制作成定期更换的广告。扉页一般使用动人的动画效果，而且在用户打开主页前首先看到，突出鲜明，广告效果理想，但是下载时间一般较长，很可能因此影响网站本身的访问率。

11．链接广告

链接广告即在热门站点的页面上放置可以直接访问其他站点的链接，通过热门站点的访问，吸引一部分客流浏览建立链接的网站。

12．文本广告

文本广告一般以一段长 10~20 个中文字符的广告标题放置在网站页面显眼的位置，感兴趣的用户单击后就可以打开详细的广告页面，了解详细的信息。

13．视频广告

视频广告作为一种新的广告形式一般是通过门户网站和视频网站等媒体进行传播。目前，网络视频运营商主要有门户类、视频分享类、电视机构类、在线影视类、视频搜索类及 P2P 流媒体类，其中视频分享和 P2P 流媒体网站的视频广告收入增长最快。目前，中国的视频广告主要有推送、赞助和 UGA 三种模式。推送模式通常以视频贴片或围绕视频播放器周边进行广告投放，赞助是将网站中与自身品牌相关联的内容聚合成一类视频渠道。UGA 即网友参与广告制作，把客户的产品理念和品牌内涵与网友的创作内容完美地融合在一起，最终达到双赢的效果。

14．网络广告联盟

网络广告联盟是指集合中小网络媒体资源（又称联盟会员，如中小网站、个人网站、WAP 站点等）组成联盟，通过联盟平台帮助广告主实现广告投放，并进行广告投放数据监测统计，广告主则按照网络广告的实际效果向联盟会员支付广告费用的网络广告组织投放形式。

网络广告联盟包括广告主、联盟会员（网站主）和广告联盟平台三要素，涉及的内容有广告与联盟会员网站匹配、联盟广告数据监测和统计、联盟广告付费方式、联盟分成模式等内容。

（1）广告主

广告主是指通过网络广告联盟投放广告，并按照网络广告的实际效果（如销售额、引导数、单击数和展示次数等）支付广告费用的广告主。

（2）网站主

作为网络广告联盟会员，网站主是网站的拥有者，具有特定网站的修改、增删内容权力，并承担相关法律责任的法人，是注册加入网络广告联盟平台并通过审核，至少投放过一次联盟广告并获得收益的站点。网站主在网络广告联盟中，可以选择广告主的广告活动在自己网站播放，并按照自己完成的广告活动中规定的营销效果的总量及单位效果价格向广告主收取费用。

（3）广告联盟平台

广告联盟平台是联结上游广告主和下游加入联盟的中小网站，通过自身的广告匹配方式为广告主提供高效的网络广告推广，同时为众多中小站点提供广告收入的平台。综合网络广告联盟如阿里妈妈、智易营销、亿起发、黑马帮、软告网等。

12.2.3 网络广告发布流程

1．广告设计

网络广告设计与制作，需要考虑网络广告内容与形式两个方面的问题。

网络广告内容的设计，首先要注重信息内容的设计，力求全面详尽、层次明晰；其次要注重信息结构的合理，即企业的各类信息的架构、相互关系及链接，如果提供的信息路径烦琐，连接、传输和下载的速度很慢，可能造成许多没有耐心的浏览者离开站点。

网络广告形式的设计应能够吸引用户单击，并且广告的下载速度要快捷。同时，对广告的摆放位置、文字介绍、字节数都应该仔细考虑，使得广告界面友好、易于导航。

2．制定网络广告预算

网络广告预算与传统广告预算的费用构成基本相同，其主要差别是网络广告的收费方式不同于传统广告。目前，国际上通用的网络广告收费模式主要有以下几种。

1）千人印象成本（Cost Per One Thousand Impression，CPM），即以广告图形被载入1 000次为基准的网络广告的收费模式。例如，报CPM价为50元，若有10万个用户单击了该广告，则广告发布者向广告主收取5 000元广告费。由于这种方式对广告发布者有利，因此广告发布者愿意采取这种收费方式。

2）千人单击成本（Cost Per Click Though，CPC）是以广告图形被单击并链接到相关网址或详细内容页面1 000次为基准的网络广告的收费模式。由于这种方式是建立在用户进一步阅读广告的基础上的，因此广告客户更倾向于这种方式。

3）每次行动成本（Cost Per Action，CPA）是广告主为了规避广告费用风险，按投放的广告引起的受众行动次数来计数的，而不限广告投放量。

4）每购买行为成本（Cost Per Purchase，CPP）是广告主为了规避广告费用风险，只有在网络用户单击广告并进行在线交易后，才按销售笔数付给广告站点费用。

5）包月方式。包月付费是在我国使用比较广泛的一种网络广告收费方法。广告主一般按照发布广告网站预先根据广告位置、发布时间、尺寸等因素列出的价格表，支付广告月租金。

3．选择发布站点

企业除了在自己的网站上发布广告外，为了扩大影响，还可以在其他站点发布网络广告。在选择投放网络广告的站点时，一般应遵循两条原则：一是将网络广告放置在企业界定的受众经常光临的站点；二是要考察所选择的站点本身的经营策略、方法和效果。选择发布站点时应该考虑以下三个指标。

1）网站的访客流量。访客流量越大的网站，就越有投放广告的价值。中国互联网络信息中心出台的《网站访问统计术语和度量方法标准》，可以以此项标准为依据了解分析第三方的网站访客流量。

2）用户构成。选择网站用户群构成与你希望的广告对象尽量一致的网站。

3）服务可靠。选择服务可靠的网站，避免因网站经常不通或速度太慢，而影响广告效果。

4．监测网络广告效果

网络广告投放到网站之后，还要对广告的效果进行检测，衡量其是否达到了预期的效果，以确定未来的发展方向。

广告主测试网络广告效果的方式主要有三种：一是通过服务器端的访问软件随时进行测试；二是通过查看客户反馈量；三是查看专门的网络广告权威监测机构的报告。

12.3 网络公共关系

12.3.1　网络公共关系的概念

网络公共关系是指企业为了提高自己的知名度和美誉度，争取公众舆论支持，而有计划地通过互联网、利用各种网络技术与资源开展的各类活动的总称。企业开展网络公共关系的主要目的就是处理好各方面的关系，形成一种有利于企业"内求团结，外求发展"的良性网络营销关系状态与和谐的网络营销关系环境。

网络公共关系的工作内容基本上可以概括为一个中心，两个目标，三个基本要素，四个基本步骤。一个中心就是以塑造企业形象为中心，两个目标就是以提高企业的知名度与美誉度为目标。网络公共关系具体而言就是要研究网络公共关系主体、网络公共关系客体与媒体三个基本要素（见图 12-5），工作的程序包括网络公共关系调查、网络公共关系策划、网络公共关系实施与评估四个步骤。

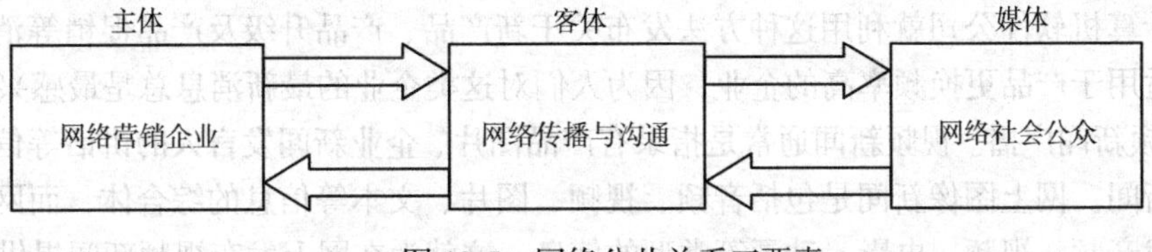

图 12-5　网络公共关系三要素

12.3.2　网络公共关系的特点

简言之，网络公共关系就是以促销为目的的网络公共关系活动，它与其他促销方式相比有以下几个特点。

1．手段：不断调适企业与网络社会公众之间的关系

企业良好的网络公共关系不是与生俱来的，需要企业积极主动进行不断的调适来实现，而如何调适、调适的方向和力度、调适的方式和时机都需要严密充分的构思和谋划。网络公共关系的主要任务就是通过调适企业与网络社会公众之间的关系从而实现促销的目的。

2．目的：塑造企业良好的网络社会形象

企业通过大众传播等方式，与网络社会公众积极沟通，从而促成网络社会公众对企业的良好印象，改善网络社会公众对企业的评价，使网络社会公众与企业建立良好的关系，在网络社会公众中树立起企业和产品的良好形象。

3．特点：间接诱导，远期效益

网络公共关系与其他促销方式不同，网络公共关系对顾客的影响追求的是长期的效益，而站点销售促进追求的则是短期的效益；其他促销方式都是利用直接的诱导方式，即直接唤起目标顾客对产品的需求，激发购买动机，促成购买行为。但网络公共关系则不同，它不是采取直接的诱导方式，而是采取间接的方式，通过塑造良好的网络社会企业形象，潜移默化地促成网络社会公众对企业的好感，从而间接达到促进产品销售的目的。因此，网络公共关系的核心就在于在网络公共关系过程中，能否把握这个间接诱导的关键，精心策划，在具有创造性的新颖独特的网络公共关系中，实现对顾客的间接诱导。

12.3.3 网络公共关系策略

1．利用网络播新闻：网络新闻公告策略

（1）网络新闻公告的概念

"公众必须被告知"是公共关系的基本原理之一。网络新闻公告就是发挥网络能迅速及时发布、广泛持久传播信息的特点，利用各种网络通信技术将企业新闻有效地传递给网络公众，以树立企业良好的网络社会形象。例如，海尔集团网站新闻播报栏目又下设最新消息、媒体聚焦、新闻搜索与新闻订阅栏目。

（2）网络新闻公告方式

1）通过网络信息服务商发布新闻。企业可以通过网络信息服务商将自己的新闻信息发布出去，这种新闻发布方式与新闻发布会、展销会等相比，企业则可以以较小的费用将新闻传递给社会公众。

2）通过企业站点发布新闻。如果企业已经建立了自己的网站，则可在自己的网站上发布新闻。很多计算机软件公司就利用这种方法发布关于新产品、产品升级及产品促销等消息。这种方法尤其适用于产品更换频率高的企业，因为人们对这类企业的最新消息总是最感兴趣的。

3）视频新闻广播。视频新闻通常是指录有产品图片、企业新闻发言人的讲话等信息的录像带的可视新闻。网上图像新闻是包括音频、视频、图片、文本等信息的综合体，而网上多数站点都能下载音频、视频、电影、动画等类型的信息，这就为在网上发布视频新闻提供了机会。

4）通过相关的新闻组、邮件列表或 BBS 发布新闻。企业也可以在某些知名站点的与企业产品相关联的新闻组、邮件列表及 BBS 等栏目上发布企业新闻。

2．利用网络造舆论：对网络舆论的分析和监控

"成也舆论，败也舆论"，在网络社会生活中，舆论发挥着空前的重要作用，因此，网络舆论也是企业拓展网络公共关系不可忽视的重要方面。

企业网络公关的一个基本方面就是分析舆论，以便有目的地推行自己的网络公共关系计划，创造良好的社会舆论氛围，使企业在网络公众中树立良好的形象。

企业网络公关的另一个基本方面是监控公共舆论，以达到建立关系、澄清事实、清除不利影响等目的。具体而言，公关人员要密切监视公共论坛和新闻组中对企业不利的言论，及时采取措施清除不良影响。

3. 通过网络传真情：实施顾客关系管理

利用网络，针对新老顾客，企业可以开展一系列的顾客关系管理活动，如技术支持、售后服务、释疑解惑等。海尔集团网站的服务中心就提供了产品知识、服务热点、服务热线、在线报修、产品咨询、顾客登记、星级服务等栏目。

4. 通过网络献爱心：开展网上公益活动

（1）开展公益活动

“自己做好，让别人知道”，“既要学雷锋，又要留好名”是公共关系的指导思想。企业一方面可以通过网络号召与倡导公益活动，另一方面还可以将自己公益活动的历史、成绩与未来规划通过网络传递给网络公众，从而树立企业良好的、有社会责任感的网络社会形象。例如，海尔集团网站公益事业栏目从希望工程、体育事业、扶贫、救灾、助残、绿色环保及其他公益事业等方面系统介绍了企业的善行善举，以赢得社会公众对企业的好感。

（2）播发公益广告

企业可以利用网络发布各种类型、各个方面、各个时段的公益广告。

（3）提供免费资源

一些成功的企业网站，都提供了许多免费的公益性资源，如游戏、笑话、短信、屏保、杀毒软件、应用软件、电子贺卡、生活常识、音乐等内容。这样做一方面可以提高网站的吸引力，增加网站黏度；另一方面也可以树立企业卓有情调爱心、富有文化品位的形象。

5. 通过网络做沟通：开展内部公共关系

企业员工既是企业形象的塑造者，又是企业形象的体现者。随着网络技术在企业内部管理中的普及与应用，网络媒体正在成为企业内部信息传播与沟通的重要工具。企业可以将企业宗旨、经营理念、企业精神、管理制度与规范、经营战略计划、营销方针政策等通过互联网及时告知员工，而涉及企业商业秘密的则可以在企业内部网络范围内传递，还可以通过建立建议与意见信箱、董事长信箱、总经理信箱等手段，使企业内部领导者与员工之间、不同阶层管理者之间达到充分及时、双向互动的沟通。

6. 通过网络解危机：开展危机公关

危机事件是指各种紧急的、意外发生的、对组织形象和经济利益有重大灾害的突发事件。危机公关是指企业对组织面临的危机或问题的处理。任何组织都可能遇到许多突发的、不可预知的危机。现代网络社会由于网络传播十分迅捷广泛，进一步证实与强化了“坏事传千里”的舆论效应，组织危机转眼之间就可能成为全球舆论关注的焦点，如果处理迟缓或不当，对组织造成的危害就会更大。企业应该发挥网络的功效，利用网络“建造玻璃屋”，“给公众一个明白，还企业一个清白”，开展网络公关活动“化危为机”，为企业创造良好的、宽松的关系环境。

实例 掘客即digg的中文说法，简单地说，digg就是通过一种类似民主投票的方式来表示对新闻的支持和认可的过程。这个创意来自今天在美国大获成功的www.digg.com的创办人罗斯。目前国内有掘客网（www.diggcn.com）、至酷掘客（www.dig.gku.cn）、奇客发现、窝窝网、板儿砖等大大小小数十个网站。这些网站在形态上都是一个完全由用户自发参与内容创建、评论和分类的网站，网站内容完全由用户提交，并完全根据用户集体意志决定哪些内容显示在首页上。抓虾（www.zhuaxia.com）就是利用rss+dig的形式。

7．通过网络送知识：开展消费者教育

强生公司（中国）网站注意到目前适合生育的年轻人在工作节奏上越来越紧张，没有更多的时间重视家庭和孩子，但有着强烈的重视培养孩子的意识。于是，网站提供了许多育儿知识，并在新浪网门户站建立“新浪亲子中心——强生婴儿健康呵护中心”站点。宝洁公司的佳洁士产品网站并不标价卖产品，而是提供了许多如何保护牙齿的知识。这些网站并没有直接做产品广告与促销，而是通过一种细致的关心和精心的服务，赢得网络公众的认可与接受。很显然，这些企业网络营销的策略就是以营销“消费理念”为主，而不是产品，主要是通过专业消费知识、生活知识的普及，使目标顾客逐步潜移默化地接受它们的理念，然后按照这个理念到传统的商场超市中去购买它们的产品，并保证最终使目标顾客感觉只有它们的产品才能满足自己的需要。

12.4 站点销售促进

12.4.1 站点销售促进的概念与特点

1．站点销售促进的概念

站点销售促进就是企业在营销网站上开展的、直接针对购买行为的、采用各种富有创意的激励方式对顾客进行强烈刺激，以激发顾客强烈的购买欲望，促成迅速购买的一种促销方式。在网络营销活动中，站点销售促进往往配合网络广告、网络公关、电子邮件等促销方式使用，使整个促销活动产生热烈的氛围和强烈的激励作用。

2．站点销售促进的特点

作为一种促销方式，站点销售促进与其他促销方式相比，其最根本的特点是：直接针对购买行为进行激励，并与网上销售活动紧密配合，产生“短、高、快”的销售效果。具体来说，它主要有以下几个特点。

（1）辅助作用，协同促销

一般来说，通过电子邮件促销、网络广告、网络公共关系等都可以独立开展促销活动，而站点销售促进则很少单独使用，常常是作为其他促销手段的一种辅助手段，与日常销售活动紧密结合，用于特定时期、特定商品的销售。因此，从全面系统的角度看，站点销售促进策略要与其他促销策略有机组合，才能发挥更有效的作用。

（2）即期见效，速度最快

站点销售促进策略的重心是迅速促进当前的商品销售。在网络市场上，站点销售促进策略要考虑如何加速商品的销售，要始终围绕迅速激发网络顾客的需求、强化网络顾客的购买动机、有效激励网络顾客的购买行为这一中心来进行。它是促销方式中见效最快的一种。

实例 在 www.titletrader.com 注册后，用户提交自己闲置的图书到站上，当有人选择要阅读提交的书后，用户将书发给请求的一方，同时获得一个信用点。用户可以消费这个信用点，去选一本自己喜欢的书，以此类推。发出的书越多，获得的信用点也越多，同时你也可以免费看到更多的书。这个站除了换书以外，每本书的旁边还有一个购买按键，如果想永久保留这本书，就可以直接购买。（《电子商务世界》2006 年第 11 期）

（3）形式多样，创意无穷

站点销售促进策略的关键是发掘新颖独特的创新思维，要根据企业所处的客观环境、市场态势和企业自身的条件，创造性地分析、决断、选择、组合和创造强烈而新颖的诱导刺激措施，使之能迅速地吸引网络顾客的注意力，唤起并强化网络顾客购买该产品的利益动机。

实例　woot.com 网站上出售的东西大都很酷且很便宜，而且每天只出售一件商品，如果这件商品当天没有售出，到美国中部时间午夜时分，这件商品就会下架，如果你在当天犹豫不决，那么你将错失良机，很可能再也看不到 woot 出售这件商品了。

（4）短期效益，形成高潮

站点销售促进策略所要达到的目标是短期的和即时的，而其他促销策略，如网络广告策略、网络公共关系策略所要达成的目标则是长期的和缓慢的。其实，只要创意新颖、方法得当，就能激发网络顾客的购买兴趣和参与热情，产生立竿见影的销售效果。站点销售促进策略正因为其短期性目标的要求，所以其促销效果必须能在短期内形成购买的高潮。

实例　猜谜式的购物。美国的 Midnightbox（www.midnightbox.com）网站每周在美国东部时间的深夜推出一款产品，商品在上线时完全被遮盖，但会给出一点线索，如商品包装的长、宽、高、重量、建议零售价、生产商等。这时候访客可以到论坛里讨论猜测，随着时间的推移，网站将逐步给出更多的线索，商品的价格也在逐步加高。在规定时间内猜到的人将赢得 1 000 点的信用，同时可以以非常便宜的价格购买此商品，这时商品的真面目将展示在网站上，1 000 点的信用还可用来兑换店里的一些其他商品。总之，猜中的越早，购买就越便宜，还能赚积分。（《电子商务世界》2006 第 11 期）

12.4.2　站点销售促进策略

1．免费促销

免费促销就是企业在网络促销过程中，为了提高网站客流或者促进产品销售而提供全部或部分免费资源的促销策略。例如，企业为了吸引网站访问者，在网站中提供一些影响面广、使用范围大、与企业产品或服务有关联的免费资源；企业为了促进产品销售，而提供的免费品尝性使用等。

实例　软件生产商可以在自己的站点上提供将要发行的新软件试用版或有限试用时间和试用范围的正式版，供大家免费试用；书刊发行者可以在网上提供书刊的封面、目录及精彩片段以吸引网民的注意；而娱乐业则可以把产品的精华剪辑到网站上，让访问者感受艺术的魅力，并通过访问者在他们的社会圈子里宣传其产品。

2．打折促销

打折是指在网络促销活动中，为了显示网络销售低价优势以激励网上购物，或者为了调动本网站购物人气、烘托网站购物气氛以促进整体销售，而采取的对所销售的全部或部分产品同时标出原价、折扣率或折扣后价格的促销策略。

在网络促销中，折价其实也是最常用的一种促销方式。网上销售的商品不能给人以全面、直观的印象，也不可试用、触摸等，再加上配送成本和付款方式的复杂性等多种原因，使得目前顾客在网上购物的热情仍然要低于商场、超市等传统购物场所。但为了吸引目标顾客，网上商品的价格一般都比传统购物场所的销售价格要低，这是因为幅度比较大的折扣可以促使目标顾客进行网上购物的尝试并做出购买决定。例如，号称全球最大中文网上商城的当当网（www.dangdang. com）春节期间全场万种图书、音像商品以2~5折惊价拜年。

3．返券促销

受传统网下购物商城购物返券销售促销活动的影响，有些网上购物商城也实施了购物返券的销售促销策略。购物返券就是网上商店在商品销售过程中推出的“购×元送×元购物券”的促销方式。购物返券的实质是商家让利于消费者的变相降价，返券促销的目的是鼓励顾客在同一商场重复购物。返券促销的方式目前有较大争议，如果商家能够讲求诚信，则可以运用返券获得较多的商业机会，消费者才能从中得到购物实惠。

实例 当当网上商城实施的“购音像满100返100”的促销活动，单张订单购音像品满100元，返2张50元礼券；满200元，返4张50元礼券；依次类推，多买多赠；礼券为电子礼券，2月7日前款到当当且订单出库后直接放入“我的账户”中，随后当当通过发送邮件提醒顾客礼券到账。

4．电子优惠券促销

电子优惠券（E-coupon）是直接价格打折的一种变化形式，有些商品在网上直接销售有一定的困难性，于是便结合传统营销方式，从网上下载、打印电子优惠券或直接填写优惠表单，到指定地点购买商品时可享受一定的优惠，或者以所选择打印的电子优惠券上约定的优惠价格购买优惠券所指定的商品。例如，麦当劳、肯德基都经常采取这种促销方式。

5．“买×加×元赠×”促销

这是一些网上商城为了促进商品销售，而实施的“买×加×元赠×”的促销活动。例如，卓越网实施的“买男孩女孩的情人节CD，送怡口莲巧克力太妃糖”、“新年促销装，买一赠一，买一赠二（飘柔、玉兰油、佳洁士、激爽）”、“购物满50元，送雕牌肥皂粉30g”等促销活动。又如，搜狐商城实施的“全场购物满128元加1元送《功夫》DVD”的促销活动等。

6．赠品促销

赠品促销目前在网上的应用不算太多，一般情况下，只有在新产品推出试用、产品更新、对抗竞争品牌、开辟新市场的情况下，利用赠品促销才可以达到比较好的促销效果。

赠品促销的优点包括：可以提升品牌和网站的知名度；可以鼓励人们经常访问网站以获得更多的优惠信息；能根据目标顾客索取赠品的热情程度而总结分析其营销效果和产品本身的反应情况等。

7．抽奖促销

抽奖促销是网上应用较广泛的促销形式之一，是大部分网站乐意采用的促销方式。抽奖促销是以一个人或数人获得超出参加活动成本的奖品为手段进行商品或服务的促销，网上抽奖活动主要附加于调查、产品销售、扩大用户群、庆典、推广某项活动等。目标顾客或访问者只有通过填写问卷、注册、购买产品或参加网上活动等方式才可获得抽奖机会。

例如，搜狐商城开展的“2・14情人节购物中大奖”促销活动，在活动时间内当日购物金额在214元以上的顾客均可参加抽奖，抽奖时间为每日中午12点，抽取的订单范围是前一天

（0:00~23:59）所有购物金额在 214 元以上并处于已发货状态的订单，抽奖结果即时公布。

进行网上抽奖促销活动应注意的问题包括：奖品要有诱惑力，可考虑以大额超值的产品吸引人们参加；活动参加方式要简单化，太过复杂和难度太大的活动较难吸引匆匆的访客；由于网络的虚拟性和参加者的广泛地域性，对抽奖结果的真实性要有一定的保证，应该及时地请公证人员进行全程公证，并能及时地通过电子邮件、公告等形式向参加者通告活动的进度和结果。

8．积分促销

积分促销是商务网站预先制定一定的积分制度，再根据顾客在网上购物的次数或金额或参加某次活动的次数来增加积分以获得奖品。

很多企业产品的销售具有单次购买数量不大但重复购买次数较多的特点，用折扣促销的方式就不太理想，于是就可采取积分促销的方式。对于网上商城来说，采用积分促销有两大好处：一是通过这种简单有效的促销，能够和客户建立良好的关系；二是能够刺激用户的购买，通过时间上的控制，能够让有需求但对时间不敏感的老客户迅速购买。积分促销在网络上的应用比起传统的营销方式操作起来更简单和容易，而且网上积分活动很容易通过编程和数据库等来实现。

现在不少电子商务网站“发行”的“虚拟货币”，可以说是积分促销的另一种体现，如西单 igo5 网上商城的“E 元”、酷必得的“酷币”等。网站通过举办活动来使会员“挣钱”，同时可以用仅能在网站使用的“虚拟货币”来购买本站的商品，实际上是给会员购买者相应的优惠。

9．网上联合促销

由不同商家联合进行的促销活动称为联合促销，联合促销的产品或服务可以起到一定的优势互补、互相提升自身的价值等效应。如果应用得当，联合促销就可起到相当好的促销效果，如网络公司可以和传统商家联合，以提供在网络上无法实现的服务。

10．会员制营销

商务网站一般都采取会员制。会员制营销，也称“俱乐部营销”，是指企业以某项利益或服务为主题将人们组成一个俱乐部形式的团体，开展宣传、销售与促销活动。顾客成为会员的条件可以通过缴纳一定的会费，或购买一定数量的产品等，成为会员后就可以在一定时期内享受入会时约定的权利。以组织和管理会员的方式开展网上商务活动的优点是：一是了解顾客信息，认证顾客的身份；二是通过会员制锁定目标顾客群。

严格意义上的会员制网上商店要求顾客只有注册成为网站的会员，才可以进入会员商店购买商品或接受服务。但在网络营销实践中，有些商务网站，顾客并不一定非得成为网站的会员，才可以进入网站购买商品或享受服务，只不过会员与非会员在采购商品中所需支付的价格有所区别，前者支付的价格与相关费用一般要比后者少得多。

有些商务网站还根据某项条件把会员区分为普通会员与 VIP（贵宾）会员。还有些网站根据会员的购买行为进行积分，以区别对待，激励购买消费。例如，搜狐商城规定：顾客在搜狐商城成功注册后即成为普通会员，享受购物积分，消费 1 元积 1 分；累计消费金额 800 元或一次性购物金额满 500 元，成为 VIP 会员后可享受购物积分消费 1 元积 2 分。

12.5 电子邮件促销与网络人员推销

12.5.1 电子邮件促销的概念与特点

1. 电子邮件促销的概念

电子邮件促销就是企业通过电子邮件的方式向用户发送企业及其产品或服务的信息，以实现促进产品销售目的的各种方法的总称。

2. 电子邮件促销的特点

（1）使用普及，覆盖面宽

电子邮件的普及性决定了电子邮件促销具有最宽阔的覆盖面。这是因为，根据我国CNNIC多次《中国互联网络发展状况统计报告》的规定，电子邮件是用户经常使用的网络服务功能中排名第一的互联网资源。我国互联网个人用户平均每人拥有一个以上的邮箱账号。

（2）快捷方便，成本低廉

首先，无论是企业发送电子邮件，还是目标顾客接收电子邮件，只会发生很少的上网费用和很少的上网时间，无须花费打印和邮寄等费用；其次，使用电子邮件，不会因发送邮件封数多而增加费用；最后，内部信息化程度比较低的企业，即使没有自己的企业网站，没有自己独立的电子邮件收发系统，也可以使用其他信息服务商提供的免费电子邮件功能。

（3）有的放矢，针对性强

与其他的网络营销技术不同，电子邮件营销具有很强的针对性。这是因为电子邮件的寄发一般是针对具体的目标顾客需求的，寄发的电子邮件可以具有高度的个性化，其营销效果相对较好。

12.5.2 电子邮件促销的步骤

1. 收集电子邮件地址

只有根据目标顾客的电子邮件地址，才能有目的地向他们寄发电子邮件，开展邮件促销活动。一般来说，收集电子邮件地址有两种办法：一种是利用专用软件搜索或向专门收集电子邮件地址的个人或组织购买；另一种是利用邮件列表获取邮件地址，这种地址一般针对性更强，营销效果更好，因为只有对网站感兴趣的人才会加入邮件列表中。

2. 撰写电子邮件

寄发电子邮件之前，首先要按照促销计划撰写电子邮件。撰写电子邮件必须注意遵守网络礼仪与规范，其要求可以概括为以下几个方面。

（1）主题鲜明，内容简短

人们收到邮件，打开邮箱先看到的是寄件人、日期与主题等信息，如果邮件没有主题或主题不鲜明，收件人很可能以为是病毒或垃圾邮件而删除不看。网络社会追求快捷，如果邮件内容很烦琐，只能引起收件人的反感。而且对于有容量限制的免费邮箱来说，大邮件肯定是被删除的首选对象。

（2）文辞精练，美丽动人

邮件行文不应该言之无物、泛泛而谈，企业必须经过严格推敲，撰写出精练而能打动人心的促销文稿，才能实现电子邮件促销的目的。

（3）格式有礼，方法有利

电子邮件尽管要短小，但信头的问候、信尾的致谢确实不应该省略，这也是塑造企业形象的一个窗口。

（4）开诚布公，个性签名

有些企业寄发邮件，隐藏发件人姓名或地址，收件人只能看到主题；而有些企业寄发邮件虽然有地址，但邮件地址一般是一些看不出意义的符号。其实，隐藏发件人签名，大大降低了邮件内容的可信度。因此，为了达到良好的促销效果，企业应该讲求诚信，在邮件上最好留有个性化的发件人签名。

（5）少用群发，减少附件

采用群发邮件虽然可以提高效率，但收件人可能会观测到其他收件人的信息，一方面感到自己受重视与尊重的程度减弱，另一方面也担心自己的姓名与邮件地址信息外泄。一般来说，邮件促销尽量不要使用附件形式。一方面，由于操作系统与应用软件不兼容，可能会打不开；另一方面，也可能因下载时间太长而放弃打开。如有必要，可以与企业产品或服务的网站页面建立链接关系，收件人如果感兴趣可以通过链接了解其详细内容。

3．寄发电子邮件

（1）单独寄发

单独寄发主要是指由人工针对目标顾客个人单独寄发企业的促销信件。

（2）利用邮件列表软件

当潜在目标顾客是一个小群体时，可以使用免费的邮件列表软件（如 Outlook）建立简单的邮件列表来为这个具体的、小群体的顾客提供服务。如果应用范围较大、人数较多，则可以使用专门的邮件列表技术。使用邮件列表可以实现邮件的批量发送，向目标顾客提供及时的促销信息。

（3）邮件群发

如果企业需要定期发送大量的电子邮件，可以使用专用的群发软件进行群发邮件。

（4）自动回复

使用自动回复软件回复目标顾客的来信，也是寄发邮件的一种办法。自动回复软件实际上就是一个可以进行自动匹配的电子邮件地址。当有人向该地址发送邮件时，它就能立刻自动回复一份事先准备好的文件。自动回复软件，不仅可以减少企业的人工成本，同时也可以向发信人提供快速回复，还可以收集潜在顾客的邮件地址。

4．电子邮件促销效果评估

（1）开信率

开信率就是在企业发出的大量邮件中，最终有多少封是被收件人打开阅读过的。如果开信率过低，则企业必须检查整个电子邮件促销过程中哪些环节存在问题。例如，分析电子邮件地址的正确率有多高，邮件的标题是否有吸引力等。

（2）点阅率

点阅率是指收件人在打开邮件后，有多少人实际单击过邮件里所列出的超链接部位，因为这些部位与企业所要宣传的网页建立了链接，单击后就可以直接进入宣传的网页进行阅读。点阅率的高低反映了收到促销信息后引起兴趣且采取行动的收件人在发出邮件总数中所占比率的高低。

（3）说服率

说服率是指收件人在读完邮件促销信息后，同意接受或购买企业所推荐销售的服务或产品等。

12.5.3 网络人员推销

1. 网络人员推销的概念

现代市场营销活动中，人员推销准确地说应该称作人员导购。沿用习惯叫法，我们也把网络人员导购称作网络人员推销。网络人员推销就是企业委派网络营销工作人员代表企业形象、以个性化推销员身份利用互联网与目标顾客进行沟通，将产品或服务的信息传递给目标顾客，同时运用一定的网络促销手段和技巧，使目标顾客认识产品或服务的性能、特征，激发目标顾客的购买欲望、激励目标顾客的购买行为，以实现企业推销商品，促进和扩大销售的目的。

网络营销利用互联网开展营销活动，虽然具有跨越时空、虚拟接触的特点与优势，但实践证明，在网络营销的某些领域、某些环节，人员推销还是发挥了较大作用的。“不需要时感觉不到，需要时招之即来”的人员导购还是不可省略的。在网络营销过程中如果辅助性地提供人员导购推销服务，显然会大大提高网络营销的效果。

2. 网络人员推销的特点

网络人员推销与传统的人员推销方式相比，主要特点是：借助网络沟通，远程推销。具体而言表现在以下三个方面。

（1）推销方法不同

传统的人员推销一般是“靠脚走遍千山万水”、“靠嘴说出千言万语”、“历经千辛万苦”，寻找顾客，面对面推销；网络人员推销则是“手聊传情达意”、“网络代劳”、“鼠标代步”推广介绍企业的产品。

（2）推销内容不同

传统的推销方式以产品为主要推销内容，网络推销更多的是以购物服务、网站交易功能为推销内容。

（3）推销任务不同

传统推销主要以产品功能介绍与演示为主。而网络人员推销的任务则表现为：当网站访问客户对某一网页中的商品或服务的注意力最集中时立即与其进行对话，挖掘潜在客户；网站客服人员作为导购员，可陪伴着客户完成购物车的订单提交，这样能减少客户购物时的订单取消概率，并且可以见机推荐客户感兴趣的相关产品，从而提高销量，增加销售额；对网站访问客户而言，不用安装任何软件和浏览器插件，也不用申请账号，只需在线单击“邀请对话图标”，即可开始与客服人员进行交流。因此更容易增加客户和客服人员进行对话的概率，更容易了解客户的需求意向和联系方式。利用某些即时沟通软件，分布于不同地区的客服人员还可以进行跨区操作，客服人员之间还可以相互转接对话，从而实现协同分公司或代理商一起更好地和客户沟通，而这一切都是基于企业的营销网站进行的。目前广泛应用于在线销售、在线客服、订单处理、在线答疑等方面。

3. 网络人员推销的优点

（1）信息沟通双向互动，促销业绩即时有效

网络推销员利用各种网络即时沟通工具，可以及时有效地激发顾客的购买兴趣，并促使其立即采取购买行动，从而缩短了目标顾客从了解信息到实施购买行动之间的距离，并可立刻获知目标顾客的反应，据此及时地调整企业的网络营销策略和方法，解答顾客的疑问，使顾客产生信任感。

（2）网络推销任务双重互补，促销成果一举多得

网络推销人员的工作任务并非是单一的推销产品，而是具有双重性的，即激发需求促进销售与市场调研相结合；推销商品与提供服务相结合。一方面，推销人员应该寻求机会，发现潜在顾客，创造需求，开拓新的市场；另一方面，网络推销人员还要及时向目标顾客传递产品和服务的信息，为目标顾客提供购买决策的参考资料，同时，网络推销人员在推销过程中还要收集情报，反馈信息，开展全方位的售前、售中与售后服务。当前，人们对网上购物还不太了解，如果有专门的推销人员负责指导、及时解答咨询，则可以消除顾虑，大大加强目标顾客网上购物的信心。

（3）网络推销方法灵活多样，促销计划对症下药

在网络推销活动开始之前，网络推销员应该选择那些具有较大购买可能的顾客进行推销，避免盲目、泛泛地进行推销。还应该事先对未来顾客做深入研究，拟订具体的推销方法、推销策略等，以提高推销的成功率。此外，网络推销人员还可以利用网络或其他沟通工具与目标顾客进行洽谈，根据不同潜在顾客或用户的需求和购买心理，有针对性地进行推销。

（4）关系建立温情长久，形象塑造以点带面

这是网络人员推销的一个突出特点。它可以把企业与目标顾客的关系从纯粹的买卖关系培养成朋友关系，彼此建立友谊，并相互信任理解，这种感情有助于网络推销工作的展开，实际上起到了公共关系的作用。

实例 三联家电网上商城（www.shop365.com.cn）将在线咨询的网络推销人员命名为“家电小博士”与“空调小博士”；e国商城则把时时在线服务人员命名为E妹妹，并讲述了许多E妹妹的实时故事，通过MSN等方式与客服人员进行沟通；钻石小鸟（www.zbird.com）网站则把在线咨询人员命名为“石头GG”、“小鸟MM”，如图12-6所示。

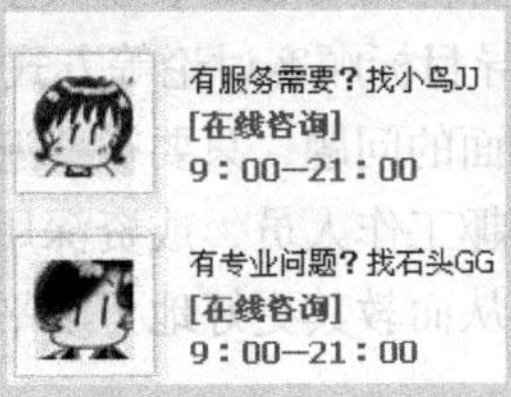

图12-6 钻石小鸟在线客服

4. 网络人员推销策略

（1）利用电子邮件个性化推销

企业对于某些有价值的潜在目标顾客，不能听之任之“一切由网络做主”，而应该委托专门的推销员通过电子邮件等方式与目标顾客及时地进行沟通，随机解决疑难问题，发送网络没有

提供、说不清楚、没有想到的问题的解决方案。

（2）利用即时通信工具

即时通信工具可以将电子邮箱、文本会话、语音/视频交流、手机短信、群体聊天、文件传输、IP 电话、网络会议及应用程序共享、电子白板等信息传输功能融合起来，形成一个综合的网络通信工具。即时通信工具的应用也逐步由个人消费延伸到企业网络营销服务领域。这些即时通信工具（如贸易通）具有一些专门的分析、搜寻潜在顾客和商务谈判的功能，顾客与网络推销员之间还可以互相看到具体而个性的对方视频形象，从而使得网络人员推销由想象变成现实，能使企业有效地提高网络营销运作效率、降低沟通成本、拓展商业机会。

目前，在即时通信市场上，专门定位于网络营销的网络即时通信工具已经有很多种。例如，软件巨头微软推出的 MSN；门户网站雅虎推出的雅虎通；网易推出的定位在办公用户和中小企业用户的网易泡泡；搜狐推出的搜 Q；新浪斥资近两亿元收购的朗玛 UC；阿里巴巴推出的贸易通与淘宝旺旺；TOM 与全球著名的即时通信公司 Skype 的 TOM-Skype；即时通信联盟的 IMU，ICQ；腾讯公司的腾讯通（RTX）与腾讯 TM 等；百度推出的 HI 等。如图 12-7 为蚂蚁网商城（www.pcants.com）与七星购物网提供的在线咨询工具。

图 12-7 在线咨询工具

（3）提供在线服务

目前，已经有很多商务网站能够提供即时人员服务。例如，利用深圳市商讯网信息有限公司（www.suminfo.com）网站的“即时通”服务功能，登录用户可以选择在线服务人员进行咨询与商务谈判。易趣网也提供“实时答疑”服务，只要在规定的工作时间内，都会有值班的工作人员进行在线答疑。卓越网也利用论坛的形式提供“在线客服”功能。

（4）其他企业网站资源

网络推销员可以以固定、公开的身份利用 BBS、聊天室等与目标顾客交流进行产品或服务的推销，也可以通过设定论坛主题引导目标顾客讨论等方式推销产品。用户有关平台使用方法、政策措施、销售技巧、市场推广等方面的问题，只要被普遍关注或是存有异议的，都可能成为易趣网的“行家面对面”的话题。易趣工作人员，或资深用户，在论坛提供咨询帮助，集中、高效、全面地为用户解析某个话题，从而教其更好地了解平台，使用工具，运用政策，提高技巧，享受交易的乐趣。

（5）利用其他传统方式推销

企业还可以通过传统的沟通工具，如电话、传真、邮寄等方式，与网上目标顾客进行辅助性的产品推销。

12.6 博客营销与微营销

12.6.1 博客营销的概念

博客一词具有三重含义：一是对应于英文名称 WeBlog（或简称 Blog），翻译为“网络日志”；二是用作动词，特指相关的活动；三是对应于英文名称 weblogger（或简称 blogger），指习惯于日常记录并使用 weblog 工具的人。

博客根据传播主体的不同，可以划分为企业（组织）博客和个人博客。企业博客主要分为企业外部博客和企业内部博客。企业外部博客可以被互联网上的任何人搜索到，而内部博客则只对企业员工开放。

博客圈是写博客的人建立的圈子，目的是使有共同爱好的人加入圈子，共同交流。

博客营销就是企业通过博客传播方式来实现营销目的的一系列方法手段的总称。

12.6.2 博客营销的特点

Blog 作为当前一种新兴的网络交互形式，逐渐被运用到企业的网络营销活动之中。博客作为网络营销工具具有六大特点。

1．博客营销是一种个性化的信息传递形式

博客是以个人为中心的表达和传播方式，是一种基于个人知识资源（包括思想、体验等表现形式）的网络信息传递形式，开展博客营销的基础问题是对某个领域知识的掌握、学习和有效利用，并通过对知识的传播达到营销信息传递的目的。

2．博客营销是一种多样化的信息发布方式

企业产品信息和推广信息往往首先发布在企业网站上，但是，企业网站的内容和表现形式往往是比较严肃的，而博客上文章的内容、题材和形式丰富多样，因而更容易受到用户的欢迎。此外，专业的博客网站用户数量大，有价值的文章通常更容易迅速获得大量用户的关注，从而在推广效率方面要高过一般的企业网站。

3．博客营销是一种自主化的信息传播媒体

企业在门户网站和其他专业网站上发布网络广告或新闻，营销人员并不能主动掌握这些资源，这对信息传播的内容和方式就有较大的限制，而且往往需要支付高昂的费用。而博客的信息传递无须直接付费，在传播内容与方式上也有着极大的自主性。

4．博客营销是一种精益化的沟通渠道

在网络社区（如论坛等）发布信息或发表留言也是网络营销常用的方式之一，但这种信息传递沟通方式，更侧重于就某一主题的谈论、争论与辩论，就营销人员来说，往往很难深入细致地把问题讲明白、说清楚，分析透彻，沟通彻底。而每个博客就是一个讲坛，可以连续地阐述自己的观点，系统发表自己的看法，而且博客主题完全由博主自己掌控，且博客文章很容易被搜索引擎收录和检索，这样使得博客文章具有长期被用户发现和阅读的机会，一般论坛的文章则读者数量通常较少，而且很难持久。

5．博客营销是一种受众细分化的传播方略

博客用户有着明显的分众化特征，这些用户志趣相投的“同行交流圈”相互密切串联，彼此之间除“友情链接”外，同一话题的讨论、文章互为引用，知识信息共享十分突出。这种以小圈子为核心的分众传播基本上体现了“意见领袖”的营销价值。所以，聚焦目标市场博客圈小众，借助博客分众影响其大众，无疑是企业开展网络营销的有效手段。

6．博客营销是一个整合化的网络促销方式

在企业博客上，可以发布企业新闻、可以发布产品广告、可以开展公关联络、可以推销导购产品、可以实施销售促进、可以展开咨询客服。由此可见，博客的营销功能并非单向度，而是极具多维性与整合性的。但从功能与地位上而言，博客营销发挥的作用再大也只是一种促销方式而已。

12.6.3　博客营销的步骤

以如何利用第三方博客平台发布博客文章开展网络营销活动为例，博客营销的步骤主要有以下几个方面。

1．选择博客托管网站

一般来说，企业应选择访问量比较大及知名度比较高的博客托管网站，对于某一领域的专业博客网站，则应在考虑其访问量的同时还要考虑其在该领域的影响力，对于影响力较高的网站，其博客内容的可信度也相对较高。如果有可能，也可以选择多个博客托管网站开博。例如，企博网（www.bokee.net）的企业博客和企业的独立域名建立映射，维护灵活简单，内容更加全面鲜活，大大提高了企业博客的pr（page rank）值，从而在各大搜索上获得更加有利的排名。

2．规划博客营销计划

开展博客营销并非一日之工，需要规划制订一个中长期的营销计划，计划的内容包括从事博客写作的人员计划、写作选题的分工、博客文章的发布周期等。尽管博客写作具有较大的灵活性和随意性，但作为一种目的明确的营销战略来实施，却要统筹规划，要符合企业整合营销传播的要求，真正将博客营销纳入企业网络营销的战略体系中。

3．实施博客营销计划

一旦制订出系统的博客营销计划，就要客观认识博客营销的价值与作用，认真组织并有效实施。

4．监控博客营销效果

与其他营销策略一样，对博客营销的效果也要进行必要的跟踪评价，并根据发现的问题不断地完善博客营销计划，以促使博客营销在企业营销战略体系中发挥最大的作用。

12.6.4　博客营销的要素

博客营销四要素：博客平台、博客作者、博客文章、博客推广。

1．博客平台（建立企业博客网站或博客频道）

目前国内的博客服务商（BSP）有三种形式。一类是独立运营的BSP，如Blogcn、Blogbus等；二类是基于传统门户网站的BSP，如新浪博客、搜狐博客、网易等；三类是借助关联产品建立起来的BSP，如QQ空间、MSN Space等。企业可以通过这些博客平台发布企业的信息，也可以建立自己独立的博客网站或博客频道。前者相对于后者而言更经济一些，而且如果所选择的BSP拥有庞大的博客群，则不失是一种“伴大款”的手法。后者相对于前者而言，则更自主、针对性更强一些。

2. 博客作者

博客作者即写博客的人，是指喜欢博客写作，并能够参与企业博客营销主题写作的博主。从博客营销的角度考虑，博客作者可以是企业管理人员（如企业老总）、企业员工（企业营销人员、技术人员、生产工人等）、企业顾客（企业新顾客、老顾客、忠诚顾客等），也可以是聘用的专业写手等。

例如，美国宝洁公司的博客在全世界有 2 000 万名注册客户。宝洁公司投放了大量的奖券鼓励顾客在宝洁的博客里为新产品叫好，奖券可以使消费者在世界各地购买宝洁产品时得到折扣。

3. 博客文章

博客文章即能够发挥博客营销积极作用的文章。一般而言，博客营销文章的主题有以下几种情况。

（1）产品体验型

对于企业的产品，可组织目标市场博客群，开展各种形式的新产品体验主题活动，引导博客在相关博客人群或博客圈里有针对性地进行传播，使客户的品牌知名度能通过口碑互动传播的方式得到迅速提升，以挖掘潜在用户实现销售。产品体验型博客营销文章的写作，要想达到广而告知的目的，就一定要做到产品功能故事化、产品形象情节化、行业问题热点化、产品发展演义化、产品博文系列化、博文字数精短化等。

（2）话题广告型

围绕企业推广的产品，或是围绕相关的行业信息，可组织目标市场博客群，展开热点话题讨论，热点话题的讨论可以密切渗透或穿插营销信息，引导博客在博客群或博客圈里有针对性地进行主动传播，使企业的品牌知名度得以提升。

企业可以定期、不定期地策划推行主题活动，活动内容可以是创意类的、感想类的、体验类的或评论类的。

博客文章抢眼的标题也是吸引访客的好办法。浏览者通常通过输入某个词汇来查找博客文章，文章的标签就可以理解为这些关键词汇，如果设计惹人注目的标签，就可以大大增加博客文章被搜索到的概率。

4. 博客推广

要把握一切机会，尽可能通过各种方式宣传自己的 Blog 地址；在各大搜索引擎提交自己的博客；尽可能与其他博客交流，建立良好的关系，互相交换链接，从而把其他博客的访问者引入自己的博客；内容勤更新；保证文章的质量；积极创建并加入博客圈；到各大同行站点去寻找热门的或者知名的博客朋友，进行友情链接交换；到专业博客网站登录自己博客的 RSS；提交给一些专业的博客推广网站。

12.6.5　微博营销

微博即微博客（MicroBlog）的简称，是一个基于消费者关系的信息分享、传播及获取平台，消费者可以通过 Web、Wap 及各种顾客端组建个人社区，以 140 字左右的文字更新信息，并实现即时分享。微博具有发布门槛低、实时性强、个性色彩浓厚、交互便捷等特色，企业利用微博可以进行品牌宣传、新产品推广、公共关系、顾客服务、市场调研等营销活动。微博营销策划的程序一般包括以下几个步骤。

1．选择有效的平台

先要选择一个用于营销推广的SNS平台，企业可以选择一个流量大、覆盖率高、关注度较多的平台进行推广。不同平台的消费者关注度各有不同，与之对应的推广策略也不相同。企业可以在多个人气旺的微博网站同时开博，如新浪、搜狐、网易、腾讯等，而后一份博文稿可以分别发在各微博上，这样可以大大提高传播效率，摊薄经管成本，同时，还应考虑将企业微博、代言人微博、消费者微博结合，用一种受众能够认同的并且受欢迎的方式，对新产品、新品牌等进行主动的网络营销。

2．形成准确的定位和目标

企业微博的定位是快速宣传企业新闻、产品、文化等的互动交流平台，同时对外提供一定的顾客服务和技术支持反馈，形成企业对外信息发布的一个重要途径。企业微博的目标是获得足够多的跟随者，形成良好的互动交流平台，逐步打造具有一定知名度的网络品牌。

3．内容撰写与发布

微博的内容维护相对简单，主要包含发布和交流两部分内容。发布信息是指企业单向地把自己的内容（如新品发布、企业新闻等）告知自己的跟随者，以达到扩大宣传范围、提高知名度的效果。互动交流指的是通过和企业微博的跟随者进行交流，达到人际传播和推广的效果。例如，为了形成良好的互动交流，企业微博应该关注更多的消费者，并积极参与回复讨论。

实例 企业官方微博的功能无非两类：一是媒体发布功能；二是互动沟通功能。凡客有两个官方微博账号：一个是凡客诚品的微博账号，承担媒体的功能，公司有重大新闻公布，如黄晓明代言凡客帆布鞋的TVC、凡客达人计划，都会第一时间在这里发布，措辞风格相对中规中矩；另一个账号是凡客粉丝团，是一个互动平台，主要是组织各种有意思的活动，如盖楼、打折促销、新品上市等，与凡客粉丝互动，维系品牌忠诚度，提升产品销量。在语言上，凡客粉丝团更加拟人化，以朋友的身份与粉丝沟通。

4．传播策划与推广

再好的内容，如果没有跟随者，也无法得到有效的传播。常用的企业微博推广方式如开展有奖活动、特价或打折信息、广告宣传、企业内部宣传、合作宣传（如联系微博平台的业务员，将企业微博的账号添加到“公司机构”等栏目，并通过实名身份认证）、广送邀请（通过邮件或其他渠道，邀请企业自己的顾客、潜在消费者注册，注册链接使用指定的注册链接，这样别人注册之后会自动关注企业微博）等。

实例 2011年5月19日中国旅游日和2011年5月20日天台山旅游日，作为中国旅游日发源地的天台山双节同庆，热闹非凡。中国天台山在其新浪官方微博上发布一条“中国天台山，佛国仙山，神仙眷侣私奔好去处……景点三天免费，奔完了，记得回家哈，你妈喊你回家吃饭呢”。这条微博借王功权私奔话题热火朝天的关注热度，第一时间加入恶搞私奔的大军中。无疑，天台山开启了景区微博营销新的征程。

5．日常运营与管理

企业微博的运营是长期的，可以考虑多个企业员工共同维护一个主账号的形式进行运营，内容的更新可以更新采用“人工+自动”的更新方式。对于重点推广的文章，一定要填写详细的摘要，然后添加文章的短链接地址。邀请企业的客服人员进行微博维护，可以对外回复一些产品技术问题，提高顾客满意度，也可以开辟专门的社区供消费者交流，并有专人进行维护和解答。

实例　在没有微博之前，美国一家流动快餐店 KOGI 的快餐车无法通报当前的位置，经常导致顾客因等待时间过长而流失。利用微博，KOGI 可以把当前餐车的位置、当天菜单等信息实时直播给顾客，便于顾客安排自己排队的时间。当餐车因交通因素延迟时，KOGI 会发出“再等我们十分钟好吗？”的信息，让开始动摇的顾客安定下来继续等候。实时的信息交流和反馈使得 KOGI 粉丝们养成习惯——每天下午拼命刷新 Twitter，追踪 KOGI 的下落。

12.6.6　微信营销

微信是腾讯公司于 2011 年 1 月 21 日推出的一款即时语音通讯软件，用户可以通过手机、平板和网页快速发送语音、视频、图片和文字。微信公众平台开通之后，立即使其从一款个体沟通的即时通讯应用转变成新的媒体平台，引来众商家的抢夺，微信营销风潮迅速高涨。微信营销策略主要有以下几个方面。

（1）通过微信公众号营销

使用微信公众号，可以向用户推送包括新闻资讯、产品消息、最新活动等消息，还可以完成用户咨询、客户服务等功能，相当于建立了一个简单的企业 CRM 系统。

（2）开放平台+朋友圈

微信允许商家在开放平台上接入自己的应用并推广，以开放平台最早合作者美丽说为例，用户通过微信把美丽说上的商品逐个传播，扩大产品知名度。朋友圈的分享功能从传播学的角度来讲是一种人际传播，给用户提供了分享自我情感的机会，其中更可以渗透商家的广告信息。

（3）设计二维码宣传

二维码是腾讯公司研发配合微信使用的查找和添加好友的新方式。微信客户可以设计自己的二维码名片，通过识别二维码身份添加好友。在互联网日益发达的今天，二维码就是企业在互联网上的名片。微信“扫一扫”的功能，用户只需用手机扫描商家的二维码，就能获得一张存储于微信中的电子会员卡，即可享受商家提供的会员折扣和服务。可见，二维码是线上用户转化为线下用户的关键。

（4）利用漂流瓶传递信息

微信里的一个新应用是用户可以选择“扔瓶子”或者“捡瓶子”，瓶子里面可以装载语音或者文字，借此拓宽客户网。例如，招商银行策划实施的“爱心漂流瓶”，微信用户通过“漂流瓶”捡到招商银行漂流瓶并进行简单互动，招商银行就会通过“小积分，微慈善”平台为自闭症儿童提供帮助。此举一是可以培养大量潜在的客户群，二是可以增加招商银行的知名度。

（5）LBS 的营销

Location Based Services，又称定位服务，指通过移动终端和移动网络的配合，确定移动用户的实际地理位置，从而提供用户所需要的与位置相关的服务信息的一种移动通信与导航融合的服务形式。用户通过点击“附近的人”，可以搜索到附近的微信用户，可以借此广告自己的产品信息。

12.6.7 微电影营销

微电影是指专门运用在各种新媒体平台上播放的、适合在移动状态和短时休闲状态下观看的、具有完整策划和系统制作体系支持的有完整故事情节的“微时”放映、“微周期制作”和“微规模投资”的视频类短片。微电影以其微时长、微制作、微投资，以及其短小、精练、灵活的形式风靡互联网，其商业价值也被不断提升。微电影具有制作的原创性、传播的广告性、观看的免费性、传播主体的广泛性、传播方式的多样性等特点。微电影营销主要有以下几种做法。

1．话题营销

微电影的营销是多种营销方式的整合营销，其中话题营销是最有效的方式之一。“话题”便成为获得“眼球效益”的最好手段。微电影的话题营销，就是在微电影的制作、宣传过程中设施或者嵌入相关的事件或者话题，通过多媒体的整合传播，使受众对该微电影进行关注或者对该微电影产生情感反应，继而大众对该微电影的事件、话题或者微电影本身向其他受众进行自主传播。

从2010年开始，每年春节期间，百事可乐都会推出基于新媒体平台的系列微电影《把乐带回家》。首先，在微电影的播出时间上，选择放在春节前，定为贺岁档，意在借过年之势以情动人。其次，系列微电影都是围绕一个明确的主题，有着清晰的品牌理念，从头至尾贯穿“乐”字，蕴含两层含义：一是百事公司“乐”产品带给消费者的快乐，另一个是通过影片传达与亲人团聚带来的快乐。其广告通过情感诉求的方式将产品的信息和品牌的内涵融合到剧情当中，有效地影响观众的情绪，给受众留下深刻的印象，从而实现情感营销的目的。

2016猴年百事仍然沿用了“把乐带回家”的营销活动主题，携手六小龄童推出了《把乐带回家之猴王世家》的情怀广告，同时上架了“乐猴王纪念罐”，国人对传统猴王精神的强烈认同感使广告得到病毒式传播、纪念罐也屡屡脱销……此次百事线上线下配合默契，让人不得不承认又是一场漂亮的营销战。2017年春节，《把乐带回家2017》讲述了“妈妈”宋丹丹与“爸爸”高亚麟对杨紫、张一山和尤浩然三个“熊孩子”采用爱的教育。

2．植入营销

植入营销是指企业巧妙地将企业及其产品或品牌嫁接、安置、埋伏或藏匿在微电影中，把品牌理念、产品信息与微电影的情节糅合在一起，通过微电影向新老客户宣传企业。2011年引起微博热议的橘子水晶酒店的星座系列微电影，就因其巧妙地运用了植入技巧而聚集了大量的网络人气，达到了企业营销的目的。

3．故事营销

故事营销是一种经典的信息传播方式，通过讲述一个与品牌理念相契合的小故事去吸引受众，在对方品味故事情节的过程中潜移默化地完成品牌信息的传播。微电影摒弃了传统电影中的冗余成分，能在紧凑的时间内将企业文化和品牌宣传融入精彩的故事情节，既能满足碎片化时代下观众的娱乐新需求，又能实现品牌的有效推广，比以往直白的自卖自夸的软文、硬性广告都更有效。而在受众层面，微电影借助新媒体平台实现的“免费观看”既获得了观众接受心理的空前容忍，也吸引了大量具有开放性猎奇心理的网络受众群情参与。

4．公关广告

企业可以投资拍摄来定制专属的微电影，微电影内容可以为企业发展史、产品使用等。

借着微电影风靡之风，国美电器邀请高圆圆、冯绍峰拍摄的《我的1876》，传播“被信任是一种快乐”品牌理念，辅之以各种视频网站，借助明星效应和相关的活动和转载，信息的扩散力度得到了更大的提高。这种精而短的传播方式、娱乐化的营销模式，使得大众的接受度更高，为企业的品牌传播提供了一种全新的途径。微电影显示了其巨大的传播威力，成为企业微营销过程中的升级版广告。

【复习思考】

1. 网络促销方式有哪些？各有何特点？网络促销有哪些作用？
2. 网络广告有哪些类型？什么叫旗帜广告？策划旗帜广告要注意哪些问题？
3. 网络广告有哪些计费模式？如何选择投放网络广告的站点？
4. 如何运用广告交换服务网络？其运作机制是什么？有哪些优势？说出几个主要的广告交换网。
5. 什么是网络公共关系？网络公共关系的策略有哪些？
6. 什么叫站点销售促进？常见的站点销售促进策略有哪些？
7. 撰写电子邮件应该注意哪些问题？
8. 许多人认为，网络营销并不需要人员推销，你是怎样认为的？

【技能训练】

1. 下列选项中不属于网络广告特点的是（　　）。

   A. 传播范围广　　B. 受众数量准确统计

   C. 选择余地大　　D. 交互性强

2. 2005 年 1 月 26 日，八佰拜在其网站上就 18K 金产品被描述为 18K 铂金（定价仍以 18K 金定价）的失误公开道歉，并承诺给予用户补偿，这属于（　　）。

   A. 站点销售促进　　B. 网络公共关系

   C. 公益广告　　D. 旗帜广告

3. 八佰拜向中央电视台“开心辞典”节目赞助性地提供奖品，这属于（　　）。

   A. 站点销售促进　　B. 网络公共关系

   C. 公益广告　　D. 公益活动

【实习实践】

1. 登录商讯网（www.suminfo.com），了解即时通信工具的功能，登录三联网上商城（www.shop365.com.cn），了解该网站在线咨询功能。了解各种即时通信工具的功能有何差异，考虑如何将这类即时通信工具运用到网络营销活动中。写一篇 1 000 字左右的分析报告与同学分析讨论。

2. 浏览新浪、搜狐、网易、TOM 等网站，分析各有哪些广告形式，这些广告形式是运用哪些技术制作的，并写出分析报告。

3. 当前，我国网络广告发布量比较大的企业是联想与易趣，登录各网站分析易趣广告发布形式与发布站点有哪些。分析讨论易趣发布网络广告与利用传统媒体发布广告哪种方法更有效，并写出分析报告。

4. 登录一米生活购物网（www.1mlife.com 或 www.85818.com.cn）网上商城，了解其近期促销活动内容有哪些。为其策划一次站点销售促进活动，并写出策划方案与其他同学互相交流。

5. 登录清华同方网站（www.tongfangpc.com），注册会员成功后，输入你的电子邮箱地址，订阅该企业的产品促销信息，了解企业电子邮件促销的做法。

6. 登录企博网（www.bokee.net），单击“企业博客”导航图标，了解如何创建企业博客，单击“博客营销”导航图标，了解如何开展博客营销。

7. 登录比特网（www.chinabyte.com），单击“博客”导航图标，继续单击“企业博客”导航图标，继续单击“排行榜”导航图标，浏览最新更新文章 TOP100，分析博客营销文章的类型，以及不同类型博客文章的营销效果。

8. 总结开学初建立自己的博客或空间以来，你是如何提高自己博客流量的？总结提高博客流量的方法，这对企业的博客营销有何启示？

9. 登录窄告网（www.narrowad.org）、九赢广告网（www.9v.cn）、麒润广告网络（www.keyrun.com）、弈天广告联盟（http://play.unionsky.cn）、易特广告联盟（www.ete.cn），了解有关网络广告知识。

10. 登录无忧链（www.51link.com）、黑马联盟（www.heima8.com），实践有关网络广告交换知识。

11. 在百度首页点“视频”，然后输入广告搜索，登录广告专题网（www.adtopic.net），分析几则知名企业视频广告，分析其优缺点。

12. 下载安装爱博邮件群发系统、蜗牛邮件群发试用版，练习邮件群发系统的安装与使用。

13. 登录中国电子商务论坛（www.cecb.cn），了解并参与讨论电子商务热点话题，学习电子商务知识。

14. 登录阿里妈妈、智易营销、亿起发、黑马帮、软告网等网络广告联盟网站，了解网络广告联盟的有关知识与操作技能。

15. 添加 QQ 在线工具到自己的博客。

（1）登录 QQ 在线网站，输入 QQ 账号及密码（见图 12-8）。

图 12-8　输入 QQ 账号和密码

（2）选择 QQ 在线图标风格，复制代码（见图 12-9）。

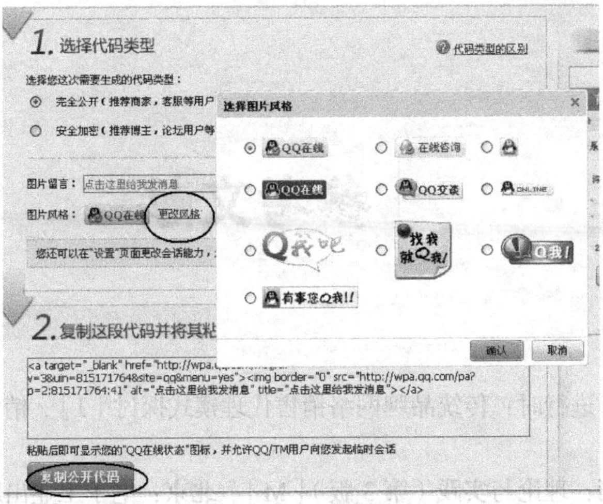

图 12-9 复制代码

（3）登录自己的博客，单击“页面设置”，单击“自定义组件”，单击“添加文本组件”，勾选“显示源代码”，将复制的代码粘贴后去掉“显示源代码”对钩，保存页面。

16. 几位同学一组，选择一个积极向上的主题，策划拍摄一则微电影。

17. 练习如何将视频发布到土豆、百度、酷六等视频网站。

18. 申请注册自己的微信公众号。

操作提示：在电脑上登录 https://mp.weixin.qq.com，使用自己的电子邮箱按提示操作。

参考文献

[1] 曹芳华. 电子商务进行时：传统品牌网络销售代理模式探讨［J］. 销售与市场（管理版），2010（2）.

[2] 张卫东. 网络营销：理论与实践（第 3 版）［M］. 北京：电子工业出版社，2009.

[3] 张卫东. 营销策划：知识与技法［M］. 北京：电子工业出版社，2011.

[4] 张卫东. 网络营销：策划与管理［M］. 北京：电子工业出版社，2012.

[5] 张卫东. 网络营销［M］. 重庆：重庆大学出版社，2014.

[6] 白东蕊. 电子商务概论［M］. 北京：人民邮电出版社，2016.

[7] 陈辛灵. 互联网时代的社会化营销传播［J］. 经营管理者，2010(8).

[8] 齐超. 你所不知道的微营销［J］. 中国商贸，2014(1).

[9] 胡一萱，陈满儒. 微电影的话题营销价值分析［J］. 今传媒，2014(2).

[10] 胡睿. 微电影营销——给品牌讲个好故事［J］. 西南交通大学学报，2014(2).

[11] 牛晓娜. 网络环境下的定价策略研究［D］. 南京大学，2013(5).

[12] 中国电子商务中心. 史上最贵 APP 漏洞？买卖宝被爆损失近千万元［EB/OI］. http://hb.qq.com/a/ 20140601/004128.htm

[13] 宋玮. 当当为什么没能做大［J］. IT 时代周刊，2014(4).

[14] 王德利. 网络营销视角下的网络段子［J］. 电子商务，2014(4).

[15] 杨兰，尹清龙，夏宇洁. 修辞学视野下的网络段子分析［J］. 内江师范学院学报，2016(7).

反侵权盗版声明

举报电话：（010）88254396；（010）88258888

传　　真：（010）88254397

E-mail:　　dbqq@phei.com.cn

通信地址：北京市万寿路 173 信箱

电子工业出版社总编办公室

邮　　编：100036